Rolf und Eva Berger

Bauwerke

betrachten
erfassen
beurteilen

Rolf und Eva Berger

Bauwerke betrachten erfassen beurteilen

Wege zum Verständnis klassischer und moderner Architektur

Augustus Verlag

Die Deutsche Bibliothek –
CIP-Einheitsaufnahme

Berger, Rolf:
Bauwerke betrachten – erfassen – beurteilen – Wege zum Verständnis klassischer und moderner Architektur / Rolf Berger / Eva Berger. – Augsburg : Augustus-Verl., 1999
ISBN 3-8043-0396-X

Lektorat: Andrea Müh
Umschlaggestaltung: Christa Manner, München
Layout: Michael Stiehl, Leipzig

AUGUSTUS VERLAG AUGSBURG 1999

Satz: Gesetzt aus 10,5 auf 12,5 Punkt Rotis Semi Sans Light in QuarkXpress von Michael Stiehl, Leipzig
Reproduktion: Günter Mayr Repro-Technik GmbH, Donauwörth
Druck und Bindung: Offizin Andersen Nexö, Leipzig

Gedruckt auf 100 g umweltfreundlich chlorfrei gebleichtes Papier

ISBN 3-8043-0396-X
Printed in Germany

Abkürzungen

Abb.	Abbildung
Aufl.	Auflage
Bd.	Band
bzw.	beziehungsweise
CAD	Computer Aided Design
cm	Zentimeter
d. h.	das heißt
etc.	et cetera
f./ff.	folgende/n
gr.	groß
H./HH.	Hagia/os = Heilige/r Hagioi = Heilige (Plural)
Hrsg./hrsg.	Herausgeber / herausgegeben
i.e.S.	im engeren Sinne
i.w.S.	im weiteren Sinne
Jh.	Jahrhundert
kl.	klein
m	Meter
mm	Millimeter
n.Chr.	nach Christi Geburt
o.J.	ohne Jahresangabe
ORF	Österreichische Rundfunk- und Fernsehanstalt
S.	San (im Zusammenhang mit italienischem Heiligen)
S.	Seite
s.	siehe
sogen.	sogenannt/e
St.	Sankt
Sta.	Santa (im Zusammenhang mit italienischer Heiligen)
TWA	Trans World Airlines
u. a.	unter anderem / und andere
USA	United States of America
usw.	und so weiter
v.Chr.	vor Christi Geburt
vgl.	vergleiche
z. B.	zum Beispiel
z.T.	zum Teil
z. Zt.	zur Zeit

Inhalt

Abbildungsnachweis

(o = oben, m = Mitte, u = unten, r = rechts, l = links; bei mehreren Abbildungen aus derselben Quelle auf derselben Seite wird nur die Seite angegeben.)

Amsoneit, Wolfgang, Contemporary European Architects, Benedikt Taschen, Köln 1991: S. 35 or, 43 o, 207 u, 273 ur
Anstett, Peter R., Kloster Maulbronn, Deutscher Kunstverlag, 4. Aufl., München · Berlin 1989: S. 12 o
Becker, Annette/Wang, Wilfried, Architektur Jahrbuch 1996, Prestel, München 1996: S. 87 u, 88, 95 m + u, 192
Becker, Karl, Ehemaliges Peterskloster auf dem Petersberg, in: Die Kunstdenkmale der Provinz Sachsen, Bd. 1, Die Stadt Erfurt, Burg 1929: S. 108, 247
Bendazzi, Wladimiro/Ricci, Riccardo, Ravenna, Sirri Verlag, Ravenna 1992: S. 124 r
Bergner, Heinrich, Grundriß der Kunstgeschichte, Alfred Kröner Verlag, 3. Aufl., Leipzig 1919: S. 106 o
Beyer, Klaus G., Renaissance, VEB E.A. Seemann Verlag, Leipzig 1966: S. 119 u
Der große Bildatlas der Architektur, Orbis Verlag, München 1990: S. 31 u, 62 ul + r, 147 u
Bognar, Botond (Hrsg.), The New Japanese Architecture, Rizzoli, New York 1990: S. 34, 58, 81-83
Bottineau, Yves, Die Kunst des Barock, Herder, Freiburg · Basel · Wien 1986: S. 67 o + m, 70 u, 227, 237 ol
Bundesministerium für Raumordnung, Bauwesen und Städtebau, Kunst- und Ausstellungshalle der Bundesrepublik Deutschland, Bonn 1992: S. 42 u, 49 o + m
Ching, Francis D. K., Die Kunst der Architekturgestaltung, 2. Aufl., Augustus Verlag, Augsburg 1991: S. 33 u, 134 o, 231 u
Ching, Francis D. K., Die Kunst der Architekturgestaltung, erweiterte Neuausgabe, Augustus Verlag, Augsburg 1996: S. 10, 14 mr, 29, 35, 39 o, 40, 41, 43, 60, 62 o + m, 63 u, 68, 100 m, 112 o, 115 u, 116, 126 m + u, 132, 146 m + u, 151, 155 o, 156, 159, 167 m, 199 o, 203, 231 o + m, 242 m
Corboz, André, Frühes Mittelalter, Benedikt Taschen, Köln o. J.: S. 55, 56 o, 125 ml
Cowen, Painton, Gotische Rosenfenster, Herder, Freiburg · Basel · Wien 1979: S. 12 u, 13 o, 212 (2/2)
Dehio, Georg, Handbuch der Deutschen Kunstdenkmäler, Deutscher Kunstverlag, München:
Bayern IV, München und Oberbayern, 1990: S. 237 or
Nordrhein-Westfalen I. Rheinland, 1967: S. 16, 65 u, 274 l
Nordrhein-Westfalen II. Westfalen, 1986: S. 241
Sachsen, 1965: S. 67 u
Dehio-Handbuch, Die Kunstdenkmäler Österreichs, Wien X. bis XIX. und XXI. bis XXIII. Bezirk, Verlag Scholl und Co, Wien 1996: S. 112 u
Dey, Reinhold, Dänemark, DuMont Buchverlag, Köln 1978: S. 137 u
Durliat, Marcel, Romanische Kunst, Herder, Freiburg · Basel · Wien 1983: S. 91 ol
Erlande-Brandenburg, Alain, Gotische Kunst, Herder, Freiburg · Basel · Wien 1984: S. 57 o + ur, 216 o
Fevrier, Philippe A. J., Der Mont Saint Michel, Artaud Frères Verlag, Carquefou-Nantes o. J.: S. 24
Flagge, Ingeborg, Kunstmuseum Bonn, Edition Cantz, Ostfildern 1992: S. 89
GA Document, Special Issue 1 1970–1980, A.D.A. Edita, Tokio 1980: S. 76, 77 o + m, 173
Gössel, Peter/Leuthäuser, Gabriele, Architektur des 20. Jahrhunderts, Benedikt Taschen, Köln 1990: S. 33 o, 72 o, 94, 96, 100 u, 102 o
Grote, Ludwig, Deutsche Stilfibel, L. Staackmann Verlag, Leipzig 1936: S. 14 ml, 17, 118 u, 119, 153, 157 m, 213 (3/4)
Grube, Gert-Rainer/Kutschmar, Aribert, Bauformen von der Romanik bis zur Gegenwart, 3. Aufl., Verlag für Bauwesen, Berlin 1990: S. 11 u, 115 o, 143 u, 145 m, 171, 172, 193 o, 198 o, 213 (2/2), 215, 218, 220 o, 234
Gruben, Gottfried, Die Tempel der Griechen, 4. Aufl., Hirmer Verlag, München 1986: S. 14 o, 18, 32 o, 106 u, 107, 155 u, 195, 278 ol
Jaeger, Falk, Zurück zu den Stilen, Ernst und Sohn, Berlin 1991: S. 75
Jahn, Johannes, Wörterbuch der Kunst, 11. Aufl., Alfred Kröner Verlag, Stuttgart 1989: S. 14 ur
Jaxtheimer, Bodo W., Die Baukunst Stilkunde Gotik, Bechtermünz Verlag, Eltville 1990: S. 85 r
Jencks, Charles, Die Sprache der postmodernen Architektur, 3. Aufl., Deutsche Verlags-Anstalt, Stuttgart 1988: S. 139, 150 (alle außer o), 222, 244
Jodidio, Philip, Contemporary European Architects V, Benedikt Taschen, Köln 1997: S. 187 m, 209
Jodidio, Philip, New Forms, Benedikt Taschen, Köln 1997: S. 91 u, 97, 98 o, 100 o, 201 u
Klotz, Heinrich (Hrsg.), Die Revision der Moderne, Prestel, München 1984: S. 25 o, 101, 138, 144 u, 185 u
Klotz, Heinrich (Hrsg.), Vision der Moderne, Prestel, München 1986: S. 25 m + u, 31 o, 36, 183 o, 184 u, 188, 197 u, 198 m
Knell, Heiner, Architektur der Griechen, 2. Aufl., Wissenschaftliche Buchgesellschaft, Darmstadt 1988: S. 61 ol
Koch, Wilfried, Baustilkunde, Orbis Verlag (Sonderausgabe), München 1994: S. 4, 11 o, 14 ul, 23, 28, 57 ul, 61 or, 63 o + m, 64 m, 72 ul + r, 84, 85 l, 91 or, 92 u, 95 o, 112 m, 114, 115 m, 118 o, 123, 125 o + mr + u, 126 o, 127, 128, 129 o, 131, 133, 134 u, 135 o, 136, 137 o, 144 o, 145 u, 146 ml, 147 o + m, 150 o, 152, 154, 157 u, 158, 160 o + m, 162, 166, 167 o, 180 u, 189 o, 193 u, 194 o, 207 o, 211, 212 (3/3), 213 (2/4), 214, 216 u, 219, 220 u, 226 o, 235 m, 236 u, 242 u
Koepf, Hans, Baukunst in fünf Jahrtausenden, 10. Aufl., Verlag W. Kohlhammer, Stuttgart 1990: S. 32 m, 45, 70 o, 135 u, 143 o, 272 or, 275 l
Koepf, Hans, Bildwörterbuch der Architektur, 2. Aufl., Alfred Kröner Verlag, Stuttgart 1974: S. 272 ol, 273 l + mr, 274 r, 276 r, 277 r, 278 ul
Kruft, Hanno-Walter, Geschichte der Architekturtheorie, 3. Aufl., Verlag C. H. Beck, München 1991: S. 237 u
Die Kunstdenkmäler des Königreichs Bayern (Inventar), Heft XVII Neumarkt, München 1909: S. 19 l
Die Kunst- und Altertums-Denkmale im Königreich Württemberg (Inventar), Stuttgart 1897: S. 277 l
Lampugnani, Vittorio Magnago (Hrsg.), Museumsarchitektur in Frankfurt 1980–1990, Prestel, München 1990: S. 27, 199 u, 200, 201 o, 221
Lampugnani, Vittorio Magnago (Hrsg.), Architektur Jahrbuch 1992, Prestel, München 1992: S. 47, 52-54, 98 u, 176 u, 189 u
Lampugnani, Vittorio Magnago u. a. (Hrsg.), Architektur Jahrbuch 1995, Prestel, München und New York 1995: S. 197
Luckenbach, H., Kunst und Geschichte I. Teil Altertum, 8. Aufl., Verlag Oldenbourg, München, Berlin 1910: S. 57 m, 110 o
von Meiss, Pierre, Vom Objekt zum Raum zum Ort, Dimensionen der Architektur, Birkhäuser Verlag, Basel · Berlin · Boston 1994: S. 161, 185 o, 194 m, 197 o, 204, 206, 208, 228, 232
Meyhöfer, Dirk, Contemporary European Architects 2, Benedikt Taschen, Köln 1994: S. 80, 102 u, 187 o
Meyhöfer, Dirk, Contemporary Japanese Architects, Benedikt Taschen, Köln 1994: S. 78 m + u, 79 o
Müller, Werner, Architekten in der Welt der Antike, Verlag für Architektur Artemis, Zürich und München 1989: S. 110 u, 223, 246
Nan, Chung Wah (Hrsg.), Contemporary Architecture in Hong Kong, 2. Aufl., Joint Publishing (H. K.) Co., Hongkong 1992: S. 37, 38, 169 o, 179, 181
von Naredi-Rainer, Paul, Architektur und Harmonie, 5. Aufl., DuMont, Köln 1995: S. 226 u, 230, 233
Oursel, Raymond, Romanik, Benedikt Taschen, Köln o. J.: S. 56 u
Papadakis, Andreas/Steele, James, Architektur der Gegenwart, Editions Pierre Terrail, Paris 1991: S. 79 u, 141, 183 u, 248
Pevsner, Nikolaus, Europäische Architektur, 7. Aufl., Prestel, München 1989: S. 64 o
Pevsner, Nikolaus/Honour, Hugh/Fleming, John, Lexikon der Weltarchitektur, 3. Aufl., Prestel, München 1992: S. 23 o, 87 o + m, 236 m
Picard, Gilbert, Imperium Romanum, Benedikt Taschen, Köln o. J.: S. 142
Räume für Kunst, Museumsmodelle, Ausstellungskatalog, 2. Aufl., Graz 1993: S. 49 u, 90, 99
Reclam, Kleines Wörterbuch der Architektur, Philipp Reclam jun., Stuttgart 1995: S. 19 l, 163, 276 l
Restle, Marcell, Reclams Kunstführer Istanbul, Reclam, Stuttgart 1976: S. 65 o, 92 ol + r
Reusch, Wilhelm, Trier Kaiserthermen, Mainz 1993: S. 60
Schütz, Bernhard/Müller, Wolfgang, Deutsche Romanik, Herder, Freiburg · Basel · Wien 1989: S. 64 u, 120 o, 134 m
Smith, Michael Pomeroy, Sydney Opera House, 3. Aufl., Sydney 1991: S. 30, 170, 235 o + u
Stierlin, Henri, Byzantinischer Orient, Belser Verlag, Stuttgart und Zürich 1988: S. 196
Stierlin, Henri, Enzyklopädie der Weltarchitektur, Benedikt Taschen, Köln 1994: S. 39 m + u, 42 o, 44, 61 u, 66, 73, 74, 77 u, 78 o, 86, 111, 117, 120 u, 129 u, 148, 149, 160 u, 169 u, 175 u, 176 o, 180 o, 182, 184 o, 226 m, 272 ul
Strobel, Richard, Die Hirsauer Reform und das Würfelkapitell mit Ecknasen, in: Zeitschrift für Württembergische Landesgeschichte, 30/1971, S. 21–116: S. 19 r
Stützer, Herbert Alexander, Ravenna und seine Mosaiken, DuMont Buchverlag, Köln 1989: S. 124 l
Tschira, Arnold (Hrsg.), Die ehemalige Benediktinerabtei Schwarzach, 2. Aufl., Institut für Baugeschichte an der Universität Karlsruhe, Karlsruhe 1977: S. 50
Weigel, Thomas, Die Stiftskirche zu Königslutter, 3. Aufl., Deutscher Kunstverlag, München und Berlin 1991: S. 272 ur
von Winterfeld, Dethard, Die Kaiserdome Speyer, Mainz, Worms und ihr romanisches Umland, zodiaque-echter, Würzburg 1993: S. 69, 93
Zadow, Mario, Karl Friedrich Schinkel, Rembrandt Verlag, Berlin 1980: S. 165, 175 o, 217, 243

Vorbemerkung

Wohnhäuser, Fabriken, Verwaltungsgebäude, Gefängnisse, Krankenhäuser, Rathäuser, Schulen, Kirchen oder Museen, ja, jede Garage und jeder Stall sind architektonische Werke. Die Auswahl oder Hervorhebung von Bauten, nur weil sie kunstgeschichtlich oder archäologisch interessant sind, ist aus architektonischer Sicht willkürlich. Für alle Gebäude gilt die Definition:

> Architektur ist die Umschließung eines Raumes mit technischen Mitteln.

Aus dieser Definition mit den drei Elementen – Umschließung, Raum und technische Mittel – ergibt sich Dreierlei:

- Das Ziel jeder Architektur ist es, einen Raum zu schaffen; damit wird ein künstlicher Raum im natürlichen Raum abgegrenzt.

- Diese Abgrenzung verlangt eine dreidimensionale Umschließung, so daß ein Außen, der Baukörper, und ein Innen, der neue, künstliche Raum, entstehen. Als architektonische Umschließung ist auch ein Bauwerk ohne Überdachung, wie z.B. ein Amphitheater anzusehen. Die Umschließung ist immer an den Boden gebunden. Der Mensch »erlebt« sie deshalb sowohl innen wie außen immer in einem Verhältnis zum Bodenniveau: Beim Betreten einer Tiefgarage erkennt er, daß der Bau tief gegründet ist, beim Besteigen eines Turms, daß dieser hoch aufragt.

- Die Umschließung geschieht immer – im Unterschied zum Nest oder Termitenhügel – mit technischen Mitteln. Hierdurch wird sie zur bewußten Schöpfung des Menschen und steht damit im Gegensatz zur natürlichen Umwelt; gleichzeitig steht sie aber auch in einem Zusammenhang mit ihr. Durch Ausmaße, Form und Detailgestaltung entsteht eine ständige Wechselwirkung: Sie tritt in »Dialog« mit der Natur, z.B. Bergen, Wiesen, Bäumen; sie steht aber auch in »Konkurrenz« mit den im Blickfeld stehenden anderen Bauten, Anlagen oder Gegenständen, z.B. Mauern, Plätzen, Autos, oder »dominiert« ein Stadtbild, z.B. durch Wolkenkratzer.

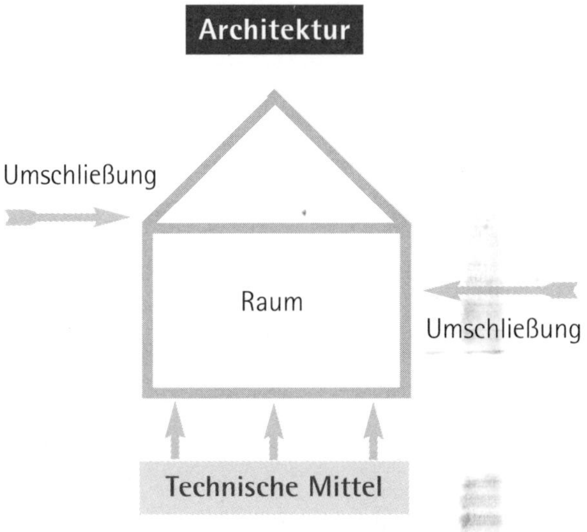

> Jede Architektur ist eine menschliche Besitznahme des natürlichen Raums und steht im Kontext mit der natürlichen und geformten Umwelt.

Beispiel: Frank L. Wright, Wohnhaus »Fallingwater«, Pennsylvania / USA 1935, Ansicht

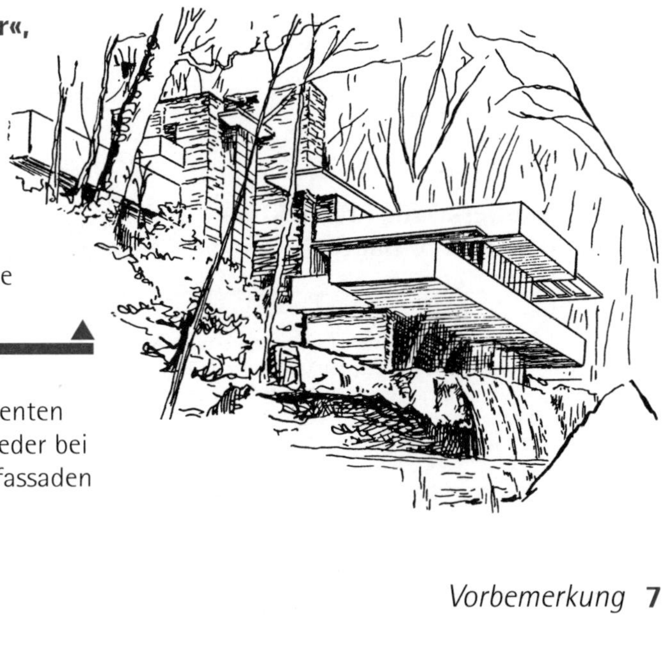

Der Bau steht mit seinen kubischen und geometrischen Formen im Gegensatz zu den organischen und bewegten Formen der Natur; zugleich nimmt er in der »kaskadischen« Gestaltung und »Aufgipfelung« die landschaftlichen Elemente und das fallende Wasser auf.

Selbstverständlich erschöpft sich in den drei Definitionselementen von Architektur nicht die Wirkung eines Baus. Dies erkennt jeder bei der Betrachtung »drohender« Gefängnisse, »stolzer« Rathausfassaden oder »himmelstrebender« Kathedralen.

Teil A Einführung

Schwierigkeiten bei der Beschäftigung mit Bauten

Wer sich für Architektur interessiert oder sich im Studium mit Bauten befaßt, stößt auf eine Vielzahl von Fragen und Problemen:

- Wann und durch wen wurde ein bestimmter Bau in welcher Absicht errichtet?

- Wie bezeichnet man bestimmte Bauformen, Gebäudeteile oder Schmuckformen?

- Warum wechseln die Bau- und Schmuckformen an einem Bau, z. B. auf den verschiedenen Seiten des Baukörpers?

Die Liste der Fragen kann beliebig fortgesetzt werden; vor allem aber stellt sich dem Betrachter ein grundsätzliches Problem:

> Wie kann ich einen Bau, den ich umschreitend und durchschreitend betrachte, systematisch erfassen, seine Probleme aufspüren und zu einer begründeten Bewertung gelangen?

Bei der Suche nach Hilfsmitteln findet man Bücher, die sich auf unterschiedliche Schwerpunkte konzentrieren:

Bücher zur Geschichte der Architektur, meist nach Epochen oder – bei weltweitem Bezug – nach Regionen bzw. Kulturkreisen gegliedert

Diese Geschichtsbücher sind besonders geeignet, zeitliche, landschaftliche und kulturelle Verschiedenheiten sowie das Anwachsen des Typen- und Formenreichtums zu vermitteln, z. B.:

Jan Gympel (Hrsg.): Geschichte der Architektur von der Antike bis heute, Könemann Verlagsgesellschaft, Köln 1996 (Überblick zur Orientierung)

Nikolaus Pevsner: Europäische Architektur, Prestel-Verlag, München 1989 (umfassende Einführung)

Henri Stierlin (Hrsg.): Architektur der Welt (in 16 Bänden), Benedikt Taschen Verlag, Köln o. J. (umfassender Überblick für Fortgeschrittene)

Nachschlagewerke zur Architekturterminologie und zu Bauten

Diese Bücher werden dringend gebraucht, um mit der Fachsprache und ihrer Anwendung vertraut zu werden; sie geben z. T. darüber hinaus Auskunft über die bedeutendsten kunstgeschichtlichen Bauten und Architekten, z. B.:

Hans Koepf: Bildwörterbuch der Architektur, Alfred Kröner Verlag, Stuttgart 1985

Nikolaus Pevsner/Hugh Honour/John Fleming: Lexikon der Weltarchitektur, Prestel-Verlag, München 1992

Stilkunden mit gutem Bildmaterial

Sie vermitteln in vergleichender Bildübersicht den im Laufe der Geschichte entfalteten Typen- und Formenreichtum der Architektur; sie ordnen ihn unter Stilgesichtspunkten. Damit werden notwendige Hilfsmittel zum Typen-, Formen- und Dekorvergleich geboten, ohne die zeitliche Einordnungen unmöglich sind, z. B.:

Wilfried Koch: Baustilkunde, Orbis Verlag, München (Sonderausgabe) 1994

Lehrbücher zur Architekturgestaltung

Diese Lehrbücher vermitteln architektonische Grundprinzipien der Gestaltung und helfen, Bauten in ihren Planungszielen und in ihrem Planungsprozeß zu verstehen, z. B.:

Francis D. K. Ching: Die Kunst der Architekturgestaltung, Augustus Verlag, Augsburg 1996 (Grundlagen für Anfänger)

Pierre von Meiss: Vom Objekt zum Raum zum Ort – Dimensionen der Architektur, Birkhäuser Verlag, Basel. Berlin. Boston 1994 (Lehrbuch für Fortgeschrittene)

Bücher zur Geschichte der Architekturtheorie

Sie zeigen die im Laufe der Zeit wechselnden theoretischen Leitideen des Bauens auf; mit ihrer Hilfe ist die Verbindung zwischen der Ideengeschichte des Bauens und der Sozialgeschichte der Architektur zu verstehen, z. B.:

Hanno Walter Kruft: Geschichte der Architekturtheorie, Verlag C. H. Beck, München 1991 (umfassender Überblick für Fortgeschrittene)

Umfassende Bestandsaufnahmen, z. T. mit Analysen von Bauten

Mit Hilfe dieser Bücher ist vor allem ein kunstgeschichtlicher Einstieg in die Probleme bedeutender Bauten möglich. Sie enthalten Angaben zur Geschichte, Beschreibungen der Bausubstanz und teilweise bau- sowie stilkritische Hinweise. Für Deutschland sind besonders hervorzuheben:

Georg Dehio: Handbuch der deutschen Kunstdenkmäler (in mehreren Bänden, nach Regionen und Städten geordnet), hrsg. vom Deutschen Kunstverlag, München

Inventare der Bau- und Kunstdenkmäler (nach Provinzen und Städten geordnet), hrsg. von historischen Kommissionen

Schon die Nachschlagewerke stoßen mit der Terminologie und der Erfassung der neueren und neuesten Bauten an ihre Grenze. Dasselbe gilt für die Stilkunden. Nach dem Verlust der Stile seit der Neuzeit ist es schwierig, moderne Architektur mit Begriffen zu erfassen, die an den Stilen vergangener Epochen entwickelt wurden. Neue Begriffe der Architekturlehre müssen z. B. in die Kunstgeschichte übernommen werden. Auch ist neue Kreativität bei der Beschreibung von Bauten – mit der Warnung vor Willkür – gefordert.

Beispiel: Erich Mendelsohn, Observatorium »Einsteinturm«, Potsdam 1917, Ansicht

Die skulpturale Form dieses Baus erinnert an einen Dampfer mit nach oben zurückgesetzten Decks. Die geböschten Mauern, gerundeten Kanten und der tiefgenischte Turm vereinen ein Lagern und Hochstrecken. Eingänge und Fenster mit abgerundeter »Augenform« sind tief in die Außenhaut eingezogen, während die Eingangstreppe weit vorgezogen ist.

Einführungen in die Architekturanalyse, d. h. Anleitungen zum systematischen Betrachten, selbständigen Erfassen, Untersuchen und Bewerten von Bauten sind in Buchform nicht vorhanden. Der interessierte Laie weiß deshalb ebensowenig wie der Student, wo und wie er bei einem Bau ansetzen soll, um ihn sich zu erschließen. Aus diesem Grunde richtet sich diese Anleitung vor allem an Studenten der Kunstgeschichte, Archäologie und Architektur, denen ein Hilfsmittel an die Hand gegeben werden soll; sie möchte aber auch jedem Interessierten ein Leitfaden für die vertiefte Ausübung seines Hobbys sein. Wer eine Architekturanalyse durchführen will, braucht zwingend bestimmte Grundkenntnisse:

- Übersicht über die Geschichte der Baukunst von der Antike bis zur Gegenwart – möglichst anhand einer Stilkunde (z. B. die Bücher von Gympel zur Orientierung bzw. die Werke von Pevsner und Koch zur umfassenden Einführung);

- Beherrschung der Architekturterminologie, z. B. anhand des Buchs von Koepf. (Die hier verwendeten Fachbegriffe werden im Text mit * gekennzeichnet und im Anhang Fachbegriffe erklärt.)

Nur mit richtiger Terminologie kann der Betrachter einen Bau im Ganzen und in seinen Teilen fachlich genau und wissenschaftlich überprüfbar beschreiben sowie seine Bewertung nachvollziehbar begründen.

Da die Beschreibung, wie am »Einsteinturm« deutlich wurde, immer nur annähernde Genauigkeit erreichen kann, bedienen sich Architekten bei ihrer Planung und Bauanleitung technischer Zeichnungen mit Maßangaben, d. h. genauer Risse*, Schnitte* etc. Zur beschreibenden Erfassung eines Baus mit Hilfe der Sprache sind, um einen hohen Genauigkeitsgrad zu erreichen, neben der Verwendung richtiger Terminologie vor allem architektonische Zeichnungen und dokumentierende Abbildungen, z. B. bei historischen Bauten alte Zeichnungen, Stiche etc. unerläßlich.

Die Analyse beginnt mit dem genauen Betrachten und Beschreiben. Das Betrachten verlangt ein Umschreiten des Baukörpers und ein Durchschreiten des Innenraums. Die Erfahrung des realen Betrachtens kann nur unzulänglich durch die Betrachtung von Zeichnungen und Abbildungen ersetzt werden. Die Beschreibung ohne präzise terminologische Bezeichnung weist in aller Regel auf ungenaues Betrachten und mangelnde Professionalität hin.

Voraussetzungen einer Architekturanalyse

Alle Bauten, auch archäologisch oder kunsthistorisch interessante Bauten, sind

- in erster Linie Architektur, die nur mit früheren und zeitgleichen Bauten technisch und handwerklich verglichen und beurteilt werden kann;

- in zweiter Linie »Gebrauchsgegenstände«, die einem bestimmten Zweck der Nutzung dienen sollen (Funktion),

- erst in dritter Linie »Kunstwerke«
  - mit formaler Hervorhebung durch Größe, Bauweise oder Gestaltung,
  - die sich an Dritte, die Betrachter, wenden (Kodierung*) und
  - möglicherweise eine »Botschaft« verdeutlichen (Bedeutungsträger).

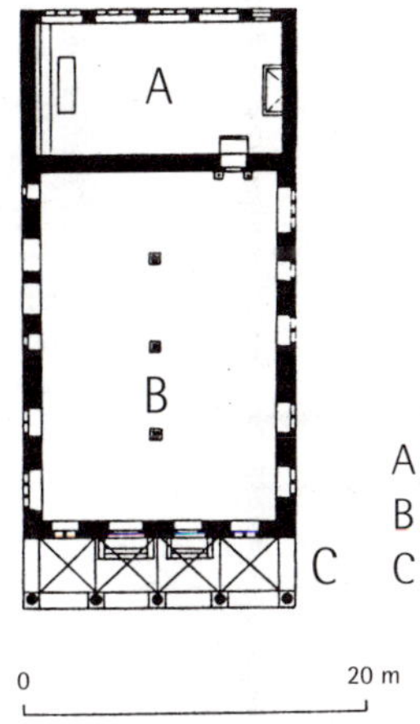

Beispiel: Münster, Rathaus, um 1335, Grundriß und Fassadenaufriß

Dieses Rathaus ist im konkreten Fall ein dreigeschossiger Quaderbau mit Laubengang (Architektur), der dem Stadtrat und der Verwaltung sowie der Gerichtsbarkeit dient (Funktionen) und sich in seiner Größe sowie mit Staffelgiebel und Prachtfassade (Kunstwerk, formale Hervorhebung) gegen die umstehenden Häuser abhebt (Kodierung), um den Vorrang der bürgerlichen Herrschaft in der Stadt zu verdeutlichen (Bedeutung).

Zwar dient jede Architektur einer oder mehreren Funktionen; da die Baukunst aber zu jeder Zeit eine Vielzahl von Gestaltungsmöglichkeiten und darüber hinaus auch Grenzen der technischen Machbarkeit kennt, sollte jede Architekturanalyse mit der Betrachtung des Baus und nicht seiner Funktionen beginnen. Ohne Kenntnis der Wölbungstechnik konnten die Mittelschiffe* der großen gotischen Kathedralen nicht überspannt werden; ohne die Technik des Spannbetons war es unmöglich, geschwungene Dächer herzustellen. Insofern sollte die Architekturbetrachtung vor der Funktionenbetrachtung stehen. Sie ermöglicht die erkenntnisleitende Frage:

> Warum ist ein konkreter Bau gerade so und nicht anders gestaltet?

Aus der speziellen Form eines Baus können oft die Funktionen erschlossen oder die Frage nach den Funktionen erst gestellt werden.

Beispiel: Maulbronn, Kloster, 12./13. Jh., Grundriß

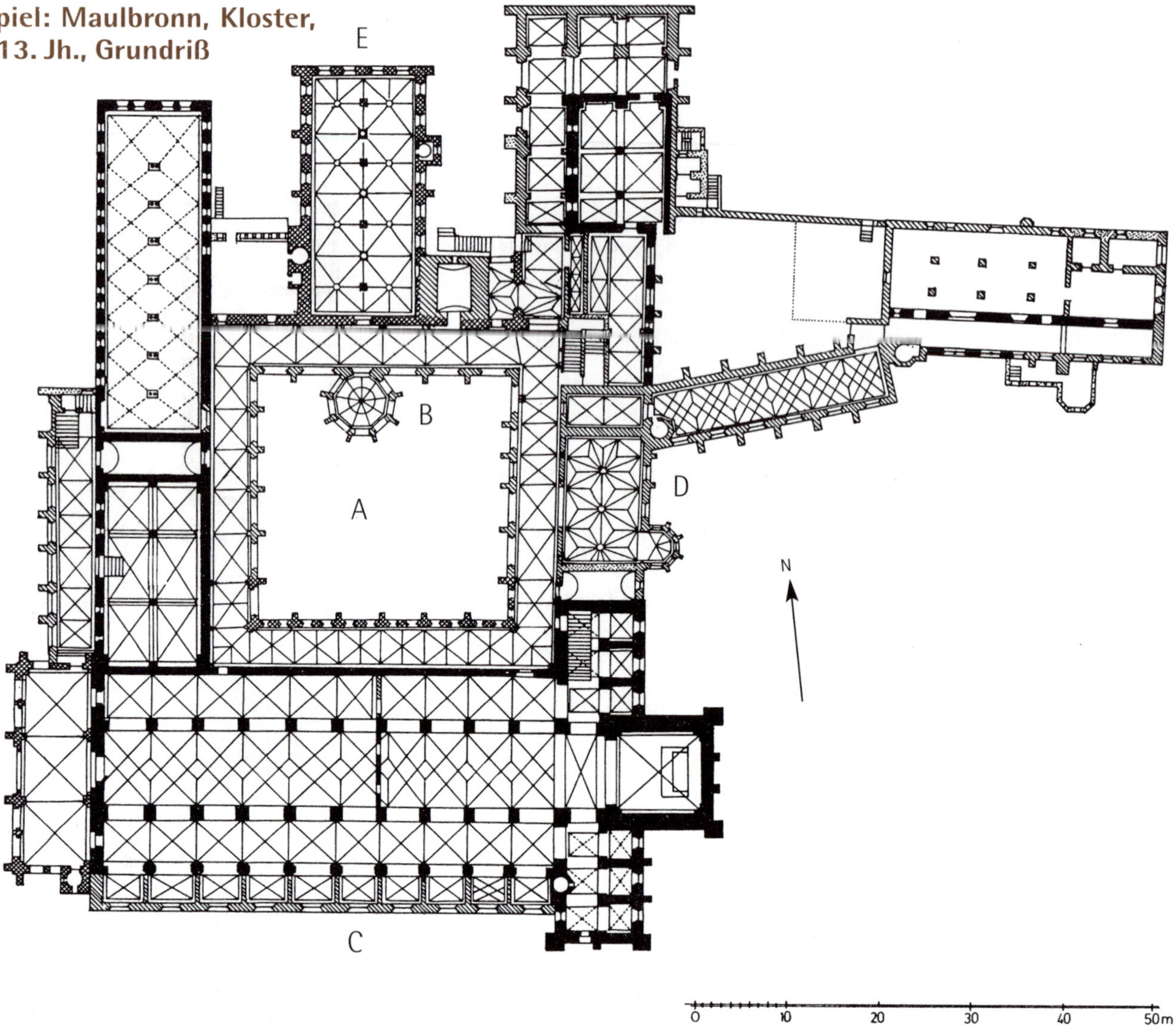

A = Kreuzgang*
B = Brunnenhaus
C = Kirche
D = Kapitelsaal*
E = Refektorium*

Die Kirche von Maulbronn kann aufgrund des angefügten Kreuzganges* als Klosterkirche identifiziert werden. Durch Chorgestaltung* (platter Schluß* mit Altarstellen) und Turmlosigkeit (keine deutlich verdickten Mauern) weist sie sich als Zisterzienserkirche* aus.

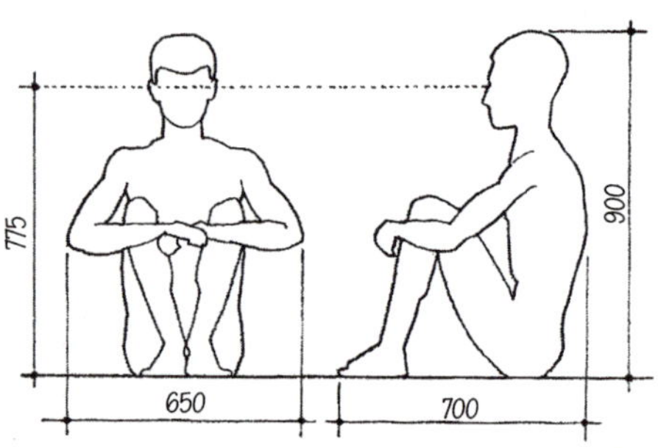

Jeder Bau trägt Maße in sich, bei denen die Maßeinheit zunächst weniger wichtig ist als die Maße im Verhältnis zum Menschen und seiner Naturerfahrung.

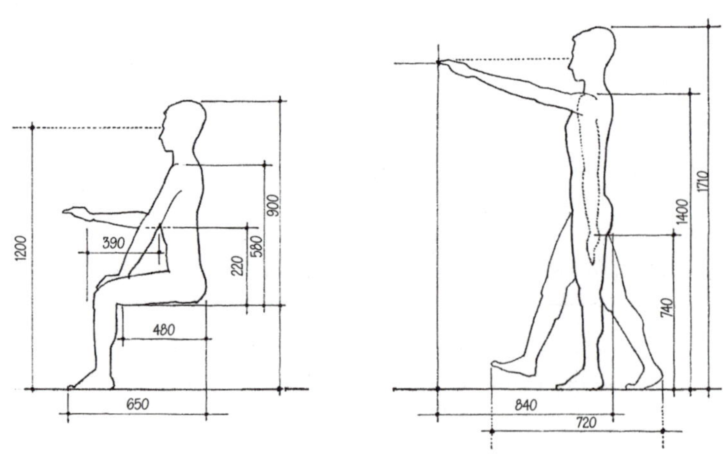

Schematische Darstellung der Sichthöhe und Reichweite des Menschen in verschiedenen Haltungen

Der Mensch erlebt Architektur

- mit seinen Augen aus der Nähe und Ferne, als Hell und Dunkel, aber immer nur als Ausschnitt von einem bestimmten Standort aus,

- in Bezug auf die eigene Länge, Schrittweite und Armspanne sowie zu den höchsten bzw. umfangreichsten Naturgegenständen, z. B. Bäumen,

- psychologisch als Wirkung.

Wirkungen entstehen darüber hinaus durch Maßverhältnisse, z. B. Länge zu Breite oder Höhe. Hierdurch wird das im Menschen begründete Maß zusätzlich beeinflußt.

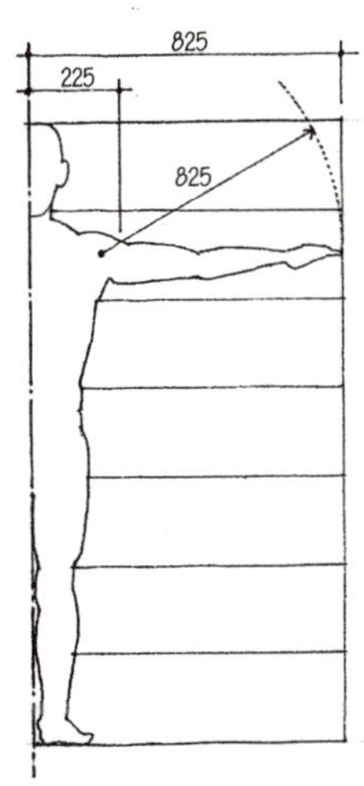

Beispiele:

Wirkungen von Maßen und Maßverhältnissen

Eine Häuserreihe wirkt lang, wenn das Abschreiten viele Schritte erfordert und die Länge aus der Nähe nicht mit einem Blick erfaßt werden kann.

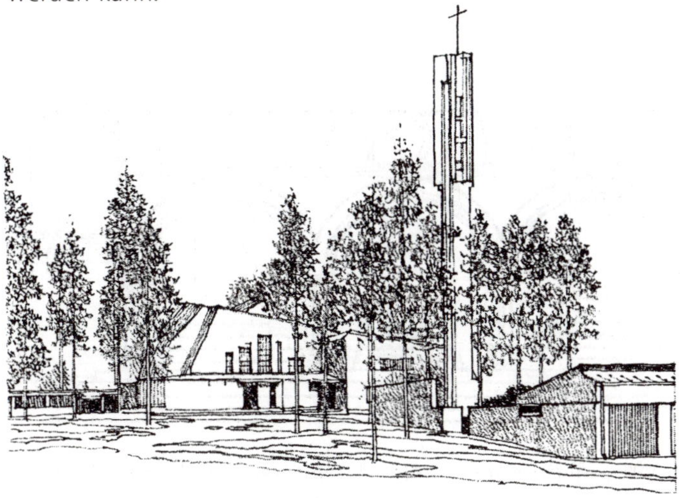

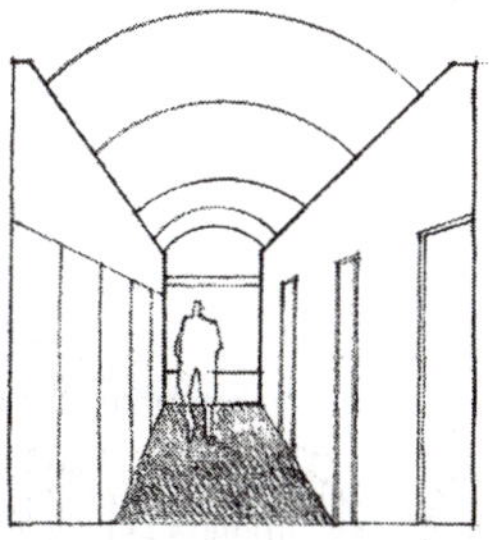

Ein Turm wirkt hoch, wenn er den höchsten Baum überragt und nur aus der Ferne in seiner Streckung mit einem Blick ganz wahrgenommen werden kann.

Ein Durchgang wirkt eng, wenn der Mensch mit ausgebreiteten Armen die Seitenwände berühren kann.

Wirkungen sind nicht nur begründbar; sie müssen auch begründet werden!

Eine Säule* wirkt mächtig, wenn sie mit den Armen nicht zu umfassen ist. Sie wirkt »kolossal«, wenn sie über eine Etage hinausreicht, und dünn, wenn ihr Durchmesser besonders klein im Verhältnis zur Schaftlänge* ist.

Ein Bau wirkt schmal, wenn die Breite erheblich weniger als die Höhe beträgt. (Höhe mehr als 2 x Breite.)

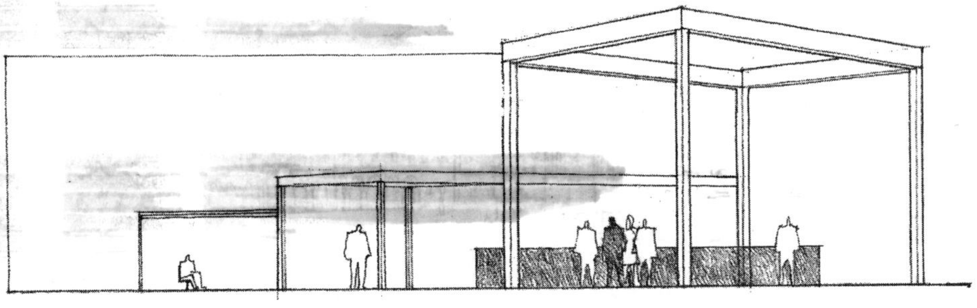

Ein Raum wirkt hoch, wenn die Decke die Reichweite der Arme wesentlich übersteigt, und niedrig, wenn der Mensch mit den Armen die Decke berühren kann.

Eine Arkade* wirkt eng, wenn ihr Interkolumnium* besonders klein ist im Verhältnis zur Arkadenhöhe. (Arkadenhöhe größer 1,5x Breite.)

Eine Arkade wirkt »gedrungen«, wenn das Interkolumnium besonders weit im Verhältnis zur Stützenhöhe ist. (Arkadenhöhe kleiner 1,5 x Breite.)

Fünf Grundregeln zur Analyse von Bauten

Die meisten Menschen greifen viel zu schnell zur Literatur, wenn sie sich einen Bau erschließen möchten. Dadurch übernehmen sie oft unbewußt die Betrachtung, vor allem aber auch die Bewertungen und mögliche Fehler des Autors.

Schritt 1
Jede Architekturanalyse beginnt mit der eindringlichen Befragung des Baus selbst und *nicht* mit einer Literaturrecherche. Kann der Bau selbst nicht in Augenschein genommen werden, müssen Fotografien – nicht Zeichnungen von Ansichten, Stiche etc. – der ersten Betrachtung zugrunde gelegt werden.

Schritt 2
Im Rahmen dieser eindringlichen Befragung werden Grundrisse, Aufrisse* und Schnitte sowie architektonische Ansichten herangezogen und *nicht* zuerst historische Recherchen angestellt.

Schritt 3
Die Herausarbeitung der baulichen Eigenarten beginnt mit der Grundfrage, warum diese und keine andere architektonische Lösung gewählt wurde.

Schritt 4
Erst nach eigener Analyse und der Herausarbeitung von »Auffälligkeiten« beginnt die Recherche und Erarbeitung in der Reihenfolge

- Absicht des Bauträgers*,
- Funktion des Baus,
- Baugeschichte und
- Stilmerkmale

unter Abfragung der Quellen und Befunde (Grabungen, Bauuntersuchungen etc.).

Schritt 5
Zuletzt folgt die Literaturrecherche. Sie dient der Überprüfung der eigenen Ergebnisse. Ob die Behauptungen der Forschung, am konkreten Gegenstand der Analyse und im historischen Kontext gemessen, plausibel, beweisbar oder fragwürdig sind, muß stets nachgeprüft werden.

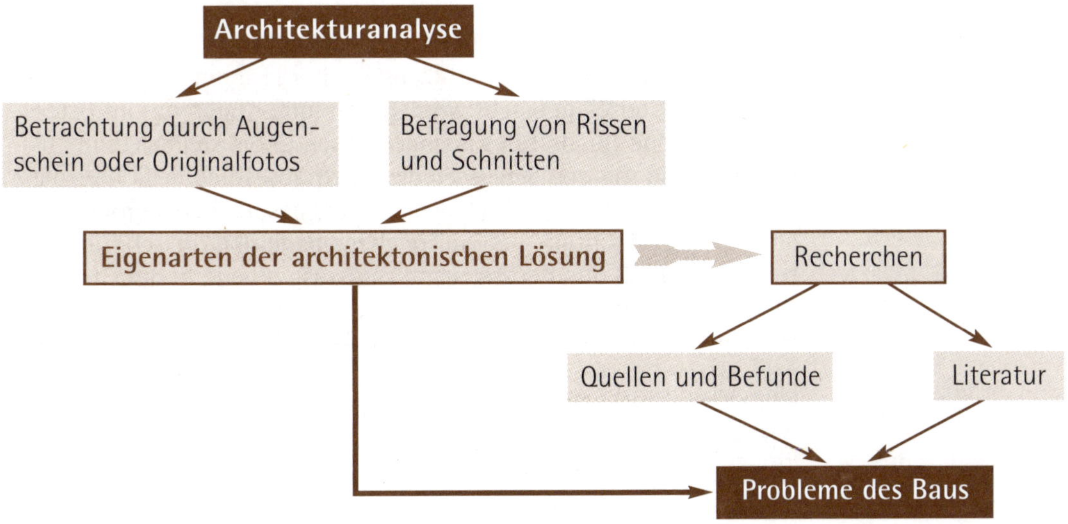

Grundrisse, Aufrisse, Schnitte und Isometrien* sind die wichtigsten Hilfsmittel bei der realen oder bildmäßigen Erfassung des Baus; sie können bereits wichtige Informationen enthalten und Fragen aufwerfen.

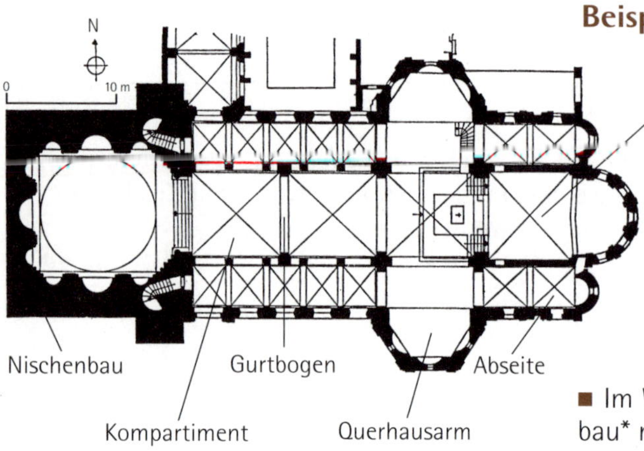

Beispiel: Köln, Kirche St. Georg, Mitte 11. Jh., Grundriß

Die Betrachtung dieses Grundrisses zeigt eine dreischiffige, kreuzgewölbte*, kreuzförmige* Kirche mit mehreren Auffälligkeiten:

- Im Westen ist dem Langhaus ein über Stufen erhobener Nischenbau* mit schwerem Mauerwerk vorgelegt.

- Die Wölbung des Mittelschiffes korrespondiert nicht mit der der Seitenschiffe* und zeigt zwischen den Langhauskompartimenten* einen Gurtbogen* mit eigenen Stützen*, die den Rhythmus der Pfeiler* des Langhauses* unterbrechen.

- Die Querhausarme* sind polygonal* geschlossen und mit Mulden im Mauerwerk versehen.

- Am hochgelegenen Sanktuarium* sind die Seitenschiffe durchgezogen, so daß eine dreigliedrige Ostpartie entsteht; diese ist jedoch durch Innenwände getrennt, wobei die Seitenschiffjoche* längsoblong*, statt queroblong* wie im Langhaus, liegen.

- Der Rhythmus der Durchfensterung wechselt zwischen Langhaus und den Abseiten* des Sanktuariums.

- Im Unterschied zu den polygonalen Schlüssen der Querhausarme ist der dreiapsidiale* Chorschluß rund.

Aus solchen Beobachtungen können bei kunstgeschichtlichen Grundkenntnissen, z. B. über Kölner Dreikonchen- oder Kleeblattanlagen*, mehrere Aussagen gemacht werden. So ist am Mauerwerk erkennbar, daß der Westbau nicht gleichzeitig mit dem übrigen Bau errichtet worden ist. Das eigenartige Stützensystem im Langhaus zeigt, daß die Wölbung später eingebracht worden sein muß. Durch das im Osten vorgeschobene Quadrat des hochgelegenen Chors stellt sich im Zusammenhang mit den Schlüssen des Querhauses und des Chors die Frage, ob noch vom Typ des Kleeblattchors gesprochen werden kann oder ob ein »Mischtyp« aus Dreikonchenanlage und dreischiffigem, bis zum Chorschluß durchgezogenen Langhaus vorliegt. In der Literatur ist wegen des dreigliedrigen Chors eine Zeitlang sogar die fehlerhafte Ansicht verbreitet worden, daß es sich um eine Hirsauer* Kirche handele, obwohl in Hirsauer Kirchen die Abseiten aus liturgischen Gründen kommunizieren*, d. h. das Sanktuarium über Arkaden zu den Abseiten geöffnet ist. Aus der am Grundriß ablesbaren Massengliederung stellt sich die Frage nach dem Zusammenhang und der Funktion von Westbau und Ostpartie sowie dem Langhaus.

Probleme des historischen Verständnisses

Gerade bedeutsame Kunstdenkmäler, die das besondere Interesse der Betrachtung finden, sind oft Bauten, deren Geschichte – wie bei den Pyramiden – bis in die Frühgeschichte der Menschheit zurückgeht. Aber auch griechische Tempel, mittelalterliche Klosteranlagen oder Renaissance-Bürgerhäuser haben eine oft wechselhafte Geschichte der Verehrung, Zerstörung oder Nutzung hinter sich. Der oft ruinöse denkmalgeschützte Zustand verleitet den Betrachter sehr leicht zur romantischen Ästhetisierung*. Damit wird der Blick für den z. T. schwer erkennbaren ursprünglichen Zustand und die ehemalige Nutzung des Baus und seiner Teile eher erschwert als erleichtert. Gut erhaltene mittelalterliche Kirchenbauten erscheinen uns heute – wie z. B. die Klosterkirche Maria Laach – in »vollendeter Schönheit«.

Beispiel: Maria Laach, Klosterkirche, 1093, Ansicht

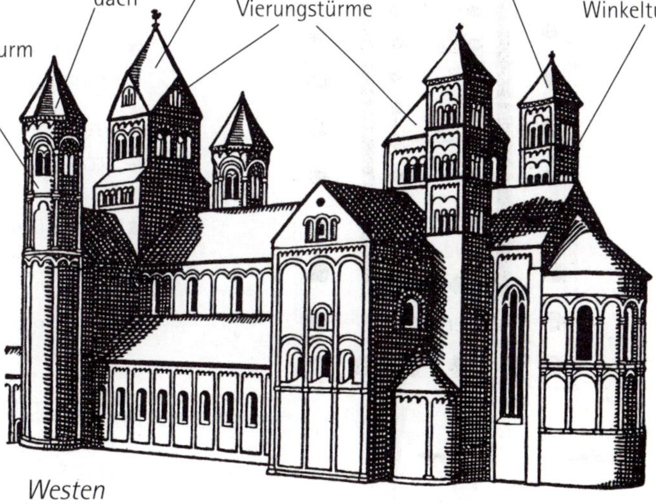

Der in zwei Dreiturmgruppen eingebundene Baukörper bezieht seine Ebenmäßigkeit aus rhythmischem Wechsel:

- Die schwere Turmgruppe im Westen wird durch das ausgreifende Querhaus im Osten ponderiert.
- Die beiden Turmgruppen stehen in formalen Beziehungen:

– Der Vierungsturm* im Westen überragt die Flankentürme*, während die Winkeltürme* im Osten den Vierungsturm überragen.

– Der viereckige Vierungsturm im Westen ist von Rundtürmen flankiert, während im Osten viereckige Winkeltürme den achteckigen Vierungsturm begleiten.

– Die Dachformen der Turmgruppen sind ebenfalls kreuzweise aufeinander bezogen, indem die Zeltdächer der Winkeltürme mit dem Rautendach des westlichen Vierungsturms und die Pyramidendächer der Flankentürme mit dem Dach des östlichen Vierungsturms korrespondieren.

- Im Osten, dem Chorbereich, erreicht der Bau eine bewegte Plastizität durch runde und plane Formen, horizontale und vertikale Gliederungselemente sowie Vor- und Rückspringungen. Diese kommt im Westen durch die ruhige Gliederung des Langhauses und das ausladende, abriegelnde Querhaus zur Ruhe.

Wir betrachten solche Bauten mit unseren an Design und Ästhetik gewöhnten Augen; in Wirklichkeit hatten die Erbauer damals eine ganz andere, gar nicht auf ästhetische Effekte zielende Absicht: Sie wollten Gott als Ursache der Schönheit im konkreten Schönen anschaubar, d.h. erfahrbar, machen. Die Baumeister der griechischen Tempel haben unseren Ästhetikbegriff geprägt. Sie haben ihren Bauten u.a. durch Proportionierungen Schönheit verliehen. Indem eine Proportionierung oder ihre Umkehrung mehrfach angewandt wurde (Proportions-Verschränkungen) oder Wand- und Giebelaufbau in ganzzahligen Maßverhältnissen aufeinander bezogen wurden (Proportions-Ketten), versuchten sie, konstruktive Gleichklänge zu erzeugen.

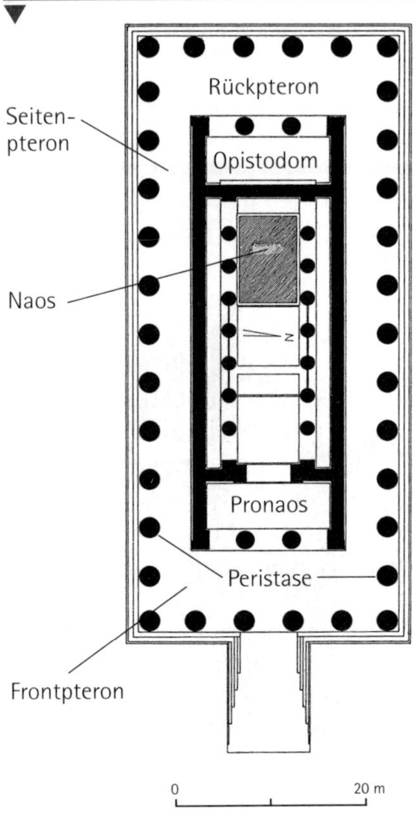

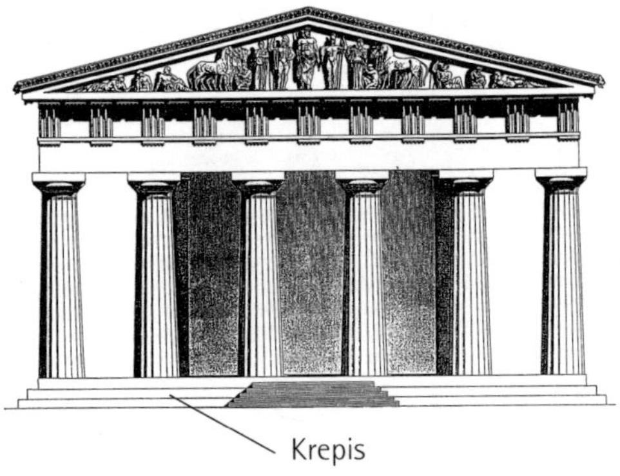

Beispiel: Olympia / Griechenland, Zeustempel, 470 v. Chr., Grundriß und Aufriß der Ostfassade

Schon der Grundriß des Zeustempels zeigt »konstruktive Regelmäßigkeiten«:

- Die Peristase*, d.h. der Säulenring um den Naos*, ebenso der Gesamtbau sind punkt- und achsensymmetrisch konstruiert.

- Pronaos* und Opistodom* sind gleich groß.
- Front- und Rückpteron* sind gleich breit.

- Die Seitenwände des Naos fluchten außen im Säulenmittelpunkt der zweiten und fünften Frontsäule.

- Maßeinheit ist das Säulenjoch*:

- Front- und Seitenptera stehen im Verhältnis 5 : 12 Jochen,
- Naosbreite zu Naoslänge im Verhältnis 3 : 9 Jochen.
- Die Tempelbreite verhält sich zur Naosbreite wie 5 : 3.
- Das Seitenpteron nimmt zum Naos mit 1 : 3 das Naosverhältnis wieder auf.

- Der Frontaufbau beruht auf dem Prinzip der Verdoppelung oder Halbierung:

- Die Säulenhöhe entspricht der doppelten Jochbreite.
- Triglyphe* und Metope* sind halb so breit wie ein Joch.
- Mutulus* und Via* messen wiederum die Hälfte und
- die Dachziegel sind noch einmal halb so breit (hier nicht sichtbar).

Mit Hilfe von Proportions-Verschränkungen und Proportions-Ketten gaben die Griechen dem olympischen Zeustempel eine würdevolle Ruhe; die neuen architektonischen Gestaltungsprinzipien bestimmten nicht nur den künftigen griechischen Tempelbau, sondern bis heute das abendländische Verständnis von Schönheit.

Das Einmalige und das Innovative stellen – unabhängig von ihrer handwerklichen Vollendung – immer besonders deutlich die Frage nach dem Grund des Neuen und seiner Nachwirkung auf die Architekturentwicklung.

Es sind aber nicht nur die bedeutenden Kunstdenkmäler, die das besondere Interesse der Betrachtung verdienen. Aus retrospektiver Sicht, die wir als traditionsbewußte Betrachter einnehmen sollten, ist bei einem Bau das Ein- und Erstmalige in seiner Bedeutung des Früheren für das Spätere – wie beim Zeustempel – oft ebenso interessant wie das besonders Prächtige und handwerklich Perfekte.

Das Tonnengewölbe* im Chor der Klosterkirche von Kastl, das erste auf deutschem Boden, ist architekturgeschichtlich besonders wichtig. Es fand in der Romanik allerdings in Deutschland keine Verbreitung, weil die Durchfensterung des Obergadens* durch die Tonnenwand noch nicht beherrscht wurde. Dies gelang erst im Barock, als die Kreuzgewölbe durch Tonnengewölbe fast vollständig verdrängt und Stichkappen* zur Belichtung aus dem Obergaden genutzt wurden. Eine schnelle und weite Verbreitung fand das Würfelkapitell*, eine Erfindung Bischof Bernwards von Hildesheim. Das Anfang des 11. Jh. in der Kirche St. Michael in Hildesheim verwendete Würfelkapitell beruht auf der Verschmelzung von Kubus und Kugel.

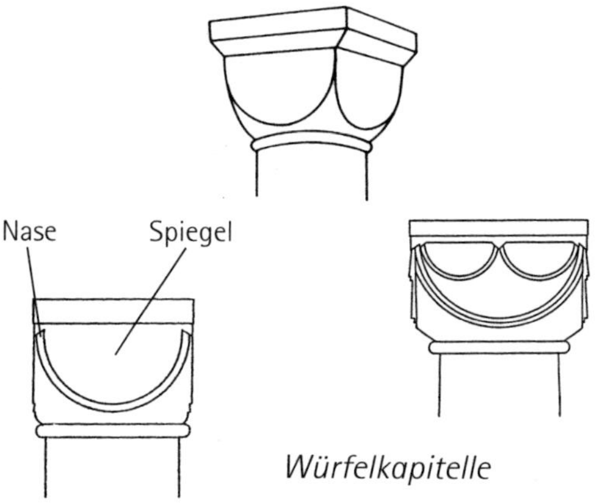

Würfelkapitelle

Beispiel: Kastl, Klosterkirche, 1103, Längsschnitt

Wie der Längsschnitt* zeigt, ist die Kirche in Kastl über die unterschiedliche Wölbung in zwei fast gleich lange Teile geteilt; über dem Chorbereich im Osten befindet sich eine nach Osten aufsteigende Tonne*.

Die auf dem Säulenschaft ruhende Halbkugel mit einem eingeschriebenen Kubus wird an den überstehenden Kugelseiten beschnitten, so daß vier halbkreisförmige Ansichtsflächen, die Spiegel, entstehen. Mit dieser Kapitellform wurde an der prominentesten Stelle des Stützensystems, wo Tragen und Lasten zusammentreffen, die Überleitung aus dem runden Schaft in die eckige Auflagerung eines Balkens oder Bogens elegant gelöst. Außerdem kann dieses Kapitell in mittelalterlicher Symbolvorstellung als Durchdringung von Himmel (= Kugel) und Erde (= Kubus, Quadrat) gedeutet werden. Die Hirsauer verdeutlichten die Durchdringung von Kubus und Kugel, indem sie am Zusammentreffen unterhalb der Deckplatte durch Unterschneidung des Spiegels eine »Nase«* bildeten, was die Kapitelle in frühen Zeiten zum Erkennungs- und Identifikationszeichen für Hirsauer Klöster und ihre Mönche machte. Bei späteren Kapitellen wurden die Spiegel sogar mehrfach unterschnitten oder ornamentiert, so daß die ursprünglich klare tektonische Konzeption des Würfelkapitells verlorenging.

- Jeder Bau ist ein geschichtlicher Bau, dessen Erfassung im Zeitkontext geschehen muß.
- Alte und moderne Großbauten haben oft eine komplizierte Baugeschichte durch
  - eine aufwendige Planungsphase mit verworfenen Planungsansätzen und Planungskompromissen,
  - eine oft Jahre dauernde Errichtungsphase, in der Planänderungen vorgenommen werden oder
  - häufige Veränderungen im Laufe der Nutzung.

Es können deshalb mehrere Zeitkontexte vorliegen. Das ist besonders gravierend, wenn sich die Nutzung ändert.

- Die Geschichtlichkeit eines Baus ist nicht aus heutiger Sicht zu erfassen; sie bedarf einer Analyse des Zeitkontextes, bei dem neben der Nutzung des Baus und dem Kunstbegriff der Errichtungszeit auch die architektonischen Möglichkeiten beachtet werden müssen, d. h. die materiellen, technischen und bautypologischen (Rundbau, Kreuzbau, Scheibenbau etc.).
- Die geschichtliche Bedeutung eines Baus ist nur in retrospektiver Betrachtung festzustellen, indem das Erst- und Einmalige in der Bedeutung des Früheren für das Spätere baugeschichtlich, nutzungsgeschichtlich oder kunstgeschichtlich ermittelt werden.

Umgang mit Quellen

Bei der Analyse konkreter Bauten wird meistens zu früh auf Schriftquellen zurückgegriffen. Am Anfang jeder Architekturanalyse aber steht die genaue und eingehende Betrachtung des Baus selbst. Dazu sollten Risse und Schnitte herangezogen werden.

Altes Bildmaterial gehört neben den schriftlichen Dokumenten und Aussagen zu den wichtigsten Quellen.

Zu alten Bauten ist die Quellenlage oft dürftig. Auch sind diese Quellen nur aus dem Kontext ihrer Entstehung sowie aus dem damaligen Verständnis von Geschichtsschreibung zu verstehen. Dies gilt sowohl für Schrift- wie für Bildquellen.

■ Die wichtigste Quelle ist der Bau selbst. Er ist zu befragen

- nach Veränderungen und Eingriffen,
- auf zeitliche Einordnung im
  - Epochenvergleich,
  - Stilvergleich und
  - Materialvergleich.

■ Bei älteren Bauten ist die Quellenlage oft sehr dürftig und kompliziert.

- Die schriftlichen Quellen erwähnen den Bau oft nur und enthalten meist nur Daten zur Grundsteinlegung, Weihe, zu Stiftern und Bauherren; auch diese Angaben sind zu überprüfen, weil sie manchmal »zum Ruhme« eines Stifters oder Bauherrn gefälscht sind oder auf Angaben des »Hörensagens« beruhen.
  - Aussagen zum Bau selbst sind oft nur vereinzelt und können auch »Toposcharakter« haben; so heißt z. B. die typische Redewendung »aus erlesenem Material«, daß der Bau prächtig ist. Mit anderen Angaben, z. B. »aus erlesenen Quadern« oder »in Form des Kreuzes«, wird auf Besonderheiten hingewiesen, die für die Analyse wichtig sind (wie z. B. das Baumaterial oder die Bauform).
  - Aussagen zu Bauteilen oder Bauelementen müssen (vor allem, wenn sie in lateinischer Sprache verfaßt sind) in ihrer Begrifflichkeit und Bedeutung überprüft werden.
- Die Bildquellen – wenn auch oft den zeitlichen Zeichenstand und -stil widerspiegelnd – lassen vor allem im Vergleich mehrerer Quellen gute Aussagen über den Bauzustand zum Zeitpunkt der Bildentstehung zu. Sie müssen bei Details in aller Regel mit Vorsicht genutzt werden: Anzahl der Fenster, Größenrelationen etc.

■ Bei neueren Bauten gibt es teilweise schriftliche Aussagen der Architekten oder Bauherren. Solche Aussagen müssen vor allem auf ihre subjektiven Interessen und auch Eitelkeiten hin befragt werden.

■ Alle Quellen müssen einer »Zeitgeistprüfung« im doppelten Sinne unterzogen werden:

- Einerseits sind Begriffe und Hervorhebungen nur im Zeitverständnis zu beurteilen.
- Andererseits sind Sichtweisen, Anschauungen und Bewertungen zeitabhängig – also auch unsere.

Dies gilt auch für Quellen in Form von Protokollen eingesetzter Baukommissionen oder – bei Ausschreibungen – von Juroren oder Gremien.

■ Besondere Quellen sind Grabungs- und Untersuchungsbefunde. Da auch hier oft vorschnelle Schlüsse gezogen werden, ist immer auf die dokumentierten Befundergebnisse zurückzugreifen; die aus ihnen abgeleiteten Bewertungen sind auf ihre Schlüssigkeit hin zu überprüfen.

■ Wissenschaftliche Arbeiten sind überhaupt keine Quellen. Ihre Behauptungen dürfen nur bei Rückführung auf Quellen oder Befunde übernommen werden; ihre Bewertungen sind anhand schlüssiger Bilddokumentationen zu beurteilten. Dasselbe gilt für literarische Ausführungen (z. B. Goethes Aufsatz zum Straßburger Münster); sie sind in ihrem beschreibenden Teil Zeitdokument und haben insoweit Quellencharakter.

Nur mit Hilfe der Quellen und Befunde am Bau ist eine historische Rekonstruktion vorzunehmen. Meist kann diese nur Annäherungswerte erreichen.

Spekulationen ohne berechtigte Vermutung sind unzulässig. Sprachlich sollte genau unterschieden werden, ob es sich um gesicherte Kenntnisse, eine begründete Wahrscheinlichkeit oder eine berechtigte Vermutung handelt.

Methodische Anmerkung

Wie bei einer Architekturanalyse vorgegangen wird, ist nirgendwo geregelt. Es gibt aber begründete Vorgehensweisen. Im Mittelalter setzte z. B. die Beschreibung einer Kirche manchmal am Chorbereich als dem wichtigsten Bauteil für die Liturgie an. Da jeder Bau grundsätzlich zunächst Architektur ist, ergibt sich aus der Betrachtung die Beschreibung, aus der Beschreibung die Bedeutung und aus der Bedeutung die Bewertung. Wir nähern uns dem Bau immer von außen und können das Detail im »Gesamtwerk« Bau nur aus dem Konzept verstehen. Vor allem aber können wir die Stimmigkeit der Teile und Details nur vom Ganzen her beurteilen; dies gilt für den Baukörper ebenso wie für den Raum, so daß unsere Betrachtung immer vom Ganzen über die Teile zum Detail fortschreiten sollte. Vor allem bei der Betrachtung der Teile sollte sich die Analyse vom Allgemeinen zum Besonderen bewegen. Im Allgemeinen, z. B. einem Hauptportal einer Kirche, sehen wir, ob es vor oder tief in die Wand gelegt ist und erkennen ein Gestaltungsprinzip an der Schnittstelle von innen und außen. Die Eingangsvertiefung z. B. kann unterschiedlich mit Treppungen als Stufenportal* oder mit zusätzlich eingestellten Säulen als Säulenportal* ausgeführt sein. Aber auch diese Stufung kann wieder zum Allgemeinen der Betrachtung gemacht werden, damit man erkennen kann, ob weitere Gestaltungsprinzipien, z. B. Stufungs- oder

Methodisches Vorgehen bei der Bauanalyse

Säulenvariationen, vorliegen und mit welcher besonderen Detailausführung diese Gestaltung erreicht wurde. Gerade das Fortschreiten der Analyse vom Allgemeinen zum Besonderen gibt Aufschluß, inwieweit konzeptionelle Gestaltungsprinzipien bei der Durchführung im einzelnen verknüpft werden. Aus all diesen Gründen sollte die Architekturanalyse grundsätzlich sechs methodische Regeln beachten:

Regel 1: Vom Ganzen über die Teile zum Detail

Zuerst begegnet man dem Baukörper als Ganzem, betrachtet sodann seine Baumassengliederung, um sich dann dem Bauschmuck zuzuwenden.

Regel 2: Von außen nach innen

Nach dem Erfassen des Baukörpers durch Umschreiten erfaßt man den Innenraum als Ganzes im Durchschreiten. Sodann analysiert man die Raumordnung und Raumanordnung sowie die Verbindung und Trennung von Raumteilen.

Regel 3: Vom Allgemeinen der Gestaltung zum Besonderen der Ausführung

Um den konzeptionellen Bezug besser erfassen zu können, ist es zweckmäßig, in jedem Einzelfall der Bauerfassung vom Allgemeinen, z. B. dem Wandaufbau, zum Besonderen, z. B. dem Stützensystem, und zum Speziellen, z. B. den Kapitellformen, überzugehen.

Regel 4: Von der Funktion zur Bedeutung

Erst nach der Kenntnis der Funktionen eines Baus und seiner Bauteile ist es möglich, die Bedeutung – sei es z. B. einer Raumgröße oder Raumform oder sei es z. B. die Lage von Portalen bzw. ihrer Form – zu würdigen.

Regel 5: Von der Bedeutung zur Deutung und Bewertung

Deutung und Bewertung stehen am Ende der Betrachtung des Baus. Sie müssen auf die historische Rekonstruktion und durch Vergleiche mit früheren oder zeitgleichen Bauten gestützt werden.

Regel 6: Von lokalen und regionalen zu nationalen und internationalen Zusammenhängen

Zum Schluß folgt die geschichtliche Einordnung. Hier werden die Ein- und Auswirkungen des untersuchten Baus in verschiedenen regionalen und überregionalen Zusammenhängen untersucht.

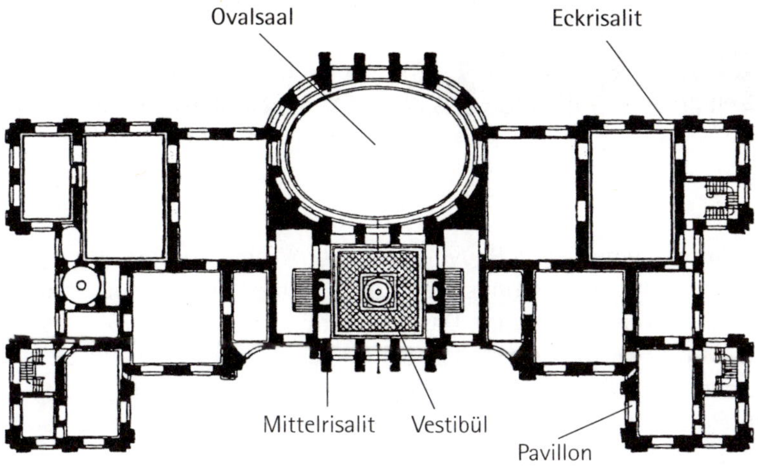

Beispiel: Vaux-le-Vicomte / Frankreich, Schloß, 1657, Grundriß und Ansicht

Regel 1: Vom Ganzen über die Teile zum Detail

Das Schloß ist ein breitgelagerter, in die Gartenanlage eingebetteter Bau. Er ist dreifach zurückgestuft und an den Ecken durch Risalite* und Pavillons* hervorgehoben.

Regel 2: Von außen nach innen

Der Baukörper folgt in der Front einem Dreierrhythmus:

- Er ist zum Eingangsportal dreifach gestuft,
- in drei Etagen gegliedert und hat
- ein dreigliedriges Portal.

Zur Gartenseite liegt ein überkuppelter Ovalsaal, der vom Eingang durch ein das Treppenhaus enthaltendes Vestibül erreicht wird.

Regel 3: Vom Allgemeinen der Gestaltung zum Besonderen der Ausführung

Die äußere Symmetrie des Baukörpers spiegelt die innere Symmetrie der Raumgliederung wider. Der Baukörper ist über Säulenvorlagen und Simse vertikal und horizontal gegliedert.

Regel 4: Von der Funktion zur Bedeutung

Das Schloß diente Fouchet, dem Finanzminister Ludwigs XIV., als Repräsentationssitz. Seine Räume sind durch Größe, Form und Lage hierarchisiert.

Regel 5: Von der Bedeutung zur Deutung und Bewertung

Die streng symmetrische Gliederung des Baus und seine Einbettung in eine geometrische Gartenanlage sind Ausdruck des herrschenden Absolutismus'.

Regel 6: Von lokalen und regionalen zu nationalen und internationalen Zusammenhängen

Mit diesem Schloß wurde der Umbau des Königsschlosses in Versailles angeregt; seine repräsentative Durchgestaltung sowie seine Integration in den Schloßpark bestimmten über Versailles die Schloßbauvorstellungen des Barocks in ganz Europa.

Teil B
Elemente der Architekturanalyse

Am Anfang eines jeden Bauvorhabens, ob Wohnhaus, Kirche oder Garage, steht ein Nutzungszweck, der in ein entsprechendes Raumprogramm umgesetzt wird. Das Raumprogramm wird als Bauabsicht in einem Bauplan konkretisiert. Schon dabei stellt sich die Frage, an welchem Ort der Bau errichtet werden soll und darf (Bauvorschriften, Bodenbeschaffenheit etc.) und wie er ausgerichtet werden soll (Sonnenseite, Abstand zum Nachbarn etc.).

Spätestens nach der Bestimmung der Lage wird über das Verhältnis von Zugang und Eingang bzw. Einfahrt entschieden und die Sichtfront festgelegt.

Der Betrachter hingegen erlebt den Bau anders als in dem beschriebenen Entscheidungsablauf. Bei Annäherung sieht er zunächst den Baukörper von einem bestimmten Blickwinkel aus. Er fragt sich: Was steht da für ein Bau, warum gerade dort und in dieser Lage? Aus seiner äußeren Form versucht er auf das Innere und dabei auf den Nutzungszweck zu schließen.

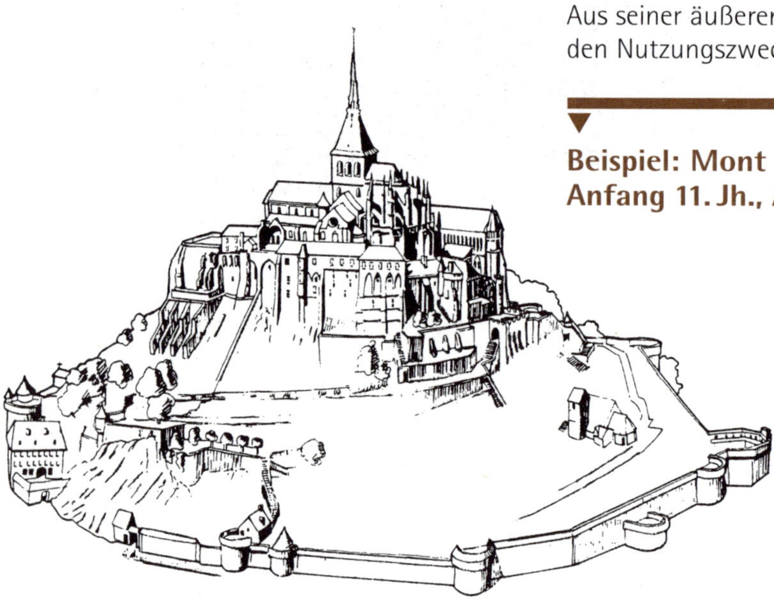

Beispiel: Mont Saint Michel / Frankreich, Kloster, Anfang 11. Jh., Ansicht von Süden

Auf einer Felseninsel mit Steilhängen erhebt sich ein vielgliedriges Bautenensemble. Trotz festungsartiger Anlage, die Schutz- und Autonomieabsicht anzeigt, weist das Hauptgebäude, eine große Kirche mit Vierungsturm, sie als Kloster aus. Mit dem gotischen Spitzhelm wird die Steilheit der Felsformation in eine wirkungsvolle »Zurschaustellung« übergeleitet und der Ort neu definiert: Die natürliche Insel wird zum Sockel einer »Gottesstadt« mit der zentralen Aufgipfelung im Vierungsturm.

Jeder Bau drückt bereits im Baukörper Absichten des Bauträgers aus.

Um dem Betrachter beim »Lesen« dieser Absichten zu helfen, werden hier die *Grundlagen eines Schemas der Architekturanalyse* entwickelt; sie soll einen Leitfaden für das Vorgehen an die Hand geben, gleichgültig ob es sich um historische oder moderne Bauten handelt.

Nicht jedes Bauwerk und jede technische Konstruktion sind Architektur im Sinne der hier verwendeten Definition.

Nicht unter die Definition fallen z. B.:

■ Brücken oder Staudämme, weil sie keinen Raum umschließen. Ähnliches gilt für die Rohrkonstruktionen von Raffinerieanlagen oder für Verkehrsanlagen.

■ Begehbare Plastiken zielen nicht auf eine praktische Nutzung des Raumes; die erlebnishafte Wirkung von Körper und Raum ist ihr Hauptziel.

■ Die Konstruktionen im Weltall werden erst allmählich als architektonische Ingenieurkonstruktionen erfaßt. Für eine Breitennutzung sind »Luft-Bauten« bislang im Bereich der Utopie angesiedelt.

Beispiele:

Wladimir Tatlin, Denkmal für die III. Internationale (Modell), 1919, Ansicht

Dieser Entwurf einer Stahlkonstruktion sollte mit seiner Leiter-, Geländer- und Spiralform vor allem symbolischer Hoffnungsausdruck einer gesellschaftlichen »Aufwärtsentwicklung« sein. Trotz vorgesehener Nutzräume steht der Charakter als Skulptur im Vordergrund.

Walter Jonas, Intra-Raumstadt (Entwurf) 1960, Grundriß und Schnitt eines Trichterhauses

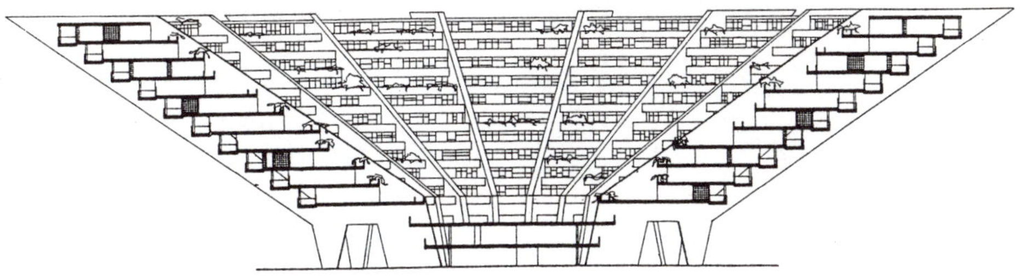

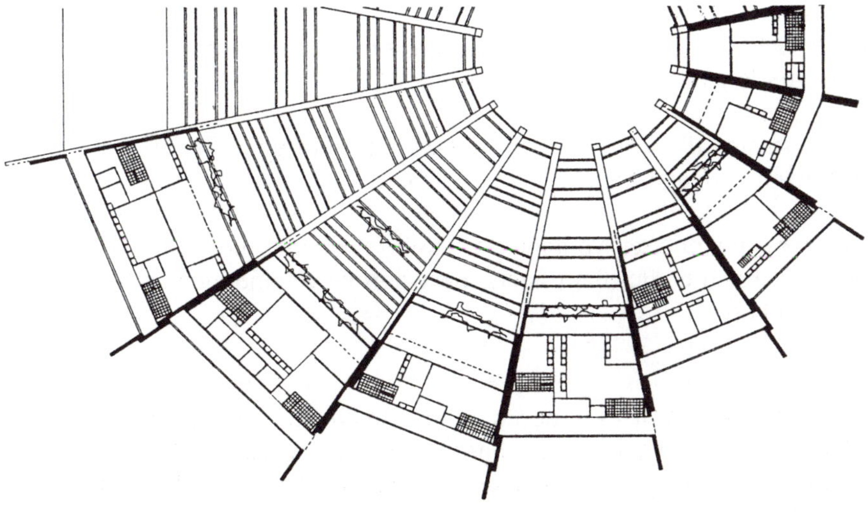

In riesigen Trichterformen als Träger von Stadtteilen will Jonas einen eigenen Luft-Wohnbereich mit autonomer städtischer Infrastruktur, abgehoben über dem Erdboden, schaffen. Die »Abgehobenheit« des technisch Machbaren wirft in solchen Versuchen die Frage nach dem Menschengerechten und sozial Vertretbaren auf, weil Architektur hier Lebensbedingungen schafft, deren psychologische, soziale und kommunikative Auswirkungen weit über das bloße Wohnen hinausgehen.

Architektur als Schaffung von Orten

Jeder Bau markiert auf doppelte Weise seinen Standort:

- Er besetzt einen natürlichen oder künstlichen Ort, indem er ihn der bisherigen Verfügung entzieht.

- Er verändert das Aussehen des Ortes, indem er ihm etwas hinzufügt.

Jede Architektur schafft einen neuen Ort. Dies gilt für alte wie für moderne Bauten. Ob der Ort hierdurch qualitativ verbessert oder verschlechtert wird, ist eine andere Frage. In manchen Kulturen ist die Ortsbestimmung für einen Bau ein kompliziertes Verfahren, bei dem die genaue Übereinstimmung mit Naturkräften des Bodens, der Wasserläufe und Hauptwindrichtung – nicht als materielle, sondern als geistige Beschaffenheit – gesucht wird.

Auch wenn wir in unserer Kultur diese geomantischen Bestimmungen nicht kennen, ist doch die Ortswahl für einen Bau so bedeutend, daß der Bauplatz im Mittelalter geweiht wurde und noch heute jedes Automobilunternehmen Wert darauf legt, seinen Ausstellungsraum in Paris an den exklusiven Champs Elysées zu haben.

> Jede Architekturanalyse beginnt mit der Betrachtung des Ortes.

Beim Bauen geschieht die Schaffung des neuen Ortes in mehreren Schritten:

- Zunächst beginnt der Bauträger bzw. der Architekt mit der *Standort*wahl für den Bau,

- schreitet fort zur *Lage*, d.h. vor allem der Ausrichtung des Baus,

- versucht den Zusammenhang des Ortes mit dem *Zugang* und der Lage des Baus zu gestalten,

- um sodann die Form des Baus mit diesen Aspekten in Beziehung zu setzen, d.h. den *Kontext* herzustellen.

Betrachten wir diesen Vorgang analytisch, so erlaubt dies Schlüsse auf die Absichten des Bauträgers sowie auf die Verbindung von Ort und Funktion.

> Die Analyse des Ortes in Bezug auf die Architektur, die den Ort besetzt, verändert und neu schafft, dient der Analyse der Bauabsichten und Planvorstellungen. Jede konkrete Bauvorstellung ist als Bauskizze oder Bauplan ortsbezogen.

Standort des Baus

Die Besetzung des Ortes, d. h. die Bestimmung des Bauplatzes, heißt heute oft, eine Baulücke zu füllen; teilweise geschieht dies erst nach Abriß früherer Bauten. Aus dieser Situation ergibt sich für den Architekten zwangsläufig die Auseinandersetzung mit dem Bauplatz und der Umgebung.

▼

Beispiel: Hans Hollein, Museum für Moderne Kunst, Frankfurt am Main 1987, Isometrie*, Grundriß und Lageplan

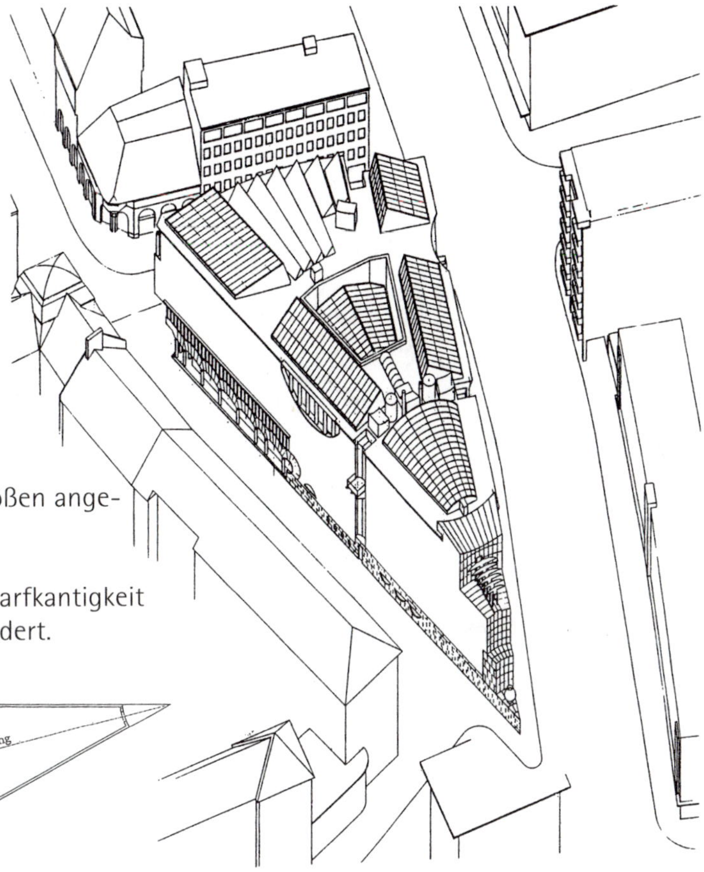

Der Architekt hatte die Aufgabe, ein »Tortenstück« im dicht bebauten Frankfurter Stadtkern zu bebauen. Hollein löst das Problem der Integration des Baus in den Stadtraum vor allem mit drei Mitteln:

- Die Fronten vermeiden durch unregelmäßige Fenstergestaltung jede Blockhaftigkeit.
- Über die »aufgerissene« Dachlandschaft wird der Baukörper an die umgebenden Dachformen und Gebäudegrößen angepaßt.
- An der Spitze des Baus wird durch Abtreppung die Scharfkantigkeit sowie Steilheit gebrochen und zum Straßenniveau gegliedert.

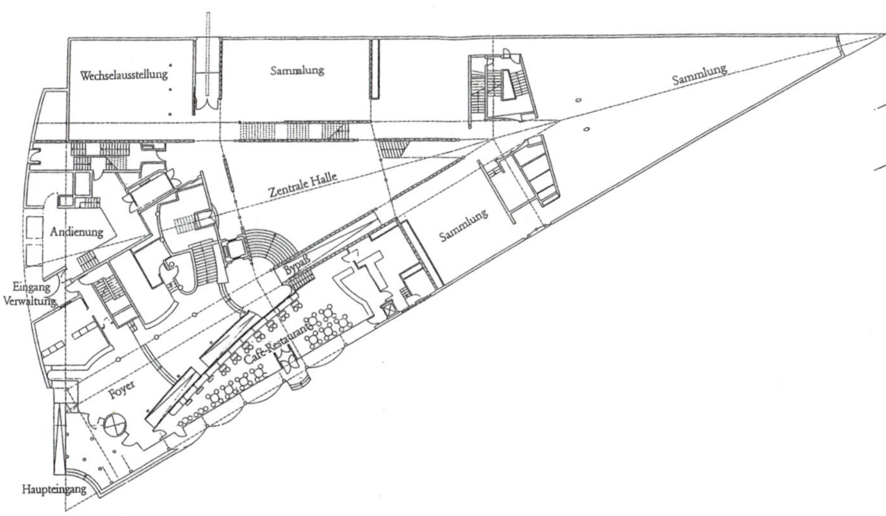

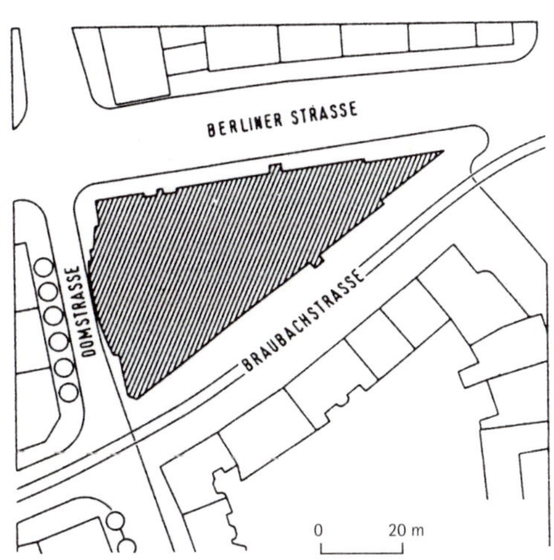

Trotz der schwierigen Grundstücksform erreicht der Architekt eine optimale Nutzung der bebaubaren Fläche. Er gibt dem Ort an einer Straßengabelung die »Attraktion«, sich den Bau von beiden Straßenseiten anzusehen.

▲

Viele Bauträger historischer Bauten, aber auch immer wieder moderner Gebäude, hatten das »Glück«, einen Bauplatz ihrer Wahl zu bestimmen. Für die Bestimmung des Standorts galten früher teilweise ganz andere Kriterien als heute. An oberster Stelle der Überlegungen bei der Wahl des Bauplatzes stand der Schutzgedanke.

Beispiel: Münzenberg / Wetterau, Burg, Mitte 12. Jh., Ansicht und Grundriß

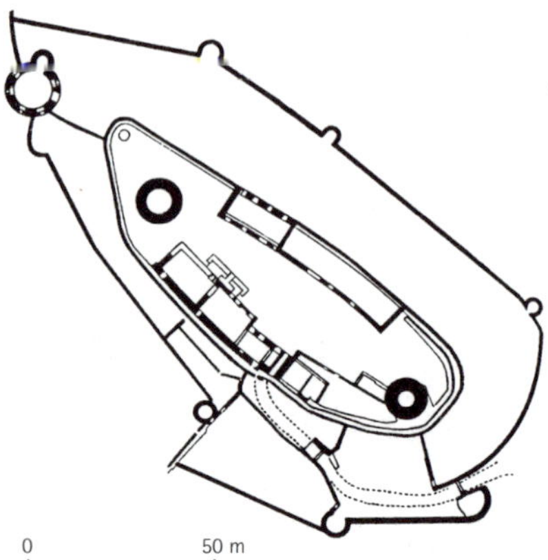

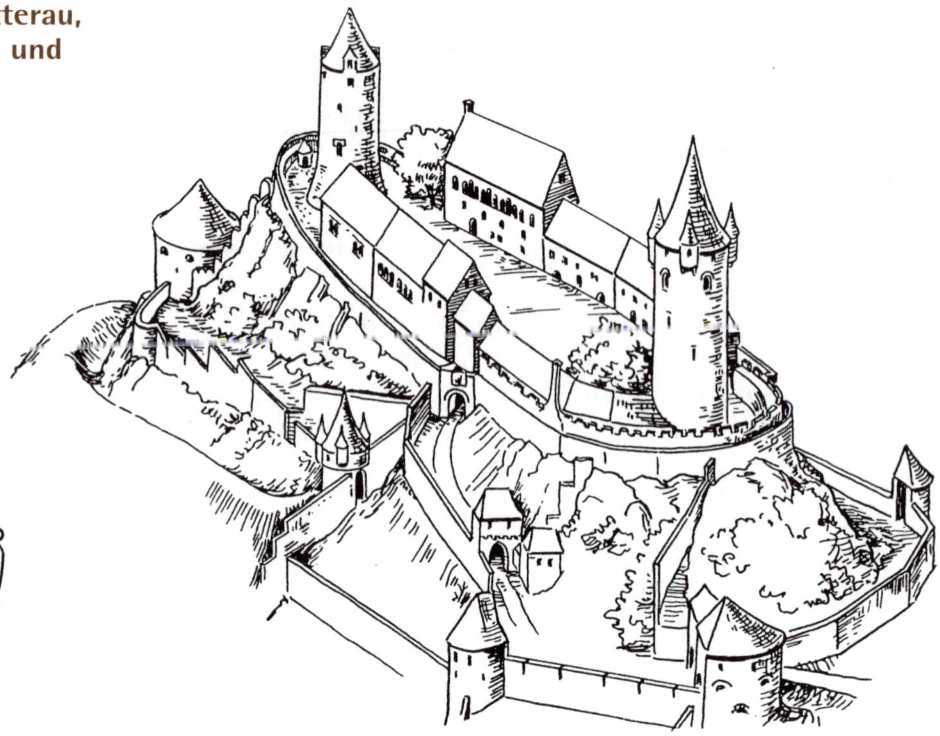

Bergsporne waren wegen der weitreichenden Sicht und der schweren Zugänglichkeit bevorzugte Bauorte für Burgen, aber auch für Kirchen, die der bedrohten Bevölkerung teilweise als Zufluchtsorte dienten.

Daneben waren Handelswege zu Lande und Wasser bevorzugte Lagen, da sie ökonomische Vorteile boten.

Sehr praktische Überlegungen bestimmten also oft den konkreten Standort. An den wichtigen Wasserlagen mußten sich die Anwohner bei ökonomischer Nutzung des Wassers besonders vor Überschwemmungen schützen. So wurde z. B. das Kloster Hirsau Ende des 11. Jh. aus dem überschwemmungsgefährdeten Nagoldtal auf eine nicht weit entfernte Anhöhe verlegt.

Die Zisterzienser bauten grundsätzlich an Wasserläufen: Erstens konnte das Wasser vom Trinken übers Tränken und Schmieden bis zu den Fischteichen sowie schließlich noch für die Toilettenspülung und Stallreinigung genutzt werden. Zum zweiten wurde der Standort der Bauten durch die geostete Kirche bestimmt; die Klostergebäude wurden außerdem nach Aspekten der funktionalen Zusammengehörigkeit sowie der Sozialschichtung der Klostergemeinde angeordnet (vgl. Grundriß von Maulbronn, S. 12).

Die Ostung von Kirchen betrifft einen weiteren Komplex von Überlegungen, die für den Baustandort früher – zumindest bei Kirchen, teilweise aber auch schon bei Tempeln und Palästen – eine maßgebliche Rolle gespielt haben: Die Kultaspekte, d. h. Vorstellungen, die sich aus einer bestimmten Religionsausprägung, ihren Riten und Liturgien ergeben.

Der mythologisch aufgeladene Kultplatz, die Kultnachfolge und die Kultsymbolik sind bestimmende Überlegungen bei der Platzwahl und Ausrichtung vieler Sakralbauten.

Bei Mont Saint Michel (S. 24) wird die symbolische Himmelsnähe ebenso gesucht wie beim Dom in Limburg an der Lahn, der auf einem Bergsporn die Stadt weithin sichtbar überragt. Die Verkündung des Heils »urbi et orbi« wird nicht nur in den aufragenden Türmen, sondern ebenso im Berg, dem natürlichen Sockel des Gotteshauses, verdeutlicht.

Die Kultnachfolge ist eine architektonisch, im Ort fixierte Siegerpose: Wo der neue Kult, wie in Chartres die Marienverehrung über eine frühere Muttergottheit, die Herrschaft übernimmt, besetzt er oft alte Kultorte. Dies kannten schon die Griechen, z. B. in ihren Heiligtümern in Delphi und Athen.

In der Akropolis werden drei klassische Aspekte der Standortwahl vereinigt: Kulttradition (mythologische Kultnachfolge), Kultsymbolik (natürliche Erhebung als Erhabenheit) und Repräsentation (nobilitierte Zugangsgestaltung).

Beispiel: Athen / Griechenland, Akropolis, 447–406 v. Chr., rekonstruierte Ansicht

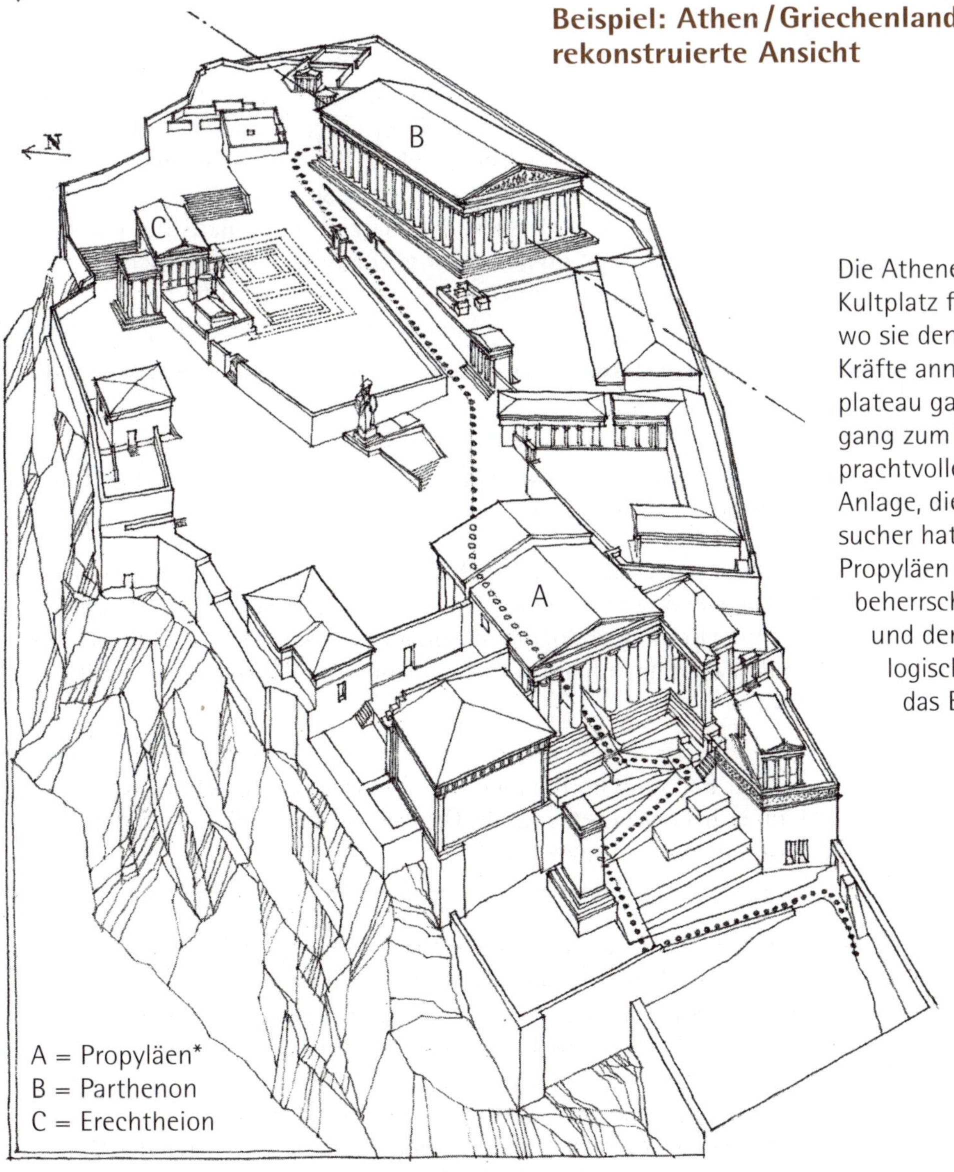

A = Propyläen*
B = Parthenon
C = Erechtheion

Die Athener errichteten ihren wichtigsten Kultplatz für ihre Stadtgöttin Athena dort, wo sie den Sitz mythologischer Wesen und Kräfte annahmen. Das hochgelegene Felsplateau gab dem Ort »Erhabenheit«. Der Zugang zum Tempelbezirk führte durch eine prachtvolle, architektonisch vielgestaltige Anlage, die Propyläen. Der beeindruckte Besucher hatte nach dem Durchschreiten der Propyläen freien Blick auf den das Plateau beherrschenden Tempel, den Parthenon, und den feingliedrigen Bau für die mythologischen Gottheiten und Könige, das Erechtheion.

Für die moderne Architektur ist bei der Bestimmung des Standorts fast ausschließlich der Repräsentationsgesichtspunkt übriggeblieben. Allerdings werden immer wieder symbolische Bezüge gesucht.

Beispiel: Jørn Utzon, Opernhaus, Sydney/Australien 1956, Ansicht

Logo von Sydney

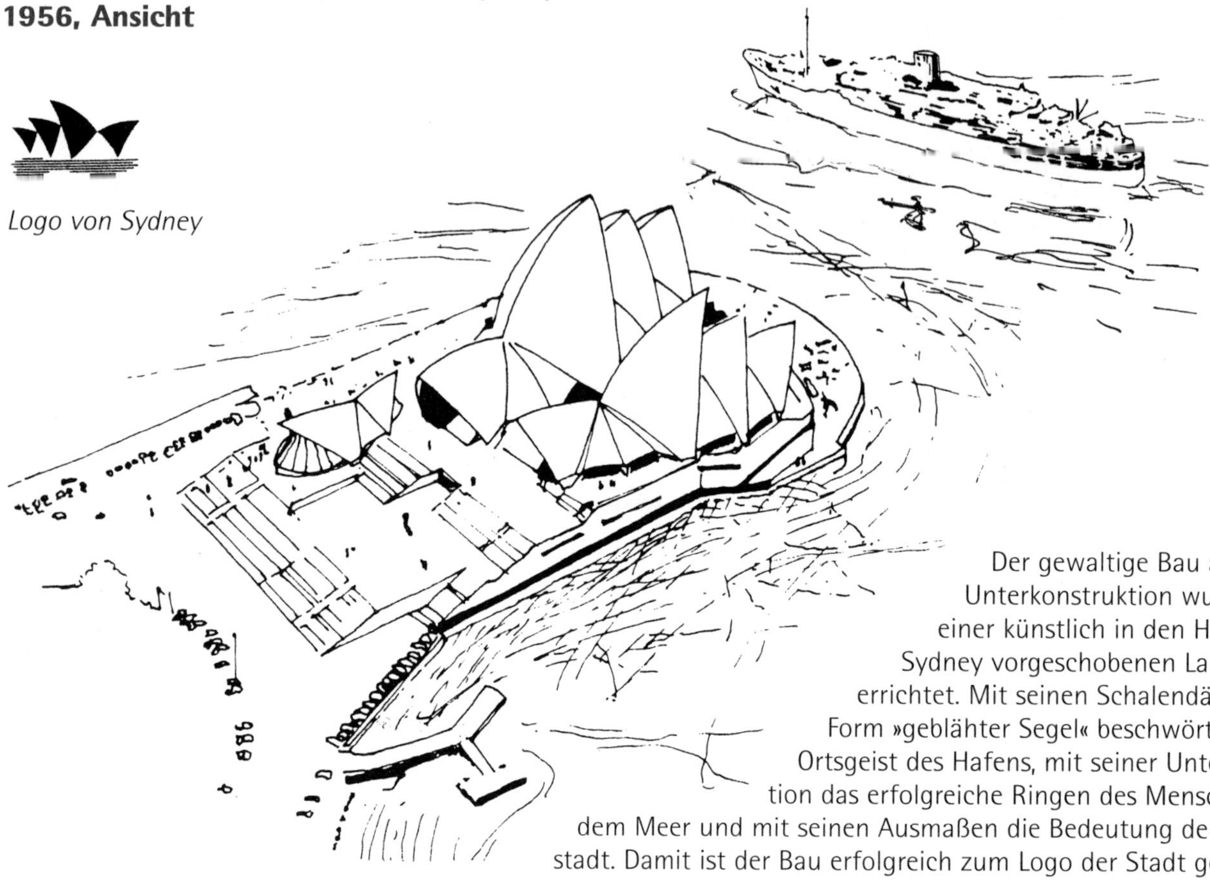

Der gewaltige Bau auf hoher Unterkonstruktion wurde auf einer künstlich in den Hafen von Sydney vorgeschobenen Landzunge errichtet. Mit seinen Schalendächern* in Form »geblähter Segel« beschwört er den Ortsgeist des Hafens, mit seiner Unterkonstruktion das erfolgreiche Ringen des Menschen mit dem Meer und mit seinen Ausmaßen die Bedeutung der Hafenstadt. Damit ist der Bau erfolgreich zum Logo der Stadt geworden.

Durch die Standortanalyse können Absichten des Architekten und Bauträgers erschlossen werden, auch wenn keine schriftlichen Quellen vorliegen.

Dieser Erschließung von Absichten kommen wir einen weiteren Schritt näher, wenn wir betrachten, wie der Standort besetzt wurde. Hier ist noch nicht die Form gemeint, sondern zunächst nur, wie der Bau sich in den Zusammenhang von natürlicher und künstlicher Umwelt einfügt.

> Jeder Bau muß im Rahmen der Standortanalyse befragt werden, ob er bei der Besetzung des Ortes in Dialog, Konkurrenz oder Dominanz zur Umwelt tritt.

Das Beispiel des Wohnhauses »Fallingwater« (S. 7) zeigt, wie über Gegensätze (geometrische zu organischen Formen) und Formbeziehungen (Wasserfall zu kaskadischer Baukörperstufung) eine verstärkende Wechselwirkung erzielt werden kann.

In *Dialog* tritt ein Bau, wenn er mit der Landschaft oder der künstlichen Umwelt eine Verbindung eingeht, in der er als Teil des Ganzen oder sogar als Verstärkung des Bisherigen empfunden wird.

Beispiel: Josef Paul Kleihues, Museum (Entwurf), Blankenheim 1976, Aufriß

Der projektierte Museumsbau (eingerahmt) soll in den alten Stadtteil eingegliedert werden:

- Die Gebäudehöhe und Baumasse werden so dimensioniert, daß sie den bestehenden Bauten, Kirche, Burg und Häuser, keine Konkurrenz machen.
- Mit Rasterung und strengen Konturen erweist sich das Museum als moderne Architektur.
- Gleichzeitig werden die Fachwerkstrukturen zitiert.

Bei Kleihues kommentiert das Neue das Alte; es will dazugehören, ohne sich historisierend anzubiedern.

Den integrativen Dialog finden wir vor allem in großen architektonischen Anlagen des Altertums, aber auch bei solchen der Neuzeit. Gerade nach und nach bebaute Orte lehren:

Durch gezielte Rücksichtnahme auf vorhandene Bauten kann die Hinzufügung des Neuen wirkungsvoll inszeniert werden.

Beispiele:

Pergamon / Türkei, Tempel- und Palastanlage, rekonstruierte Ansicht und Grundriß, 3. Jh. v. Chr. – 2. Jh. n. Chr.

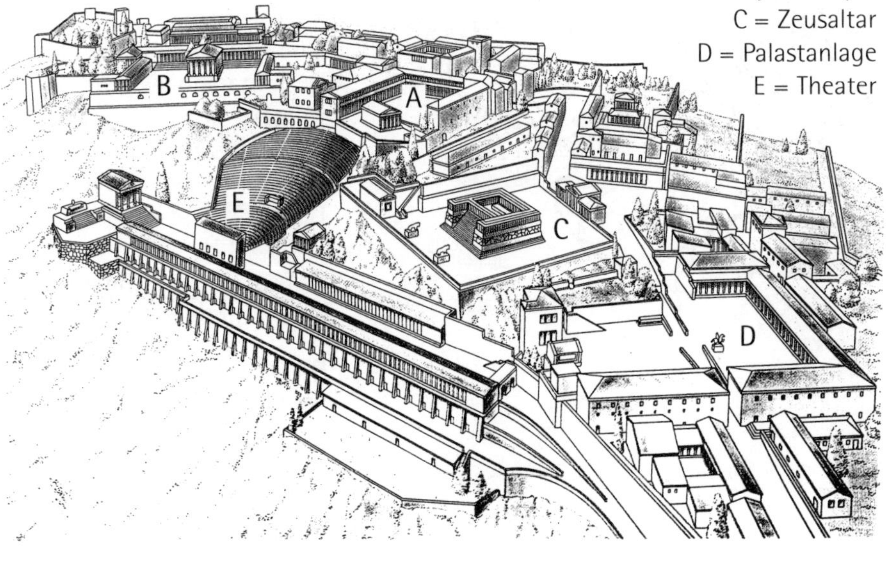

A = ältester Tempel der Athena Polias
B = Trajanstempel
C = Zeusaltar
D = Palastanlage
E = Theater

Obgleich die Gesamtanlage von Pergamon, bei der die Athener Akropolis Pate gestanden hat, in großen Zeitabständen errichtet wurde, bilden die Tempelbezirke der Terrassenanlagen bis zu den Palastbauten am Bergfuß eine Einheit. Komplexe heben sich deutlich voneinander ab, sind aber über Sichtbezüge miteinander verbunden.

Vor allem die Tempel sowie der große Zeusaltar sind freigestellt und durch Propyläen oder umgreifende Säulenhallen als Orte nobilitiert. (Das Theater am Westhang zeigt die in der Antike bestehende Verbindung von Kult und Kultur.)

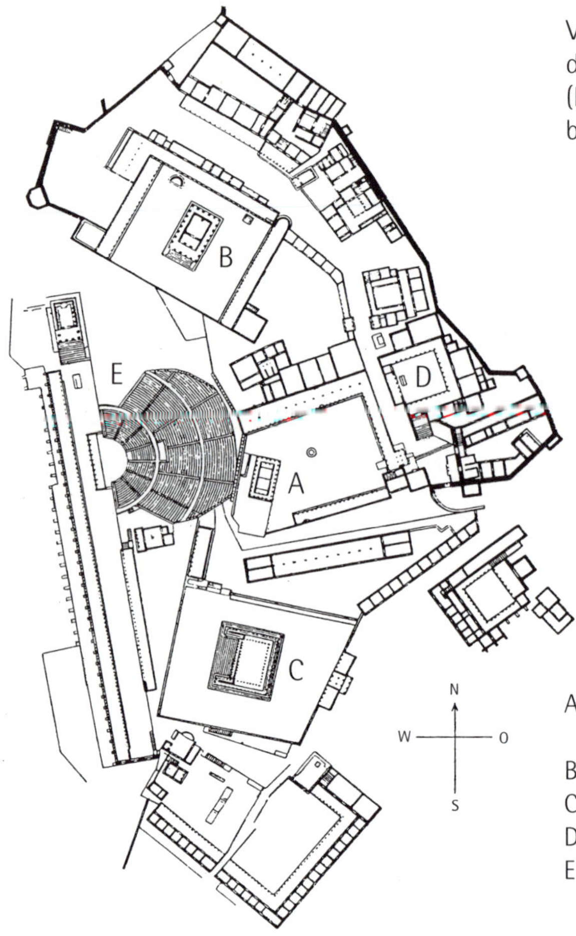

A = ältester Tempel der Athena Polias
B = Trajanstempel
C = Zeusaltar
D = Palastanlage
E = Theater

Rom / Italien, Kaiserforen, 2. Jh. v. Chr. – 2. Jh. n. Chr., Grundriß und rekonstruierte Ansicht

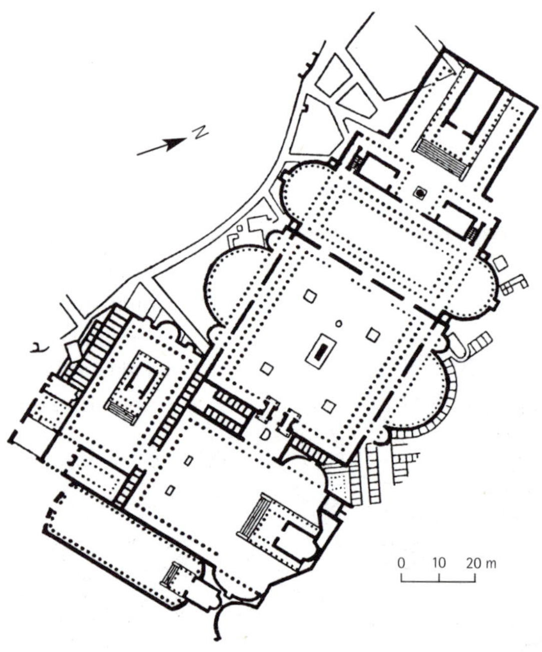

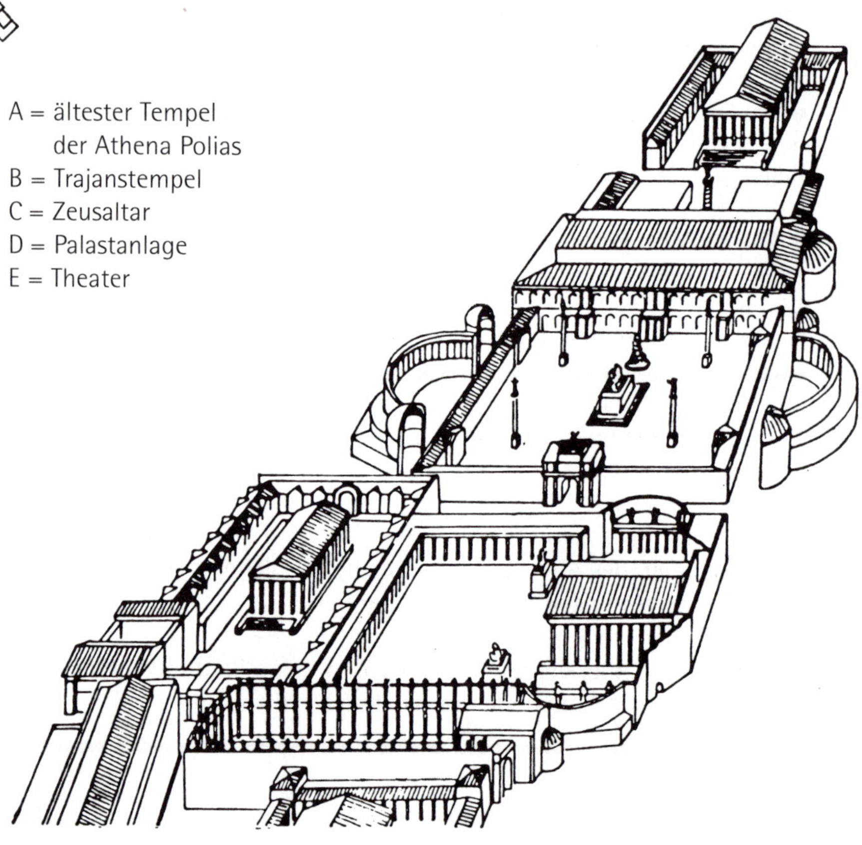

Eine Reihe von Einzelplätzen ist durch eine axiale Reihung zu einer Gesamtanlage verbunden. Zwar gibt es unterschiedliche Dimensionierungen, die aber keine Dominanz erzeugen. Der Formenreichtum der Einzelplatzgestaltung verdeutlicht die Unterschiede. Quer- und Längsstreckungen schnüren sich gleichgewichtig an der Hauptachse auf. Der Ort verrät einen disziplinierenden Geist:

- Axialisierung und Symmetrisierung sind Grundprinzipien der Gesamtanlage.
- Die rechteckigen Plätze werden von Säulenrapporten* zusammengefaßt.
- Tempel und Tore betonen die Achse.
- Symmetrisch und axial aufgestellte Denkmäler zeigen den ordnenden Geist der Anlage im Detail.

Hans Hollein, Abteibergmuseum, Mönchengladbach 1973, Militärriß*

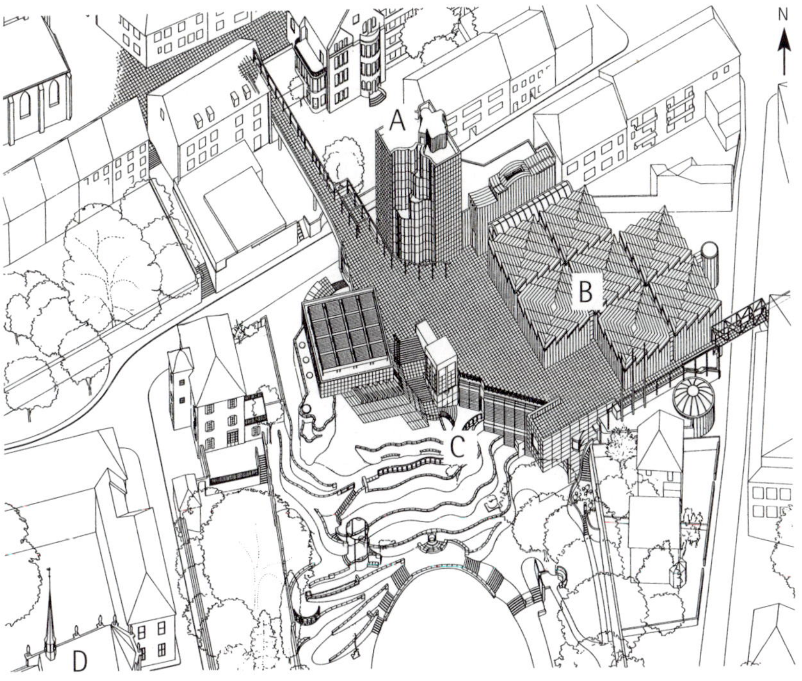

A = Verwaltungsgebäude
B = Ausstellungsräume
C = Eingang
D = Chor der Kirche

Auch Hollein knüpft an die Vorstellung einer Akropolis an. Er gibt, der Hanglage des Ortes folgend, dem Museum zwei Gesichter: Von Süden gestaltet er einen terrassierten Aufstieg zum »Kulturtempel«; der Weg endet auf einem Platz, wo ein kleiner Bau den engen Einstieg (eine Treppe führt hinunter) in die »Tiefgründigkeit« der Kunst öffnet. Der mit onduliertem Spiegelglas aufgerissene Verwaltungsturm steht mit der gotischen Kirche im Westen im Dialog. Zur Stadtbebauung sucht der Architekt die Verbindung über stereometrische* Kuben- und Quaderformen.

Während beim Dialog beabsichtigt wird, das Neue in das Vorhandene der natürlichen oder künstlichen Umwelt einzufügen, ist im Begriff der *Konkurrenz* die Herausforderung enthalten.

Auch in der Bebauung des Mont Saint Michel (S. 24) ist diese Herausforderung gegenüber der meerumspülten Insel zu erkennen. Der Gegensatz ist ein beliebtes Mittel, um durch Vergleich die Verschiedenheit hervorzuheben.

Beispiele:

Cisternino / Italien, Trulli-Bauernhäuser, Ansicht

In der kargen Landschaft zeigen die kegelförmigen, aneinandergeschmiegten Häuser den Gegensatz von Natur und Architektur auf. Gleichzeitig sind die Häuser aus Naturmaterial Teil der Natur, über die sie sich deutlich erheben. Die enge Verbindung der Bauten deutet auf eine enge soziale Gemeinschaft innerhalb der Mauern hin.

Yasumitsu Matsunaga, Wohnhaus, Tsukuba / Japan 1987, Lageplan, Grundriß und Aufrisse

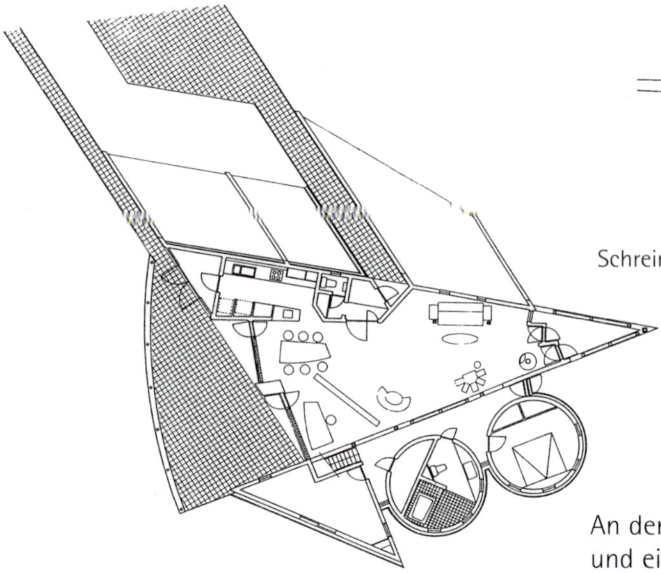

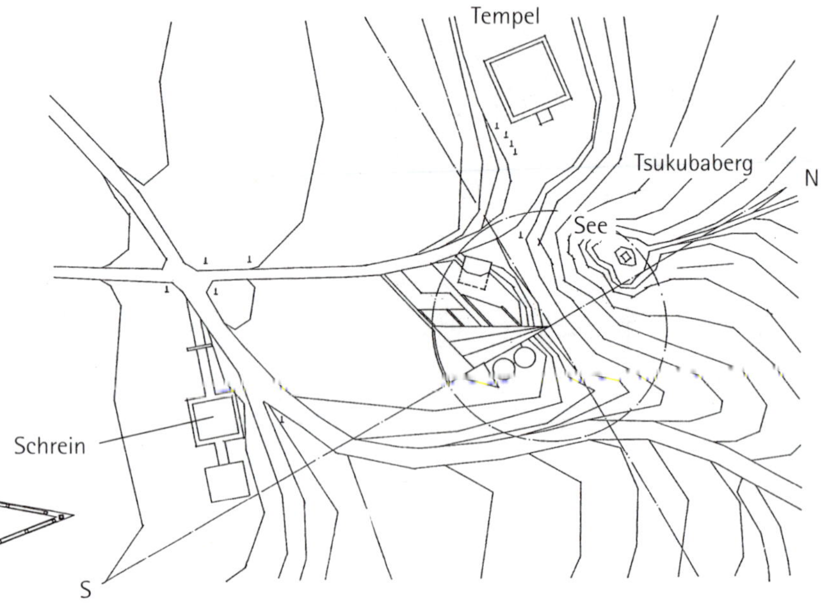

An den Hängen des Tsukubabergs, die bis 1987 von einem Tempel und einem Kultschrein besetzt waren, wurde ein Wohnhaus errichtet. An die Nord-Süd-Achse, die auf den Berg weist, wurde die Ostseite des 30° spitzwinkligen Wohnhauses angelegt. Die auf den Berg weisende Spitze wurde so definiert, daß ein Kreisbogen von ihr aus den See einschließt. Gleichzeitig bestimmt dieser Kreisbogen die Länge der Westseite und die Rundung des Sektors im Süden. An der Ostseite des »Tortenstücks« sind zwei Rundbauten sowie ein gleichschenkliger Dreiecksbau annexiert. Die Verbindung von Sektor-, Dreiecks- und Rundkonstruktionen bei der Gestaltung des Grundrisses zeigt die Herausforderung dieser Architektur in doppelter Weise:

- Architektur und Natur konkurrieren spannungsreich um Bedeutung und
- geben dem von Kultbauten mit ihren quadratischen Formen besetzten Ort einen neuen profanen Akzent.

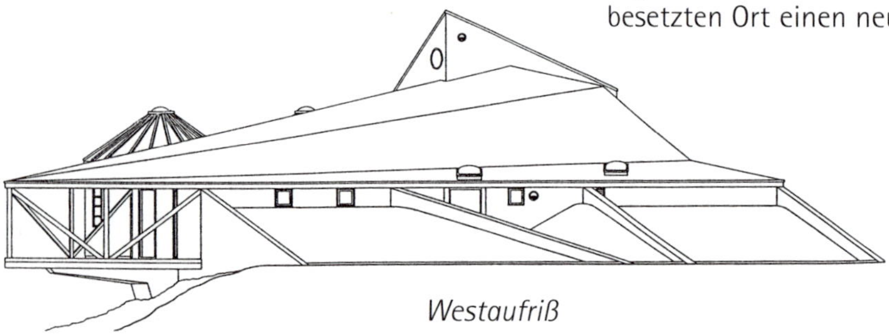

Westaufriß

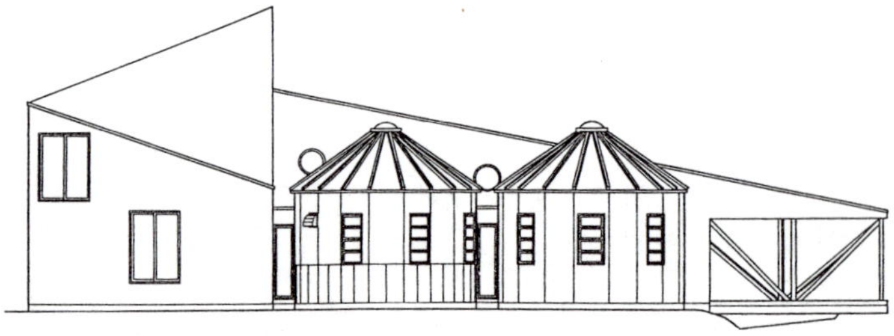

Ostaufriß

Der spitze, in den Luftraum eindringende, offene, auf den Berg ausgerichtete Keil des Hauses verdeutlicht die Auseinandersetzung mit der Natur, verweist aber über Streben ebenso wie über die Dreiecksfaltungen des Daches auf das Konstruktive im Gegensatz zum natürlichen Gelände.

Coop Himmelblau (Architektengruppe), Dachausbau Falkenstraße, Wien / Österreich 1984, Ansicht und Querschnitt

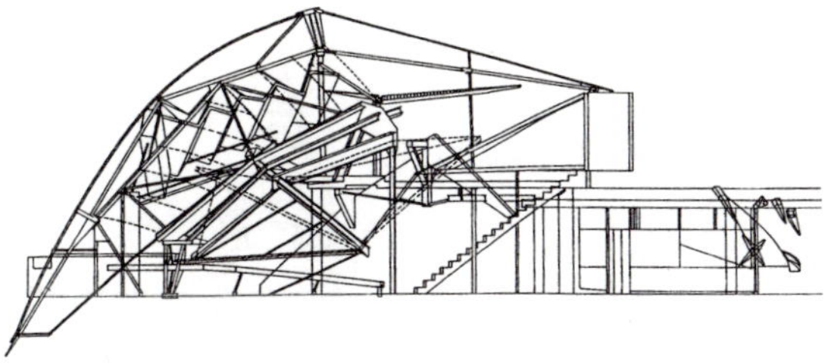

Bauort ist das Dach eines mehretagigen Mietshauses des 19. Jhs. Die Architektengruppe definierte diesen Ort als Spannung

- zwischen Dach und Straße,
- von alt und neu,
- zwischen einer »traditionellen Bauweise« und »aufgerissenem Dekonstruktivismus«,
- zwischen fester Wand und verglaster Hülle.

Über eine scheinbar ungeordnete Stahlkonstruktion werden Konkurrenzspannungen erzeugt, die dem alten Bau eine neue Bedeutung als Träger von Offenheit und Durchlichtung geben, ihm einen Teil seiner alten bürgerlichen Repräsentation nehmen, aber auch neue »Überlebens«-Aufmerksamkeit verschaffen.

Die Gegensätzlichkeit, die das Experiment von Coop Himmelblau als Idee leitet, erreicht in dieser extremen Form eine »Aufdringlichkeit«, die den Übergang von der Konkurrenz zur Dominanz verdeutlicht.

Dominanz eines Baus über einen Ort liegt immer dann vor, wenn das Alte in seiner bisherigen Bedeutung herabgestuft wird oder das Neue keine eigenständige Bedeutungsentfaltung neben sich zuläßt.

Beispiel: Florenz / Italien, Stadt und Dom, Ansicht

Der Dom überragt mit seinen Dimensionen die Stadt, vor allem mit seinem Campanile* und der Kuppel. An seinen Ausmaßen mußte und muß sich jeder Neubau messen lassen.

Überragen und Unterdrücken sind die Wirkungsmechanismen der Dominanz. Dies erfährt jeder vor den ägyptischen Pyramiden, aber auch angesichts des Kölner Doms. Auch in der Größe der Sydney Opera (S. 30) ist dies deutlich zu spüren.

Beispiel: Helmut Jahn, Messeturm, Frankfurt am Main 1984, Ansicht und Etagen-Grundrisse

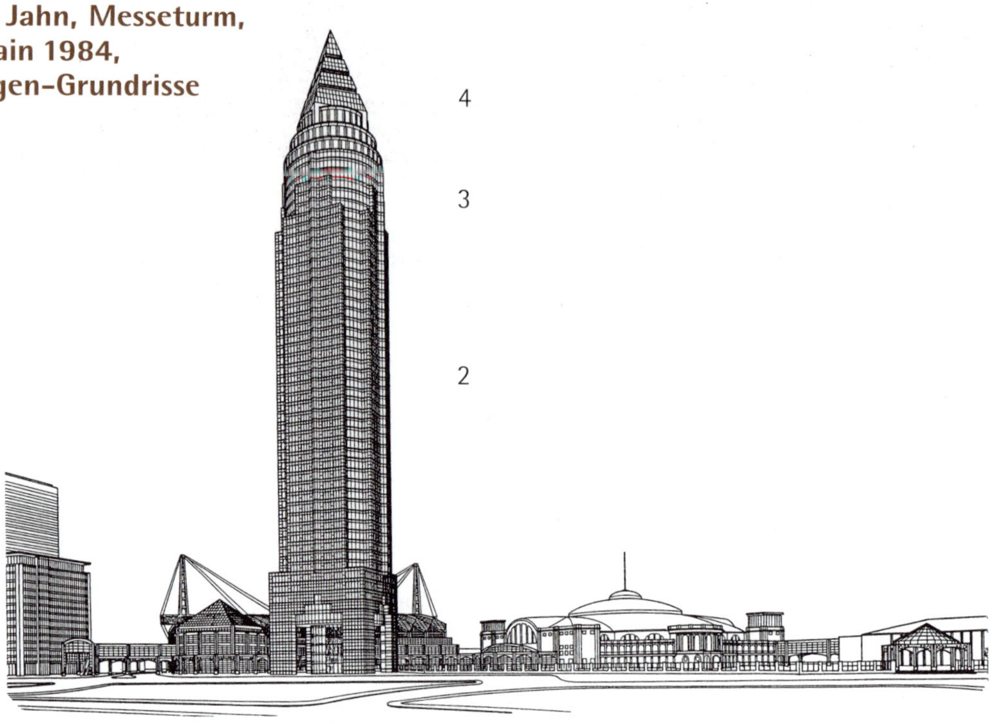

Der Messeturm beherrscht das ganze Messegelände und unterdrückt jede natürliche Größe. Als hochaufragendes Potenzsymbol konkurriert er mit allen Hochhäusern der Mainmetropole. Er besetzt den Ort auch mit seiner Formensprache: Aus dem als Kubus (1) geformten Sockel erhebt sich der Rundturm mit angedeutetem, an den Ecken aufgeschnittenem Quadrat (2). Er löst sich im 41. Geschoß als Rund (3), um nach drei Rückspringungen von einer gleichseitigen Pyramide (4) bekrönt zu werden. Größe und Symbolik des Baus dulden nichts Vergleichbares neben sich.

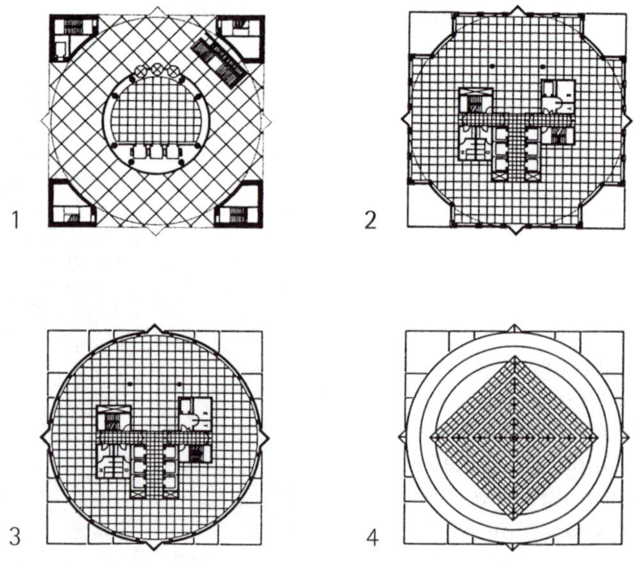

Lage und Zugang des Baus

Neben dem Standort ist die Lage eines Baus besonders wichtig. Die *Lage*, d. h. die Ausrichtung des Baus, wird in enger Verbindung mit dem *Zugang*, d. h. der Wegeführung zum Bau, geplant.

Maßgeblich für die Lage moderner Bauten sind die Verkehrsanbindung, Sonnen- und Witterungsausrichtung sowie die Aussicht.

Während Geschäftsbauten verkehrsgünstig in die Nähe von Hauptstraßen gelegt werden, versucht man, Wohnbauten in die lärmfreien Zonen zu setzen. Dabei erweisen sich vor allem breite Verkehrsadern oft als Barrieren zwischen Wohngebieten.

▼

Beispiele:

Die Hauptstraße dieses neu konzipierten Areals wird in einem Mäanderbogen geführt und der wie auf einer Verkehrsinsel eingeschlossene Teil mit einer Fußgängerbrücke angeschlossen. Eine breite Nebenstraße erschließt den übrigen Hauptkomplex. Die Wohnhäuser, als vierspännige* Bauten (Hochhäuser) zu erkennen, sind im Mäander eingeschlossen bzw. liegen am Anfang und Ende der Nebenstraße. Die Wohnblocks sind um quadratische Plätze gruppiert. Am Mittelstück der Nebenstraße liegen Geschäfte, Schulen etc. Der Plan ist maßgeblich von der Verkehrserschließung bestimmt. Vor allem die Wohnblocks in der Mäanderschleife sind durch den umlaufenden Verkehr benachteiligt.

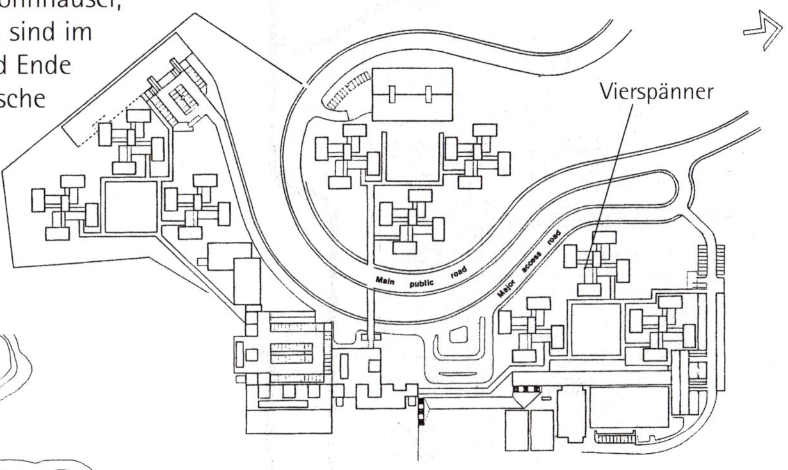

Hongkong, Sui Wo Court, 1978, Lageplan

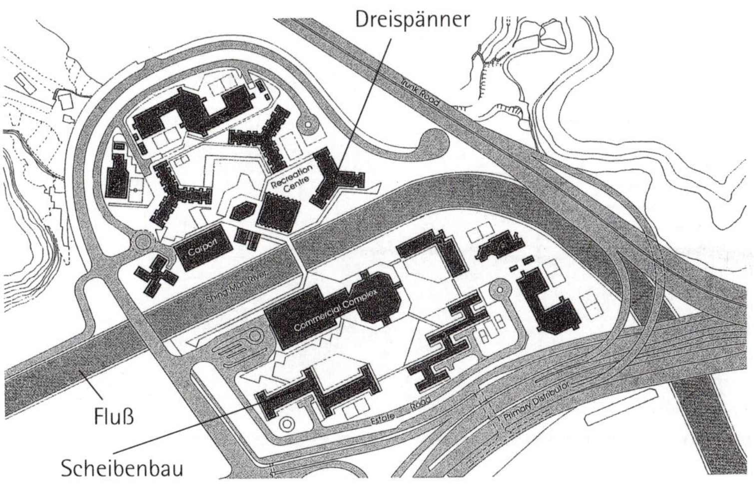

Hongkong, Mei Lam Estate, 1979, Lageplan

Ein Fluß führt mitten durch das neu konzipierte Areal und teilt es in zwei Teile, die nur durch eine Fußgängerbrücke und eine Erschließungsstraße verbunden sind. Die großen Geschäftsbauten liegen an der Fußgängerbrücke. Die Wohnblocks (Hochhäuser), als dreispännige Bauten und als verbundene Scheibenbauten* zu erkennen, liegen an den rückseitigen Erschließungsstraßen. Das ganze Areal wird an zwei Seiten durch Stadtautobahnen abgeriegelt. Diese Verkehrsadern bilden große Barrieren. Der Ort wird geprägt durch die am Fluß durch eine Brücke verbundenen Geschäftsbauten; die rückwärtigen Wohnkomplexe sind von der Stadtautobahn, so gut es ging, zurückgesetzt. Der Plan macht die Prioritäten bei der Bebauung des Ortes deutlich: Seine Erschließung dient vorwiegend ökonomischen Interessen.

▲

Umsichtige Planungen versuchen, die Verkehrsanbindung mit den Funktionen des Baus so zu koppeln, daß der Bau möglichst zum Verkehr hin abgeschirmt ist. Optimale Planungen versuchen darüber hinaus, die Lage nach Licht und Witterung, Aussicht und Landschaftsanbindung zu gestalten. Hierdurch bekommt der Ort in der Regel eine ganz neue Markierung, weil solche Ziele nur mit einer phantasiereichen Baustruktur erreicht werden können.

Beispiel: Hongkong, französische internationale Schule, um 1980, Militärriß, Lageplan und Querschnitt

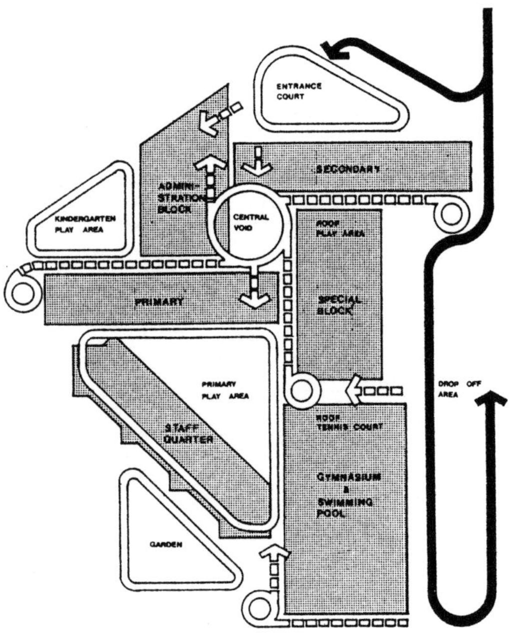

Der vielfach gegliederte Schulbau schirmt sich vor dem Verkehr ab. Er ist über Höfe nach innen geöffnet und zur Landschaft ausgerichtet. Hierbei werden der Sonneneinfall, die Windzirkulation, die Hanglage und die Aussicht gleichermaßen bei der Baugliederung berücksichtigt.

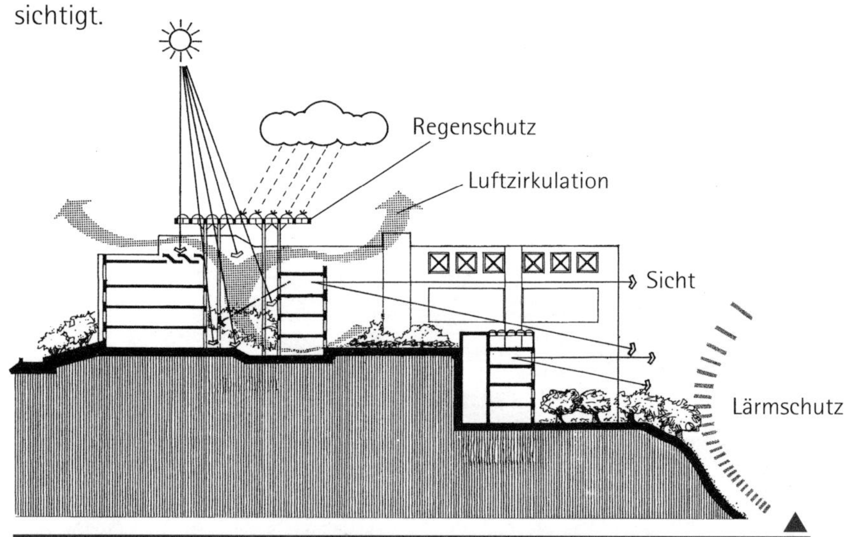

Neben dem Standort sagt auch die Lage Wesentliches über die Absichten des Bauträgers aus.

Wie heute, wurde auch früher die Lage von Bauten regelrecht inszeniert. Um den Ort durch den Bau zu markieren, werden verschiedene Möglichkeiten genutzt: Erhöhung, Zentrierung, Sperrung u. a.

Die Erhöhung und Staffelung wurde bereits an der Athener Akropolis (S. 29) und an Pergamon (S. 31f.) gezeigt. Aber auch die Berglagen von Kirchen oder Kapellen sind Ortsmarkierungen mit Bedeutungshinweis (Himmelsnähe).

Bedeutungen, die über die architektonische Besetzung des Ortes hinausgehen, werden vor allem an der Lage eines Baus ablesbar.

Beispiele:

Rom / Italien, »Spanische Treppe« und Kirche Sta. Trinità dei Monti, 1721, Ansicht

Vom spanischen Platz führt zur hochgelegenen Barockkirche eine breite Treppenanlage empor, die wie eine Podiumsanlage für die Kirche wirkt. Sie knüpft damit an die über viele Stufen aufgesockelten römischen Podiumstempel an. Die Bedeutung des Anstiegs mit der frontalen Ausrichtung der Kirche verdeutlicht oben und unten, Anstieg und Ankunft. Diese Bedeutung wird dadurch wirkungsvoll unterstrichen, daß die Treppe nicht unmittelbar vor dem Kirchenportal endet; der Zugang wird verzögert, indem die Treppe in zwei Armen um einen hochgelegten Platz herumgeführt wird. Der »Kulissencharakter« der Gesamtanlage ist unverkennbar.

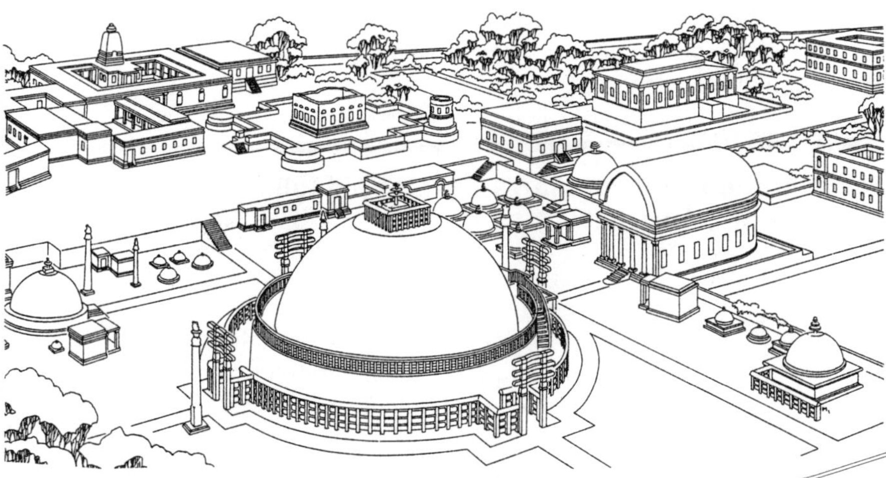

Sanchi / Indien, Kloster, 3. Jh. v. Chr. bis 2. Jh. n. Chr., rekonstruierte Ansicht und Lageplan

In einen eingefriedeten Bezirk führt ein einziger Weg in abgeknicktem Wegeverlauf direkt auf den größten Bau, den Stupa*, zu.

- Der Ort ist ausgegrenzt und
- erhält eine singuläre Zugangssituation.
- Die Wegeführung zu einem zentralen Kuppelbau, der den Bezirk dominiert, steigert die über Größe und Form des Baus hinausgehende Bedeutung.

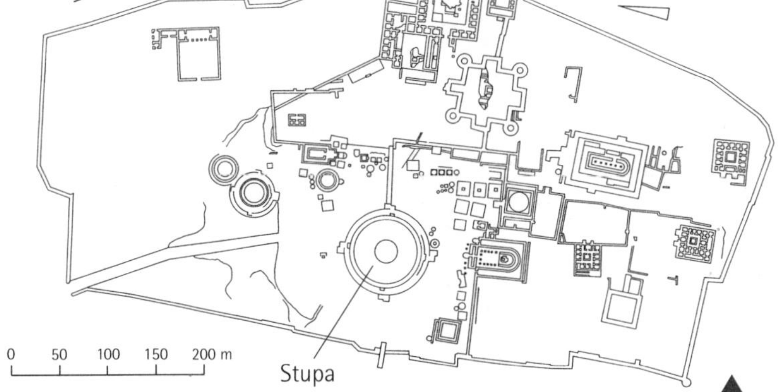

Bei der Trinitätskirche in Rom und dem indischen Stupa werden der Zusammenhang von Lage und Zugang durch formale Elemente verstärkt: Bei der Kirche ist es die Hochlage durch »Auftreppung« und »Zugangsverzögerung«, bei dem Stupa der dominierende Kuppelbau in der Sichtachse.

Bei anderen Bauten wird die Zentralisierung zum Bedeutungsausdruck genutzt.

Beispiel: Siena / Italien, Piazza del Campo mit Rathaus, Ansicht

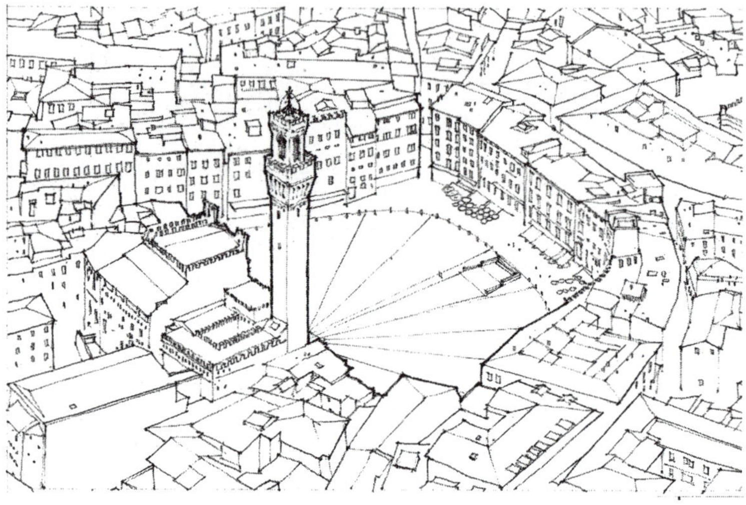

Im »Brennpunkt« eines halbrunden Platzes steht das Rathaus mit seinem überragenden Turm. Die zentrale Lage wird zum Zeugnis städtisch-bürgerlicher Bedeutung.

Neben Erhöhung und Zentrierung ist die Abriegelung ein beliebtes Mittel, die Lage des Baus hervorzuheben und damit den Ort mit Bedeutung aufzuladen.

Beispiel: Rom / Italien, Piazza del Campidoglio, Mitte 16. Jh., Ansicht

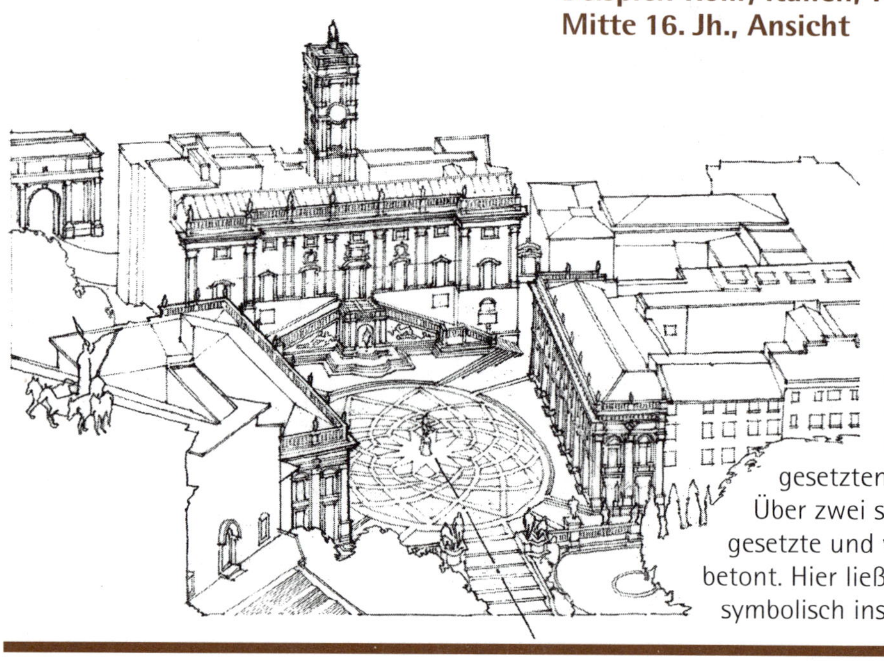

Die Platzanlage und -gestaltung des traditionsreichen Capitolinischen Hügels wurde von Michelangelo geplant. Über eine zentral-frontale Zugangstreppe wird der hochgelegene Platz erschlossen. Der trapezförmige Platz, flankiert von repräsentativen Verwaltungstrakten, öffnet sich wie ein Trichter auf den zentralen Verwaltungssitz. Dieser riegelt den Platz ab und gibt ihm durch einen axial gesetzten Turm einen deutlichen Machtakzent. Über zwei symmetrische Treppen wird der zentral gesetzte und vorgezogene Eingang des Ratssaals betont. Hier ließ die bürgerliche Herrschaft ihre Macht symbolisch inszenieren.

Bei all diesen Beispielen spielte der Zugang eine wesentliche Rolle. Nicht das Portal oder die Tür des Baus ist gemeint, sondern der Weg, auf dem man an den Ort gelangt.

> Der Weg, auf dem der Ort erreicht wird, sagt etwas über die Absichten des Bauträgers aus, ob er abwehren, versperren, öffnen, repräsentieren, verbergen oder offenbaren will.

Die Griechen gestalteten ihre Tempel als Umgangsbauten, d. h. sie stellten sie frei, damit man sie, wie eine Skulptur, von allen Seiten betrachten konnte. Die Zugänge zum Tempelbezirk hatten deshalb keine besondere Ausrichtung. Aber überall, wo die Zugänge über die Ortserschließung hinaus zur Markierung der Ortsbedeutung genutzt werden, finden sich in der Verbindung von Ortswahl, Baulage und Zugangsgestaltung Hinweise auf die Funktion und Bedeutung der Architektur.

Schutzfunktionen bestimmten die Lage mittelalterlicher Burgen (vgl. Münzenberg, S. 28), wo der Zugang über Tore und Mauern gesperrt ist. Aber auch das Kloster Mont Saint Michel (S. 24) suchte den Schutz des Meeres und zog sich hinter Verteidigungsmauern zurück.

Das Abriegeln durch den Bau ist eine besondere Form der Machtdemonstration, die in der Zugangsgestaltung zum Ausdruck kommt.

▼

Beispiele:

Frank L. Wright, Eingang der Johnson-Wax-Factory, Wisconsin / USA 1936, Ansicht

Wie ein massiver Riegel, fast wie ein riesenhafter Schlagbaum, schiebt sich das Verwaltungsgebäude dem Ankommenden in den Weg. Die Gestaltung des Zugangswegs mit tief eingezogenem Eingang verdeutlicht die beanspruchte Macht über Ort und Gelände.

Peabody & Stearns, Haus »Kragsyde«, Massachusetts / USA 1882, Ansicht

Auch das Haus »Kragsyde« legt sich wie ein schwerer Riegel vor die Landschaft. Mit seinem stadttorähnlichen Durchgang gibt der Bau dem Ort einen »beherrschenden« Charakter.

▲

Anders als das Abriegeln macht das Verbergen auf den Wert des Verborgenen aufmerksam; das Verborgene ist allerdings im Kultbereich oft mit der priesterlichen Heilsherrschaft verbunden.

▼

Beispiele:

Abu Simbel / Ägypten, Felsentempel Ramses II., um 1250 v. Chr., Grundriß und Schnitt

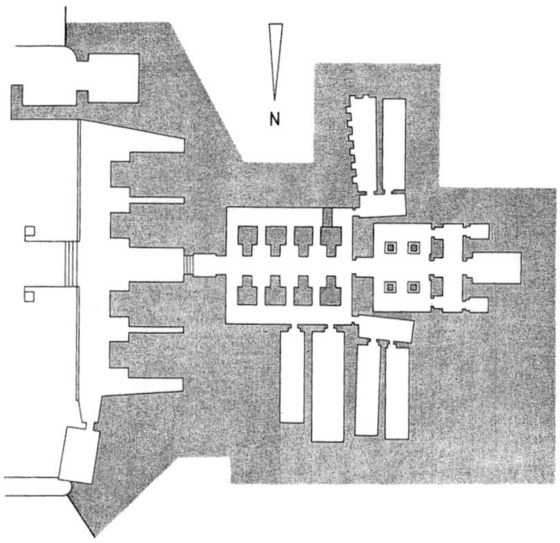

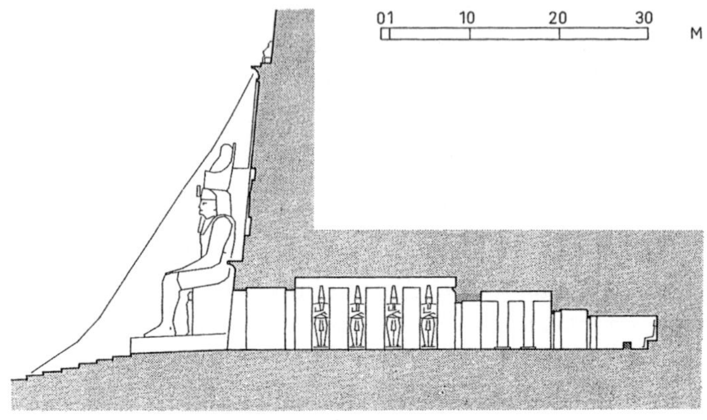

Der Tempel ist in ein Felsmassiv eingehauen (heute aus seiner ursprünglichen Umgebung versetzt). Sein axialer Zugang ist von riesigen Statuen flankiert. Die Tempelanlage nutzt das »Bergende« des Felsens und verbindet es mit dem Kolossalen des Zugangs: Eine perfekte Inszenierung des Geheimnisvollen.

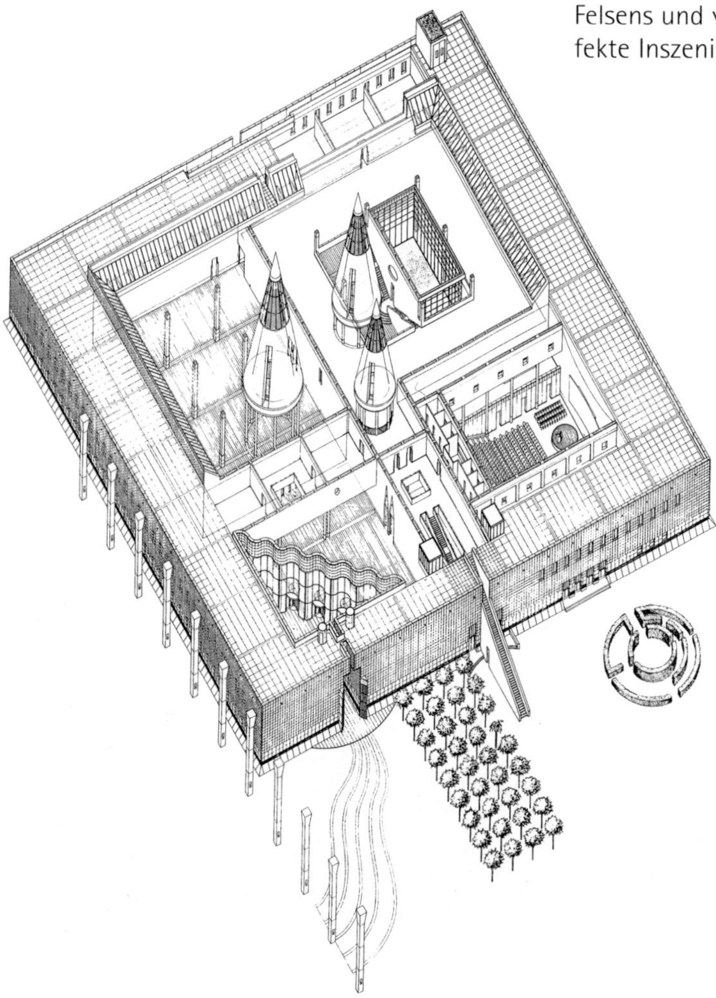

Gustav Peichl, Kunst- und Ausstellungshalle der Bundesrepublik Deutschland, Bonn 1989, teilweise aufgedeckter Militärriß

Auch in diesem modernen Bau wird das Geheimnisvolle der Kunst auf doppelte Weise inszeniert:

- Der geschlossene Baukörper öffnet sich einen »spalt«-breit, um den Besucher in einen Dreieckshof zu führen, an dessen ondulierter Glasfassade die Eingänge liegen.

- Eine weit vorgezogene, steile Treppe führt auf den als Ausstellungsfläche genutzten Dachgarten.

▲

»Einstieg« und »Aufstieg« sind Symbolformen der Ortserschließung (vgl. Abteibergmuseum S. 33).
Die geforderte Anstrengung zum »Eindringen« in die Kunst, deren Werke oft nur schwer zu erschließen sind, wird architektonisch anschaubar und erlebbar gemacht.

José Raffael Moneo, Banco de España, Jaen/Spanien 1983, Aufriß

Das Gebäude ist als Bank zunächst nur an seiner Beschriftung, allerdings in verspieltem Design, zu erkennen. Der gegliederte Block aus verschiedenen Kuben ist mit seinen betonten Wandelementen flächenhaft schwer und abwehrend konzipiert. Der Eingang duckt sich unter den Baumassen. Hier wird mit Gegensätzen gearbeitet. Der Eindruck von »Klein Fort Knox« verweist gleichzeitig auf die Bankenmacht, die das »Geheimnis und den Schatz« des Geldes hütet. Die verspielten Akzente der Palmen und die Inschrift geben dem Ganzen ein Stück inszenierter Harmlosigkeit.

Lage und Zugang eines Baus können auch Offenheit und Transparenz vermitteln, ohne daß sie die Besetzung des Ortes damit leugnen.

In der modernen Architektur wird dies vor allem über Passagen sowie weit in die Bauten eingezogene Eingänge und Glasfassaden versucht.

Beispiel: Philip Johnson, »Glass House« Connecticut/USA 1949, Ansicht

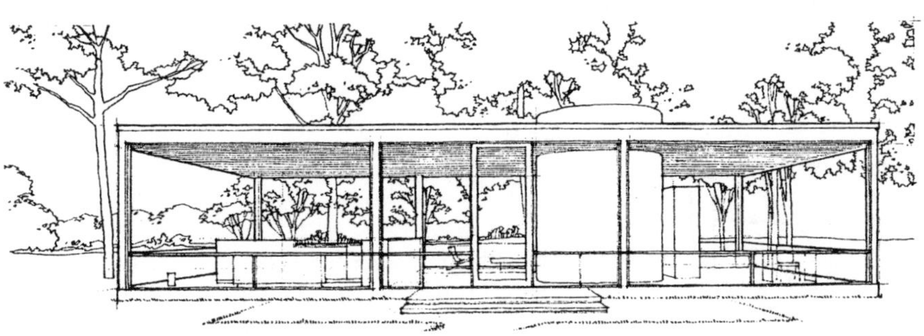

Der transparente Glasbau konkurriert mit der Natur durch seine strenge, geometrische Konstruktion. Die »Durchsichtigkeit« und offene, zentrale Zugangsgestaltung signalisieren Repräsentationsabsicht: Der Bau kann sich innen und außen im wahrsten Sinne des Wortes »sehen lassen.«

Historische Bauten, z. B. Wallfahrtskirchen, versuchen das »Einladende« mit freien Lagen und um den Bau herumführenden Wegen zu verdeutlichen. Kultanlagen wiederum nutzen Achsen, um den Weg der Demut und des Heils sichtbar zu machen.

Beispiel: Vat Phu / Kambodscha, Heiligtum, 11./12. Jh., Profilschnitt und Lageplan

Gelände- und Zugangsstufen

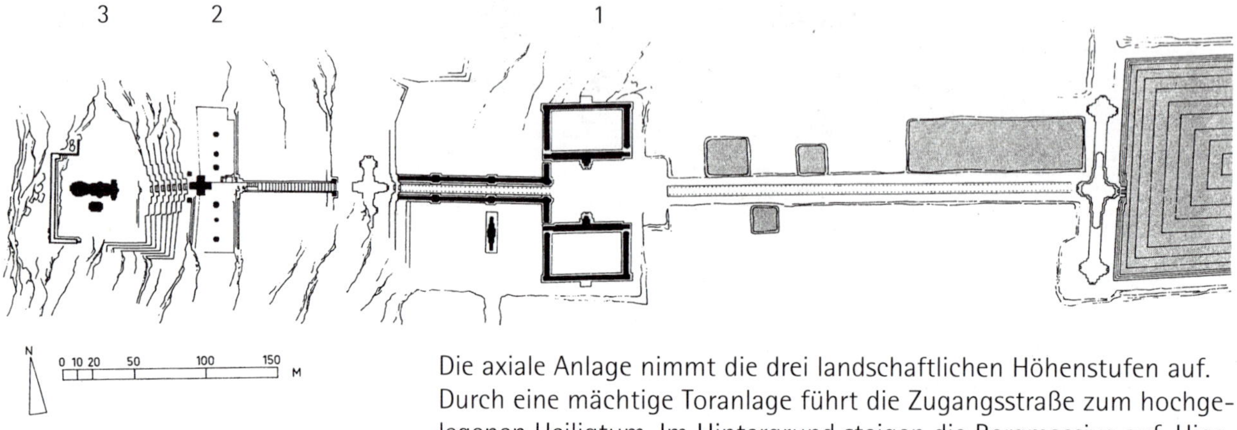

Die axiale Anlage nimmt die drei landschaftlichen Höhenstufen auf. Durch eine mächtige Toranlage führt die Zugangsstraße zum hochgelegenen Heiligtum. Im Hintergrund steigen die Bergmassive auf. Hier werden mehrere Elemente von Lage und Zugang zur Verstärkung der Ortsmarkierung effektvoll verbunden:

- Nicht das Wegziel, das Heiligtum, sondern seine Einbettung in die Bergkulisse weist auf den wahren Sitz des Göttlichen.

- Die Axialität zeigt den »geraden« Weg, der jeweils »auf höherem Niveau« architektonisch markiert wird.

- Die Sicht auf das Heiligtum geht an den Anstiegen verloren, wird als Ziel aber immer wieder durch die Wegeführung ins zentrale Blickfeld gerückt.

Kontext
(natürlicher und gestalteter Umraum)

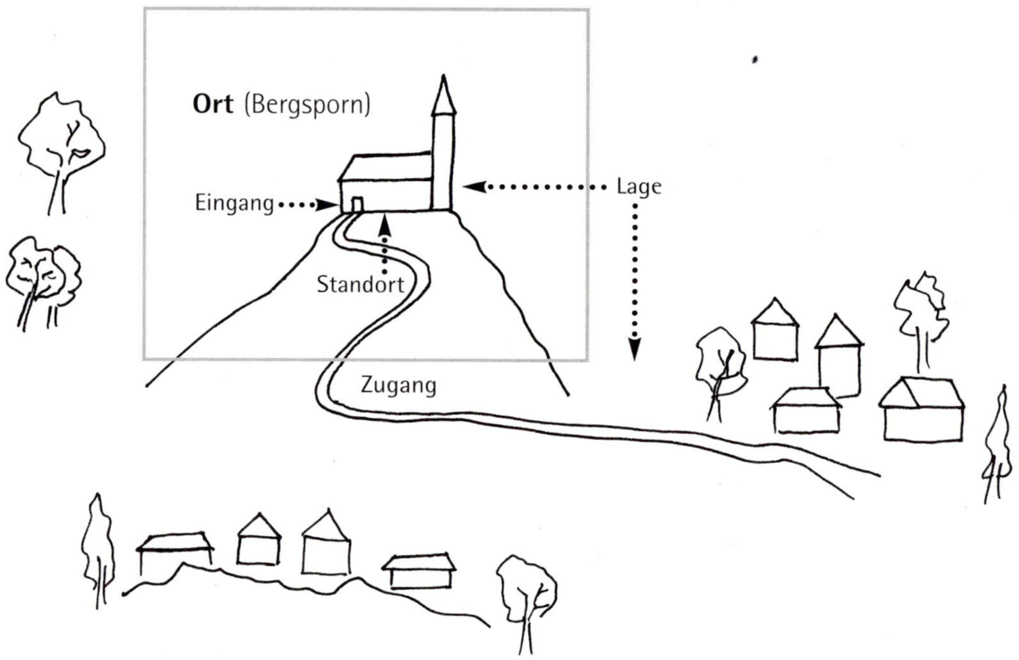

Ort und Bauabsicht

Der Standort im Zusammenhang mit der Lage und dem Zugang des Baus läßt Schlüsse auf die Bauabsicht zu. Dabei sind, wie die Beispiele gezeigt haben, die Nutzungszwecke eher aus den typischen Bauformen in Verbindung zum Standort zu erkennen, während die »Darstellungsabsichten« des Bauträgers gerade aus der Verbindung von Standort, Lage und Zugang erschlossen werden können.

Die Betrachtung von Standort, Lage und Zugang, vor allem deren Zusammenwirken, dient im Rahmen der Architekturanalyse der Entschlüsselung von Bauabsichten.

Anhand der Beispiele ließ sich zeigen, daß zu allen Zeiten und in vielen verschiedenen Kulturen »architektonische Sprachen« entwickelt worden sind, um so unterschiedliche Aussagen wie Wehrhaftigkeit, Kult-Erhabenheit, Herrschaft und Bedeutung zu artikulieren. Gerade in der Schaffung von Orten drückt der Bauträger bzw. der Architekt sein Selbstverständnis aus und wendet sich damit an Dritte, indem er seiner Absicht architektonische Anschaubarkeit verleiht.

Alle Architektur ist Selbstdarstellung und verschlüsselte Mitteilung (Kodierung) an andere.

Dies gilt für Einfamilienhäuser, die den Wohnanspruch, das Stilempfinden, aber auch Konservativismus oder Progressivität des Bauträgers widerspiegeln ebenso, wie für große Kirchen, die mit ihrer Prachtentfaltung, ihrer Größe und ihrem Turmreichtum die Macht der Institution und Gottes gleichermaßen darstellen wollen.

In der Kodierung an Dritte wird Architektur zum Träger von Aussagen, die Ansprüche und Ideen bis zur Propaganda nach außen vermitteln.

Solche Kodierungen richten sich vorwiegend an die Nutzer, seien es Vertreter oder Kunden einer Institution; sie richten sich aber auch an die Konkurrenten sowie jeden Betrachter.

Beispiele:

Cluny / Frankreich, Klosterkirche, 1088, rekonstruierte Ansicht und Grundriß

In Cluny, dem Ausgangsort einer bedeutenden Ordenserneuerung der Benediktiner*, enstand ab 1088 die größte Klosterkirche des Mittelalters. Als fünfschiffige Basilika* mit zwei Querhäusern, sechs Türmen (den südlichen Querhausflankenturm nicht mitgerechnet) und zahlreichen als Konchen* außen sichtbaren Altarstellen kündet der Bau von der Reformbewegung als größter Kraft des christlichen Abendlands.

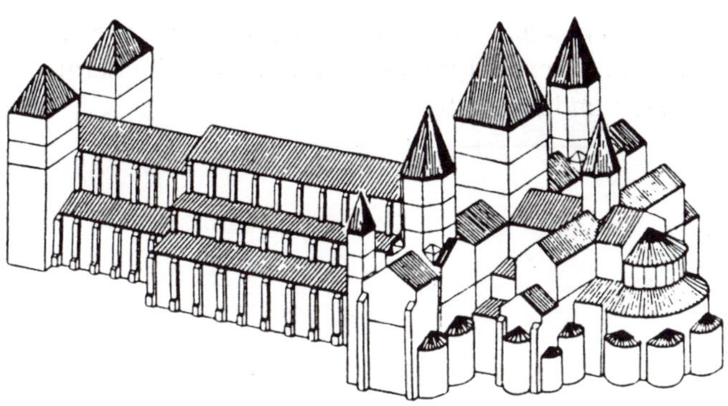

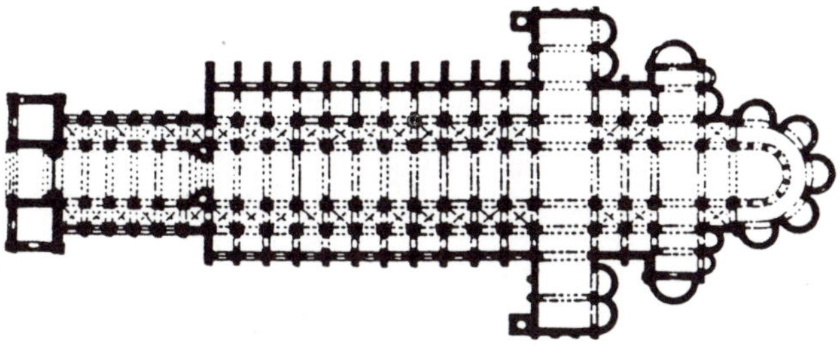

Er wendet sich in seiner Prachtentfaltung und Massenbewegung des Baukörpers an

- die Mönche, zur Stärkung der Identifikation mit ihrem Glauben/ Orden und Hervorhebung ihres Auserwähltseins,

- die »konkurrierenden Orden«, aber auch die Bischöfe, als Machtsymbol und

- die Gläubigen, um mit dieser Ordnungs- und Heilsinstitution die Kraft und Herrlichkeit Gottes zu verdeutlichen.

Antti Lovag, Wohnanlage, Côte d'Azur / Frankreich, um 1980, Teilansicht

Lovag setzt in eine Felsformation mit Blick aufs Meer seine eigenwilligen Kugel- und Blasenkörper, die wie auftauchende Meerestiere aussehen. Naturverbundene Kraft scheint am Werk, die sich dem organischen Ganzen fügt. Zugleich richtet sich diese Eigenwilligkeit nach außen als Herausforderung an eine traditionelle Bauweise. Die »überhebliche Ironie« seiner »maulhaft« aufgerissenen Fenster dürfte den Architekten gelten, die rechte Winkel bevorzugen.

▲

Im Schaffen von Orten bedient sich die Architektur einer eigenen Sprache. Mit Hilfe der Architekturanalyse kann und muß erlernt werden, sie zu lesen und zu verstehen.

Risse und Schnitte als Darstellung von Planungszielen

Der Mensch sieht Körper höchstens von zwei Seiten und in perspektivischer Verzerrung. Unsere Augen sind also nur eingeschränkt in der Lage, Maße und Maßverhältnisse von Architektur real zu erfassen; erst durch Betrachten aller Seiten eines Körpers können wir ihn als Ganzes vor unserem »geistigen Auge« entstehen lassen.

Die Dreidimensionalität eines Körpers muß der Mensch als Ganzheit in ihren objektiven Maßen immer geistig rekonstruieren.

Dies ist nur geringfügig anders bei der Raumerfassung.

Die Räumlichkeit nimmt der Mensch nur als begrenzte, d.h. als umschlossene Leere wahr.

Wir erfassen auch den Innenraum mit unseren Augen nur teilweise und in perspektivischer Verzerrung, jedoch in Ecken und Krümmungen dreidimensional. Je mehr ein Raum – durch Stützen, Wände, Ebenen oder Geschosse – gegliedert oder untergliedert ist, desto schwieriger ist die gesamte Erfassung und dessen geistige Rekonstruktion.

Beispiel: Jochen Jourdan / Bernhard Müller, documenta-Halle, Kassel 1989, Außen- und Innenansicht

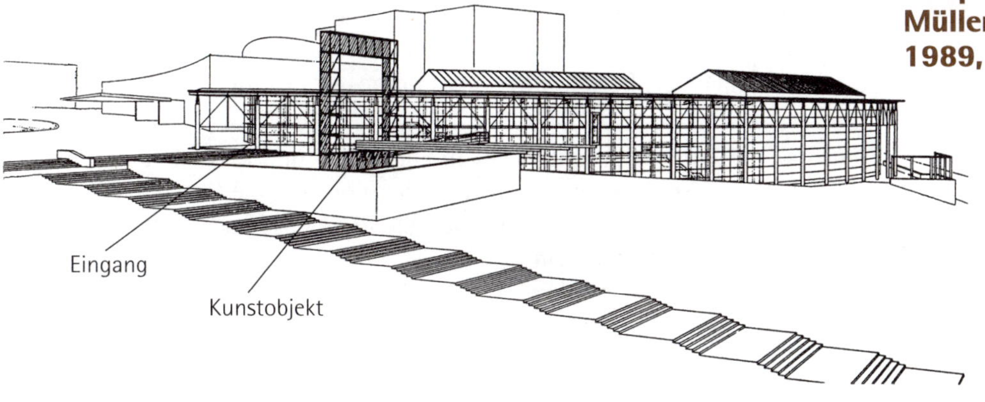

Durch Zeichnungen mit perspektivischer Ansicht wird das optische Erfassen von einem bestimmten Standpunkt aus simuliert, wobei oft auf »Störendes«, wie z.B. Hell und Dunkel, Farbe und den größten Teil der Umgebung, verzichtet wird.

■ Die Außenansicht gibt Größenverhältnisse nur relativ wieder. Der Eingang ist nur teilweise, zwei Seiten des Gebäudes überhaupt nicht sichtbar. Die Rahmenkonstruktion im Vordergrund (ein Kunstobjekt) verzerrt die Größenverhältnisse, weil sie übergroß erscheint, zeigt aber konstruktive Bezüge auf.

■ Die Innenansicht vom Eingangsbereich aus macht die Komplexität und Begrenzung optischer Erfassung gleichermaßen deutlich:

- Durch den spitzen Blickwinkel auf die Stützen wird die transparente Fensterfront des Raums verdeckt.
- Treppen und Galerien zeigen verschiedene Niveaus an, die im Blick nicht präzise erfaßt werden können.
- Schranken und Deckenversprünge verhindern zusammen mit der gerundeten Bauform ein genaues Festhalten der »Umschließung«.

Um den »Unsicherheiten« des Auges, aber auch der »Ungenauigkeit« einer sprachlichen Beschreibung zu entgehen, benutzt der Architekt für seine Entwurfsarbeit bestimmte Zeichentechniken: Risse und Schnitte. Sie stellen, mit Maßangaben versehen, die Bau- und Konstruktionsunterlagen dar.

Entwurfsunterlagen sind nicht nur Anweisungen an die Handwerker für die Errichtung eines Baus; als Entwurfsarbeiten schlagen sich in ihnen vor allem die Planungsziele nieder.

Nur aus diesen Bau- und Konstruktionsunterlagen lassen sich Maße und Maßverhältnisse, Formen und Anordnungen sowie Körper-Raum-Bezüge genau ablesen. Bei historischen Bauten gibt es in den meisten Fällen keine originären Entwurfsunterlagen; durch entsprechende Bauuntersuchungen, Vermessungen und Rekonstruktionen sind sie oft nachträglich als Befundunterlagen hergestellt worden.

Aus architekturanalytischer Sicht müssen Bau- und Konstrukttionsunterlagen in Form von Rissen und Schnitten die Betrachtung ergänzen. Aus ihnen lassen sich die in einem Bau fixierten Planungsziele entschlüsseln.

Künstlichkeit der Risse und Schnitte

**Übersicht: Von der zeichnerischen Darstellung zum Erkennen der Bedeutung, S. 103.
(Diese Übersichten sind als Strukturierungshilfen gedacht).**

Risse und Schnitte sind in mehrfacher Hinsicht künstlich:

■ Die zeichnerischen Darstellungen, z. B. Grundrisse und Schnitte, enthalten »Einblicke« in die Bausubstanz, wie der Mensch sie nie sieht; sie reduzieren die räumliche Dreidimensionalität des Dargestellten zur zweidimensionalen Flächendarstellung.

■ Die Art der Darstellungen, z. B. schattenlos, maßstabgerecht oder von oben, entspricht nicht der menschlichen Sehweise.

■ Die Größe der Darstellung ist in aller Regel weit unterhalb der Originalgröße.

■ Die Technik mancher zeichnerischer Darstellungen, z.B. an- oder aufgeschnittene Isometrien, verlangt besondere Leseübung, um das Dargestellte zu verstehen.

Um diese Schwierigkeiten zu reduzieren, benutzt der Architekt bei unterschiedlichem Planungsstand oft verschiedene Zeichentechniken:

■ Am Anfang stehen meist – den Kreativitätsprozeß am besten widerspiegelnd – *Planungsskizzen*.

■ Im nächsten Schritt werden *Grundrisse* und *Aufrisse* erarbeitet.

■ Ist der Planungsprozeß weit genug fortgeschritten, werden häufig *dreidimensionale Risse*, *Perspektivzeichnungen* oder *Modelle* angefertigt.

■ Neuerdings gehen immer mehr Architekten dazu über, *computergestützte* dreidimensionale *Simulationen* zu erzeugen, um vor allem Lichtverhältnisse, Durchblicksituationen etc. darzustellen.

▼

Beispiel: Gustav Peichl, Kunst- und Ausstellungshalle der Bundesrepublik Deutschland, Bonn 1989, perspektivische Planungsskizzen und Ansicht

Vergleicht man die beiden Skizzen, so erkennt man deutlich mehrere Elemente des Planungsansatzes:

■ Die drei Spitzkegel auf einem flachgelagerten quadratischen Block werden in der Größe betont und zeigen an, daß sie als hervorstechendes Merkmal konzipiert sind.

■ Die Eingangssituation verändert sich mit der Zeit; beibehalten wird der spalthafte Charakter und die ondulierte Eingangsfront (vgl. S. 42). Nimmt man die perspektivische Ansicht des ausgeführten Zustands und den auf Seite 42 abgebildeten Militärriß hinzu, so wird das Bild der Gesamtanlage bereits verständlich: Der Grundriß ist im Militärriß als Aufsicht enthalten, und der Militärriß enthält die maßstäblichen Größenverhältnisse und Winkel.

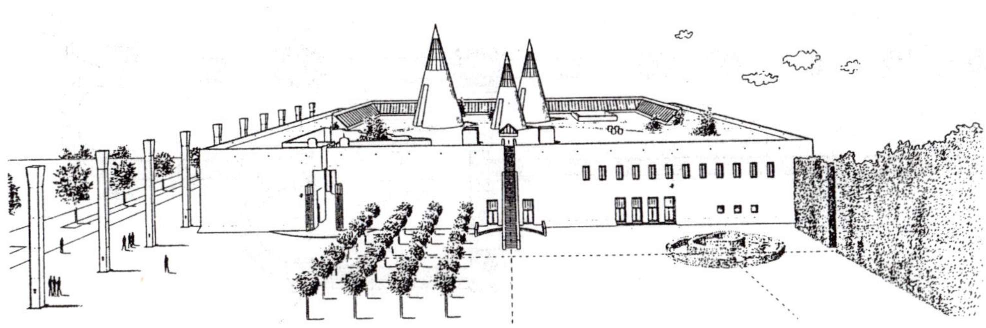

▲

Zur vollständigen architektonischen Darstellung eines Baukörpers sind mindestens fünf Risse – Grundriß und vier Wandaufrisse – und zur Darstellung des Raums mindestens zwei Schnitte – Längs- und Querschnitt – notwendig.

MINDESTERFORDERNISSE ZUR DARSTELLUNG EINES BAUS

- Grundriß
  - vier Wandaufrisse
  - zwei Schnitte
    - Längsschnitt
    - Querschnitt

Damit solche Darstellungen nicht nur in ihren relativen Maßen, z. B. Länge zu Breite zu Höhe, erfaßt werden können, müssen sie einen Maßstab oder eine Angabe des zeichnerischen Maßverhältnisses zur Wirklichkeit enthalten. Der Maßstab kann über die ganze Länge des Grundrisses reichen. Wenn bei einem Maßstab genau 1 cm = 5 m beträgt, kann als Maßverhältnis auch 1 : 500 angegeben werden. 1 cm im Grundriß entspricht 500 cm = 5 m in der Realität. Oft wird Rissen nur eine Teillänge als Maßstab beigegeben, so daß die realen Maße durch Multiplikation ermittelt werden müssen. Bei mittelalterlichen Bauten ist der Maßstab manchmal in Fuß angegeben, da in dieser Zeit in Zoll, Fuß und Ruten gemessen wurde; jedoch ist diesen Angaben gegenüber Vorsicht geboten, da es sich trotz gleichen Wortgebrauchs um regional unterschiedliche Maßeinheiten handelt.

Beispiel: Schwarzach, Abteikirche, Mitte 12. Jh., Grundriß

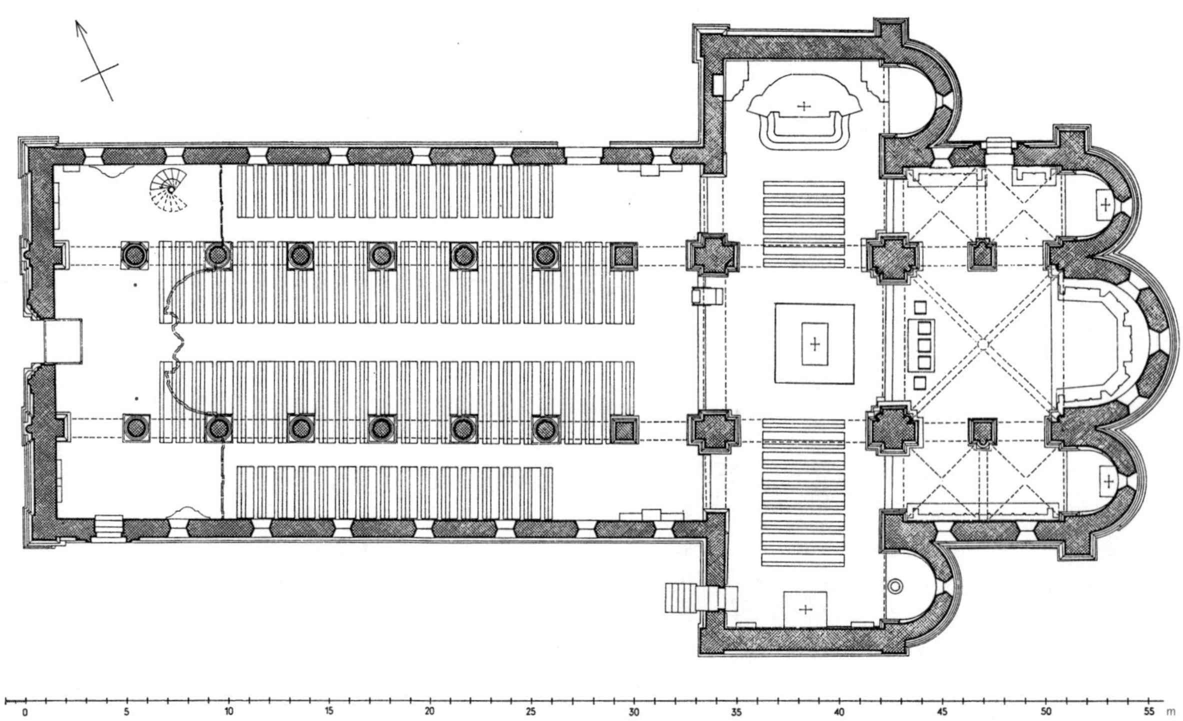

Grundrisse sind oft schwierig zu lesen; z. T. sind ihnen Informationen über nicht fest installierte Gegenstände beigefügt. Im Grundriß von Schwarzach ist u. a. folgendes abzulesen:

■ Mauern, Pfeiler und Säulen sind fett schwarz hervorgehoben, Sockel, Basen und Plinthen* durch feine Linien markiert.

■ Bogen (z. B. Arkaden) und Gewölbe (Kreuzgratgewölbe in den Abseiten und Kreuzrippengewölbe im Sanktuarium) sind punktiert eingezeichnet.

■ Treppen, Stufen, aber auch Emporen werden als projizierte Linien dargestellt.

■ Öffnungen sind als Aussparungen gekennzeichnet.

Im Grundriß sind als Zusatzinformationen die Altarstellen (durch Kreuze) mit Stufen bezeichnet sowie das Gestühl und sonstige Einbauten mit dünnen Linien angegeben.

Die Informationsfülle kann verwirren, wenn für verschiedene Informationen, z. B. Emporen und Gestühl, dieselbe Darstellungsform, eine dünne Linie, verwendet wird.

▲

■ Alle *Risse* sind – meist maßstäblich verkleinerte – Wiedergaben eines dreidimensionalen Gegenstands, die mittels gedachter Strahlen auf eine Bildebene projiziert worden sind.

■ Alle *Schnitte* sind – meist maßstäblich verkleinerte – Wiedergaben von Durchschnitten durch einen dreidimensionalen Gegenstand auf eine Bildebene.

Im Gegensatz zu den *Ansichten*, d. h. zu den perspektivischen Darstellungen, sind Risse und Schnitte zeichnerische Wiedergaben eines Baus oder Bauteils ohne Verzerrung der Maßstäblichkeit.

Während Risse und Schnitte zweidimensionale Darstellungen sind, wird mit verschiedenen schiefwinkligen Projektionen, *Axonometrien*, ein Körper in seinen drei Dimensionen in der Fläche dargestellt. Sonderformen dieser Darstellung, bei der zumindest zwei Dimensionen maßstabgerecht projiziert werden, sind

■ die *Isometrie*, bei der alle drei Dimensionen maßstabgerecht, nicht aber die Winkel präzise wiedergegeben sind,

■ der *Militärriß*, bei dem die Isometrie über dem Grundriß erstellt wird; damit sind auch die Winkel des Grundrisses richtig wiedergegeben.

Häufig werden in einer zeichnerischen Darstellung mehrere Darstellungsformen gemischt, um sich den Körper besser vorstellen zu können. So werden z. B. Schnitte mit Aufrissen der hinter der Schnittfläche liegenden Teile, Isometrien mit perspektivischen Einblicken oder Axonometrien mit Teilgrundrissen kombiniert.

Grundrisse sind horizontale Projektionen, d. h. sie geben die Situation zeichnerisch so wieder, als ob der Bau, ein Geschoß oder Bauteil von oben durchleuchtet und seine festen Teile, z. B. Wände, Stützen etc., im Schnitt auf der Fläche festgehalten werden.

Aufrisse sind vertikale Projektionen, d. h. sie geben die Ansicht eines Baus oder Bauteils flächenhaft so wieder, als ob jeder Punkt frontal gesehen würde.

Bei *Längsschnitten* wird der Körper der Länge nach durchgeschnitten und die festen Teile auf der Fläche abgebildet.

Querschnitte sind Schnitte quer zur Länge.

Durch den *Lageplan* wird ein Bau mit seinem Grund- oder Umriß maßstabgerecht in den Flächenkontext der Umgebung und damit in den Kontext zu Bauten in der Nähe gestellt; aus dem Lageplan ergibt sich oft auch die Verkehrserschließung.

▼
Beispiele:

Julia Bolles-Wilson / Peter Wilson, Kindertagesstätte, Griesheim 1988, Lageplan, Grundrisse, Aufrisse, Querschnitte, Längsschnitt und Militärriß

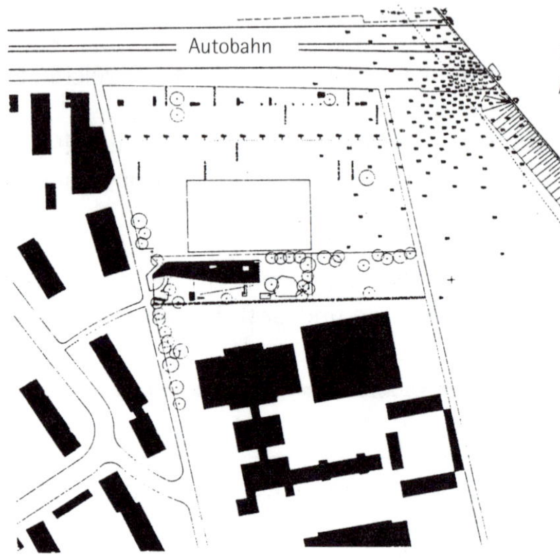

Lageplan

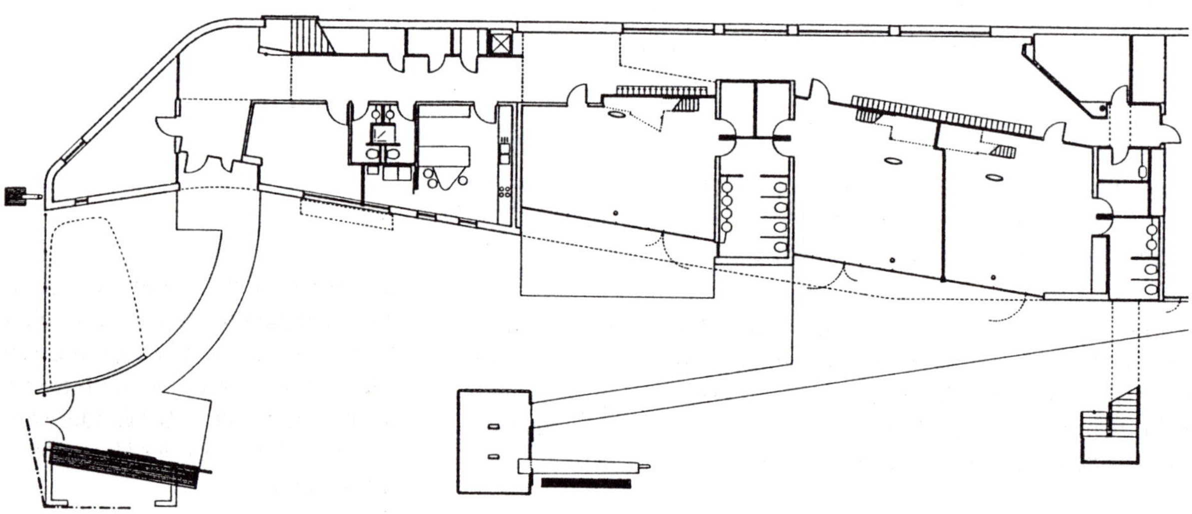

Grundriß Erdgeschoß

Der Lageplan zeigt das grundsätzliche Planungsproblem, die Begrenzung und Lage des Baugrundstücks:

- Ein langgestrecktes Grundstück und
- die Nähe der Autobahn.

Die Grundrisse zeigen die Zweigeschossigkeit, vor allem aber die Form des Baus mit seiner langgezogenen – an der Westspitze abknickenden – Nordfront und der zweimal in stumpfen Winkeln geknickten Südfront, so daß nach Westen ein Keil mit Spitze entsteht.

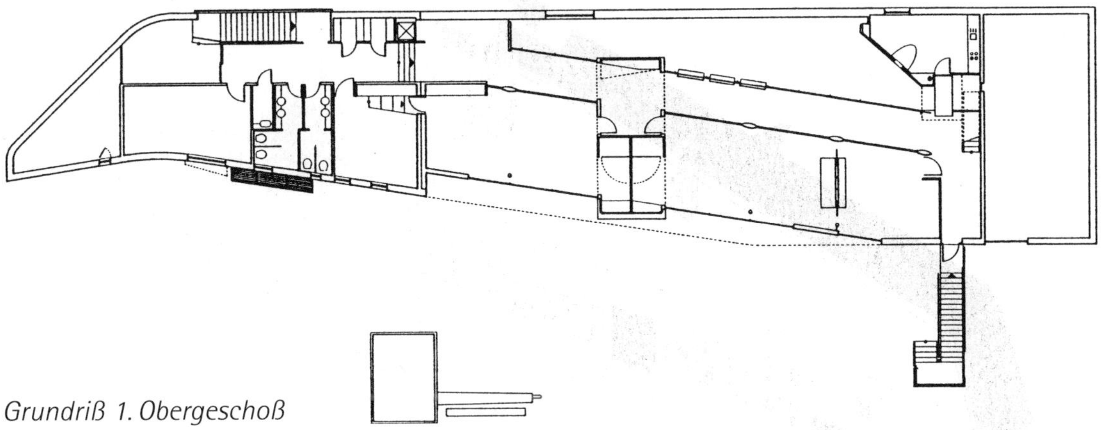

Grundriß 1. Obergeschoß

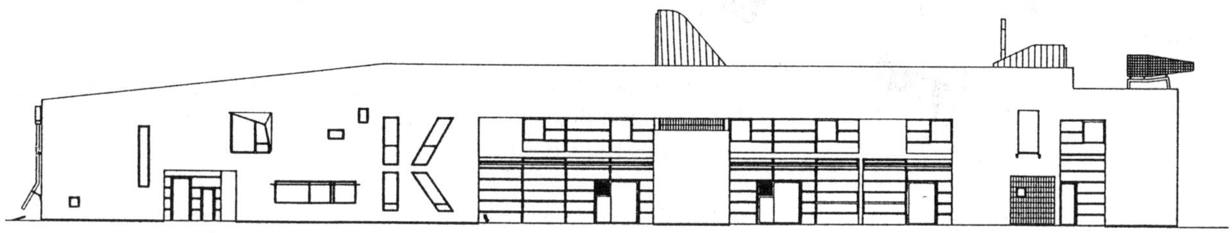

Aufriß Südwand

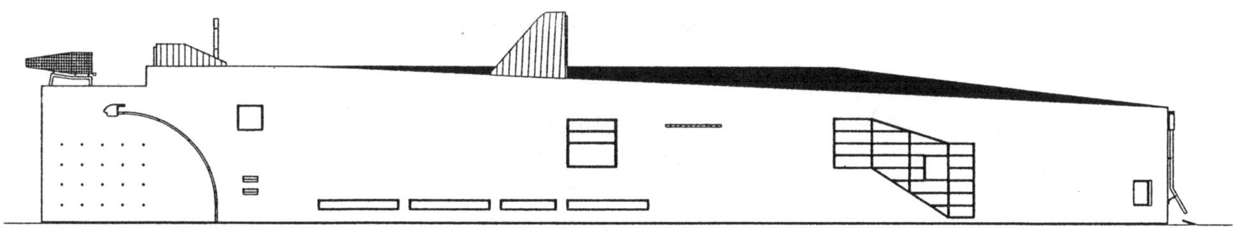

Aufriß Nordwand

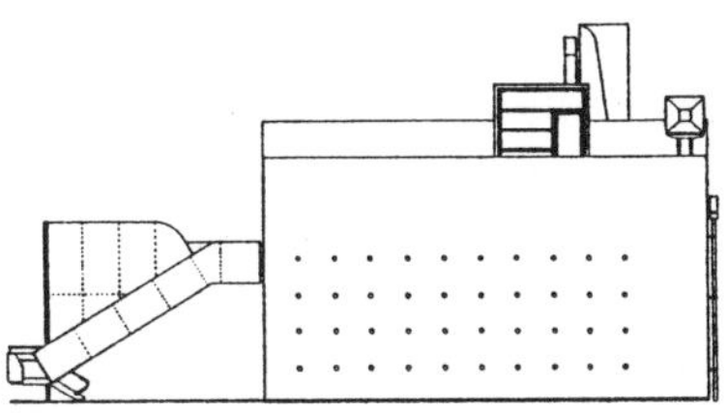

Aufriß Ostwand

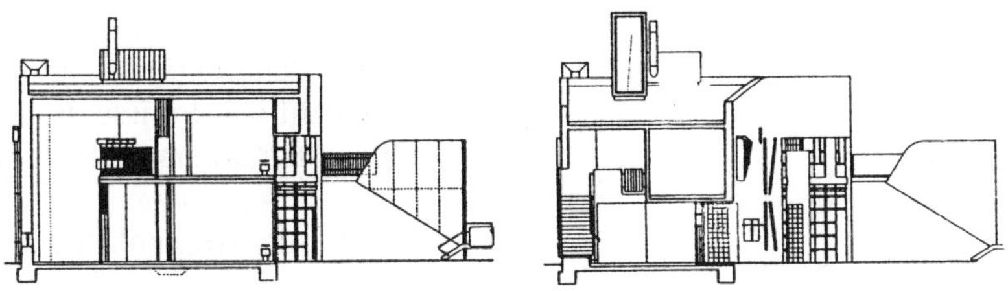

Querschnitte

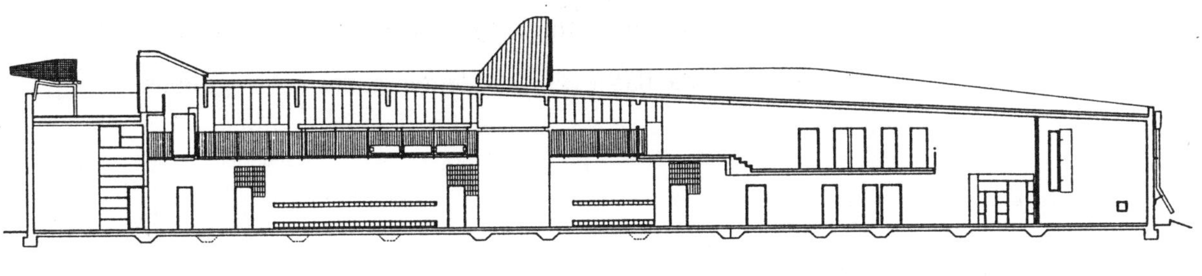

Längsschnitt

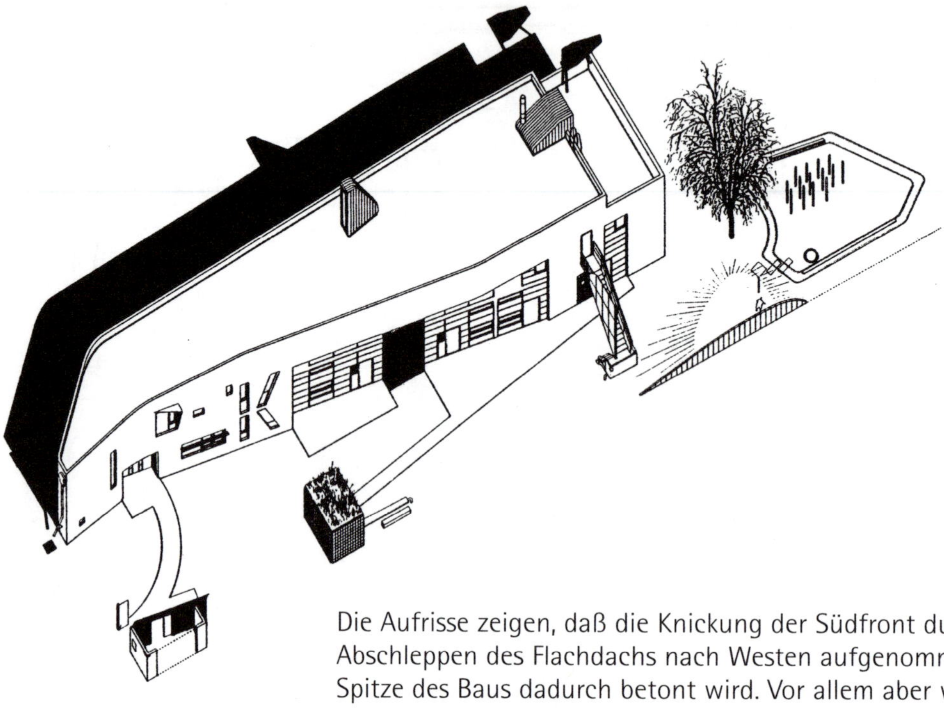

Militärriß

Die Aufrisse zeigen, daß die Knickung der Südfront durch leichtes Abschleppen des Flachdachs nach Westen aufgenommen und die Spitze des Baus dadurch betont wird. Vor allem aber wird ablesbar:

- Mit Rücksicht auf die Autobahn sind die Nord- und Ostseite des Baus nur mit wenigen Öffnungen versehen.
- Im Süden, in dessen Richtung die Aufenthaltsräume ausgerichtet sind, ist die Wand durch stark gegliederte Fensterfronten und Eingänge zum Licht und Freigelände erschlossen. Das K-Fenster (Kinder!) signalisiert in verspielter Form die Funktion des Baus.

Längs- und Querschnitte zeigen den komplizierten Innenaufbau. Vor allem die beiden Querschnitte machen deutlich, daß der Bau

- nur z. T. konventionell zweigeschossig angelegt und
- z. T. mit Galerien versehen wurde, so daß die Aufenthaltsräume sich teilweise über beide Geschoßebenen erstrecken.

Über den Militärriß, der in der Dachaufsicht maßstab- und winkelgerecht die Umrisse des Grundrisses wiedergibt, erkennt man die genaue Körperstruktur des Baus, vor allem die Südwand

- mit der »freundlich entgegenkommenden« Spitze,
- ihrer »Offenheit« und Kleinteiligkeit,
- dem großen K-Fenster, Abkürzung für Kinder, die hier »herrschen« sollen,
- die durch Knickungen »schwingende Wand« und
- die flache, sich »niederduckende« Höhe des Baus.

Hildesheim, Kirche St. Michael, 1010, Grundriß, Aufriß, Längsschnitt, aufgeschnittene perspektivische Ansicht und Militärriß

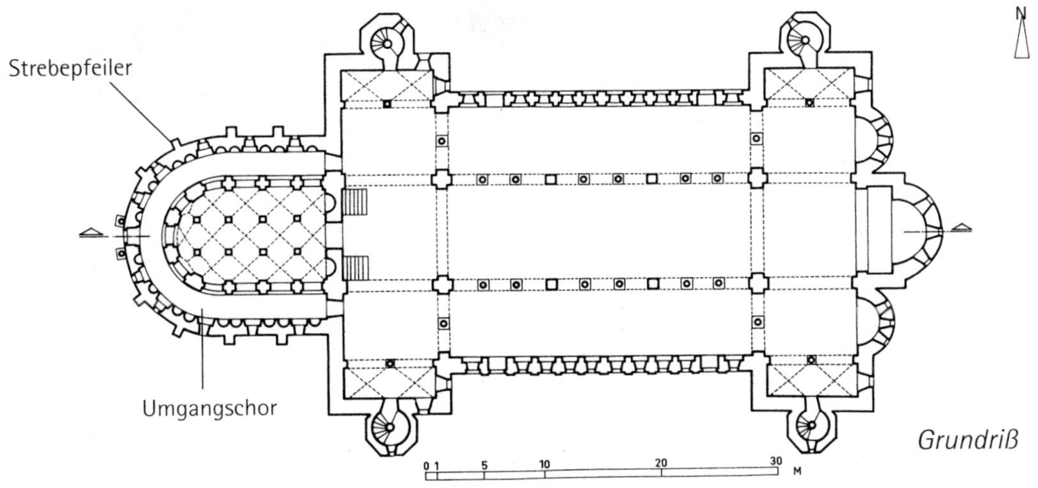

Grundriß

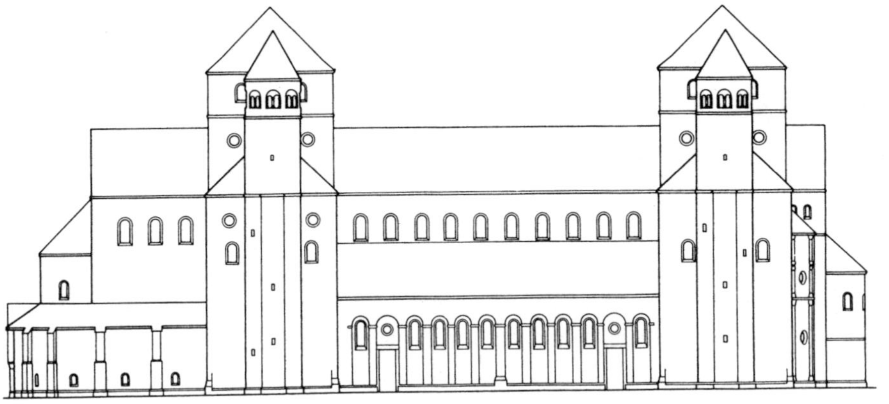

Aufriß Südwand

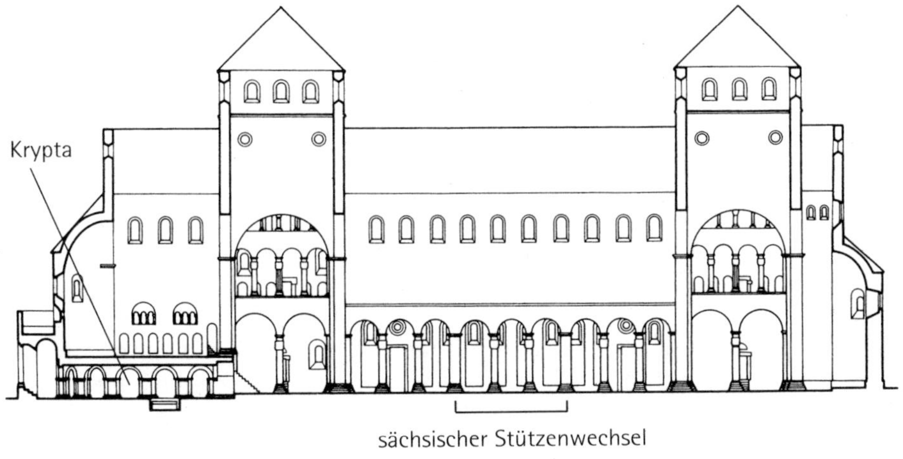

Längsschnitt

Mit Hilfe von fünf Bauzeichnungen läßt sich der romanische Bau weitgehend analysieren.

Der Grundriß zeigt eine dreischiffige Kirche mit Querhäusern im Osten und Westen, so daß zwei ausgeschiedene* Vierungen entstehen. Im Osten schließt der Bau mit einer eingezogenen* Apsis; das Ostquerhaus hat Querhausapsiden. Der Westschluß, ein hochgelegter Umgangschor* muß, wie die feingliedrige Form und die Strebepfeiler sowie die Einwölbung zeigen, jüngeren Datums sein. Beide Querhäuser werden von Türmen flankiert. Das Langhaus ist durch sächsischen Stützenwechsel* rhythmisiert. Die Querhäuser sind zu den Seitenschiffen durch Säulen abgetrennt; auch sind in den Querhausarmen westliche und östliche Teilräume ausgeschieden.

Der Aufriß der Südwand gibt weitere Informationen: St. Michael ist eine Basilika mit zwei Dreiturmgruppen*. Der Umgangschor ist mit Strebepfeilern* verstärkt. Die Seitenschiffwände sind vertikal gegliedert. (Dies ist allerdings eine rekonstruktive Darstellung, wie sich nur bei Betrachtung vor Ort feststellen läßt.) Die achteckigen Flankentürme setzen sich oberhalb des Dachauflagers in runden Freigeschossen fort.

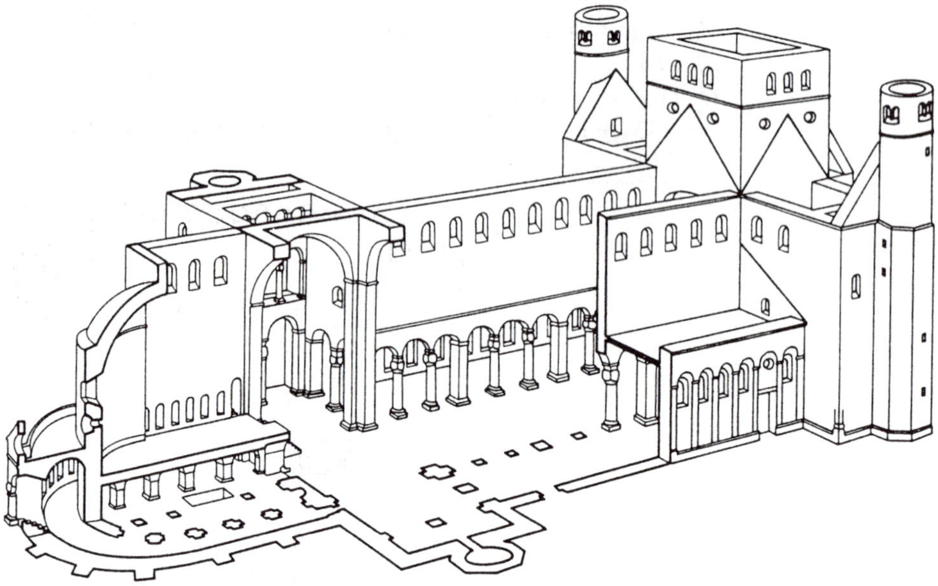

Aufgeschnittene perspektivische Ansicht

Erst der Längsschnitt mit den dahinterliegenden Bauteilen als Aufriß zeigt, daß St. Michael im Westen eine Krypta* besitzt, was die Höherlegung des Chors erklärt. Vor allem aber werden die in den Querhausarmen über einer Doppelarkade angebrachten Emporen und deren rhythmisch verkleinerte und verengte Arkaden sichtbar.

Die »abgedeckte« und »aufgeschnittene« Ansicht ist keine Axonometrie, da die horizontalen Linien nicht parallel verlaufen und auch der Grundriß (aufgedeckter Teil) perspektivisch verzerrt ist. Die Ansicht zeigt aber besonders anschaulich die Krypta und den hochgelegten Westchor. Erst an ihr ist die Ausscheidung der Vierung durch Schwibbögen* erkennbar. Auch läßt sich nunmehr eindeutig die Flachdecke im Langhaus erkennen, weil keine Wölbungsansätze vorliegen.

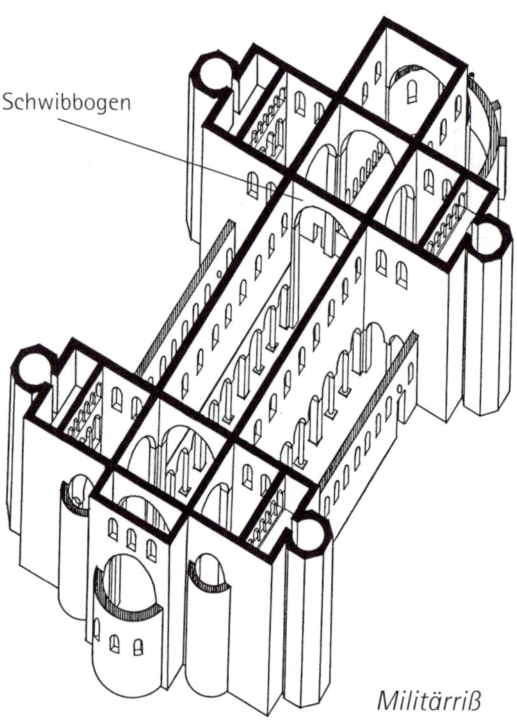

Militärriß

Der abgedeckte Militärriß, gut an den maßstab- und winkelgerechten Schnittlinien zu erkennen, vermittelt am besten von allen Darstellungen die Baumassen, Raumteile und Streckungen. Die Ost-West-Ponderation des Baus ist nur durch den länger herausgezogenen Umgangschor im Westen gestört. Durch die Arkaden und Emporen bekommen die Querhausarme eine »Barriere«, damit über Längsstreckung wieder die Ausrichtung auf das Sanktuarium und die Apsis und damit auf die Altäre erfolgt; das Sanktuarium im Osten nimmt dabei die Tiefenmaße der Emporen auf.

Wie die Beispiele zeigen, werden Schnitte in vielen Fällen mit Aufrissen der hinter der Schnittebene liegenden Bauteile verbunden. Axonometrische Darstellungen werden oft mit Grundrißteilen und Schnitten kombiniert; von einer *»explodierten Axonometrie«*, auch in Form von Isometrie oder Militärriß, wird gesprochen, wenn angrenzende Bauteile über zeichnerische Zwischenräume getrennt werden (vgl. S. 58).

Beispiele:

Querschnitt einer dreischiffigen Basilika

Wie bei den meisten Schnitten ist die Schnittebene durch Schwärzung gekennzeichnet; die Säulen, Gewölbeansätze und Wände in Aufrißtechnik dienen der besseren Anschaulichkeit.

Rom / Italien, Maxentiusbasilika, 306, Ansicht mit Teilaufschnitt

In der römischen Maxentiusbasilika wird eine einfache perspektivische Ansicht mit einem Teilaufschnitt verbunden; dadurch werden Schlüsse über den Gesamtaufbau von Körper und Raum möglich: Dreischiffigkeit, Arkadengang der Vorhalle, Kreuzgratwölbung des Mittelschiffs etc.

Ansicht und Militärriß von Kirchenschiffen

Die Gegenüberstellung einer Ansicht und eines Militärrisses von Kirchenschiffen verdeutlicht, wie schwierig gerade mit Grundriß und Schnitt kombinierte Axonometrien zu lesen sind. Andererseits werden gegenüber der perspektivisch verzerrten Ansicht der tektonische Aufbau und ein Teil der Maße nur über die Isometrie verständlich.

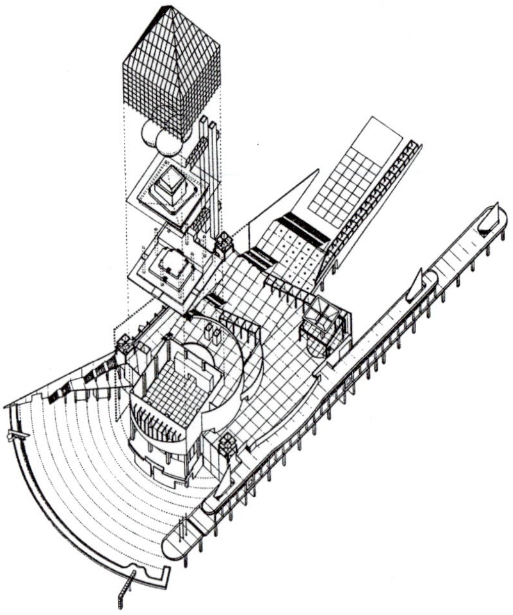

Minoru Takeyama, Flughafenterminal, Tokio / Japan 1991, explodierte Axonometrie

Die explodierte axonometrische Darstellung auf der Grundlage eines Militärrisses zeigt die zeichnerischen Möglichkeiten, neben einer winkel- und maßstabgerechten Darstellung der Gesamtanlage, Teile – hier Turmgeschosse – in ihrer räumlichen Konzipierung einsichtig zu machen. Beim Messeturm in Frankfurt (S. 36) waren mehrere Geschoßgrundrisse als Darstellungsmittel verwendet worden.

Um architekturanalytisch gesicherte Schlüsse aus zeichnerischen Darstellungen zu ziehen, ist vorher genau der Typ der Darstellung festzustellen.

Grundrisse als Entwurfs- und Formaussage

Schon die bisherigen Abbildungen zeigten die große Variationsbreite von Grundrissen. Wer mit offenen Augen durch die Straßen geht, kann sich leicht beim Anblick von Häusern, Fabriken, Kirchen, Tankstellen, Verwaltungsgebäuden, Kinos, Gefängnissen oder Theatern vorstellen, wie vielfältig Grundrisse sein können. Mit den Anlagen der Athener Akropolis, von Pergamon, den Kaiserforen in Rom sowie den Anlagen von Sanchi oder Vat Phu wurden architektonische Komplexe vorgestellt, die teilweise erst als Architektur-Ensembles ihre volle Wirkung und Bedeutung entfalten. Bei ihnen muß der Grundriß des einzelnen Baus immer im Zusammenhang mit dem Grundriß der Gesamtanlage betrachtet werden.

Heute bestimmen, mehr als früher, ökonomische Grenzen, d. h. die Limitierung der Baukosten, bereits den Entwurfsprozeß. Aus architekturanalytischer Sicht sind vor allem bei historischen Bauten andere Begrenzungen zu beachten. Das Vorhandensein bestimmter Baumaterialien und der technische Wissensstand sind zu jeder Zeit den Entwurfs- und Konstruktionsprozeß bestimmende Begrenzungen gewesen. In Mesopotamien wurde mit Ziegeln gebaut, weil keine Steinbrüche vorhanden waren. Die Mittelschiffbreite mittelalterlicher Kirchen wurde, solange die Wölbungstechnik nicht beherrscht wurde, durch die Balken, d. h. die Baumlängen, bestimmt. Erst mit der Erfindung des Spannbetons wurden die form- und gestaltungsflexiblen Schalendächer und ondulierten Wände möglich.

Konstruktivität und Materialität bedingen sich; sie gehen als Vorbedingungen in die Entwurfszeichnungen ein.

Auch durch das Bauen mit vorgefertigten Bauteilen schlagen sich ökonomisch bedingte Rationalisierungen auf den Entwurfsprozeß nieder. Rasterungen und Normierungen begrenzen die Entwurfs- und Konstruktionsvielfalt.

Aus architekturanalytischer Sicht sind diese Begrenzungen allenfalls Erklärungsgründe, warum bestimmte Maße und Detailausführungen schon beim Entwurf des Grundrisses gewählt worden sind. Wichtiger sind zunächst die Grenzen, die in der Darstellungstechnik von Grundrissen liegen und beim Lesen bedacht werden müssen.

Der Grundriß zeigt nur Fläche, nie Raum, und kann deshalb auch nur Informationen über die Fläche, z. B. Ausrichtung, Verbindung, Öffnung etc. geben.

Wenn die Fläche im Raum, wie bei dekonstruktivistischen Bauten, z. T. nicht durch waagerechte Ebenen definiert ist, stößt sie an die Grenzen ihrer zeichnerischen Darstellbarkeit.

Grundrisse – gleichgültig, ob Erdgeschoß oder andere Geschosse – geben unterschiedlichste Informationen:

- Sie zeigen die Flächengrundform des Baukörpers.
- Darüber hinaus definieren sie meist relativ genau die Raumaufteilung einschließlich der Raumerschließung.
- Sie machen Aussagen über die Innen-Außen-Beziehungen durch Angabe von Fenstern, Türen und Raumlagen.
- Darüber hinaus machen sie spezielle Form- und Gestaltungsaussagen sowie Angaben über Maßverhältnisse.

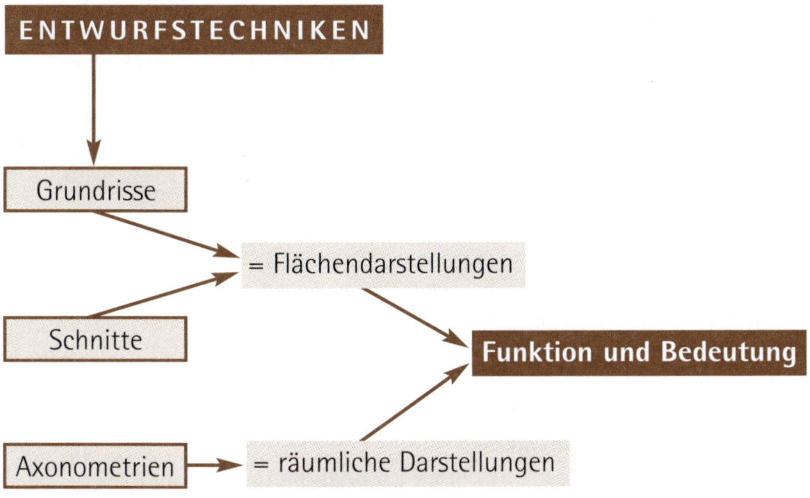

Aus dem Grundriß sind Entwurfsprinzipien, z. B. Symmetrie, Zentralisierung etc., ablesbar. Deren Form- und Gestaltungsaussagen lassen Schlüsse auf die Planungsziele, Funktionalität, aber auch auf Bedeutungsaussagen zu.

Hatte die Grundrißabbildung des scheinbar einfachen Zeustempels in Olympia (S. 18) bereits erste Einblicke in die Konstruktivitäts- und Harmonievorstellungen des Architekten vermittelt, der Grundriß des Messeturms in Frankfurt (S. 36) das Formenspiel von Quadrat und Kreis verdeutlicht und der Grundriß des Schlosses Vaux-Le-Vicomte (S. 23) die strenge Rhythmisierung und die Raumbezüge als Widerspiegelung absolutistischen Herrschafts-, Hierarchie- und Repräsentationsdenkens enthüllt, so zeigte der Grundriß der Burg Münzenberg (S. 28), wie das Bautenensemble durch die Vorbedingungen der Natur, der Kuppe des Bergsporns, und das Verteidigungsziel bestimmt wird.

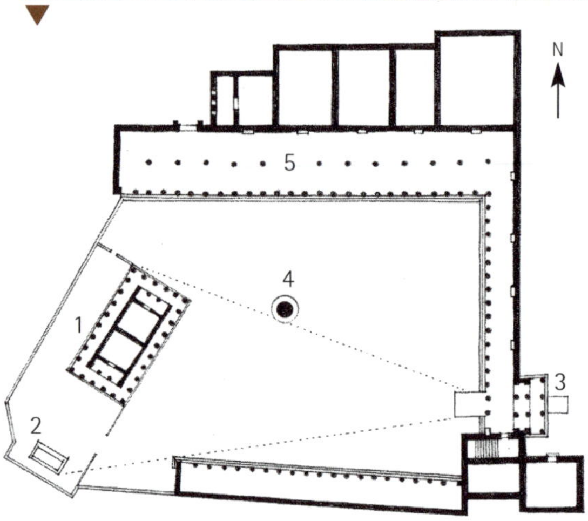

1 = Tempel
2 = Altar
3 = Propylon
4 = Denkmal
5 = Stoa*

Beispiele:

Pergamon / Türkei, Tempelanlage der Athena Polias, 3. Jh. v. Chr. bis 2. Jh. n. Chr., Lageplan

Ausgehend von der Problematik von Zugang und Lage (S. 37ff.), werden hier die Grundrißbestimmungen aus der Gesamtlage deutlich:

■ Der Haupttempel der Athena Polias mit Altar wird mehrere hundert Jahre später in eine große Platzanlage eingebunden.

■ Das als Säulenhalle vor die Mauer gelegte Propylon ist mit seinem Austritt auf den Platz so gelegt, daß die zentrale Achse auf die südwestliche Frontecke des Tempels bezogen ist.

■ Die mit Rücksicht auf die Terrassierung (vgl. S. 31f.) nicht ganz rechtwinklig gesetzte Säulenhalle im Süden ist in der Längsausdehnung so dimensioniert, daß der Blick zum Altar nicht verstellt wird, während die zweischiffige Säulenhalle im Norden, an dessen Rückseite Bibliotheksräume liegen, den Tempel mit einschließt.

■ Das Siegerdenkmal Attalos' I. ist aus der Mitte gerückt, um vom Propylon aus den Blick auf den Tempel nicht zu verstellen.

Die Rapporte der Säulenhallen nobilitieren den Platz; das Propylon als dreischiffige Säulenhalle unterstreicht die Bedeutung des Orts. Dem Heiligtum wird die Bauanlage untergeordnet und gleichzeitig der Sieg des Attalos' der Stadtgöttin, unter deren Schutz der Herrscher steht, zugeordnet.

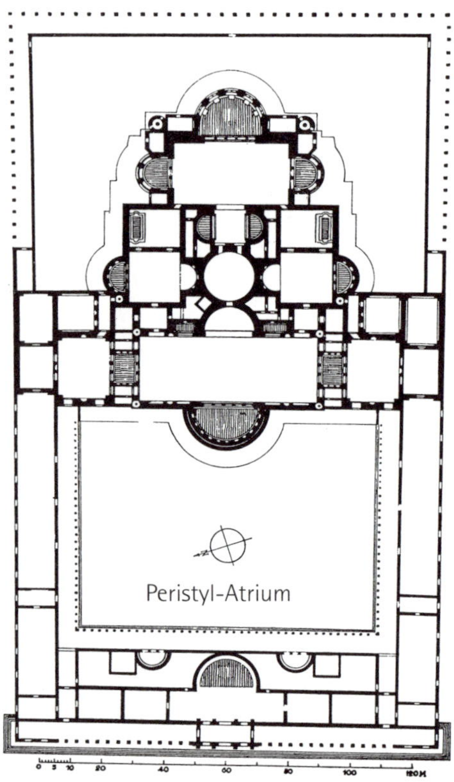

Trier, Kaiserthermen, Ende 3. Jh., Grundriß

Im Vergleich zum griechischen Tempel erscheinen Gebäudeanlagen der Römer als komplexe Gefüge.

■ Für die Gesamtanlage gilt:

- Sie ist achsensymmetrisch angeordnet.
- Einem großen längsoblongen Rechteck sind zwei queroblonge Rechtecke mit herausgezogenen Konchen vorgelegt.
- Das Raumgefüge wird von einer Säulenkonche abgeschlossen.

■ Die Eingangsfront ist durch eine Säulenhalle mit Mittelrisalit betont. Dahinter schließen sich um einen querrechteckigen Hof Nutzgebäude an, denen im Hof Säulenhallen vorgelegt sind, so daß ein Peristyl*-Atrium* entsteht.

■ Die eigentliche Badeanlage ist ein vielfach gegliedertes Raumgefüge. Auffällig ist der Formenreichtum:

- Quadratische und runde Räume,
- quer- und längsrechteckige sowie konchale Raumformen.

Der formale Reichtum der Architektur ist über die Prinzipien von Axialität, Zentralisierung sowie den Wechsel von Raumlagen gekennzeichnet. Formenreichtum und Gesamtkomposition werden mit den Funktionen als Badeeinrichtung gekoppelt. Die Thermenanlagen als öffentliche Einrichtung waren – gerade in der römischen Provinz – nicht nur Ausdruck der römischen Kultur, sondern auch der »bautechnischen« Überlegenheit und damit der Macht Roms.

Die Prinzipien der *Symmetrie, Axialität* und *Zentralisierung* haben die Baugeschichte bis zur Neuzeit maßgeblich geprägt und finden sich in vielen Grundrissen.

Aus diesem Grunde werden auch in der architektonischen Formenlehre vor allem *Lang-* (oder Longitudinal-) und *Zentralbauten* unterschieden. Beide Formentypen haben im Laufe der Zeit Variationen, Kombinationen und Abwandlungen erfahren, bevor die Architekten den sogenannten freien Entwurf wagten.

▼

Beispiele:

Epidauros/Griechenland, Tholos des Asklepieion, 3. Jh. v. Chr., Grundriß

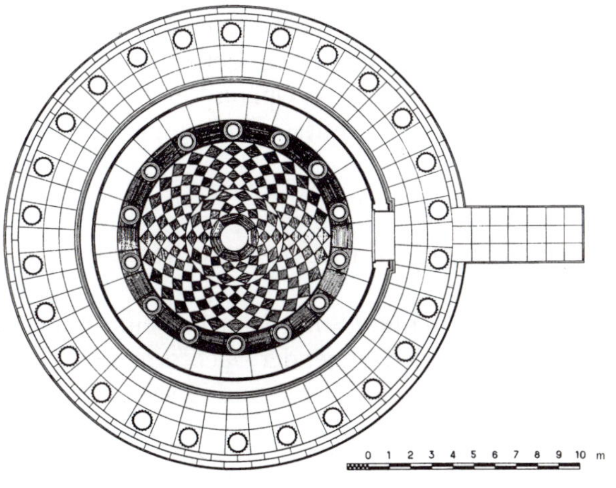

Rom/Italien, Rundtempel am Tiber, Ende 2. Jh., Grundriß

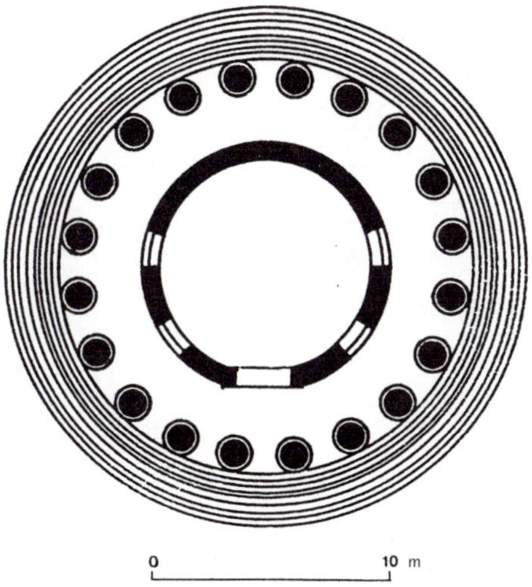

Die vollkommenste Zentralbauform, weil jeder korrespondierende Bauteil gleich weit vom Mittelpunkt entfernt ist, ist der Rundbau. Die Griechen entwickelten ihn für die Heroenverehrung als Tholos*, bei dem um einen runden Naos ein Säulenring gelegt war. Der Naos war oft nochmal innen durch einen Säulenring unterteilt. Beim Tholos in Epidauros entspricht dem Außenring mit 26 Säulen der Innenring mit 14 Säulen. Durch die Form von Ringschichten wird die Zentralisierung betont.

Der Tibertempel ist konstruktiv einfacher, aber über ein Podium aufgesockelt. Die dem Rund widersprechende Ausrichtung geschieht durch die Durchfensterung, die dem Eingang einen Frontcharakter verleiht.

Sanchi/Indien, Stupa, 2. Jh. v. Chr., Grundriß

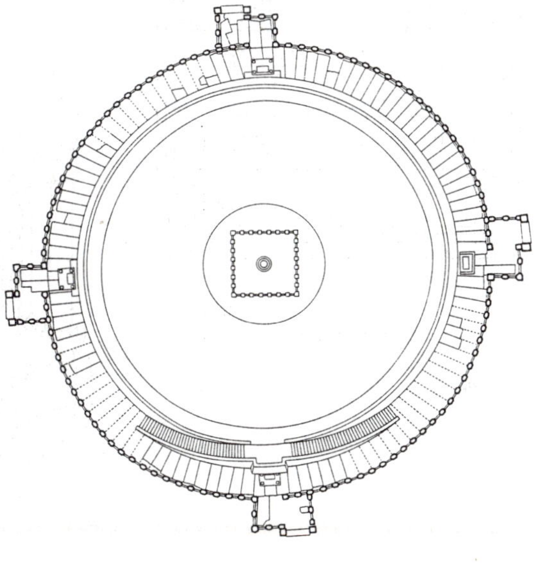

Auch der Stupa von Sanchi (vgl. S. 39) bedient sich der Rundform, ohne jedoch die Konzentrik durch Ringe besonders zu betonen. Durch die gleichmäßige Anlage der Eingänge mit Ausrichtung zu den vier Himmelsrichtungen wird der gesamte Bau kosmologisch eingebunden.

Rom/Italien, Pantheon, 118, Längsschnitt und Grundriß

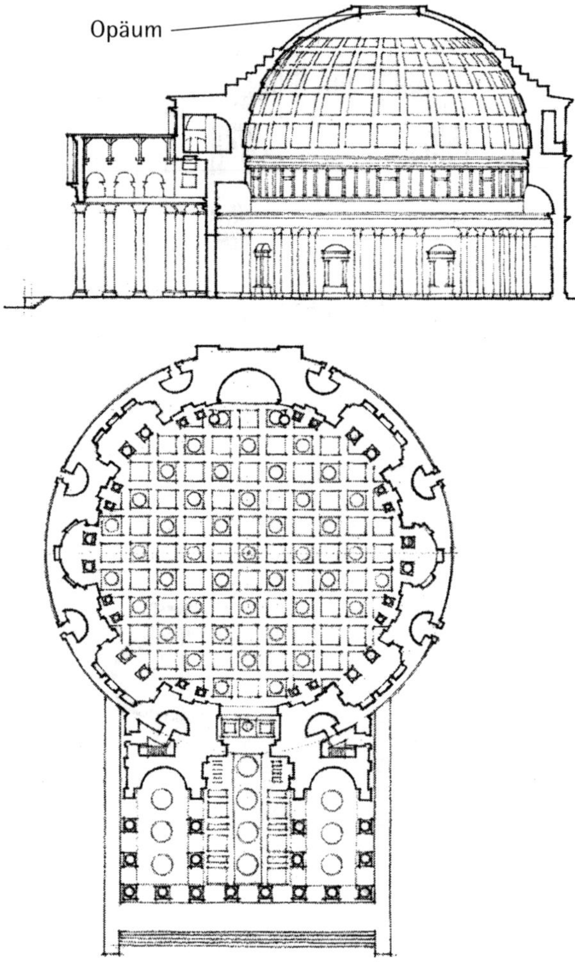

Mit fast 44 m Durchmesser ist das Pantheon noch heute einer der größten Kuppelbauten der Welt. Sein Grundriß zeigt einen zentralen Nischenbau, bei dem Innen- und Außennischen, Rechteck- und Halbrundnischen alternieren. Trotzdem hat der Bau mit mehreren architektonischen Mitteln außen wie innen eine klare Ausrichtung erfahren:

- Außen ist dem Eingang eine dreischiffige und dreijochige Säulenhalle mit Auftreppung vorgelegt, deren Seitenschiffe in Konchen enden. Das um ein Interkolumnium breitere Mittelschiff zum Tempeleingang wird an der Rückseite des Baus durch eine risalitartige platte Verspringung aufgenommen.

- Im Inneren ist die dem Eingang gegenüberliegende Konche durch Form hervorgehoben.

Die nur im Schnitt zu erkennende Besonderheit dieses Baus ist die Kugelform, da die Raumhöhe dem doppelten Halbmesser des Kreises entspricht. Der kosmologische Bezug dieses – allen Göttern geweihten – Tempels wird nicht nur in der Vollkommenheit des Kreises und der Kugel architektonisch ausgedrückt, sondern auch durch die einzige große Lichtöffnung des Baus, das Opäum* im Kuppelscheitel; durch diese Öffnung fällt das Licht mit der Fülle des jeweiligen Sonnenstands.

Baalbek/Syrien, Tempel, um 250, Grundriß und Ansicht

Der durch Portikus* ausgerichtete Rundtempel ist ein Nischenbau; er ist als Kuppelbau mit ausschwingender Dachform versehen, was nur aus der Ansicht deutlich wird. Der Grundriß selbst zeigt ein reiches Formenspiel:

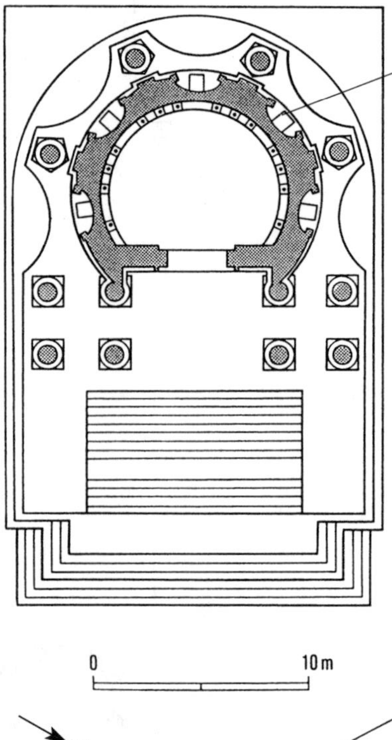

- Der Naos ist außen genischt und innen mit Säulenvorlagen versehen.

- Die dreischiffige Portikus betont die Ausrichtung, die allerdings zusätzlich durch das breite Portal mit aufgebrochenem Naos-Ring, breitem Mittelschiff der Portikus und die Treppenwangen hervorgehoben wird.

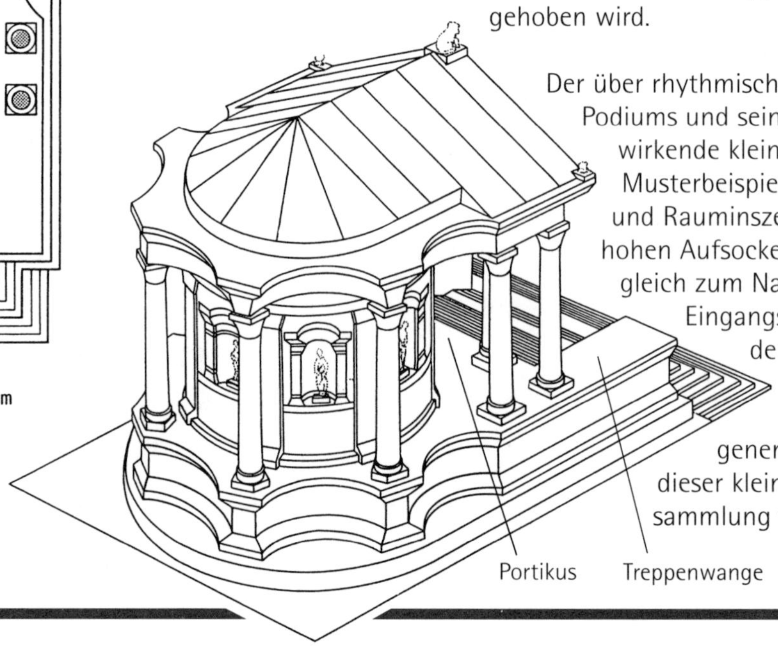

Der über rhythmische Aufstufung des Podiums und seine Dachform barock wirkende kleine Tempel ist ein Musterbeispiel theatralischer Bau- und Rauminszenierung. Mit der hohen Aufsockelung, dem im Vergleich zum Naos mächtigen Eingangsbereich, der tief in den Raum gezogenen Schwelle* des Naos sowie der geschwungenen Baldachinform ist dieser kleine Tempel eine Ansammlung von Pathosformeln.

Die sieben folgenden Grundrisse zeigen Varianten des *Zentralbaumotivs* in Quadrat-, Achteck- und Kreuzform.

Spalato / Kroatien, Mausoleum des Diocletian, um 300, Grundriß

Das Diocletian-Mausoleum ist ein Achteckbau mit alternierenden Nischen; es variiert aus dem inneren Rund mit Säulen zur achteckigen Außenwand der Cella, die eine im Achteck angeordnete Peristase besitzt.

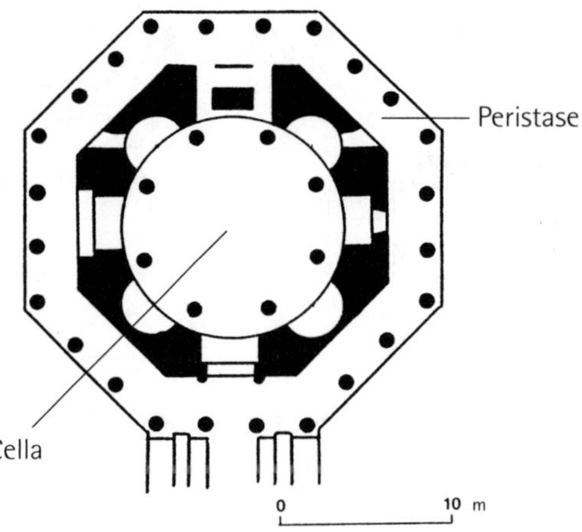

Istanbul / Türkei, Apostelkirche, 327, Grundriß

Die Apostelkirche nimmt das christliche Symbol in Form des griechischen Kreuzes* auf und betont die Richtung nur gering durch den Eingang und die Apsis. Demgegenüber wird die Zentralität im Detail durch die von Quadraten umschriebenen vier Kuppeln hervorgehoben.

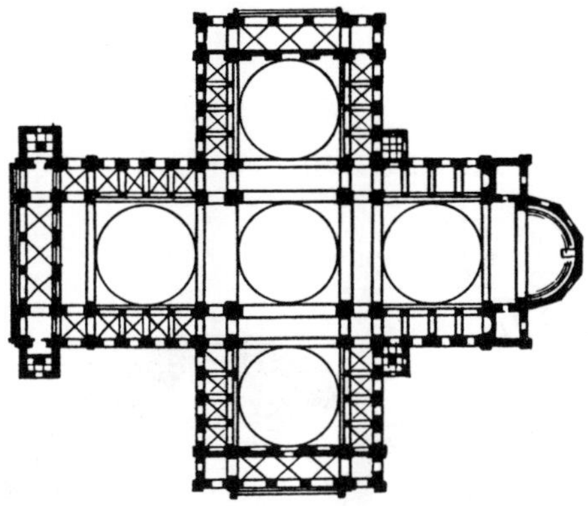

Rom / Italien, Sta. Costanza-Mausoleum, um 350, Grundriß

Sta. Costanza nimmt die alte Rundtempelform mit konzentrischen Ringen auf, variiert das Nischenmotiv und gibt über den vorgelegten Narthex* dem Bau eine Ausrichtung; diese wird im Inneren durch eine große Rechtecknische und weitergestellte Stützen hervorgehoben. Der Innenraum nimmt über Großnischen und die auf sie bezogenen weitgestellten Stützen das Kreuzmotiv auf.

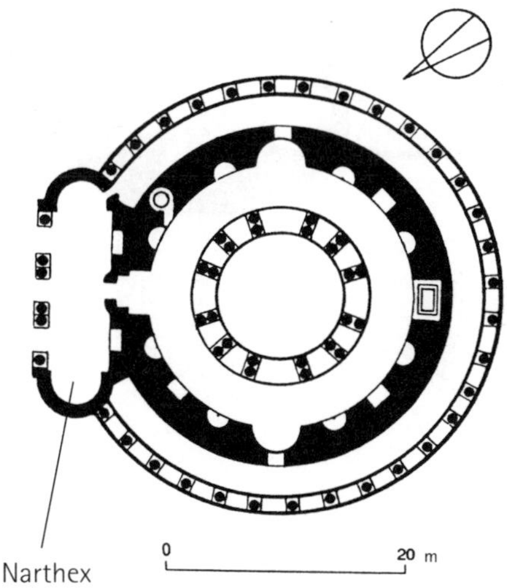

Mailand / Italien, Kirche S. Lorenzo Maggiore, 355, Grundriß

In S. Lorenzo wird die konstruktive Variation einen Schritt weitergeführt:

- Das innere Quadrat wird durch die vier Ecktürme aufgenommen.
- Im Inneren wird das Quadrat in ein Oktogon übergeleitet, aber das Quadrat durch die konchale Säulenstellung zwischen den Turmräumen in gedrehter Form wieder aufgenommen.
- Diese Drehung und Abrundung wird im Außenbau widergespiegelt.
- Statt Nischen wird mit konchalen Schwingungen gearbeitet und damit zwischen geschlossenen und kommunizierenden Räumen gewechselt. Im Inneren wird statt eines Umgangs eine doppelte Kreuzanordnung durch die Turmräume und die konchalen Schwingungen erzielt (vgl. S. 224).

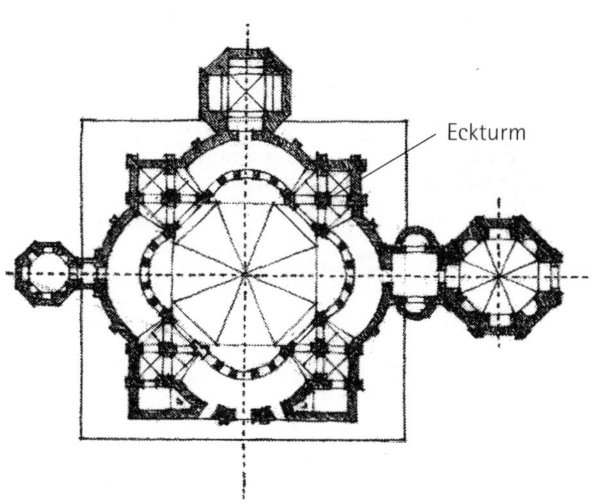

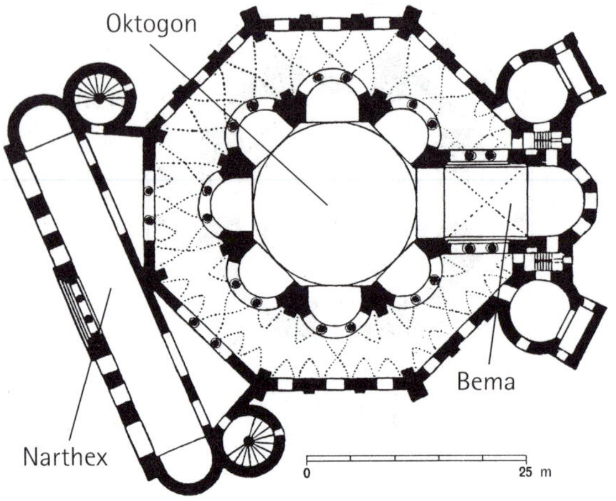

Ravenna / Italien, Kirche S. Vitale, um 525, Grundriß

In S. Vitale wird die Oktogonform innen und außen in vollendeter Entsprechung gezeigt. Die Zentralität des Baus wird durch die konchalen Schwingungen bestimmt. Zwei Besonderheiten, die aufeinander bezogen sind, zeichnen den Bau aus:

- Das Bema* mit begleitenden Rundräumen ist aus dem Achteck herausgezogen und gibt dem Bau eine axiale Ausrichtung.

- Die Eingänge durch den quergelegten Narthex führen über Dreiecksräume ins Oktogon; dabei ist ein Eingang axial auf das Bema ausgerichtet, während der andere nur den Blick auf das innere Oktogonzentrum freigibt. Hier wird durch die Eingangslage die Raumhierarchisierung und die Eintrittsbedeutung architektonisch gesteuert.

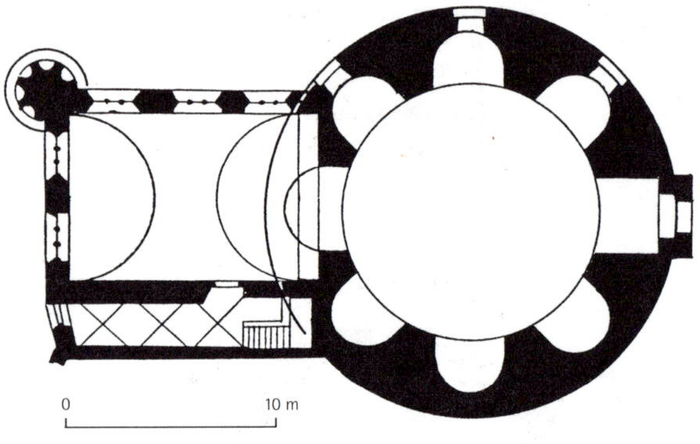

Würzburg, Marienkapelle, 706, Grundriß

Die Marienkapelle führt das überlieferte Formengut in reduzierter Form fort. Der einfache Nischenbau mit später vorgelegtem Eingangsraum erhält eine leichte Ausrichtung nur durch eine etwas nach außen gezogene, innen getreppte Rechtecknische für den Hauptaltar.

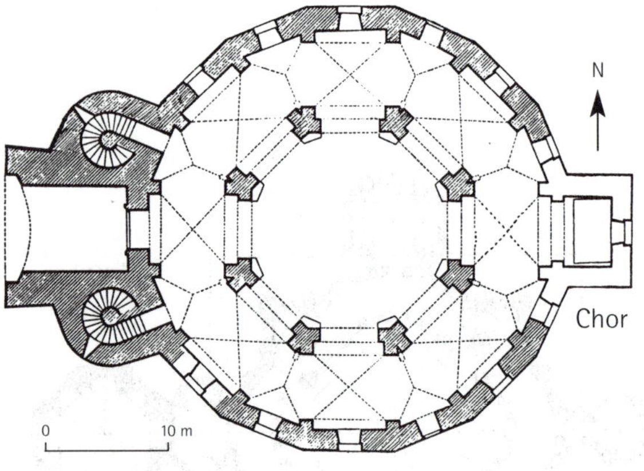

Aachen, Pfalzkapelle, 798, Grundriß

Demgegenüber greift die Pfalzkapelle auf das Formengut von S. Vitale mit eigenständiger Ausformung zurück. Das innere Oktogon wird außen in ein Sechzehneck übergeführt und damit dem Rund angenähert. Durch den vorgezogenen, von Türmen flankierten Eingangsbereich und den herausgezogenen Kastenchor* bekommt der Bau eine leichte axiale Ausrichtung. Im Vergleich zu S. Vitale, wo das innere Oktogon durch die konchalen Schwingungen leicht verschleiert, dagegen außen klar widergespiegelt wird, ist in Aachen das Oktogon innen scharf herausgearbeitet, aber außen nur im Obergaden (hier nicht sichtbar) aufgenommen.

Die Ansätze einer Ausrichtung von Zentralbauten über Kombination mit Annex oder Narthex führten schon früh zur Verschmelzung von Zentralbau- und Longitudinalbauelementen.

Beispiele:

Istanbul/Türkei, Hagia Sophia, 532, Grundriß

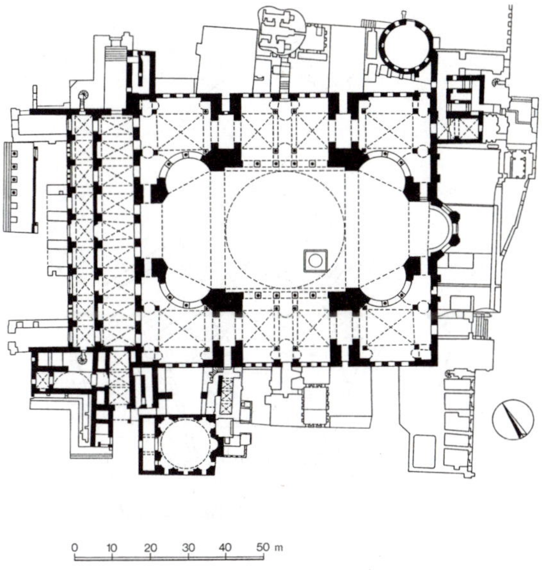

Der Bau hat – durch die Ostkonche verstärkt – eine West-Ost-Ausrichtung. Entwurfs- und formbestimmend für den Grundriß sind

- das überkuppelte Zentralquadrat mit zentralisierender Wirkung,
- die Halbkuppeln im Westen und Osten, jeweils seitlich durch konchale Ausschwingungen flankiert. Sie verweisen auf eine aufgeklappte Kugel und geben dem Raum eine Längsausrichtung;
- die im Norden und Süden des zentralen Kuppelquadrats über Stützen geöffneten Seitenräume, die die Längsrichtung durch eine Querachse ausbalancieren und zu einem Kreuzschema überleiten.

Die Hagia Sophia ist die Verbindung eines dreischiffigen Baus mit zentralisierenden Elementen – Quadrat, Kreis, Kreuz – , die ihre architektonische Spannung aus der Durchdringung von Axialität und Zentralität empfängt.

Köln, Kirche St. Maria im Kapitol, 1. Hälfte 11. Jh., Grundriß

Der Ostteil der Kirche hat fast Zentralbaucharakter. Die ausladende trikonchale Struktur des Baus würde bei einer gedachten vierten Konche im Westen bis zum dritten Joch reichen. Der verbleibende Westteil würde nicht einmal die Länge eines Trikonchosarms haben. Das beherrschende Vierungsquadrat, das durch die umgebenden Vorjoche – bei entsprechender Ergänzung im Westen – zweimal erweitert wird, wird durch die Konchen kreuzförmig umkreist. Die Umkreisung wird durch den gratgewölbten Umgang, der in Seitenschiffbreite die Konchen mit dem Langhaus verbindet, betont. Das Langhaus mit seiner Längsachse hebt die Ostrichtung als Heilsweg* hervor. Die Grundrißform dient aber vor allem mit ihrer Kreuzform der christlichen Symbolik und zitiert die Geburtskirche in Bethlehem.

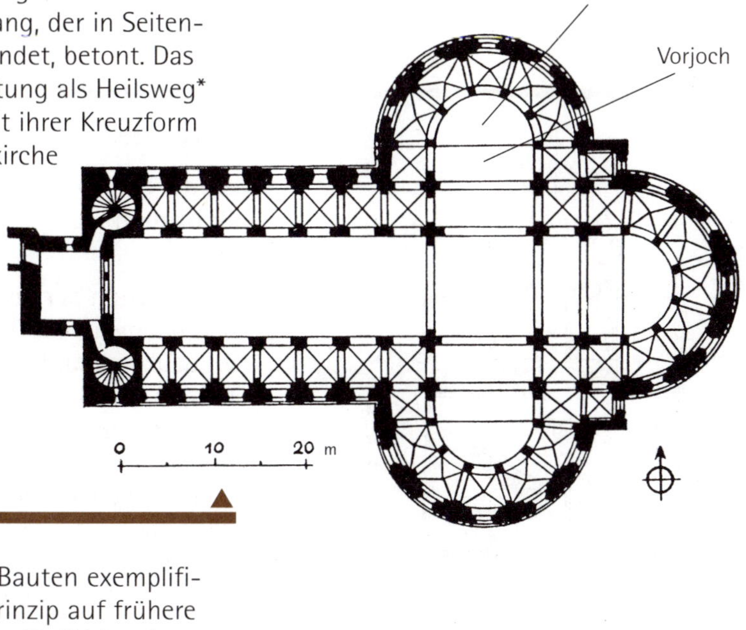

Auch wenn der Zentralbau an alten historischen Bauten exemplifiziert wurde, ist weder er noch das konstruktive Prinzip auf frühere Zeiten beschränkt. Schon die utopischen Entwürfe für Trichterhäuser (S. 25) benutzten das konstruktive Prinzip konzentrischer Ringe. Allerdings änderten sich die mit Kreis, Quadrat, Oktogon und Kreuz verbundenen kosmologischen und religiösen Bedeutungen. Selbst da, wo sie von der Renaissance bis zum Barock blieben, traten sie stärker hinter der formalen Konstruktivität zurück.

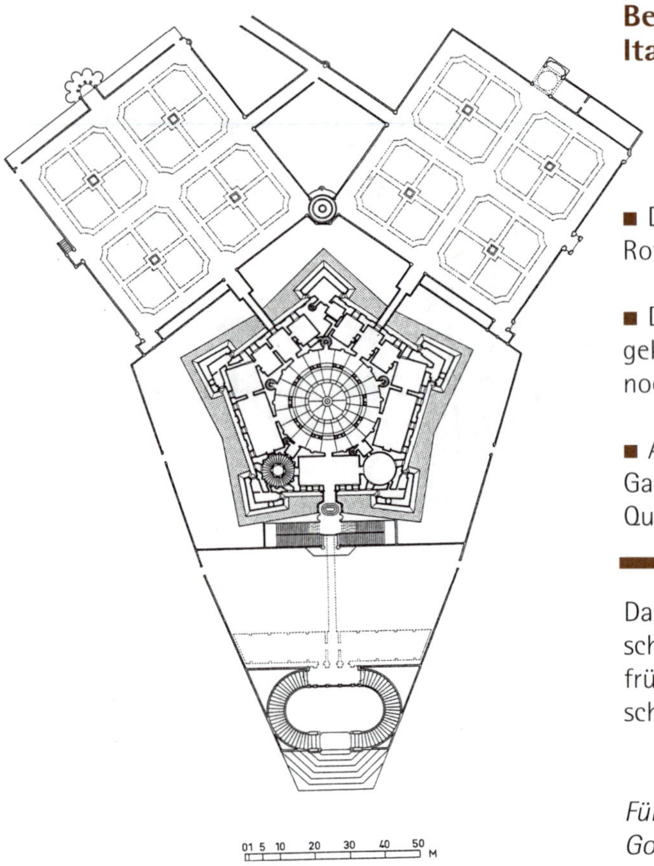

Beispiel: Giacomo Vignola, Villa Farnese, Caprarola / Italien 1559, Grundriß der Gesamtanlage

Die Anlage ist axialsymmetrisch aufgebaut und nutzt die Punktsymmetrie, d. h. die Zentralisierung, für die Teile:

- Die Villa selbst wird durch eine in konzentrischen Kreisen angelegte Rotunde gebildet, die in ein Fünfeck eingeschrieben ist.

- Dieses Fünfeck wird in der Raumanordnung wiederholt und in der geknickten Außenmauer variiert, um in der Einfriedung der Anlage nochmals aufgenommen zu werden.

- An den beiden rückwärtigen Fünfeckseiten sind quadratische Gartenanlagen angefügt. Auch hier wird in dreifacher Stufung das Quadrat von der kleineren zur größeren Form aufgebaut.

Das gleichseitige Fünfeck, eine schwer zu konstruierende geometrische Figur, empfängt seine konstruktive Attraktivität aus dem schon früh bekannten Fakt, daß bei Verbindung aller seiner Spitzen die sich schneidenden Linien die Strecken im Goldenen Schnitt* trennen.

Fünfeck mit eingezeichnetem Goldenen Schnitt

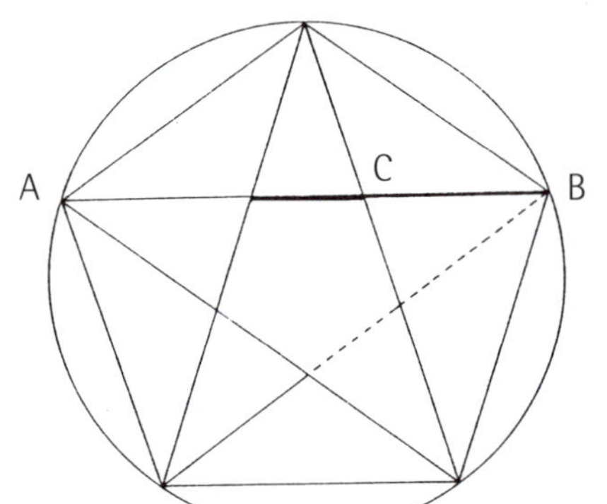

A – B : A – C = A – C : B – C

Beispiele:

Andrea Palladio, Villa Rotonda, Vicenza / Italien 1566, Grundriß

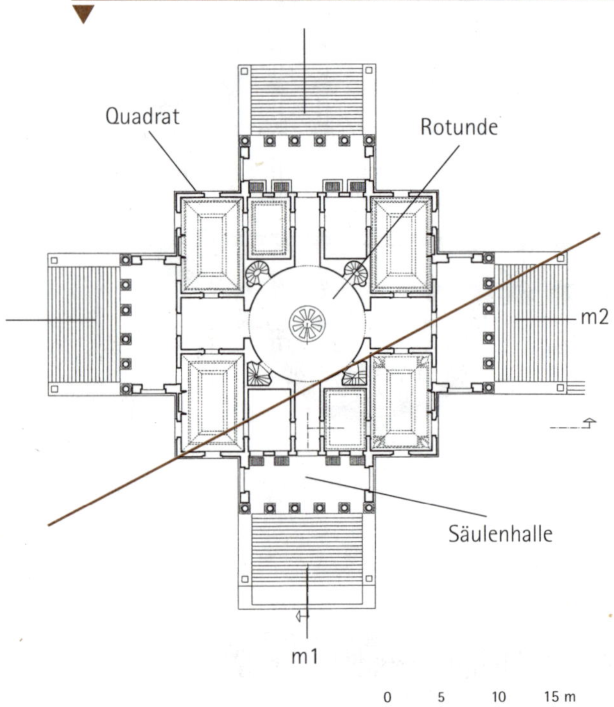

Das Zentrum der Villa bildet eine Rotunde, die über die angrenzenden Räume in ein Quadrat eingeschrieben ist. Dieses Quadrat wird im Baukörper aufgenommen und durch gleichmäßige Eingangsgestaltung in Form von Säulenhallen an allen vier Seiten zu einem griechischen Kreuz geformt. Die im rechten Winkel sich kreuzenden Achsen m1 und m2 teilen den Bau in vier Quadrate, die dem die Rotunde umschreibenden Quadrat entsprechen und gleichzeitig die Ausladung der Treppen, d. h. die Arme des griechischen Kreuzes bestimmen. Obwohl das punktsymmetrische Element der Rotunde dominiert, werden zusätzlich eine Reihe anderer Konstruktionselemente verwendet:

- Für die Lage der Treppenhäuser um die Rotunde diagonale,

- für die querrechteckigen Säulenhallen und Räume streckende sowie

- für die Definition der Treppenlänge und -breite tangentiale Elemente.

Während in der Renaissance und im Manierismus* die bedeutungsaufgeladene Form der Zentralbauten profanisiert wird, gewinnen im Barock, vor allem unter dem Einfluß der Gegenreformation, die Zentralbauten mit christlicher Symbolik wieder an Bedeutung:

Baldassare Longhena, Kirche Sta. Maria della Salute, Venedig / Italien 1631, Grundriß

Longhena nimmt die Form von S. Vitale auf (vgl. S. 64). Die kosmologische und christliche Bedeutung des Oktogons wird im Baukörper und Innenraum konsequent architektonisch verwirklicht. Der Hauptchor im Osten wird durch Kuppel und flankierende Halbkuppeln, Vollkommenheits- und Himmelsmetaphern, nobilitiert.

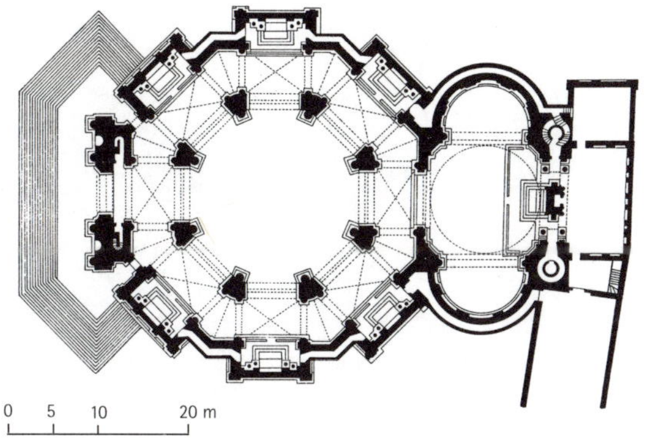

Georg Dientzenhofer, Dreifaltigkeitskirche, Kappel 1685, Grundriß mit Konstruktionszeichnungen

Dientzenhofer geht von einem gleichseitigen Dreieck als Dreifaltigkeitssymbol aus, an dessen Spitzen er die (außen sichtbar und symbolisch den Baukörper überragenden) drei Türme anfügt. Um den Mittelpunkt der gedachten Geraden zwischen den Turmmittelpunkten schlägt er konzentrische Kreise und bestimmt damit die Innen- und Außenwand. An den äußeren Überschneidungspunkten der inneren Kreise stehen die Türme, die an den äußeren Kreisen mit entsprechenden Ausschwingungen korrespondieren. Die inneren Kreise haben eine Nischenstruktur, die von einem Umgang mit reicher Durchfensterung umgeben wird. Die Zahlensymbolik ist aufdringlich: Neben der in Kreisen, Ausschwingungen, Nischen, Türmen, Eingängen und Fenstergruppierungen wiederkehrenden Dreizahl, wird in den alternierenden Nischen und Fenstern in der Außenhaut des Baus bei den großen Kreissegmenten die Dekalogzahl zehn bemüht.

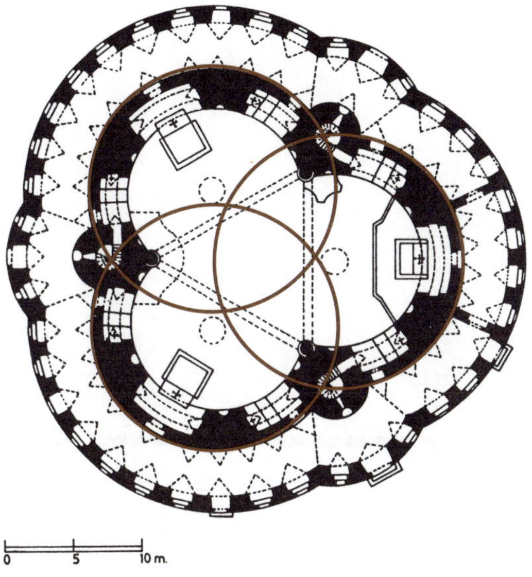

George Bähr, Frauenkirche, Dresden 1725, Grundriß

Bähr arbeitet mit einem Stützenring im Inneren, den er außen mit einem durch Verspringungen bewegten Quadrat einschließt. Da er die vier Ecken des Quadrats diagonal aussetzt, während er – außer am Chor – die Mittelstücke der Quadratseiten risalithaft vorspringen läßt, entstehen zwei um 45° gegeneinander gedrehte Kreuze, die im Mittelpunkt der Kreiskonstruktion verankert sind. Für den Grundriß ist hier der christliche Kreuznimbus als architektonische Metapher gewählt.

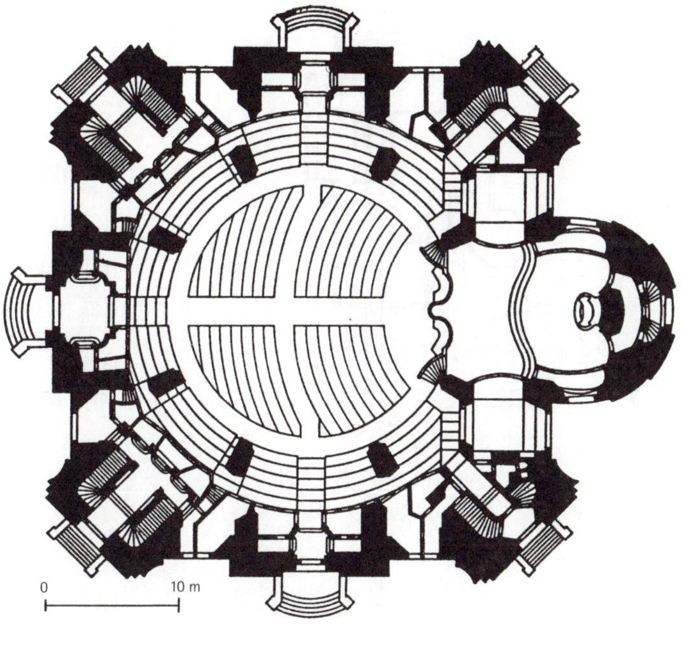

Achsen, Symmetrie und geometrische Grundfiguren bestimmen lange Zeit den Zentralbauentwurf. Dabei ist die Zentralität in vielen Fällen Bedeutungsausdruck für ein theo-, später auch anthropozentrisches Weltbild.

Die Grundrißanalyse wird erleichtert, wenn vergleichbare Grundrißtypen zur Gegenüberstellung herangezogen werden. Sind diese auch noch zeitmäßig geordnet, so fördern sie neben der Genauigkeit der analytischen Erfassung auch das Erkennen von Innovationen bzw. Qualitätsunterschieden.

Die Verankerung von Bedeutung in geometrischen Figuren und konfigurativen Verbindungen, wie z. B. die sich durchdringenden Ringe oder das Kreuz, bestimmt nicht nur den Zentralbau, sondern ebenso den *Longitudinalbau* und seine geschichtliche Entfaltung.

Typische Longitudinalbauten sind die antiken Tempel mit ihrer Längsstreckung (S. 18). Der Entwurf eines Baus aus Joch- oder Rastermaßen, ganzzahligen Verhältnissen oder Proportionen gibt den griechischen Tempelgrundrissen ihre heute noch empfundene »zeitlose Qualität und Schönheit«.

Bei Longitudinalbauten muß von Anfang an auseinandergehalten werden

- die Axialität, d. h. die Beziehung eines Baus auf eine gedachte Gerade, und

- die Symmetrie, d. h. die an einer Mittelachse oder in einem Punkt gespiegelte Gleichheit.

Beispiel: Frank L. Wright, Haus Glasner, Illinois/USA 1905, Grundriß

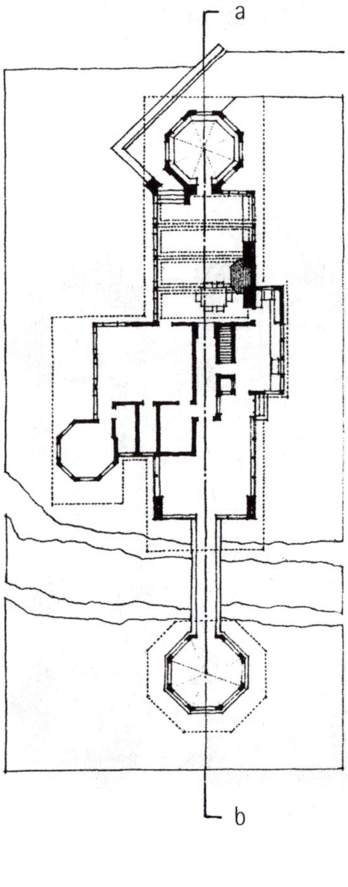

Die Gesamtanlage von Bauteilen und Räumen ist an einer Achse orientiert:

- Die mittelpunktzentrierten Oktogone bilden eine durch ihre Mittelpunkte gehende Achsenverspannung a – b.

- Der einen Bach überquerende Steg ist in diese Achse einbezogen. Da diese genau durch die Mitte des Stegs führt, handelt es sich um eine Achsensymmetrie.

- Für den Steg ist die Hauptachse eine Längsachse.

- Das Haupt-Baugefüge besteht aus ineinandergeschobenen, zur Achse längsrechteckig gelegten Räumen mit einem angefügten Oktogon.

■ Bei genauem Hinsehen erkennt man, daß der vordere und hintere längsrechteckige Bauteil auch als eine Einheit betrachtet werden können, da die Außenmauern fluchten, d. h. die Achse wäre auch für diesen Bauteil Längsachse, aber ohne Raumsymmetrie.

■ Eine völlige Symmetrie wird durch die auf der linken Seite additiv angefügte Erweiterung und den rechts die Längsstreckung überlagernden und durchdringenden Bauteil mit angefügtem Oktogon verhindert.

▲

Lange Zeit spielte die Achsensymmetrie im christlichen Kirchenbau eine dominierende Rolle, selbst wenn kleine Symmetrieabweichungen die absolute Perfektion störten. Vor allem über die Vierung bei kreuzförmigen Kirchen wurden punkt- und achsensymmetrische Elemente verbunden.

▼

Beispiele:

Speyer, Dom, 1024 bis Anfang 12. Jh., Grundriß mit zeitlicher Abstufung

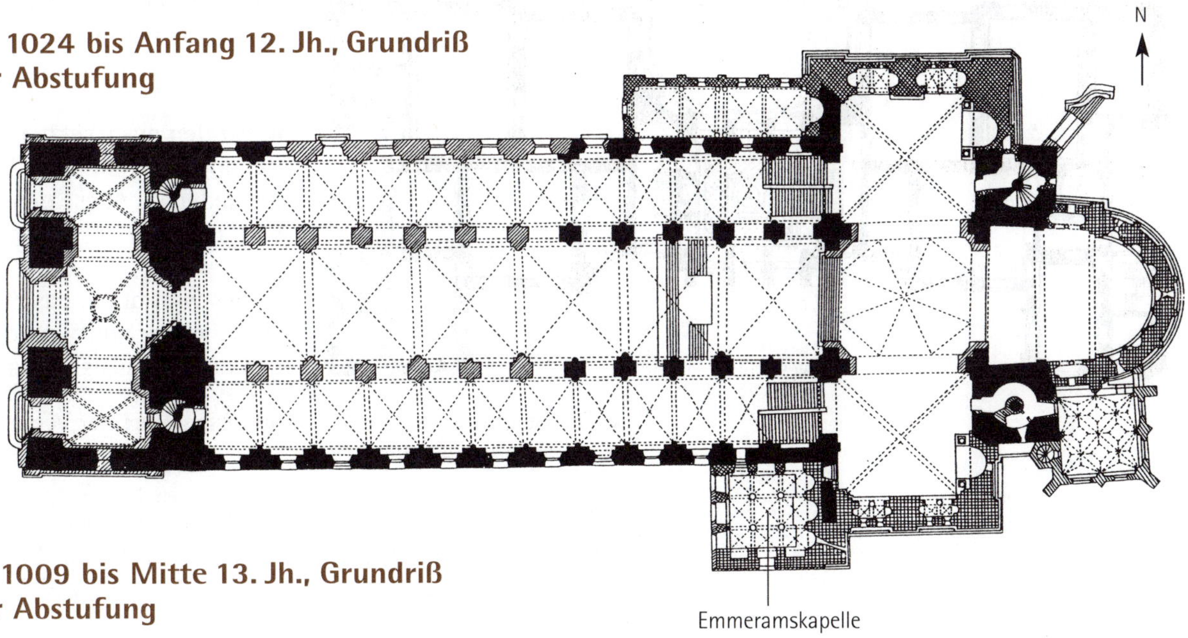

Mainz, Dom, 1009 bis Mitte 13. Jh., Grundriß mit zeitlicher Abstufung

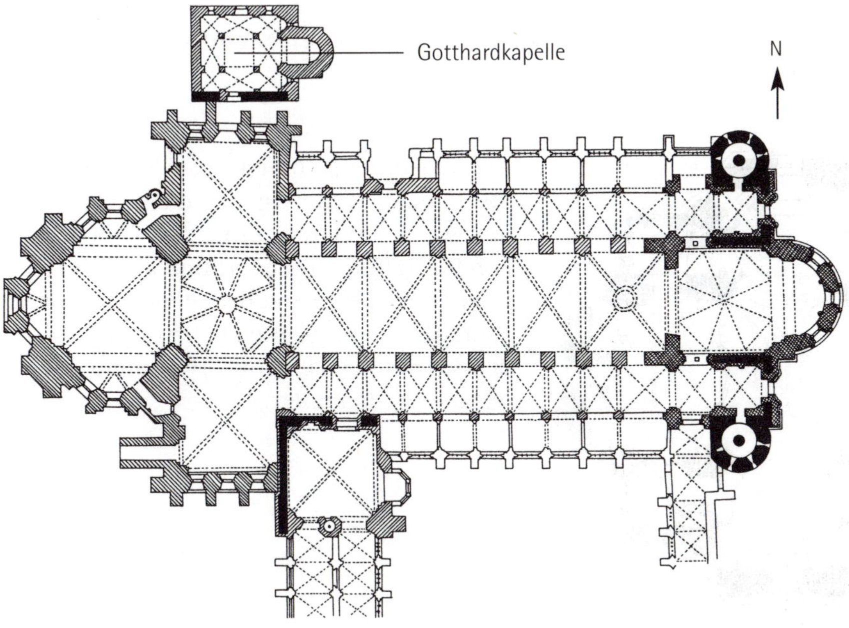

Beide Dome sind Längsbauten mit ausladendem Querhaus. Während Speyer ein Wegebau* mit Vorhalle und Ostapsis ist, zeigt Mainz eine Doppelchoranlage mit je einem Chor im Westen und Osten. Beide Bauten werden im Grundriß von einer Längs- und einer Querachse bestimmt. In den Vierungen, aber auch in der Mainzer Dreikonchenanlage im Westen, kommen zentralisierende Entwurfselemente zum Tragen. Vor allem die beiden annexierten Kapellen, die Emmerams- und die Gotthardkapelle, sind Zentralbauten, allerdings mit kleinen Abweichungen von einer absoluten Punktsymmetrie durch die im Osten angefügten Räume für Altarstellen.

▲

Bewegung kommt in die Grundrißgestaltung vor allem seit dem Barock. Sowohl Sakral- wie Profanbauten nutzen die für Längs- wie Querausrichtung gleichermaßen vorteilhafte Ellipse. Die Baukörper erhalten durch Vor- und Zurückschwingen, Verspringungen und Aussetzungen bewegte Plastizität. Entsprechend werden die Innenräume durch Überschneidungen und Reihungen sowie additive Raumanordnungen variationsreicher. Trotzdem herrschen weiter die strengen Achsen- und Symmetrieanordnungen.

Beispiele:

Vaux-le-Vicomte / Frankreich, Schloß, 1657, Grundriß

Dieser Bau wurde bereits auf S. 23 kurz analysiert. Hier soll der Grundriß noch einmal betrachtet werden:

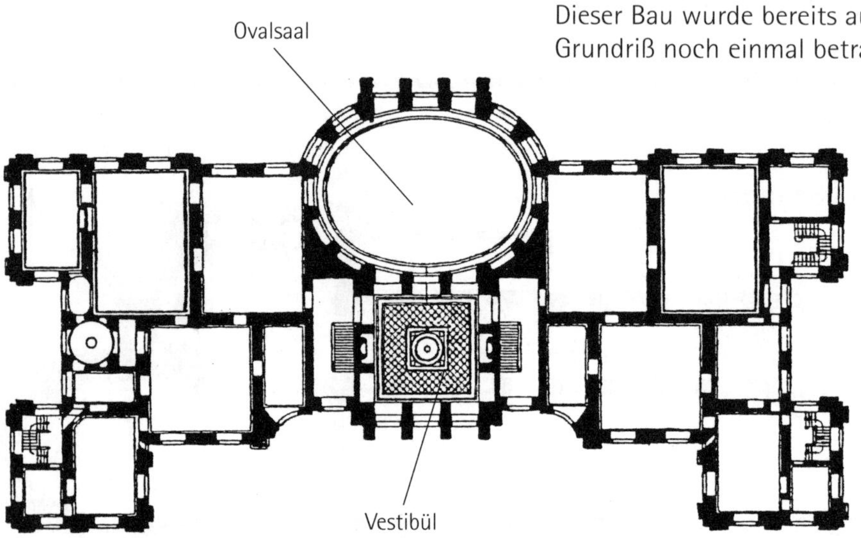

- Der quergelagerte Bau hat eine den Ovalsaal und das Vestibül teilende Achse, die den Baukörper symmetrisch ordnet.

- Mit den ausgesetzten Risaliten und Pavillons bekommt der Baukörper um die gedachte Achse den Charakter von Bauflügeln.

- Dies wird durch das Zurückschwingen der Eingangsfront und das Vorschwingen des Ovalsaals verstärkt.

- Die Belebung der Außenwand geschieht über Verspringungen und Aussetzungen an den Ecken.

- Selbst die Raumaufteilung unterliegt – von kleinen Abweichungen abgesehen – dem Entwurfsprinzip der Symmetrie, bei großer Variation der Zimmergestaltung.

Balthasar Neumann, Wallfahrtskirche Vierzehnheiligen, Grundfeld, 1743, Grundriß

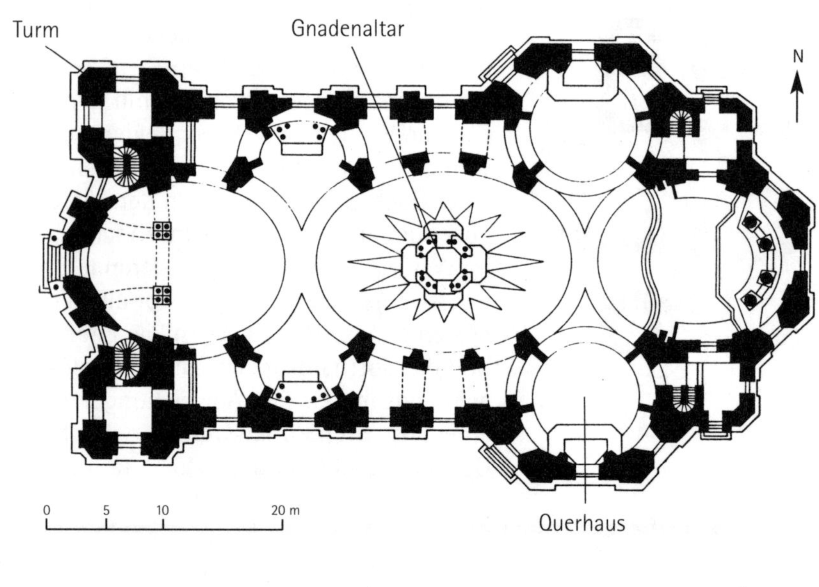

Der Baukörper ist durch verschleifende Stufungen gekennzeichnet; die im Westen angesetzten Türme sind in die Frontgestaltung integriert und das Querhaus mit seinen überleitenden Schrägen sowie leichten Verspringungen kaum noch zu ahnen. Die Raumgestaltung dominiert:

■ Die Längsachse betonen drei aneinandergereihte Ellipsen, am Querhaus durch Kreise nach Süden und Norden erweitert.

■ Die geometrischen Formen durchdringen sich nicht, sondern berühren sich nur, so daß eine Kompartimentstruktur verketteter Rundformen entsteht.

■ Die Mittelachse = Längsachse des Baus betont die absolute Achsensymmetrie, die über die Ellipsenanordnung mit punktsymmetrischen Elementen ausponderiert wird:

- Einerseits haben Ellipsen, weil sie dem Rund ähneln, einen zentralisierenden Charakter,
- andererseits ist die gestrecktere Mittelellipse von zwei gleichgroßen gedrungeneren Ellipsen eingefaßt, so daß eine weitere Zentrierung zur Mittelellipse entsteht.
- Darüber hinaus steht zentral in der Mittelellipse der als selbständiges architektonisches Gebilde ausgeformte Gnadenaltar.

Auch im Inneren, dem Raum, verschwimmen die Konturen; die Dreischiffigkeit ist durch die gekrümmte Stützenreihung nur noch schwer zu erkennen. ▲

Die *freien Entwürfe* finden sich erst mit der modernen Architektur dieses Jahrhunderts. Ohne die Prinzipien der Axialität und Zentralität, der Symmetrie und festgefügten Geometrie grundsätzlich abzulehnen, werden freie Reihungen, Figuren- und Formkombinationen sowie neue expressive Formen eingeführt. Vorausgegangen waren im 19. Jh. die architektonischen Versuche des Klassizismus'* und Historismus'*, die auf alte Stile zurückgegriffen und deren Motive und Formenapparat auf beliebige Objekte angewendet hatten. So wurde das von Schinkel erbaute Wachgebäude in Berlin (Neue Wache 1877, vgl. S. 143) im klassizistischen Stil mit einer dorischen Tempelfassade versehen. Dies kann heute nur die zynische Assoziation wecken, daß der preußische Militarismus mit Weiheformeln geehrt wurde. Zur kuriosen Verkommenheit im Umgang mit Formen gerieten dann nur kurze Zeit später auch die in Berlin aufgestellten oktogonalen Pissoirs mit kannelierten Pilastervorlagen.

> Die moderne Architektur wird vom freien Entwurf bestimmt, der sich aller geometrischen Gestaltungsmittel für den Grundriß bedient. Dabei werden auch neue Bedeutungsbotschaften mit der Grundrißgestaltung angestrebt.

Dies konnte bereits anhand moderner Museums- und Opernbauten (S. 27, 30, 33, 42), aber auch an Hausentwürfen (S. 43, 68) verdeutlicht werden. Auch war die freie Grundrißgestaltung, z. B. als Schulbau (S. 38), aus Entwurfsprinzipien erklärt worden, die Lärmschutz, Witterungsaspekte etc. einbeziehen. Kehren wir zur ersten Abbildung (S. 7), der Ansicht des Hauses »Fallingwater« zurück.

Beispiel: Frank L. Wright, Wohnhaus »Fallingwater«, Pennsylvania/USA 1935, Grundriß

Die Ansicht des Hauses (S. 7) hatte das Spiel von Gegensatz und Übereinstimmung architektonischer »Ausdrucksweise« mit den Vorbedingungen des Ortes und der Natur verdeutlicht. Das fast »Revolutionäre« des Baus ist erst im Grundrißentwurf zu erkennen. Ein scheinbar unsystematisches Gefüge von Rechteck- und Quadraträumen macht den Grundriß im ersten Hinsehen unübersichtlich. Bei genauerer Betrachtung werden Planungsprinzipien deutlich:

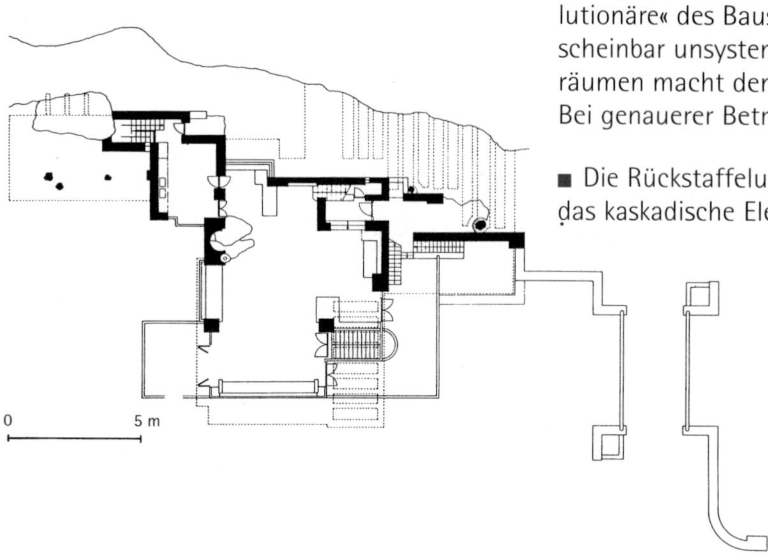

■ Die Rückstaffelung des Baukörpers nimmt mit dem Gelände auch das kaskadische Element des Wasserfalls auf.

■ Die zahlreichen Treppen zeigen die Höhenabstufungen, die dem Bau seine Bewegung verleihen.

■ Die sich durchdringenden Räume zeigen die offene Raumstruktur. Durch die wenigen festen Wandflächen (dicke schwarze Linien im Grundriß) werden indirekt die dominierenden Glasfenster (dünne Linien) im Baukörper deutlich.

■ Die Rechteckformen »disziplinieren« das additive Gefüge. Erst im Zusammenhang mit der Ansicht (hier zeigen sich die Grenzen der Aussagefähigkeit des Grundrisses!) wird deutlich, daß ein größerer Teil der Projektion nur die weit überkragenden Flachdächer und Terrassen aus Beton betrifft, und der eigentliche Wohnkern viel kompakter ist, als der erste Anschein des Grundrisses glauben macht.

Der Grundriß gibt die ersten wichtigen Informationen über die Beziehung von Baukörper und Innenraum. Schon beim griechischen Tempel wurde deutlich, daß er als Umgangsbau, der sich nach allen Seiten präsentiert, in der Entwurfskonzeption von außen nach innen gerichtet ist. Bei vielen anderen Bauten, z. B. der Aachener Pfalzkapelle (S. 64), ist der Weg des Entwurfs eher umgekehrt verlaufen.

> Jeder Grundriß ist auf den Bezug zwischen Baukörper und Innenraum zu befragen. Aus dieser Analyse können oft Schlüsse auf die Funktion und den Bedeutungsinhalt des Baus gezogen werden.

Beispiele:

1. Rudolf Steiner, Goetheanum II, Dornach/Schweiz 1924, Grundriß und Ansicht

2. Hans Scharoun, Philharmonie, Berlin 1963, Grundriß und Schnitt

Die beiden scheinbar so ähnlichen Grundrisse eines Schulgebäudes und eines Konzerthauses lassen bei genauem Hinsehen grundlegende Unterschiede erkennen:

■ Das Goetheanum gibt sich mit seinem Grundriß, der den großen Aufführungssaal enthält, im ersten Anschein modern, ist aber in

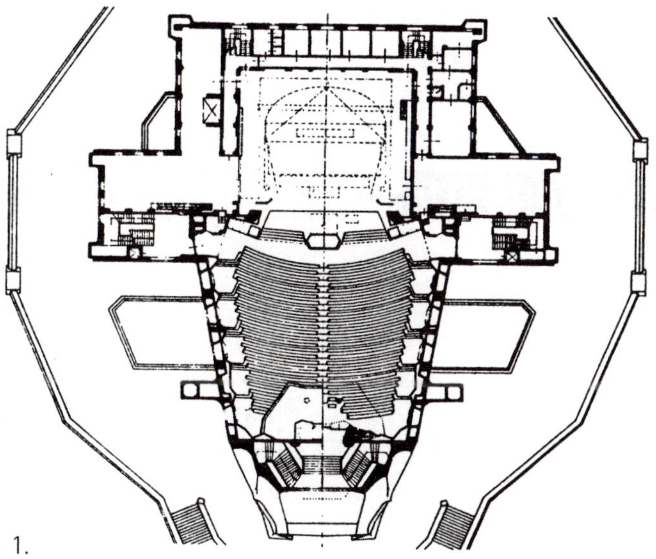

1.

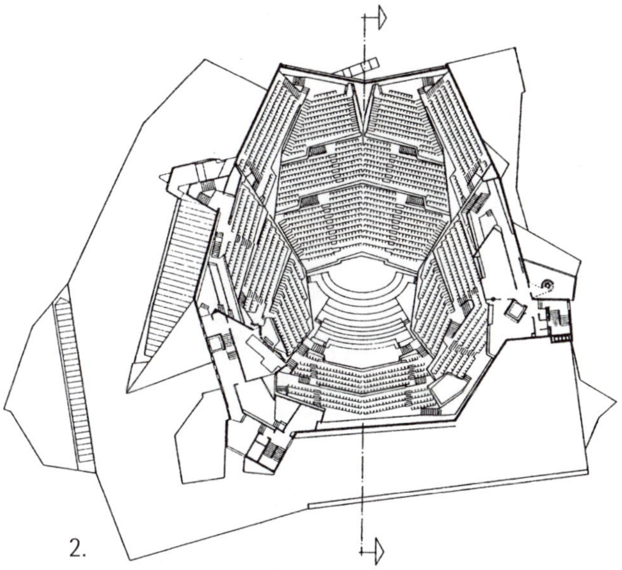

2.

Wirklichkeit mit seiner achsensymmetrischen Raumanordnung sehr konventionell. Die Querflügel wirken willkürlich und geben dem aus einem Trapez und angeschlossenem Querrechteck geformten Grundriß eine »Insekten- oder Doppeldeckerform«. Mit der hochkomplizierten Technik des Schalenbaus wird hier versucht, der in der Steinerschen Anthroposophie enthaltenen Idee der Rhythmik und des Musischen architektonischen Ausdruck zu verleihen. Die umgebende Außenhaut macht die expressive Absicht deutlich, während der Grundriß die zentralisierende Tendenz aufweist. Der Grundriß verrät den starken außengesteuerten Impetus, der für die wie eingehängt wirkende Raumstruktur nicht erforderlich ist. Baukörper und Raum leben weitgehend getrennt nebeneinander.

1a.

■ Scharoun legt den Orchesterraum amphitheatralisch abgetreppt in die Mitte. Vorgelagert ist der Zuhörersaal, der sich aber auch hinter dem Orchesterraum fortsetzt und vor allem als gestaffelte Emporen um den Orchesterraum herumgruppiert. Obwohl eine Längsachse noch zu ahnen ist, nimmt der Entwurf keine Rücksicht auf Symmetrien im Gesamtgebäude; vielmehr zeigen die Emporen bereits erhebliche Unterschiede, erst recht die Nebenräume. Der Schnitt zeigt, daß der Konzertsaal, wie auf einer Schale ruhend, mit dem zeltartig verschachtelten, den akustischen Anforderungen angepaßten Dach ausschließlich als Klangkörper verstanden wird. Im Grundriß wird das Konzept des Innenraums, das die Außenform des Baukörpers mit seinen »freien Schwingungen« prägt, deutlich.

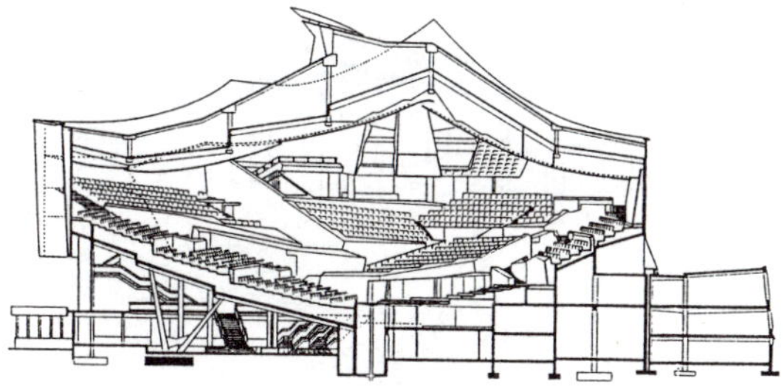

2a.

In verschiedenen Grundrißabbildungen wurde klar, wie auf hergebrachte Formen, aber auch auf deren Bedeutungsinhalt zurückgegriffen wurde. Mit der Aachener Pfalzkapelle wurde S. Vitale zitiert, und auch Sta. Maria della Salute zitierte S. Vitale. Aber auch S. Vitale war vermutlich nicht unbeeinflußt von Bauten wie z. B. S. Lorenzo Maggiore. Schon die Griechen hatten im Athener Turm der Winde (1. Jh. n. Chr.) einen oktogonalen Grundriß mit Anspielung auf die Winde und Himmelsrichtungen gewählt und so dem Oktogon eine kosmologische Bedeutung gegeben. Diese wurde im Frühchristentum durch die Bedeutung der Zahl Acht zusätzlich überhöht. Die Acht stand für die sieben Schöpfungstage und das nochmalige Eingreifen Gottes in die Menschheitsgeschichte (achter Tag) durch die Auferstehung seines Sohnes.

In der heutigen Baukunst wird teilweise mit der Form des Baukörpers auf moderne Bedeutungen verwiesen. Diese Verweise können symbolisch oder abbildhaft sein; die Gefahr der Formenspielerei ist nicht zu übersehen.

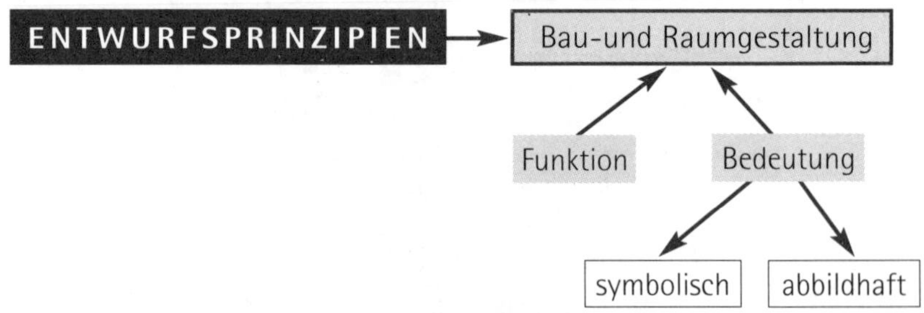

Die symbolische Bedeutung war am Messeturm in Frankfurt (S. 36f.) mit seinem Ausdruck von Macht deutlich geworden. Ein anderes Beispiel, das schon im Grundriß abbildhaften Charakter aufweist, ist das TWA-Terminal des New Yorker Flughafens.

Beispiele:

Eero Saarinen, TWA-Terminal Kennedy Airport, New York / USA 1956, aufgedeckte Teilansicht und Grundriß

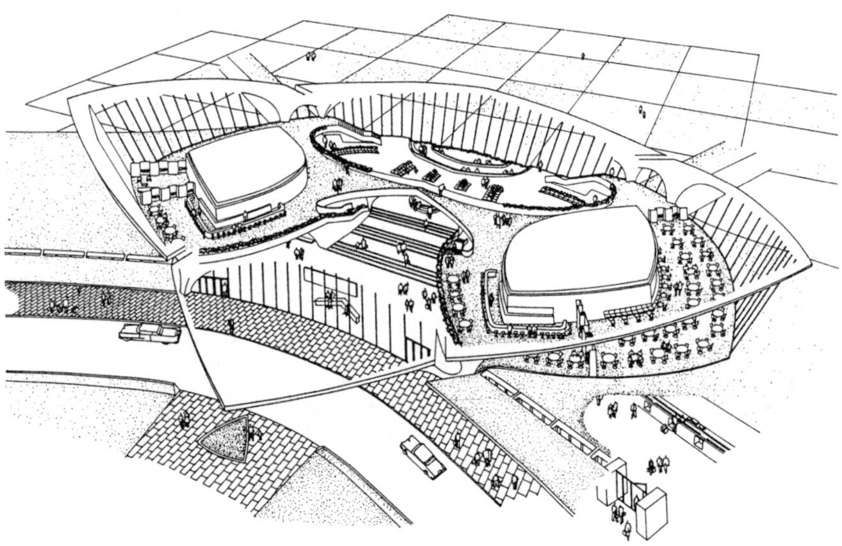

Die äußere Gestalt, vor allem durch die überkragende Dachform geprägt, erinnert an die Tragflächen eines riesigen Flugzeugs. An der Spitze wird die äußere Form verkleinert und in der Umkehrung nach innen wiederholt. Unabhängig von der inneren funktionalen Raumaufteilung wird nach außen abbildhaft ein Zeichen gesetzt. An den im Grundriß punktierten Linien ist zu erkennen, daß sich die Dachschalen, wie Flügel übereinanderschieben. Damit wird das abbildhafte Zeichen des Flugzeugs in seiner Funktion des Fliegens nochmal gesteigert.

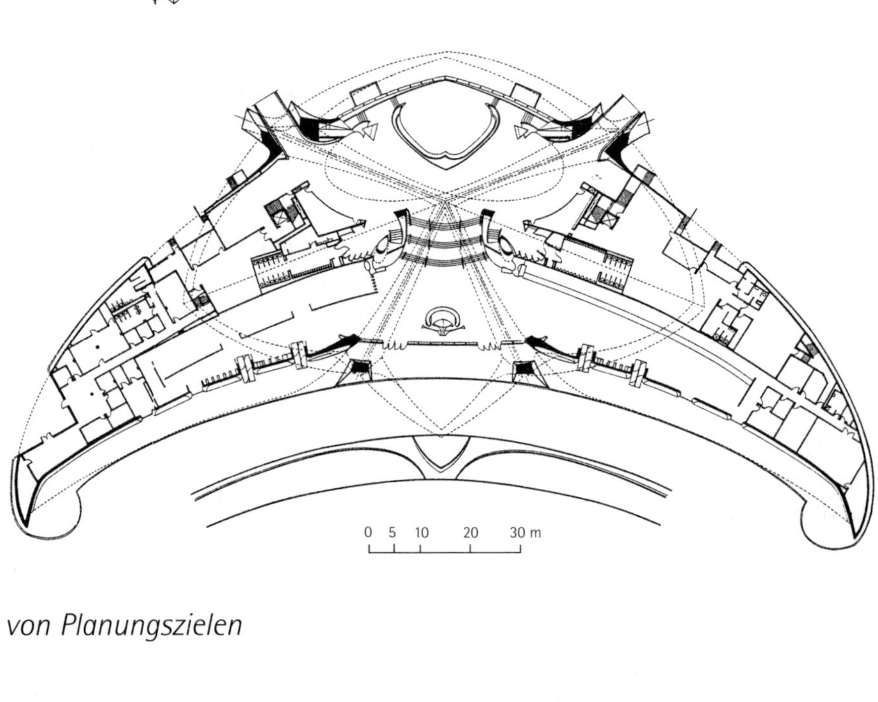

James Stirling / Michael Wilford, Wissenschaftszentrum, Berlin 1984, Grundriß der Gesamtanlage

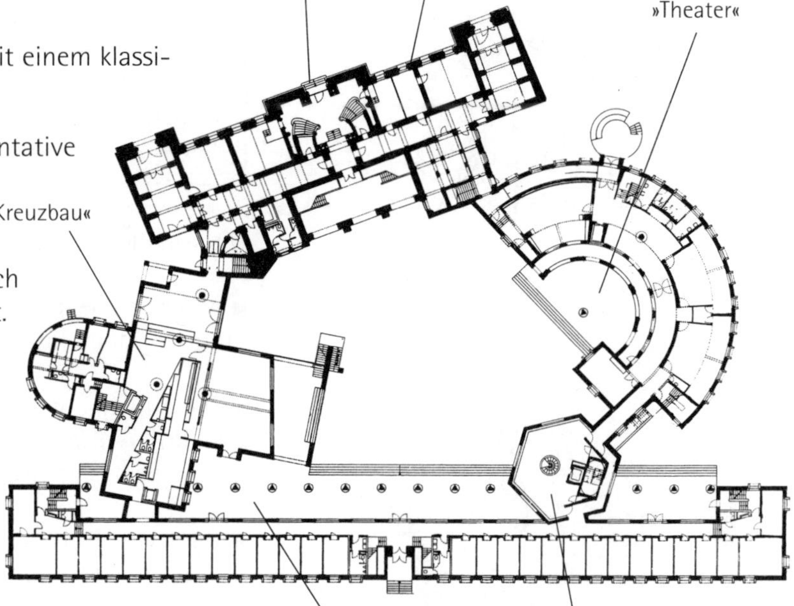

Unter Einbeziehung eines Baus der Jahrhundertwende werden insgesamt fünf Baukörper so komponiert, daß ein großer Innenhof entsteht.

■ Der Eingangsbereich liegt im alten Gebäude mit einem klassizistischen Grundriß:

- Durch den Mittelrisalit betritt man das repräsentative Treppenhaus.
- Eckrisalite betonen die Front.
- Der Grundriß des queroblongen Baus wird durch eine Mittelachse als Symmetrieachse bestimmt.
- Der hintere Ausgang zwischen zwei herausgezogenen Flügeln dürfte früher in eine Gartenanlage geführt haben. (Der hintere Gebäudeteil befindet sich durch spätere Umbaueingriffe offenbar nicht mehr im Originalzustand.)

■ Der gegenüberliegende langgestreckte Bau ist einer hellenistischen Säulenhalle, der Stoa, nachempfunden (vgl. Pergamon, S. 31 f.). Ein über Stufen erhöhter Stützengang enthält, am langen Flur aufgereiht, die Arbeitszimmer der Wissenschaftler.

■ Altbau und Säulenhalle sind durch drei Bauten verbunden:

- Ein Kreuzbau mit halbrunder Apsis nimmt das Grundrißmotiv christlicher Kirchen auf.
- Ein in konzentrischen Ringen aufgebauter halbrunder Grundriß lehnt sich formal an griechische Theater an (vgl. nochmal Pergamon, S. 31 f.).
- Dieser Bau ist durch einen Gang mit einem Sechseckbau verbunden, der tief in die Säulenhalle eindringt. Die Wendeltreppe deutet an, daß es sich um einen Turm handelt, der dem Gebäude wie ein Campanile angefügt ist.

▲

Stirling bemüht ein geschichtliches Motiv- und Formenvokabular, das auf seine Bedeutung kritisch befragt werden muß. Das Zitieren griechischer und christlicher Architekturformen sowie die Verbindung des Alten mit dem Neuen können sicherlich als Ausdruck wissenschaftlicher Tradition und ihrer Wurzeln gedeutet werden. Das Verlegen von Toilettenanlagen in die Apsis des Kreuzbaus zeigt aber, daß mit dem Formenvokabular ironisch oder willkürlich gespielt wird. Das Zitieren geht weit über Bedeutungsvermittlung und Traditionsverknüpfung mit architektonischen Mitteln hinaus; das Formenspiel erreicht die Grenze der sinnentleerten Inszenierung, ist nur noch Architektur-Design.

Erfassung der Dreidimensionalität

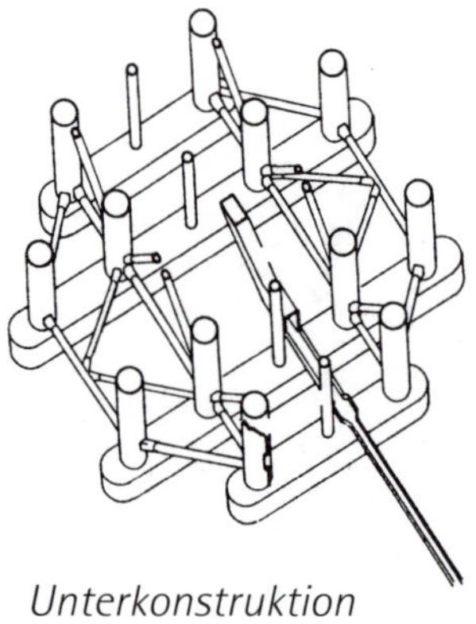

Unterkonstruktion

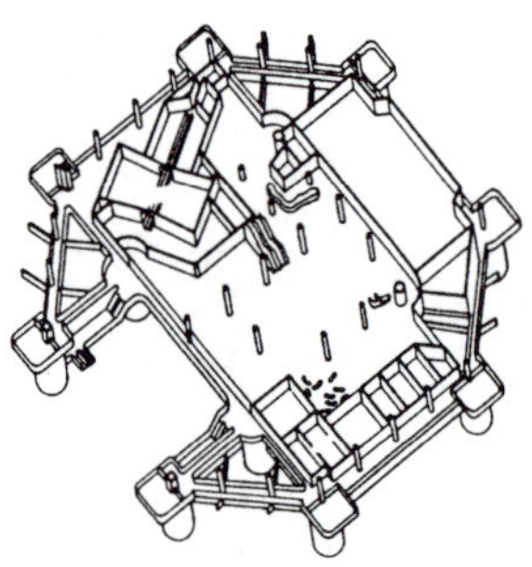

Hauptdeck

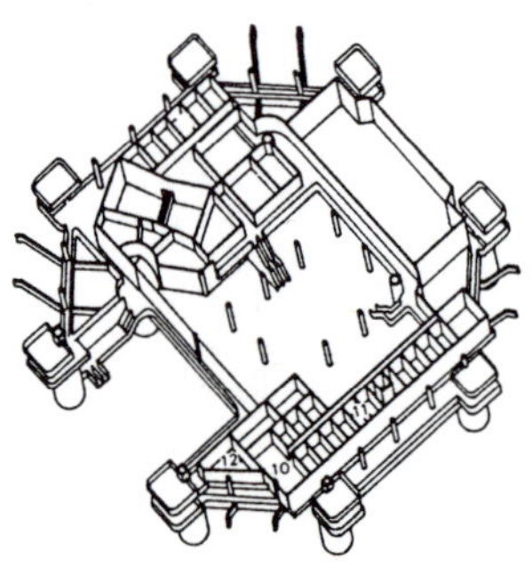

Mitteldeck

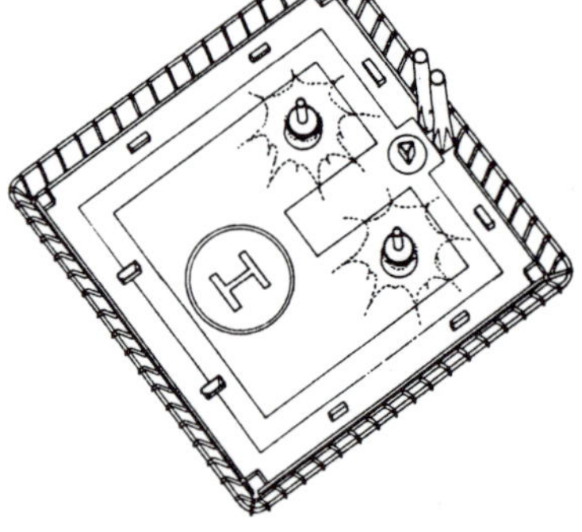

Oberdeck

Mehrfach wurden die Grenzen der Aussagen, die anhand von Grundrissen gemacht werden können, aufgewiesen. Erst zusätzliche technische Zeichnungen können für die Architekturanalyse weitere notwendige Informationen liefern.

> Ohne Aufrisse, Schnitte und Axometrien läßt sich die Dreidimensionalität eines Baus nicht darstellen und dementsprechend der Bau in seiner Dreidimensionalität auch nicht analysieren.

Die wichtigsten Grenzen der Aussage von Grundrissen sind:

- Mehrere Ebenen, versetzte Ebenen und Lufträume über mehrere Etagen können nur durch mehrere Grundrisse dargestellt werden.

- Die Außenhaut eines Baus, also der eigentliche Baukörper, ist im Grundriß nur in der Schnittfläche – also seiner Horizontalität – nicht aber in seiner Vertikalität – also dem Wandaufbau – zu erfassen.

- Dasselbe gilt für die Innenkonstruktion, deren Ebenen, Wandaufbau und Etagenverknüpfung nur unvollständig aus einem Grundriß oder mehreren Etagenrissen abgeleitet werden können.

- Decken- und Dachformen, die oft den »Ausdruck« eines Baus oder Raums maßgeblich bestimmen, sind in der flächig projizierten Darstellung von Grundrissen nur unvollkommen darstellbar und entsprechend schlecht abzulesen.

- Die Massengliederung – Höhe von Bauteilen, Schräglagen, Auskragungen* etc. – kann anhand des Grundrisses nur als Flächenverteilung sowie in Form von mehreren Grundrissen nur schwer lesbar dargestellt werden.

- Raumgestaltungen - deren Darstellungsschwierigkeiten schon bei dekonstruktivistischen Bauten erkannt wurden – können in ihren genauen Ausführungen, den Verknüpfungen mit anderen Räumen, ihren Proportionierungen, der Durchlichtung etc. aus Grundrissen nicht abgelesen werden.

Beispiele:

Kiyonori Kikutake, Aquapolis, Okinawa/Japan 1973, vier Etagen-Militärrisse, Aufriß und Schnitt

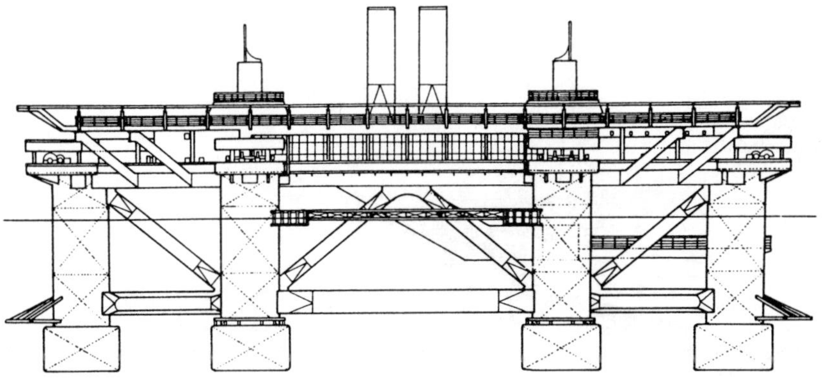

Aufriß

Die »Wasserstadt« wird durch vier Militärrisse dargestellt, um mehr als die Grundrisse, nämlich auch die Konstruktion und Deckgliederung zu verdeutlichen. Da hieraus die Ansicht ebensowenig wie der Gesamtaufbau vor dem geistigen Auge zu »rekonstruieren« ist, werden ein Aufriß und ein Schnitt beigefügt. Gerade der Aufriß macht die riesigen Dimensionen der Substruktion* im Vergleich zu den Nutzungsdecks deutlich, während der Schnitt Einsicht in die Deck- und Raumgestaltung, d. h. die Innenkonstruktion, gewährt.

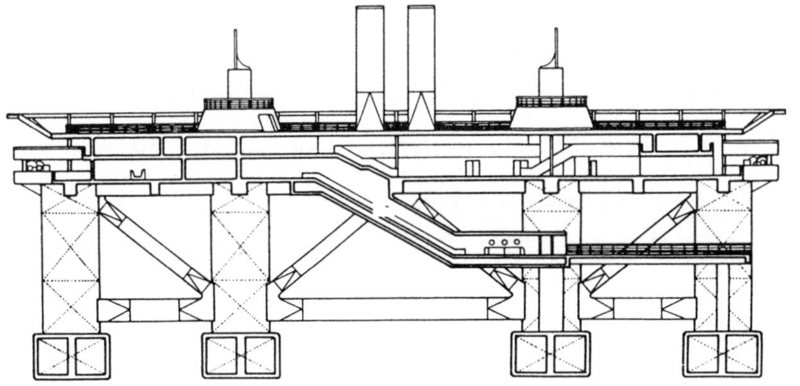

Schnitt

Kenzo Tange, Große olympische Halle, Tokio / Japan 1959, Grundriß, Dachkonstruktionszeichnung und Querschnitt

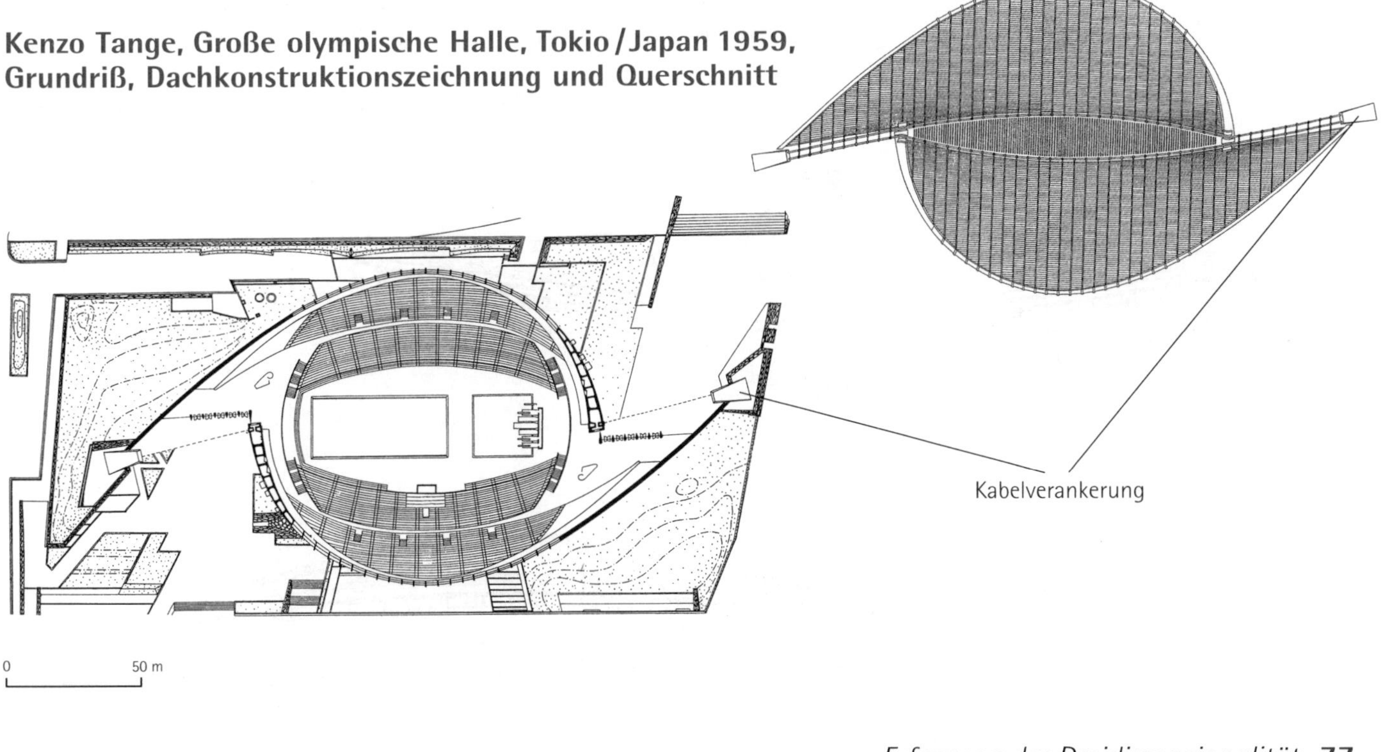

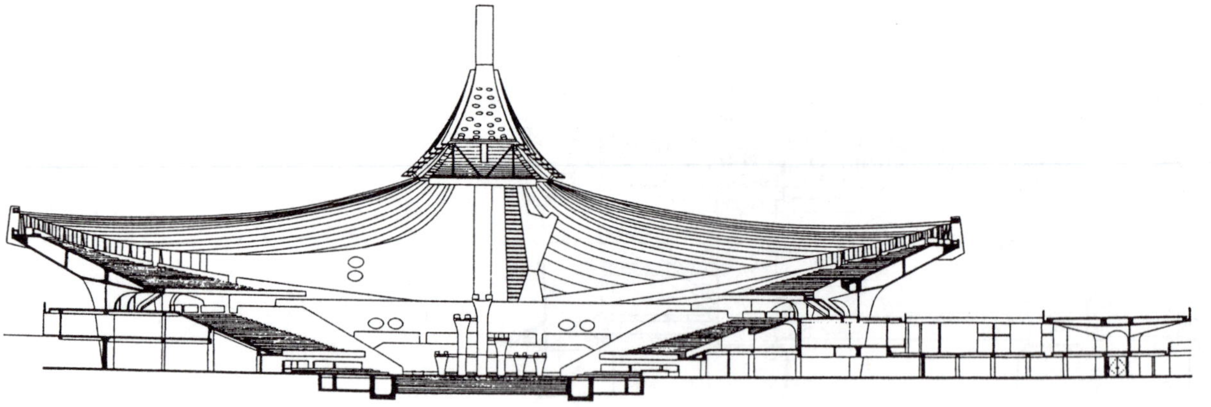

Querschnitt

Der Grundriß zeigt eine Schwimmsporthalle mit zwei Becken, dessen kleineres mit Sprungtürmen versehen ist. Nur durch Geländeandeutungen kann vermutet werden – was der Querschnitt bestätigt –, daß der Bau teilweise unter das Bodenniveau reicht. Über die Dachkonstruktion, den Baukörper und die Innenkonstruktionen läßt der Grundriß überhaupt keine Ausssage zu.

■ Die Dachkonstruktionszeichnung zeigt zusammen mit dem Querschnitt, daß das Dach der Sporthalle über eine Kabelverankerung und zwei mächtige Pfeiler (Betonfundamente der Verankerung im Grundriß erkennbar) den Raum überspannt.

■ Der Querschnitt weist über den Grundriß hinaus, indem

- die zusätzlichen Nutzräume (in zwei Etagen) ausgewiesen werden,
- die zeltartige Dachform erkennbar wird,
- man die geschwungene Deckenkonstruktion des Innenraums erkennt und
- die Weite des Raums über die flache Trichterform als Konzentrierung erfährt.

Fumihiko Maki, Mehrzweckhalle, Tokio / Japan 1990, Frontaufriß, Seitenaufriß und Querschnitt

Die Aufrisse zeigen die Massengliederung der riesigen Halle.

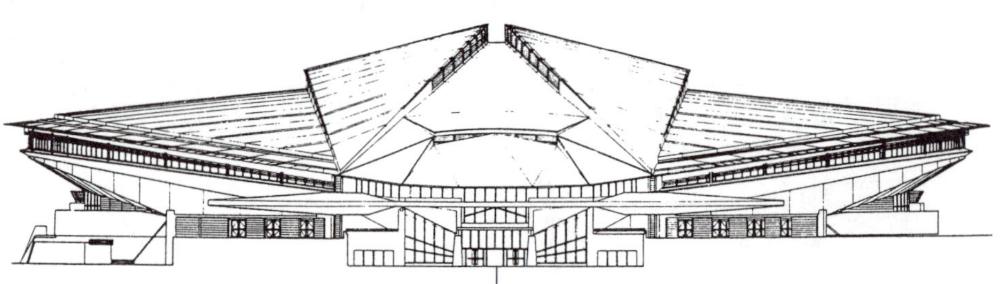

Frontaufriß

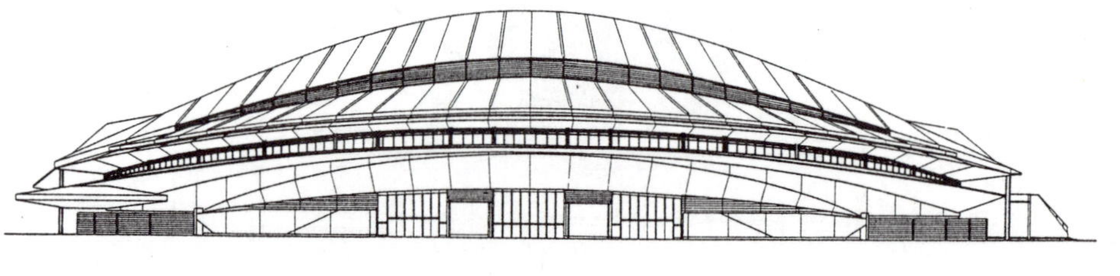

Seitenaufriß

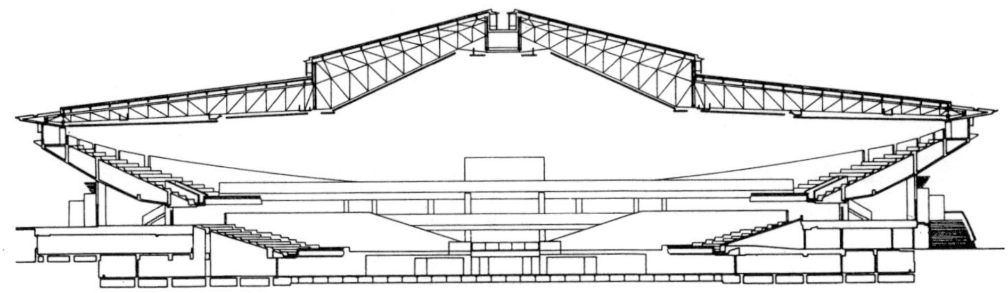

Querschnitt

■ Vom Eingang her wird die über einem eingezogenen flachen Unterbau schwebende Linsenform durch die ineinandergeschobenen Dachschalen betont.

■ Der Eingangsbereich ist gegenüber dem Unterbau – in Breite der scheinbar aufgerissenen Dachkonstruktion – vorgezogen, mit seiner gefalteten Überdachung aber in die Gesamtkonstruktion des Daches einbezogen und überhöht.

■ Im Seitenaufriß kommt das frontal expressive Dach zur Ruhe; die Linsenform ist in ruhigen Linien mehrfach gestaffelt und vermittelt durch die nach oben ansteigenden Bogenformen eine innere Dynamik.

■ Erst der Querschnitt zeigt die kühne Trägerkonstruktion, mit deren Hilfe die expressive Dachform möglich wird. Außerdem wird die Anordnung der Sitze um einen weit dimensionierten Veranstaltungsraum erkennbar.

Günter Behnisch, Hysolar-Institut, Stuttgart 1987, Grundriß, Aufriß und Längsschnitt

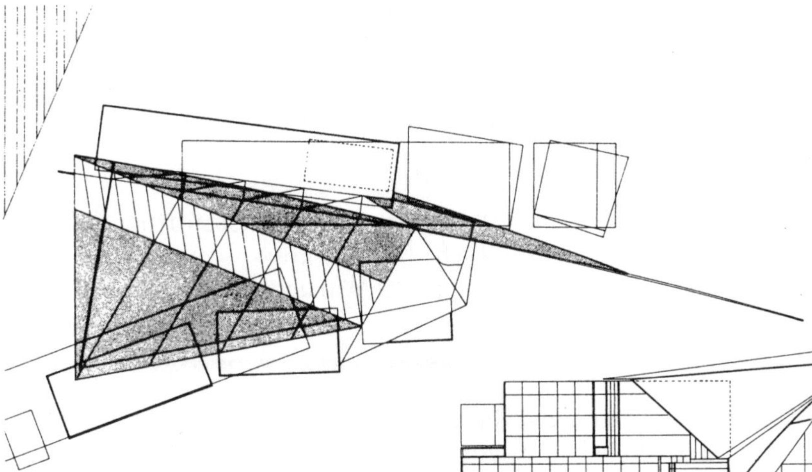

Grundriß

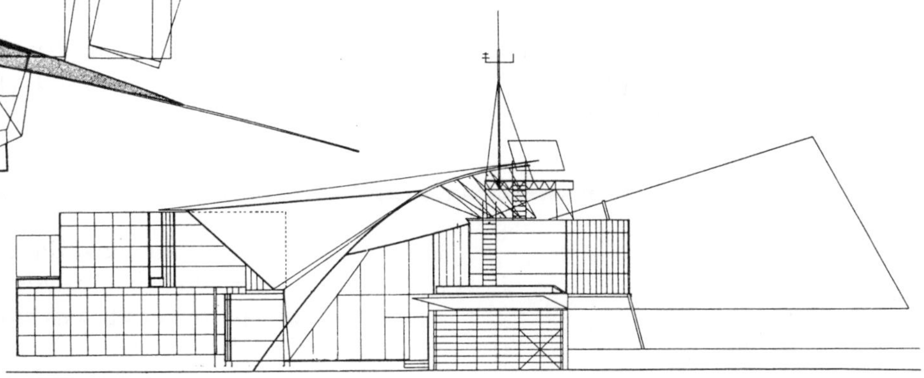

Aufriß

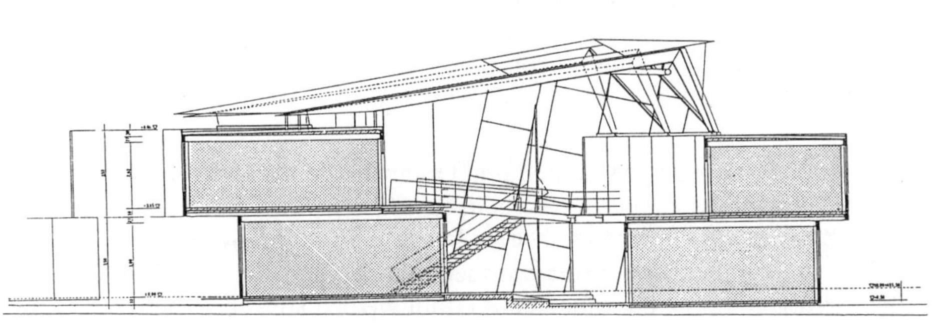

Längsschnitt

Schon der Grundriß verrät den Stil des Dekonstruktivismus:

■ Die Räume sind gegeneinander verschoben und überlagern sich in verschiedenen Ebenen.

■ Die übergreifenden und spitz vorstoßenden Dachkonstruktionen sind an der Grauschattierung zu erkennen.

■ Der Aufriß scheint durch die flächige Projektion den durchstoßenden Charakter der Teilräume zu verwischen, weil die Überlagerungen, Durchdringungen und Kippungen nur ungenügend sichtbar werden. Andererseits zeigt gerade der Aufriß die filigrane Struktur der Außenhaut aus Glas und Stahl mit nur wenigen »Verdichtungen«; auch wird die Spannung der Baumassen in ihrer Horizontalität – mit vertikalem Akzent durch den Mast – angedeutet.

■ Im Schnitt wird die offene Raumstruktur klar, in die containerhaft Räume »eingelagert« sind. Die scheinbare Dominanz der Rechtwinkligkeit – am Grundriß ablesbar – wird von Durchdringungen der Räume auf verschiedenen Ebenen, aber auch durch schräg verlaufende Rampen und kippende Wandkonstruktionen aufgelöst.

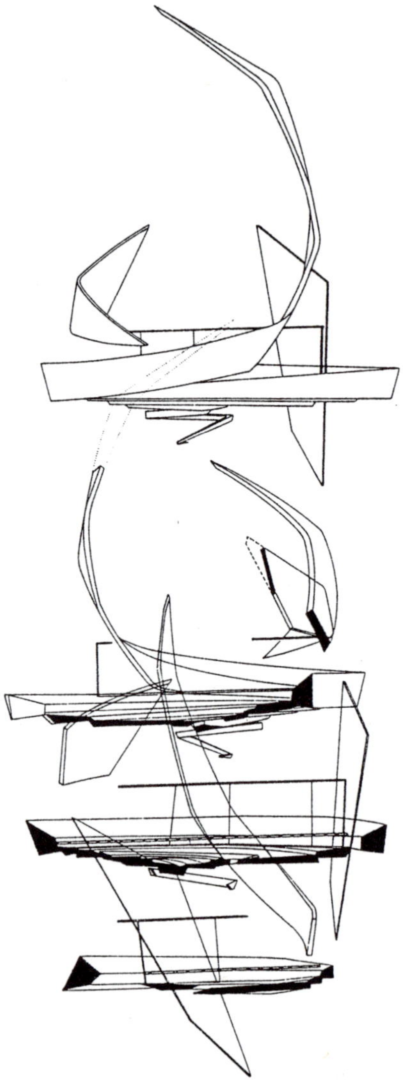

Wie schon beim Dachausbau durch Coop Himmelblau (S. 35) wird Konstruktivität dazu benutzt, den »fragwürdigen Ewigkeits- und sicherheitsversprechenden Stabilitätsgehalt« von Bauten ebenso zu thematisieren, wie das Raumerleben durch »Kontinuitätsunterbrechung« bzw. Kippungen im Gesamtraum zu fördern.

Zaha Hadid, Monsun Bar, Sapporo/Japan 1989

Diese dekonstruktivistisch arbeitende Architektin hat die Grenzen technischer Zeichenmethoden erreicht, mit denen die Gestaltung eines Raums dargestellt werden kann. Sie zeigt mit Hilfe einer gemischten Aufriß- und Schnittechnik die installierten Einrichtungen (mit schwarzen Schnittkanten) sowie die den Raum durchdringenden spiralhaften Raumteiler und Deckenabhängungen (transparente Strichtechnik).

Mit dieser zeichnerischen Darstellung geht der Konstruktionscharakter – auch für die handwerkliche Durchführung – verloren; er wird zugunsten der Darstellung möglicher Wirkungsintentionen des Raumes aufgegeben.

▲

Die Schwierigkeiten und Grenzen bei technischen Zeichnungen von Bauten werden beim Analysieren komplizierter Architektur durch die Schwierigkeiten des Lesens erhöht.

Da Aufrisse und Schnitte in Ergänzung der Flächendarstellung durch Grundrisse die dritte Dimension Höhe ebenfalls nur in Flächenprojektion bieten, sind Tiefenstaffelungen, Kugelformen etc. nur im Zusammenhang mit Grundrissen zu erkennen.

Die Plastizität von Bauten und Ensembles ist mit Hilfe dieser technischen Darstellungsmittel kaum zu erfassen. Statt dessen legen sie besonders eingehend über die Darstellung von Umrissen die Form frei, so daß Formenkorrespondenzen oder Formengegensätze, Variationen und Proportionen gut erfaßt werden können.

Beispiel: Itsuko Hasegawa, Shonandoi Kulturzentrum, Fujisawa / Japan 1989, Grundrisse Erdgeschoß und 1. Obergeschoß, Dachaufsicht, Längsschnitt und Südaufriß

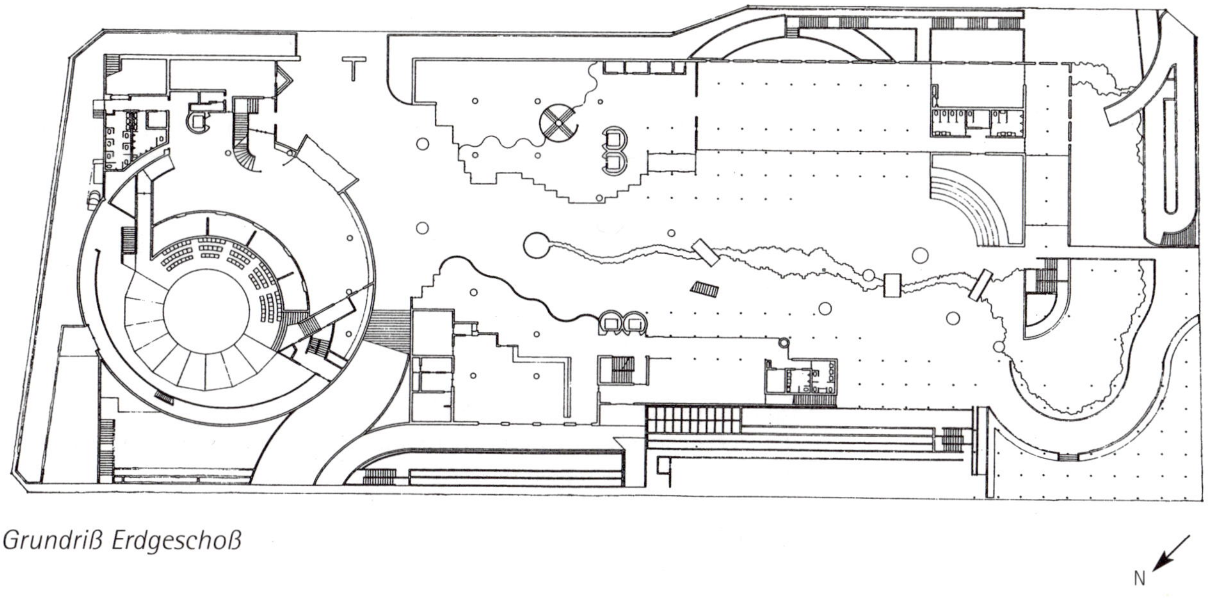

Grundriß Erdgeschoß

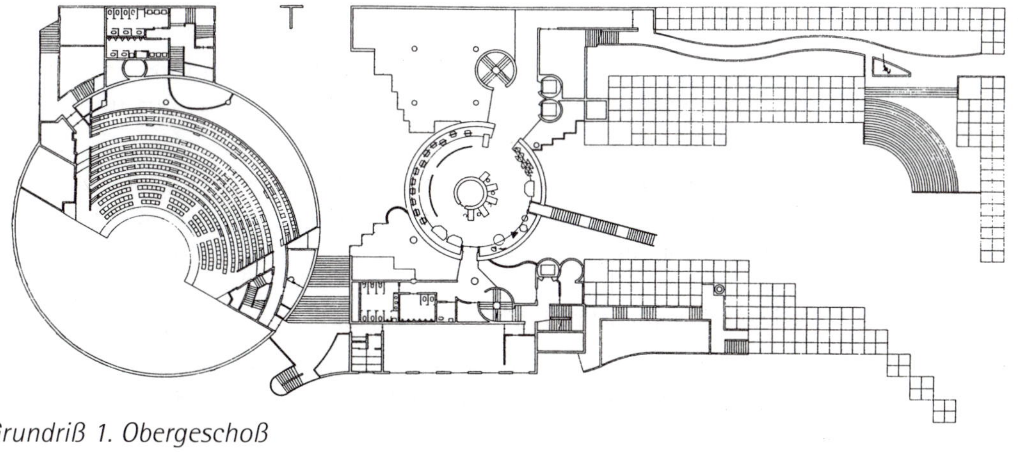

Grundriß 1. Obergeschoß

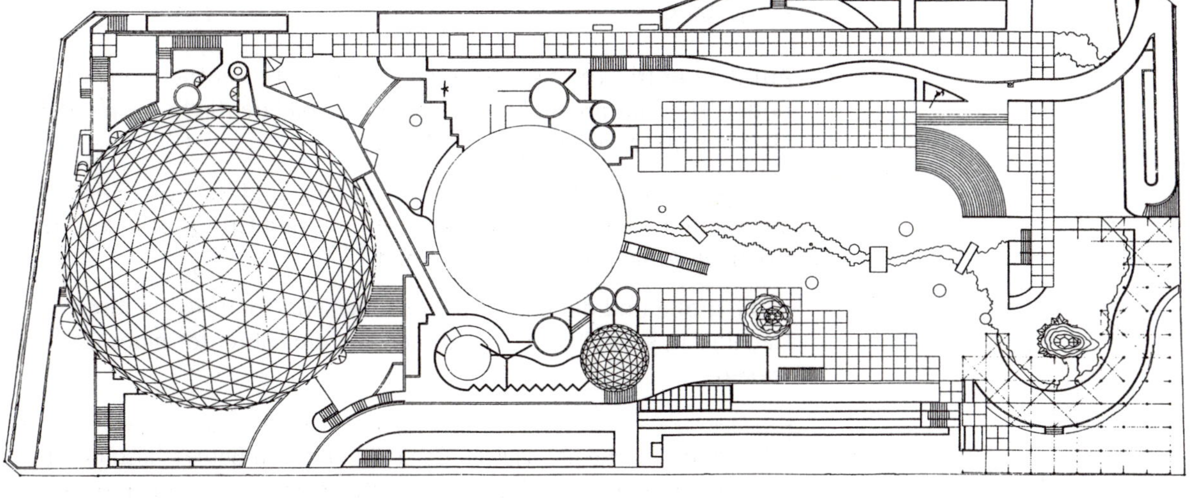

Dachaufsicht

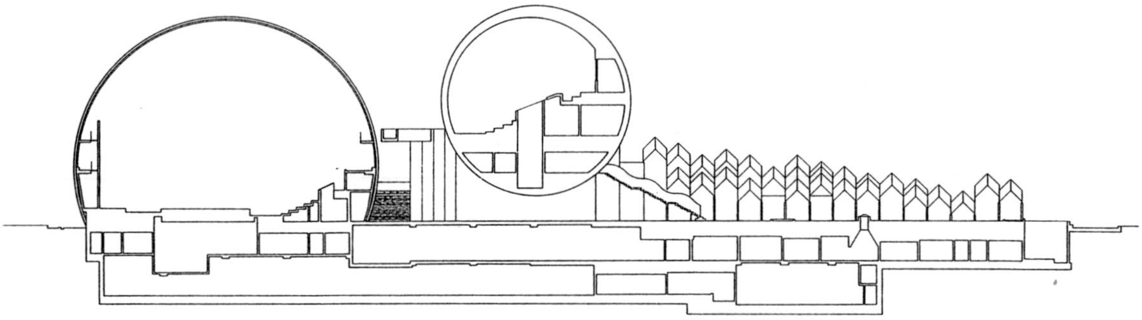

Längsschnitt

Während die Grundrisse den Gegensatz von geometrischen und organischen Formen als generelles Prinzip verdeutlichen, läßt sich aus ihnen nicht ablesen, ob

- die als Kreise dargestellten Gebilde offene Arenen oder Gebäude sind,
- die Gebäude höhenmäßig differieren und eine einheitliche Bedachung besitzen.

Dagegen wird aus dem Vergleich der beiden Grundrisse klar, daß über dem Erdgeschoß eine neue Ebene mit neuer Baugliederung beginnt, denn dort setzt ein zweiter kreisförmiger Bau an.

Durch die Dachaufsicht, eine Projektion von oben, wird erstmals sichtbar, daß

- die zweite Ebene die erste nicht voll, sondern nur teilweise überdeckt,
- das Dach den Gesamtkomplex nur teilweise überdeckt und neue Teilebenen eingezogen wurden, auf denen z. B. neue Rundformen und eine kleine Kugel aufgelegt sind, sowie
- das im ersten Grundriß gezeigte große Rund ein Kugelbau ist, während das im zweiten Grundriß gezeigte mittlere Rund über die Dachebene hinausreicht.

Erst der Längsschnitt läßt erkennen, daß

- auch das mittlere Rund als Kugel geformt, aber entschieden kleiner als die erste Kugel dimensioniert ist,
- die anderen Bauten höhenmäßig gestaffelt und
- die Kugeln im Innern als Veranstaltungs- und Projektionsräume ausgestaltet sind.

Auf dem Aufriß von Süden werden zwar die Bewegtheit und Variationen, d. h. das architektonische Formenspiel deutlich; die Flächigkeit aber beeinträchtigt das natürliche Sehen:

- Kugeln und Röhren werden nur als Kreise und Rechtecke dargestellt; ihre Formen müssen zusammen mit den Grundrissen vor dem geistigen Auge rekonstruiert werden.
- Die große und die mittlere Kugel überschneiden sich in ihrer Flächigkeit, so daß beide zusammen wie ein röhrenförmiges Gebilde wirken.

> Alle in die Fläche projizierten Darstellungen von Bauten, also neben Grundrissen auch Aufrisse und Schnitte, bleiben zweidimensionale Darstellungen, auch wenn sie die dritte Dimension Höhe darstellen.

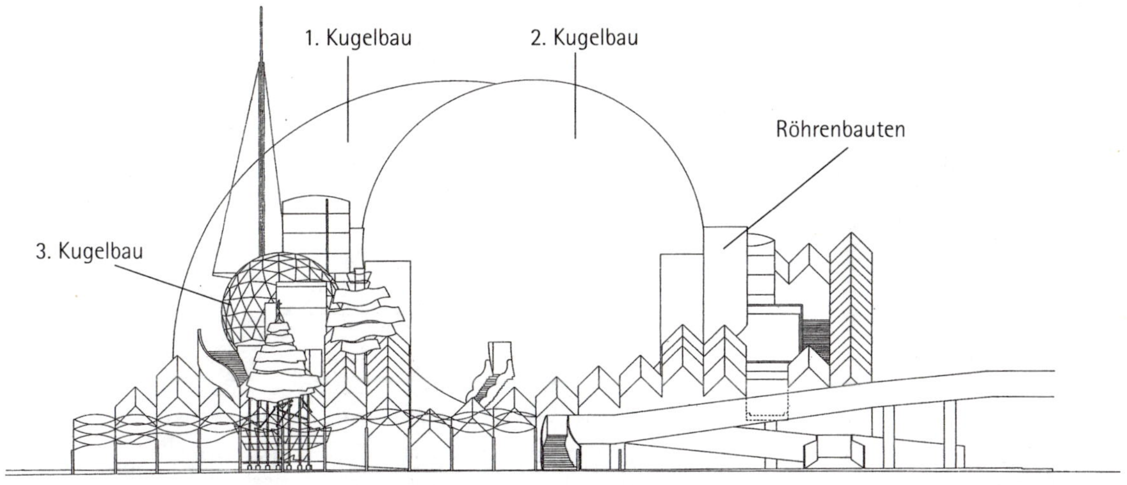

Südaufriß

Alle diese Darstellungen zeigen nur im Zusammenhang die Dreidimensionalität von Bauten. Sie verlangen vom Lesenden eine »Rekonstruktion vor dem geistigen Auge«. Sie haben den Vorteil eines auf ganz bestimmte Inhalte konzentrierten Informationsgehalts, da bei dreidimensionalen Darstellungen die Informationsfülle zunimmt. Die dem Sehen entgegenkommende dreidimensionale Darstellungstechnik wird oft mit dem Verlust bestimmter Größenverhältnisse, mit Winkelverzerrungen oder – bei perspektivischen Ansichten – mit der Ungenauigkeit von Maßen erkauft.

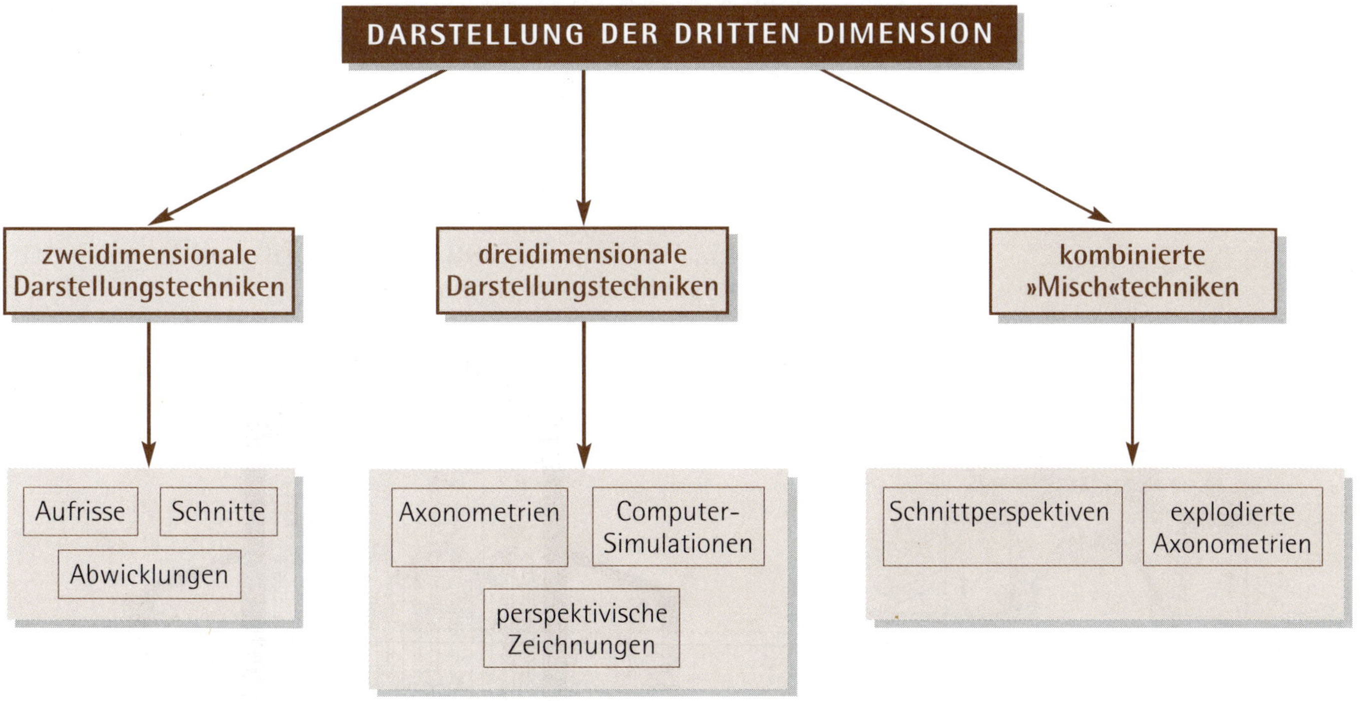

Aufrisse dienen vor allem der Darstellung des Baukörpers von außen oder von innen als Wandaufrisse. Selbst bei einfachsten Grundrissen ist ohne mehrere Aufrisse der Baukörper nicht zu erfassen.

Beispiele:

Delft/Niederlande, Vierfamilienhaus (Aquetapark), um 1870, Grundriß und Aufriß

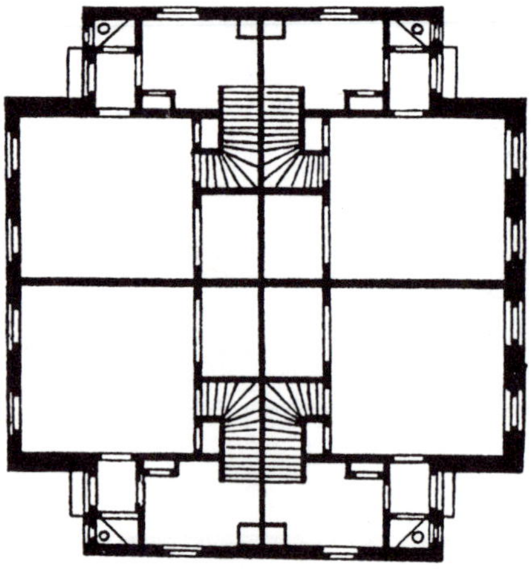

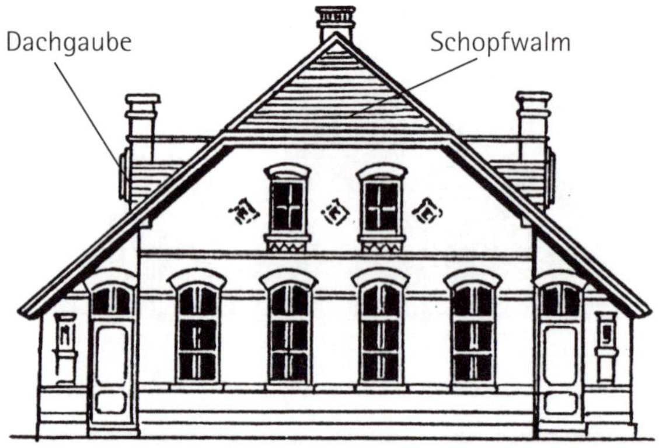

Der Grundriß zeigt einen punktsymmetrischen Bau aus zwei sich durchdringenden Rechtecken. Zwar läßt sich z. B. die Lage, nicht aber die Form der Türen und Fenster erkennen. Erst der Aufriß gibt Auskunft über die Fronten, zu denen die großen Räume ausgerichtet sind.

- Der Bau ist zweigeschossig mit hochrechteckigen Segmentbogenfenstern. Die Eingänge sind supraportenhaft* ausgebildet.
- Ein Schopfwalm* schließt das bis unter die 1. Etage heruntergezogene Satteldach* ab.
- Der quergelegte Teil des Hauses ist mit Dachgauben* versehen.

Die im Grundriß erkennbaren Verspringungen an den Eingängen sind am Aufriß ebensowenig ablesbar wie die Innenkonstruktion.

Aachen, Pfalzkapelle, 798, West-Aufriß und Querschnitt mit perspektivischer Innenansicht

Die vom Grundriß bekannte (S. 64) Aachener Pfalzkapelle zeigt im Aufriß zwar ihre Massengliederung und Dachformen. Ohne Grundriß sind aber nicht erkennbar:

- die Kolossalkonche am Eingang,
- die den Eingang flankierenden runden Treppenhaustürme,
- der dem Oktogon vorgelegte westliche Raumteil.

Erst im Querschnitt wird die Raumstruktur und vor allem das Verhältnis

- der Arkaden- und Obergadenzone* im Oktogon,
- der Umgangshöhe zur Oktogonhöhe und
- der Kuppelhöhe zur Raumhöhe erkennbar.

Zwei Grenzen der Aussagefähigkeit von Aufrissen sind zu beachten:

- Zum einen geht durch die Projektion in die Fläche jede Plastizität verloren, die auch nicht in Verbindung mit Grundrissen und Schnitten voll hergestellt werden kann;
- zum anderen sind, um den gesamten Baukörper mit Aufrissen zu erfassen, alle Seiten – z. B. bei verspringenden Wandteilen auch diese Teile – im Aufriß darzustellen.

Beispiele:

Neuss, Kirche St. Quirin, nach 1209, Westaufriß

Reims/Frankreich, Kathedrale, 1211 begonnen, perspektivische Zeichnung von Westen

Der Vergleich der beiden Darstellungen zeigt deutlich die Vorteile und Grenzen verschiedener Darstellungstechniken.

■ Bei St. Quirin wird maßstabsgetreu die Westfront in die Fläche projiziert:

- Die horizontale Gliederung mit ihrer vertikalen Durchbrechung im Mittelteil ist gut erkennbar.
- Der Westturm fügt sich in die Prinzipien der Horizontalisierung und Vertikalisierung voll ein.
- Jedoch kann die durch Staffelungen, den Wechsel von kleinen und großen, breiten und schmalen Fenster- und Blendarkaden sowie die durch Portal und Galerien bewegte Front nur erahnt werden.

■ Ganz anders bei der Darstellung der Kathedrale von Reims:

- Die plastische Fülle der Portal- und Rosenzone sowie der Türme wird voll entfaltet, und Lichteffekte werden einbezogen.
- Die Proportionen können dagegen allenfalls relativ erfaßt werden; denn die genauen Größenordnungen sind durch perspektivische Verzerrung beeinträchtigt.

Für die Architekturanalyse sind beide Darstellungsarten wichtig. Aus den Aufrissen können, zumindest im Zusammenhang mit Grundrissen, exakte Angaben zu Entsprechungen zwischen innen und außen, Aufbau und Details der Wandgestaltung sowie über Proportionen entnommen werden. Wirkungen lassen sich besser durch perspektivische Ansichten und Zeichnungen begründen; dies gilt vor allem für die plastische Gestaltung des Baukörpers.

Um die Außen-Innen-Korrespondenz besser sichtbar zu machen, sind Aufrisse im Zusammenhang mit Schnitten oft am besten aussagefähig.

Beispiel: Andrea Palladio, Villa Rotonda, Vicenza/Italien 1566, Aufriß und kombinierte Halbschnitte

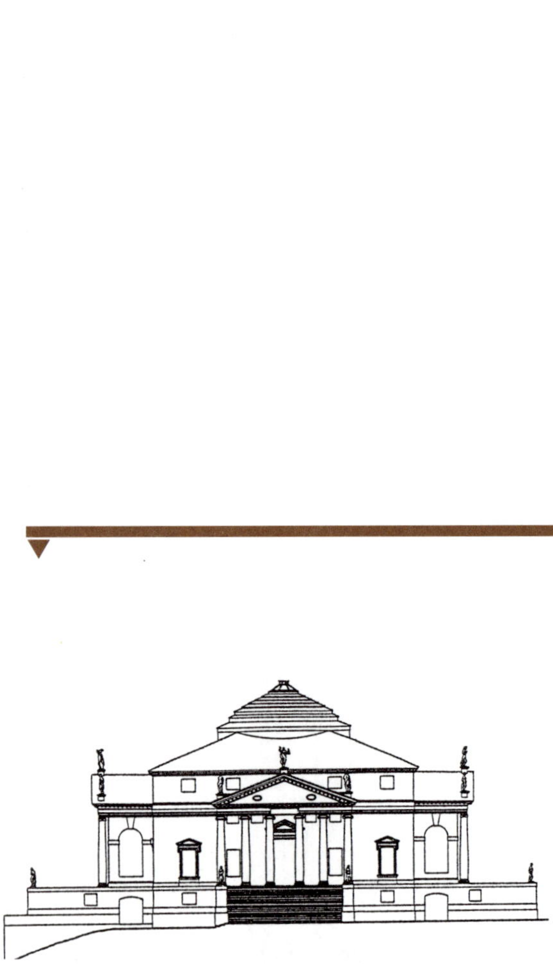

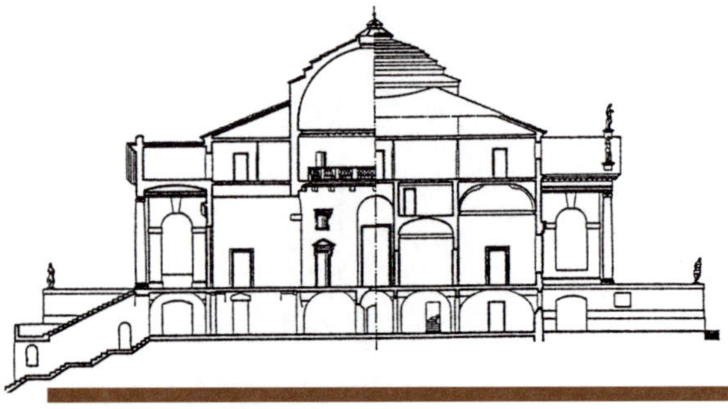

Der Grundriß dieses Baus (S. 66 mit Verweis auf Schnittlinie) mit seiner nur in Kleinigkeiten von der Punktsymmetrie abweichenden, achsensymmetrischen Struktur wurde schon behandelt. Die Außengestaltung kann wegen der gleichen Außenfronten mit einem Aufriß dargestellt werden. Statt eines Quer- und Längsschnitts wird eine Kombination von Halbschnitten gewählt, die im rechten Winkel zueinander stehend gedacht werden müssen. Da der eine Halbschnitt durch die Aufgangstreppe, der andere davor gelegt ist, werden Außen- und Innenbezüge besonders deutlich:

■ Der betonten Horizontalität außen werden im Innern eher vertikale Elemente entgegengesetzt.

■ Die »harte« Architrav*- und Gesimsstruktur* außen wird im Innern nicht übernommen, sondern das Innere wird besonders in den Decken durch »weiche" Korbbogenformen* geprägt.

■ Die außen getreppte Kuppel ist innen von gleichmäßiger Wölbung.

Gerade im freien Entwurfsstil konzipierte Bauten zeigen variationsreiche Fassadengestaltungen. Oft werden Fassaden durchbrochen, um offenen Innenhöfen Platz zu machen. In anderen Fällen werden die Fassaden aufeinander bezogen oder voneinander abgesetzt, um Abschirmung, verschiedene Nutzungen oder formale Kontraste zu erreichen. Um mehrere Seiten eines Baus auf einen Blick zu erfassen, wird manchmal zur Darstellung die *Abwicklung* gewählt, bei der angrenzende Wände in die Darstellungsfläche geklappt werden. Im eng verstandenen Sinne handelt es sich um die Aneinanderreihung von Aufrissen und Grundrissen aller Wände bis hin zu den Decken und Böden. Insofern können Abwicklungen sowohl für die Außenhaut eines Baus wie für Innenräume hergestellt werden.

▼

Beispiel: Gegenüberstellung einer perspektivischen Ansicht eines Raums und seiner Abwicklung

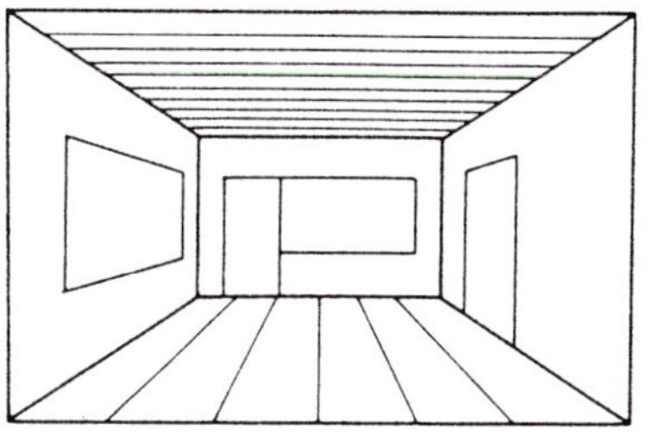

Diese Gegenüberstellung verdeutlicht die Unterschiede:

- Die perspektivische Ansicht vermittelt eine dreidimensionale Raumvorstellung, verzerrt aber durch die fallenden Linien die Maßverhältnisse und Proportionen.

- Die Abwicklung reduziert die Dreidimensionalität zur Zweidimensionalität, zeigt aber die wirklichen Maßverhältnisse und Proportionen auf.

▲

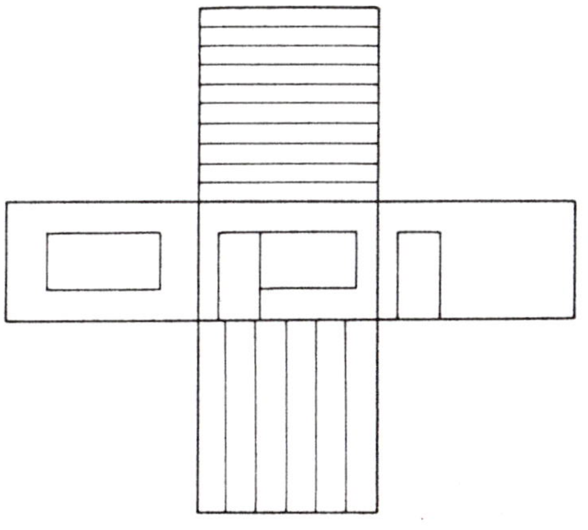

Eine Abwicklung als aneinandergereihte Aufrisse erleichtert die Analyse der Wandsituation; aus ihr sind bei angegebenem Maßstab exakte Maße ablesbar und in jedem Fall Maßverhältnisse und Proportionen zu erkennen. Vor allem aber lassen sich im Zusammenhang mit dem Grundriß nutzungs-, gestaltungs- und bedeutungsbedingte Architekturelemente herausarbeiten.

▼

Beispiel: Adolf Rading, Haus Rabe (saniert von Albert Speer und Partner), Leipzig 1930/1995, Grundriß und Fassadenabwicklung

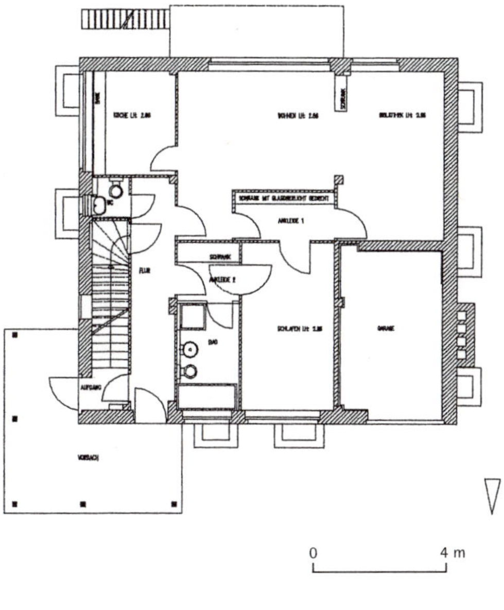

Der Grundriß zeigt einen fast quadratischen Bau, der, wie die Abwicklung erkennen läßt, ein Flachdach besitzt. Die klaren Linien eines solchen Baus können schnell in containerhafte Eintönigkeit übergehen, wenn keine belebenden Fassadenelemente vorhanden sind. Aus der Abwicklung ist gut zu erkennen, daß dem Bau vor allem über eine variationsreiche Fenstergestaltung die notwendige Belebung gegeben wurde. Dabei werden Höhen- und Breitenstaffelungen der Öffnungen über Sprossenanordnungen verstärkt, ohne daß der klare horizontale und vertikale Liniencharakter des Baus verlorengeht. Der Großflächigkeit der Wand wird die Kleinteiligkeit der Fenster, dem strengen Umriß die unorthodoxe Verteilung der Öffnungen entgegengesetzt. Nur in der Außentreppe am Balkon wird eine Schräglinie benutzt, um die Anbindung in den Umraum (Garten) zu betonen und damit die »Autonomie des Klotzes« zu mindern.

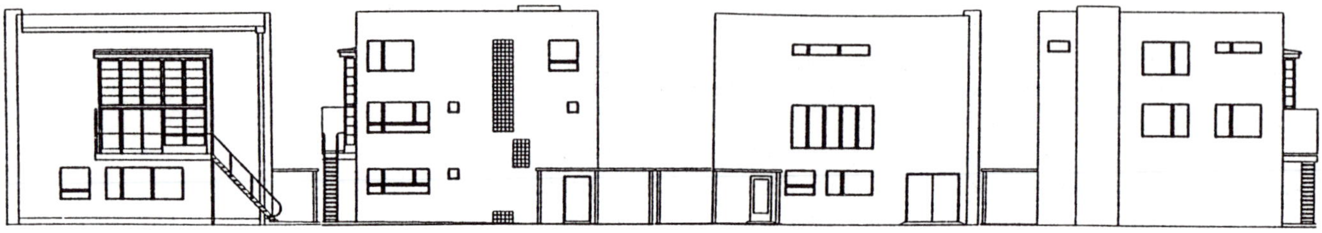

Aufriß von Süden *von Osten* *von Norden* *von Westen*

Architekten bedienen sich oft, um ihre Planungsvorstellungen zu verdeutlichen, darstellerischer Mischformen; damit soll ein Bau, der noch gar nicht errichtet ist, »ansichtig« gemacht werden. Solche Mischformen werden manchmal ungenau und verwirrend als Ansicht oder Fassadenabwicklung bezeichnet. Bei Nutzung architektonischer Darstellungen ist, um falsche Schlüsse zu vermeiden, die Darstellungsform genau zu bestimmen.

Nicht jede architektonische Darstellungsform, die aus planerischer Sicht sinnvoll ist, erlaubt für architekturanalytische Zwecke sinnvolle Aussagen.

Im übrigen sind diese Mischformen architektonischer Darstellung oft sehr schwer zu lesen.

Beispiel: Axel Schultes, Kunstmuseum, Bonn 1985, Grundriß und vier Fassadendarstellungen

Diese Fassadendarstellungen des Kunstmuseums werden in der Literatur teilweise als Ansichten, teilweise als Fassadenabwicklungen bezeichnet. Sie sind weder das eine noch das andere. Durch die Pfeilzuordnung der Ecken zum Grundriß wird deutlich, daß

- keine Ansicht vorliegt, obwohl die angrenzenden Seiten verlängert bzw. verkürzt dargestellt sind; sie sind aber nicht perspektivisch gezeichnet, da die Horizontallinien nicht zusammen-, sondern parallel laufen;

- keine Aufrisse vorliegen, da die Höhen- und Längenmaße nicht im Maßstab oder im Verhältnis zueinander wiedergegeben sind.

Es liegt somit eine darstellerische Mischform zwischen Ansicht und Aufriß vor, die

- mit Hilfe zeichnerischer Darstellungsmittel »Blicksichten« auf einen noch nicht errichteten Bau aus dem Planungszustand simuliert;

- für eine Architekturanalyse wegen ihrer Maß- und Verhältnisverzerrungen nur bedingt brauchbar ist, z. B. nur zum groben Erkennen von Wandgliederungen und Gestaltungskontrasten.

Wie schwer eine solche Darstellung zu lesen ist, zeigt sich z. B. darin, daß die hinter einer Öffnung liegenden Wände weiß erscheinen, die Säulen sich in ihrer Versetzung von den dahinter liegenden schwarz oder grau gezeichneten Räumen schwer absetzen und der offene oder vorgelagerte Raum schwarz hervortritt.

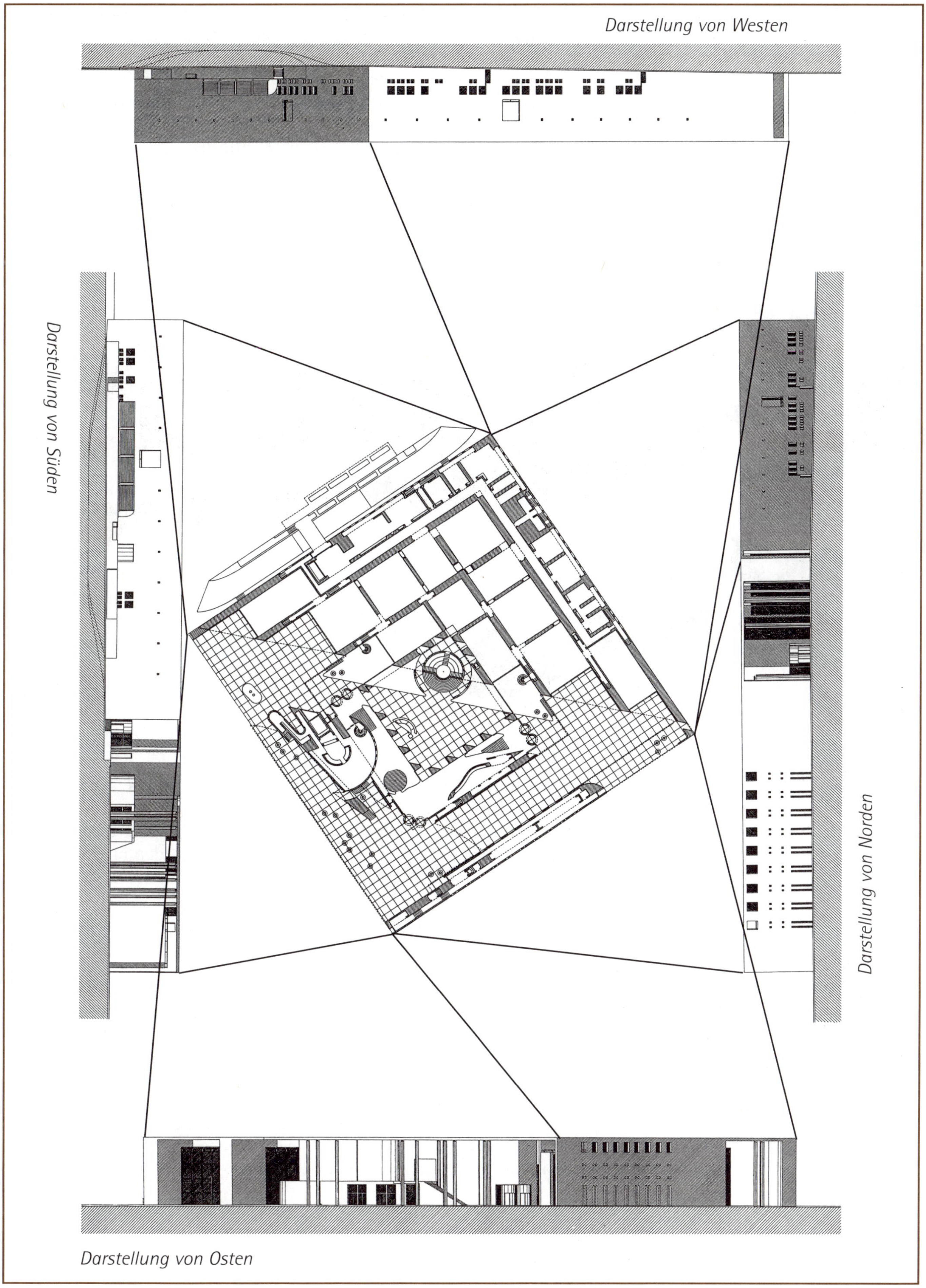
Darstellung von Westen
Darstellung von Süden
Darstellung von Norden
Darstellung von Osten

Die Mischformen architektonischer Darstellung haben in aller Regel zum Ziel, über die Konstruktion hinausreichende Planungsabsichten von noch nicht errichteten Bauten so zu verdeutlichen, daß dabei die generellen Größenordnungen nicht durch perspektivische Verzerrungen leiden. Sie sind oft an »zeichnerischen Einsprengseln«, wie z.B. Verschattungen erkennbar. Statt Frontalansichten werden leicht zur Seite versetzte Standpunkte simuliert, um zumindest zwei Fassaden darzustellen.

Beispiel: Richard Meier, Arp-Museum Rolandswerth (Planung), Rolandseck, zwei Fassadendarstellungen und Militärriß

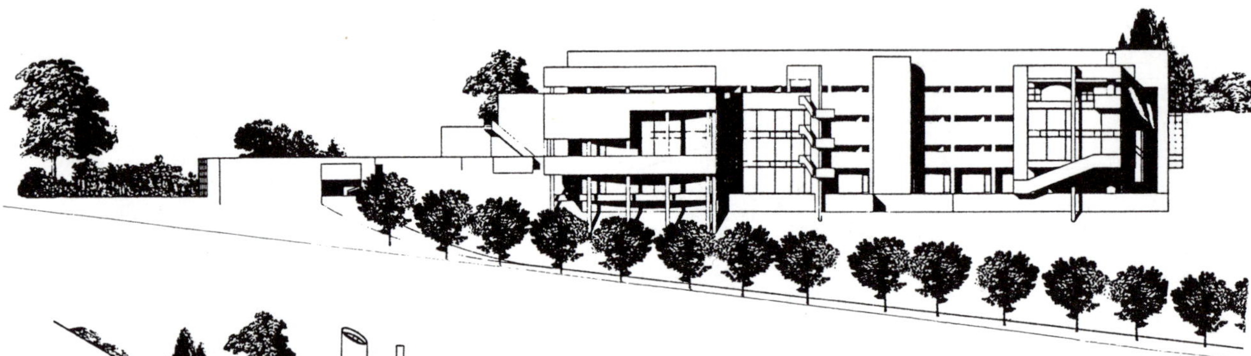

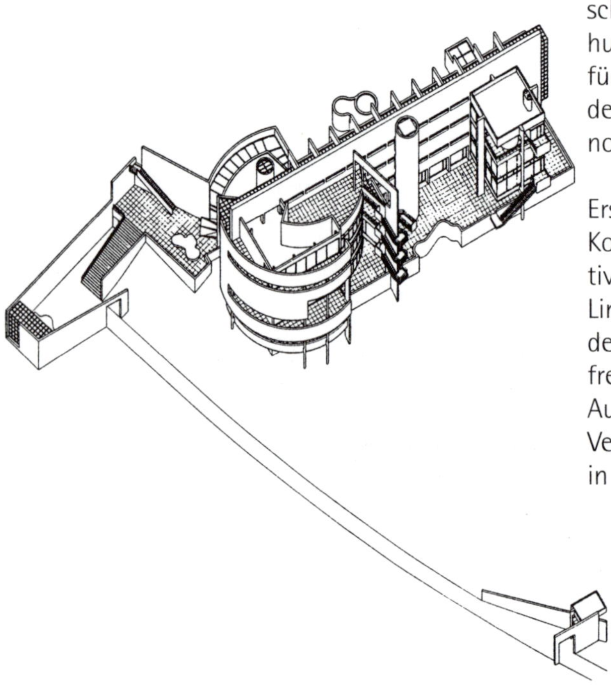

Bei den in Aufrißtechnik gezeichneten Fassaden wurde aus fingierter Beleuchtung von halblinks mit Hilfe von Schlagschatten Dreidimensionalität simuliert. Wie die Bäume und der angedeutete Geländeschnitt zeigen, geht es bei dieser Darstellung u.a. darum, eine Beziehung zur Landschaft und zum Zugang herzustellen. Trotz der eingefügten Schlagschatten geht die Plastizität und Bewegtheit vor allem der Längsfront zu großen Teilen verloren; Rundformen sind kaum noch zu erkennen.

Erst der Militärriß gibt die genaue Struktur und damit auch Teile der Konstruktion frei. An einen Scheibenbau werden integrativ und additiv Bauteile angefügt, die mit den Konstruktionselementen Punkt, Linie, Quadrat und Kreis spielen. Dieser Riß macht die Inszenierung des Zugangs mit zunächst blickverstellendem Portal, einer den Blick freigebenden »Prozessionsstraße«, erneuter Eintrittsbetonung und Aufstieg besonders deutlich. Hier werden beim Zugang und Eingang Verzögerungselemente genutzt, die schon bei der Spanischen Treppe in Rom (S. 39) angewandt wurden.

Mit Hilfe der CAD-Technik können heute selbst die kompliziertesten dekonstruktivistischen Formen »strukturell durchleuchtet« und damit die sich durchdringenden, kippenden und gefalteten Formen sichtbar gemacht werden. Allerdings sind solche speziellen Techniken nicht darauf angelegt, maßstabsgerechte Wiedergaben zu liefern. Sie ersetzen auch nicht die perspektivische Ansicht. Vielmehr sind sie durch die Möglichkeit von Sichtveränderungen auf dem Bildschirm in der Lage, das konstruktive Skelett und den Bau von allen Seiten bis zur perspektivischen Aufsicht freizulegen. Sie ermöglichen dadurch Einsichten, Durchblicke sowie das Erkennen von Lichtveränderungen.

Beispiel: Gegenüberstellung einer perspektivischen Ansicht und einer CAD-Konstruktionszeichnung:

Paray-le-Monial / Frankreich, Kirche, 1090 – 1110, Grundriß und perspektivische Ansicht

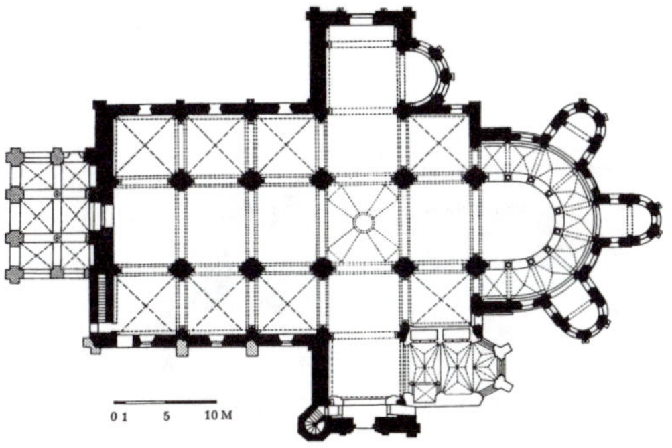

Während die Ostpartie der Kathedrale mit ihrer Baumassenstaffelung in perspektivischer Sicht gut dargestellt ist und die Aufgipfelung verdeutlicht, bleibt die konstruktive Verbindung oder Durchdringung unklar. Sie kann selbst mit Hilfe des Grundrisses nicht geklärt werden.

Demgegenüber zeigt die transparente Axonometrie der CAD-Zeichnung die konstruktiven Verdichtungen und Durchdringungen; darüber hinaus sind verhältnismäßig klar die Faltungen, Ondulierungen, Kippungen und Neigungen zu erkennen, die anders nur mit mehreren Rissen und Schnitten dargestellt werden könnten.

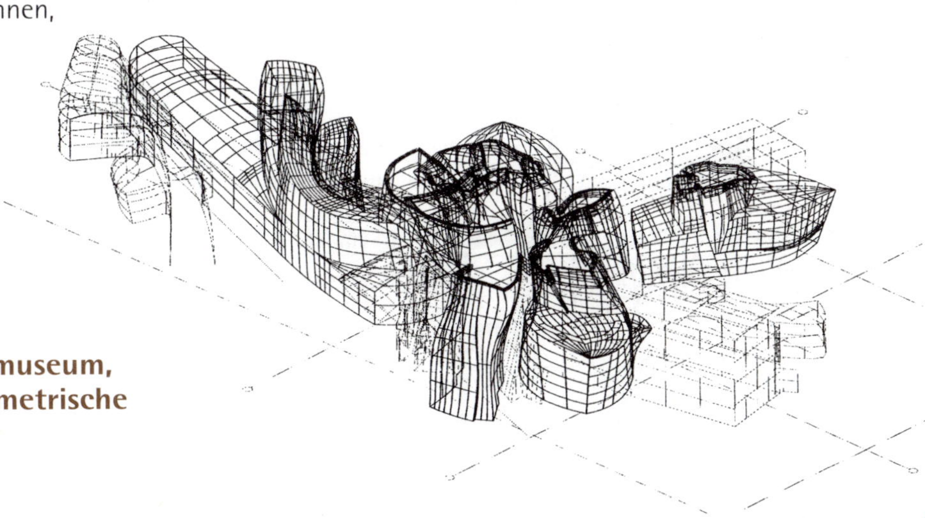

Frank O. Gehry, Guggenheimmuseum, Bilbao / Spanien 1996, axonometrische CAD-Zeichnung

Was die Aufrisse – von besonderen Wandaufrissen abgesehen – vor allem für die Darstellung des Baukörpers, sind die Schnitte für die Raumdarstellung.

Um die am Außenbau ablesbaren Massengliederungen und Staffelungen auf die Raumgestaltung, um Eingänge und Fenster auf die Raumanordnung und Blickführung zu beziehen, sind Schnitte ein geeignetes technisches Darstellungsmittel.

Beispiele: Vergleich der Grundrisse und Schnitte durch die Oktogonbauten der

Kirche HH. Sergios und Bacchos, Istanbul / Türkei, Anfang 6. Jh., Längsschnitt und Grundriß

Kirche S. Vitale, Ravenna / Italien, um 525, Längsschnitt (Grundriß S. 64)

Pfalzkapelle Aachen, 798 (Grundriß S. 64 und Querschnitt S. 84)

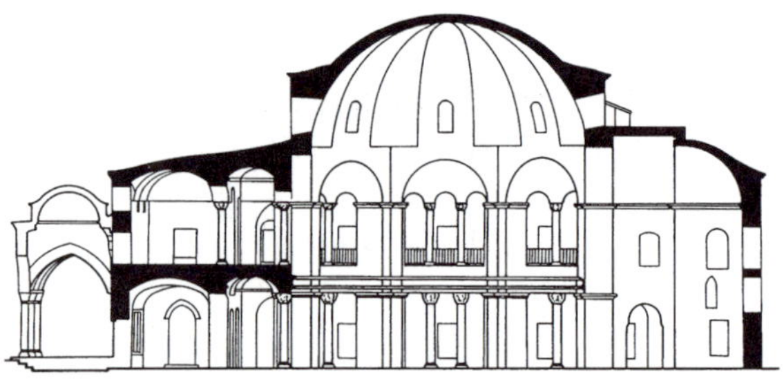

HH. Sergios und Bacchos

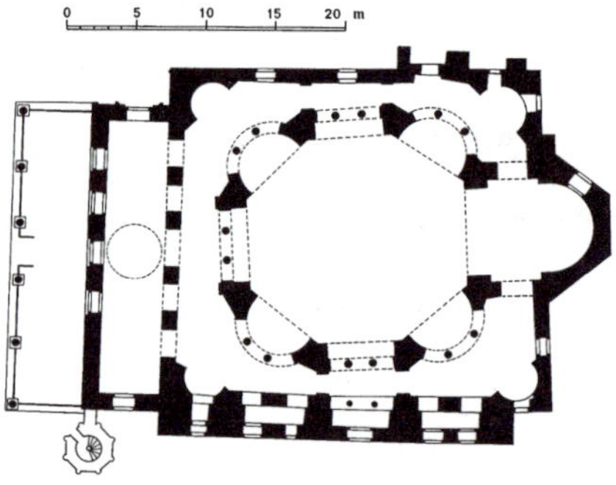

Die Grundrisse aller drei Kirchen weisen strukturelle Ähnlichkeiten auf:

- Es handelt sich – trotz geringer Ost-West-Streckung – um Zentralbauten
- mit einem oktogonalen Hauptraum und
- Umgang, der durch Stützen vom Hauptraum geschieden wird.

Die in den Grundrissen nicht ablesbaren Raumsituationen werden erst durch die Schnitte in ihren bedeutenden Unterschieden klar:

- HH. Sergios und Bacchos besitzt im Vergleich zum Umgang einen breiten Hauptraum, dessen lagernder Charakter durch

– ein starkes Horizontalgesims und

– die kleinteilige Schirmkuppel betont wird. Horizontalität und Lagerung bewirken einen »behäbigen« Eindruck.

S. Vitale

- Bei S. Vitale ist der Umgang im Verhältnis zum Hauptraum breiter als bei HH. Sergios und Bacchos; vor allem ist aber über der zweiten

Arkadenzone die Mauer des Obergadens erst ein Stück hochgezogen, bevor die Kuppel ansetzt. Der dadurch gestreckte Charakter wird durch

- eine Arkadenzone im Erdgeschoß ohne starke Gesimsabbindung und
- durch die beide Arkadenzonen überfangenden Bögen vertikal betont. Vertikalität und Streckung bewirken einen »schlanken« Eindruck.

■ In der Aachener Pfalzkapelle ist die Breite des Umgangs im Verhältnis zum Oktogon am größten. Trotzdem wirkt das überkuppelte Oktogon nicht schmal oder gedrückt. Vielmehr geschieht eine Streckung durch zwei Elemente, die die beiden anderen Kirchen nicht aufweisen:

- Die zweite Arkadenzone ist durch aufeinander fußende Säulen doppelstöckig gestreckt oder in anderer Sicht: Die zwei Arkadenzonen in HH. Sergios und Bacchos sind in Aachen zu einer verbunden, aber von einer kräftigen Arkadenzone im Erdgeschoß getragen.
- In der Pfalzkapelle ist eine Fensterzone unterhalb der Kuppel eingefügt.

Obgleich in Aachen die Horizontalgliederung zurückhaltender als bei HH. Sergios und Bacchos ausfällt, ist sie deutlicher als in S. Vitale ausgebildet. Weder Horizontalität noch Vertikalität dominieren; die Einbettung der feingliedrigen zweiten Arkadenzone zwischen die schweren Erdgeschoßarkaden und die wandhaltige Fensterzone bewirkt eine »eingebundene Streckung« und einen »kraftvollen« Eindruck.

▲

Schnitte lassen zwar Raumverhältnisse und Raumproportionen gut erkennen, sind aber oft schwierig den Grundrissen und Aufrissen zuzuordnen. Außerdem geben sie nicht die vor der Schnittebene liegende Raumsituation wieder und lassen die hinter der Schnittebene liegenden Raumteile nur bis zur nächsten Wandebene als Aufriß erkennen.

▼

Beispiele:

Mainz, Dom, 1009 bis Mitte 13. Jh, Längsschnitt (Grundriß S. 69)

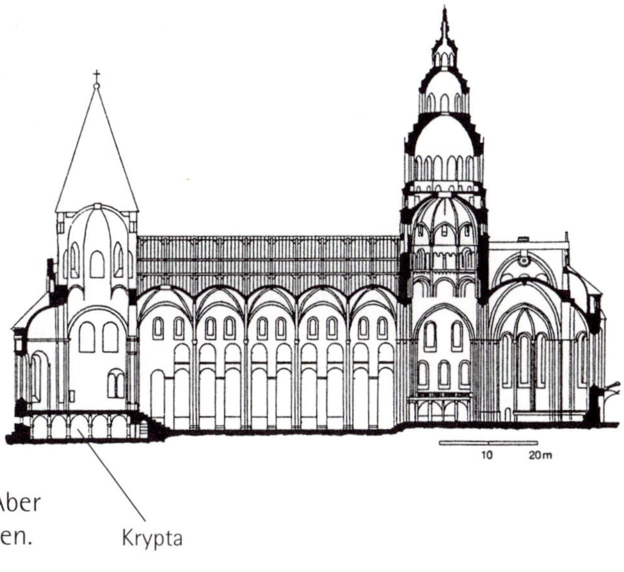

Der Längsschnitt zeigt die Lage der Krypta, Niveauunterschiede, den Wandaufbau der Scheidarkaden*, die Kuppelstrukturen etc. Aber weder die Seitenschiffe noch die Chorformen sind klar zu erkennen.

Erich Mendelsohn, Observatorium »Einsteinturm«, Potsdam 1917, Kombination von Teilschnitten, Teilaufrissen und Teilgrundrissen (Ansicht S. 10)

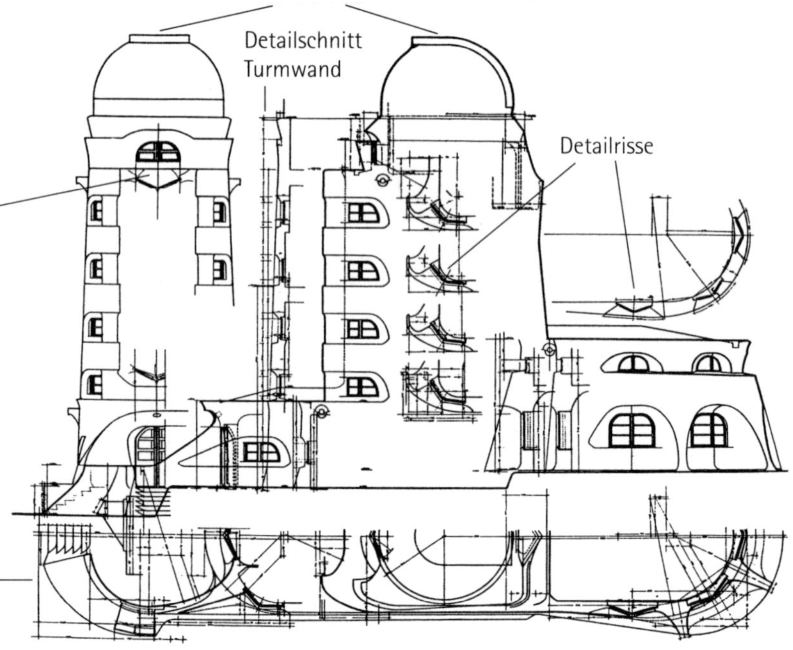

Der expressive Bau ist mit wenigen Rissen und Schnitten kaum zu erfassen. Deshalb sind hier verschiedene Risse und Schnitte kombiniert worden:

- Der Bau ist zunächst von der Seite als Aufriß – ohne Böschung – mit einem Halbgrundriß dargestellt.

- Der Turm wird von der Eintrittsfront zusätzlich als Aufriß mit Detailzeichnungen für die Fenster gezeigt; zwischen den beiden Turmaufrissen steht ein Detailschnitt der Turmwand. Im seitlichen Turmaufriß sind Detailrisse der Fenster- und Wandgestaltung angebracht.

- Für den flachen Bauteil (rechts) wird für den oberen Teil ebenfalls ein Detailriß hinzugefügt, um Fenster und Wangestaltung zu definieren.

Diese Art von kombinierter architektonischer Darstellung ist für die Bauerrichtung und die Konstruktion gedacht und weniger für eine Architekturanalyse geeignet.

▲

Was oft – selbst über mehrere Grundrisse – nicht erschlossen werden kann, sind im Bau enthaltene, über mehrere Geschosse reichende Raumgestaltungen. Erst recht können die konstruktiven Elemente der Raumgestaltung nicht erschlossen werden. Bei manchen zeitgenössischen Bauten sind Grundrisse wegen vielfacher Raumverschleifungen und -verschachtelungen entweder überhaupt nicht lesbar oder aussagelos, so daß nur mit Schnitten der Raum faßbar gemacht werden kann.

> Mit Hilfe von Schnitten können vor allem die konstruktiven Elemente eines Baus und seiner Raumstruktur analysiert und Raumverhältnisse sowie -proportionen erkannt werden.

Beispiele:

Victor Baltard, Markthallen (abgerissen), Paris / Frankreich 1851, Halbquerschnitt

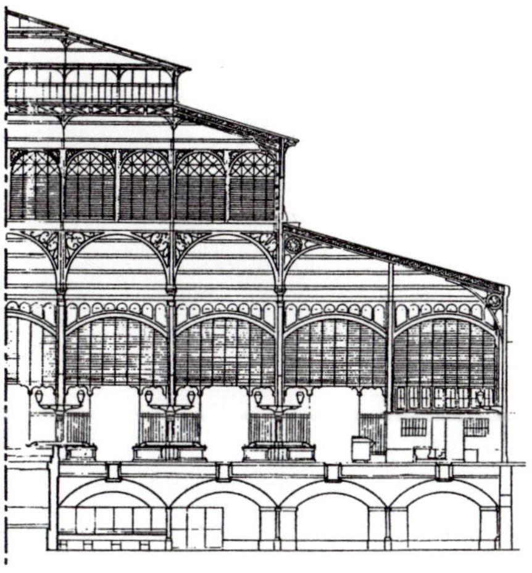

Der Eisenskelettbau steht am Anfang einer neuen Material- und Konstruktionserprobung. Er zeigt das Filigrane des neuen Materials. Der Querschnitt enthüllt:

- die Vielgliedrigkeit der Raumgestaltung,
- die Höhenstaffelung und
- die für damalige Zeiten kühne Eisen-Glas-Konstruktion.

Die in den Raumabtrennungen und Fenstern genutzten ornamentalen Verstrebungen zeigen die Verhaftung im historistischen Gedankengut: Innovative Konstruktion im Gewand des alten Formenapparats.

Jean Nouvel, Friedrichstadtpassagen (Block 207), Berlin 1991, Grundrisse Erdgeschoß und 6. Obergeschoß sowie Querschnitt

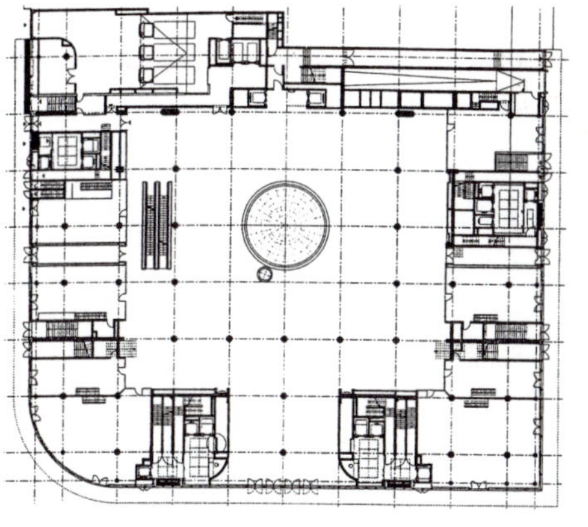

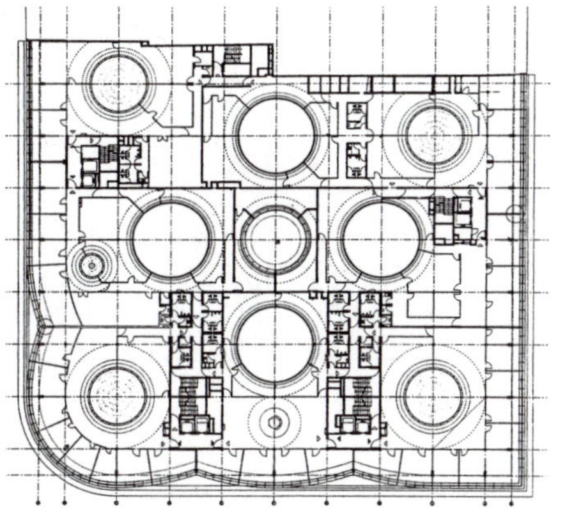

Die beiden Grundrisse zeigen die Formenabsicht des Architekten. In einem fast quadratischen Grundriß werden

- die Fronten an den Straßen zwar scharf konturiert, im aufgehenden Bereich aber geschwungen,
- die Raumgestaltung von unten nach oben kleinteiliger unter Verwendung von Rundformen,
- die Rundformenanordnung im zentralen Mittelbereich kreuzförmig geordnet, so daß neben einer Zentralisierung eine Drehung der Quadratform eintritt.

Was aber wiederum nur mit Hilfe des Schnitts erkannt werden kann, sind

- die raumbestimmenden Kegelformen,
- deren Umkehrung mit der Wirkung von Höhen- und Tiefenzug sowie
- die um den zentralen Kegel in den Etagen umlaufenden Ausstellungsgalerien.

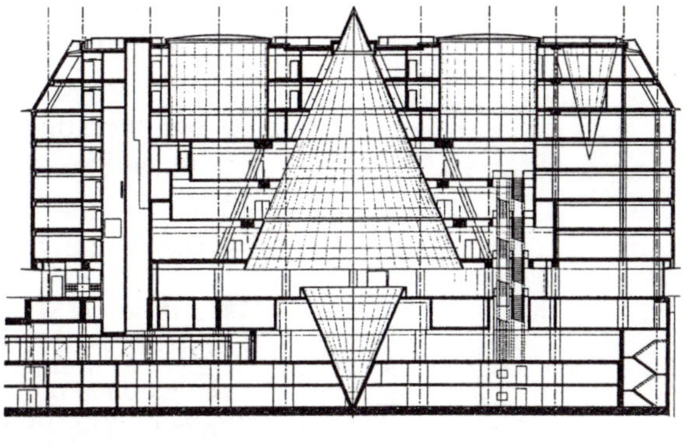

Der Architekt nutzt die geometrischen und stereometrischen Formen zur Gliederung des Großkomplexes in überschaubare Einheiten mit eigener Zentrierung und zur Steigerung wahrnehmungspsychologischer und erlebnisorientierter Effekte.

Um die konstruktiven Prinzipien genauer zu erkennen, vor allem wenn die Außenhaut die Konstruktion verblendet, sind Schnitte unerläßlich.

Darüber hinaus können in aller Regel unterirdische Raumanordnungen und Fundamentierungen besser im Schnitt als aus Grundrissen erkannt werden.

Die Konstruktion ist nicht nur eine architektonische Ausführung, sondern, da meist mehrere Möglichkeiten zur Verfügung stehen, eine Entscheidung darüber,

- welche Konstruktion gewählt wird,
- um welche Baukörperform oder Raumgestaltung zu erzielen.

Mit der Freilegung oder Verblendung der Konstruktion wird eine Entscheidung über Form und Wirkung getroffen.

Architekturanalytisch ist deshalb die Konstruktion auf ihre Wirkungs- und Bedeutungsabsicht hin zu befragen.

Beispiele:

Max Berg, »Jahrhunderthalle«, Breslau / Polen 1911, Querschnitt

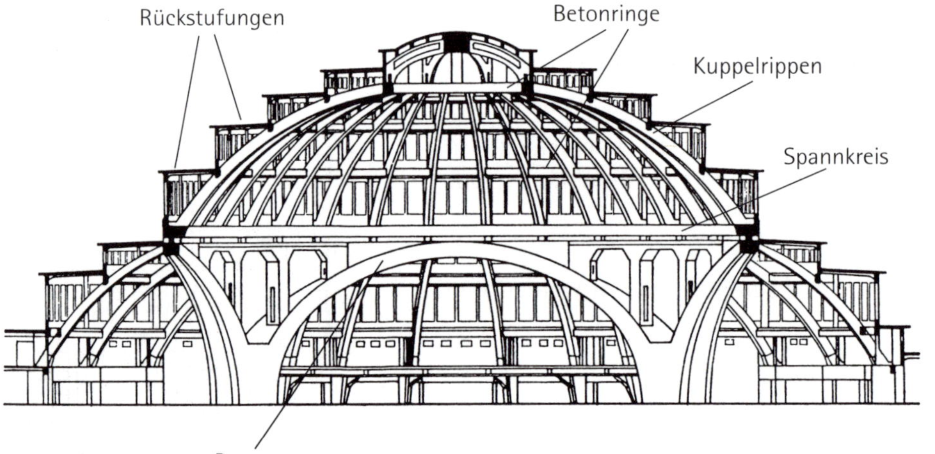

Als Mehrzweckhalle konzipiert, steht die architektonische Form in der Tradition der Großkuppelbauten und verweist als Typ auf das Pantheon in Rom (S. 62) und die H. Sophia in Istanbul (S. 65). Der Außenbau wirkt wie eine gleichmäßig abgestufte, aber in der Höhe abnehmende Schichtung von Ringscheiben. Die Konstruktion wurde verblendet, um Lichtbänder zu ermöglichen. Die eigentliche Gestaltung zielt auf die Raumwirkung:

- Die Kuppel ruht auf weit gespannten Bögen,
- auf deren Scheitel der Spannkreis als Auflager für die Kuppelrippen ruht.
- Von ihm erheben sich die in der Krümmung gedrückten Kuppelrippen.

■ Die Fensterringe verleihen der Kuppel einen schwebenden Charakter,

■ der durch die Betonringe, die die Kuppelrippen wie Reifen umspannen, verstärkt wird.

Der außen durch monumentale Schichtung schwer lagernde Bau entfaltet im Innern seine Kraft und Eleganz durch die freie Skelettstruktur der Bögen und Ringe sowie die konzentrische Lichtführung; er verbindet Wirkungselemente des Pantheon und der Hagia Sophia.

Santiago Calatrava, Bahnhof, Lyon / Frankreich 1989, Längsschnitt

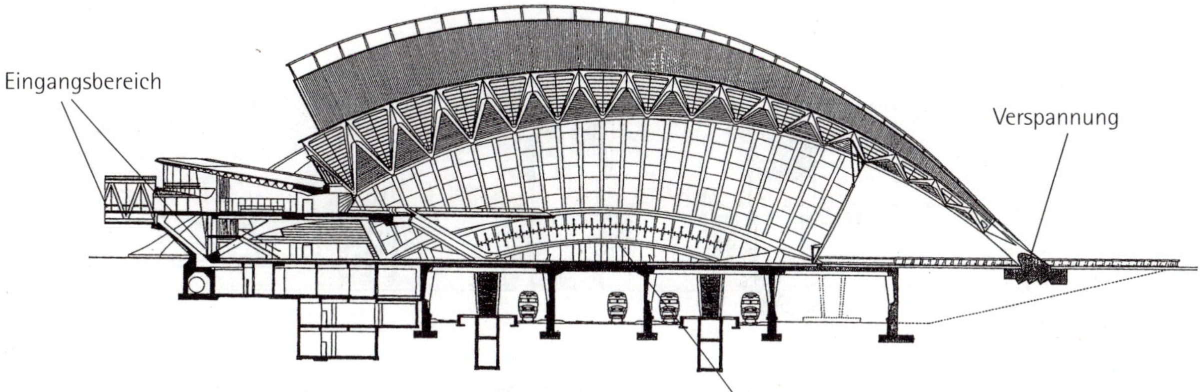

Die Bahnsteige des Bahnhofs für Hochgeschwindigkeitszüge liegen unterirdisch. Die Konstruktion der Bahnhofshalle wird im Längsschnitt besonders gut erkennbar:

■ Das Eisen- oder Stahlfachwerk ist schalenförmig angelegt und im Boden verspannt.

■ Die hochgezogenen Fensterfronten laufen in ihrer Gliederung diesen Spannbögen entgegen.

■ Nur über dem unterirdischen Gleisbereich ist der Bogen zentriert gespannt.

■ Zur Eingangsfront werden die Spannbögen der filigranen Konstruktion abgebrochen, so daß die Außenfront der Dachkonstruktion nach außen gekippt erscheint.

■ In diese Kippung stößt der Eingangsbereich mit vorgezogenen, den Platz überkragenden Bauteilen wie ein Pfeil.

Aerodynamische Formung, gegenläufige Spannungen und Kippungen sowie schwebende und verspannende Elemente geben dem Bau einen futuristischen und energiegeladenen Charakter; der Funktion des Baus wird mit High-Tech-Ausstrahlung Ausdruck verliehen. ▲

Die Grenzen der Aussagefähigkeit von Grundrissen und die Notwendigkeit von Schnitten wird besonders deutlich, wenn man die Bauten einiger zeitgenössischer Architekten betrachtet. Diese Architekten arbeiten mit neuesten Materialien (z. B. Polyester) und Materialkombinationen, um die Grenzen der Statik ebenso wie die der Formung zu erweitern. Schwebende, vielfach gekrümmte, organische Körper- und Raumformen mit beliebigen Niveauunterschieden machen Begriffe wie Etagen, Zimmer, Boden und Wand obsolet und kaum noch faßbar bzw. dementsprechend in Rissen kaum noch darstellbar.

Beispiel: Bart Prince, Wohnhaus, New Mexico / USA 1992, Aufriß

Der wie ein Schiff geformte Bau steht z.T. über dem Boden; teilweise ist er aufgestelzt und teilweise vom Boden ab verkleidet. Seine Baukörperstruktur ist fließend und scheint wie von »Röhren«, den Fenstern und Balkonen, durchstoßen. Das Dach ist in Wellenbewegungen mit hochgezogenen Seitenrändern, die eine scharfe flache Segmentlinie bilden, konturiert. Wandneigungen, Abböschungen und Treppen ordnen sich dem größeren Gestaltungsprinzip der »Schiffsform« unter. Zusammen mit den bullaugenartigen Fensterformen ist die Schiffsform Bedeutungsaussage für den Bau – eine moderne Arche Noah.

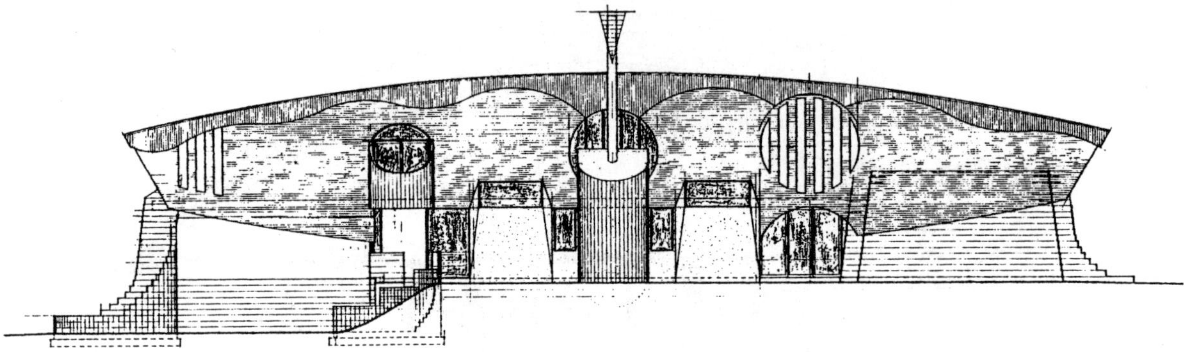

Weil Schnitte selbst in Verbindung mit Grundrissen nie eine dreidimensionale Vorstellung vermitteln, sind zusätzliche technische Darstellungsformen entwickelt worden. Mit ihnen lassen sich vor allem

- Aufsichten, Einblicke und Durchblicke darstellen,
- Raumdurchdringungen, Schräglagen und Knickungen verdeutlichen,
- Rundungen plastisch darstellen.

Beispiele:

Gustav Peichl, Kunst- und Ausstellungshalle der Bundesrepublik Deutschland, Bonn 1989, Schnittperspektive

Dieser Bau ist bereits mehrfach als Beispiel herangezogen worden (S. 42, 49). Um eine räumliche Einblick-Situation zu simulieren, wird ein Schnitt mit einer perspektivischen Ansicht verbunden. Darüber hinaus werden durch einen zugeordneten »perspektivischen Grundriß« die Schnittebene sowie die in der Perspektive erkennbaren Raumlagen und die Kegeldurchmesser angegeben.

Frank O. Gehry, Vitra Design Museum, Weil am Rhein 1989, Grundriß, Längsschnitt und Militärriß

Die Schwierigkeit, mit Hilfe technischer Darstellungen dekonstruktivistische Bauten zu erfassen, wurde schon mehrfach gezeigt (S. 35, 79, 80). Die gemeinsame Betrachtung mehrerer Darstellungsarten verdeutlicht die Grenzen der einzelnen Darstellungen:

- Der Grundriß läßt zunächst eine klare Konturierung des Baus mit additiven Elementen (Treppenhaus, vorgezogene Spitzräume) und einer abgerundeten Eingangshalle vermuten. Die durch Strichelung angedeuteten Durchdringungen und Auskragungen sind nur ungenau zu erfassen.

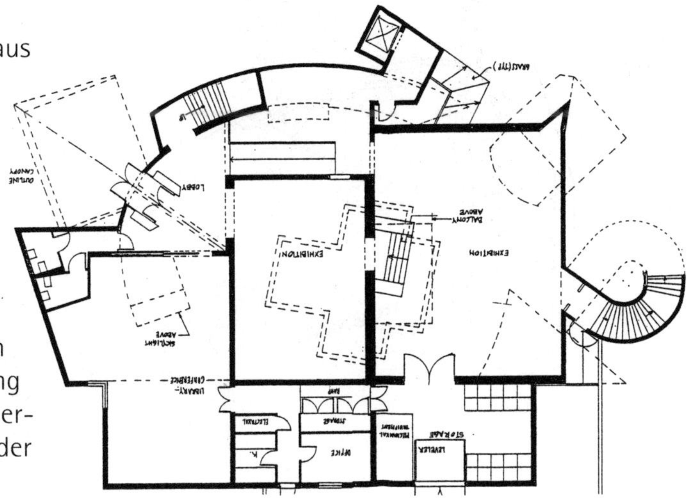

- Der Querschnitt macht die Niveauverspringungen deutlich und läßt erstmals Durchdringungen und Neigungen erkennen. Auch wird sichtbar, daß der Bau in der Massengliederung eine sehr bewegte Außenform haben muß, die im Inneren durch Belichtung und stereometrische Durchdringung die Raumgestaltung bestimmt. Ohne den Grundriß wären allerdings das äußere Treppenhaus (liegt vor der Schnittebene) oder die spitzwinkligen Raumteile gar nicht zu erkennen.

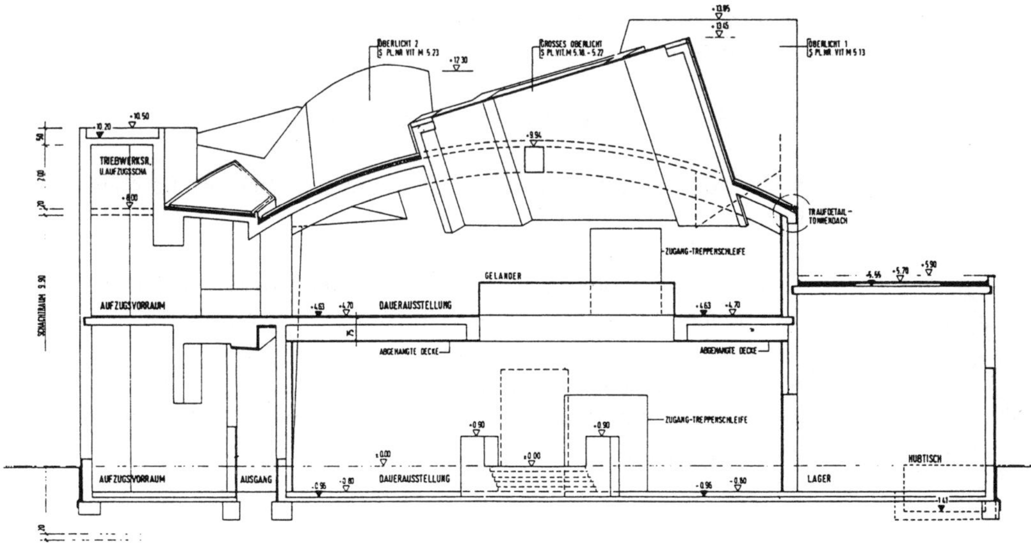

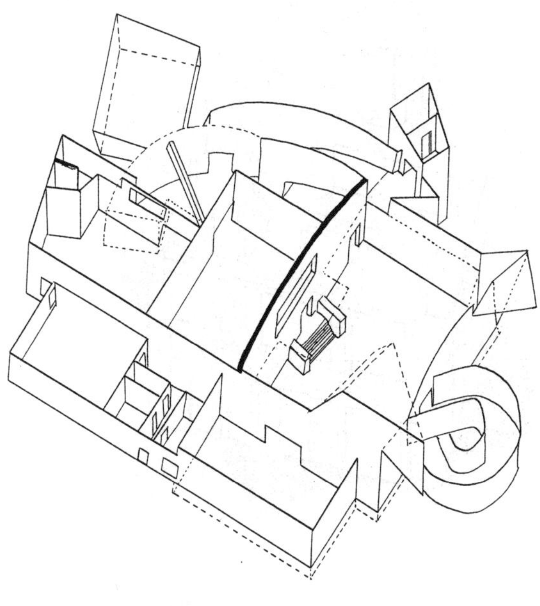

- Der abgedeckte Militärriß gibt genauere Einblicke in die Raumgestaltung. Da die Aufdeckung Schnittcharakter hat – sie liegt ungefähr auf der Höhe des äußeren Treppenhausabschlusses – sind höher liegende Verspringungen, Kippungen, Auskragungen und Einziehungen nicht erkennbar. Während der Militärriß einen Eindruck der Raumanordnung und der Massenbewegtheit vermittelt, läßt er die Schräglagen und Höhenstaffelungen nur ungenau erkennen.

Trotz der drei unterschiedlichen Darstellungsarten ist mit ihrer Hilfe letztlich keine genaue Vorstellung von Baukörper und Raumgefüge zu gewinnen.

Eric Owen Moss, Wohnhaus »The Box«, Culver City / USA 1990, Isometrie und Detail

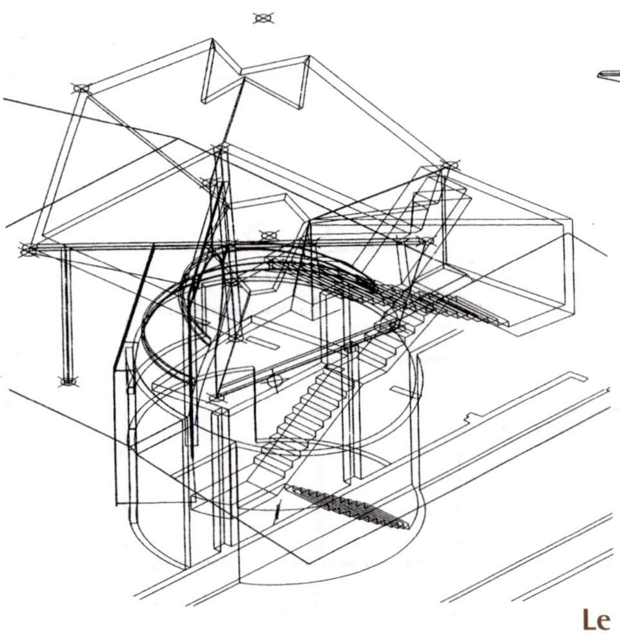

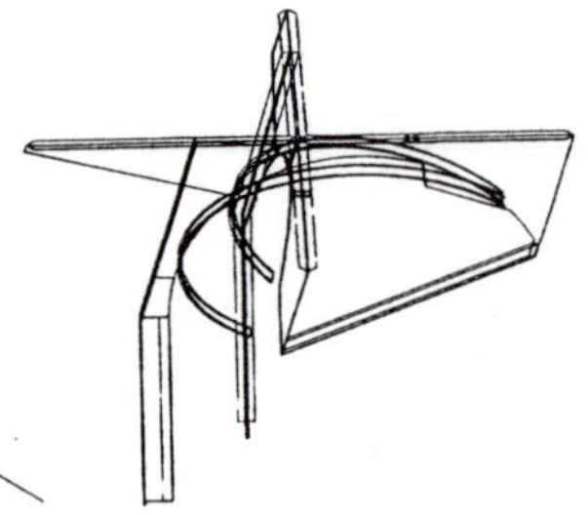

Mit Hilfe einer transparenten Isometrie werden durch die Seitendarstellung die Zusammenhänge zwischen Baukörper und Innenraum erkennbar. Die komplizierte Durchdringung eines auf einem Zylinder in Schräglage aufgesetzten, in den Wänden vielfach gebrochenen »Kartons« wird bei genauem Hinsehen deutlich. Zur weiteren Verdeutlichung ist der zentrale Teil nochmals als Detailzeichnung wiedergegeben.

Le Corbusier, Villa Savoye, Poissy / Frankreich 1929, Isometrie

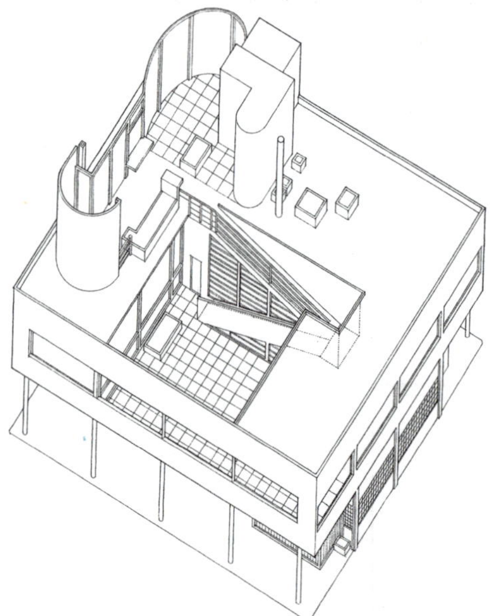

Die isometrische Darstellung des Wohnhauses gibt den Außenbau, wenn auch nur in zwei Fronten, gut wieder. Durch die Aufsicht wird sogar erkennbar:

- Der Bau besitzt annähernd eine Quadratform.
- Über den Stützen liegt eine teilweise nach oben offene Ebene mit »Innenhof-Charakter«.
- Von diesem Innenhof ist über eine langgezogene zweiläufige Rampe das Flachdach als große Terrasse zu erreichen.
- Auf der Dachebene befinden sich offene Räume, die durch geschwungene Wände im Kontrast zu den strengen Rechteckformen des Baus stehen.

Peter Eisenman, Haus Miller, Lakeville / USA 1970, aufgedeckter Militärriß

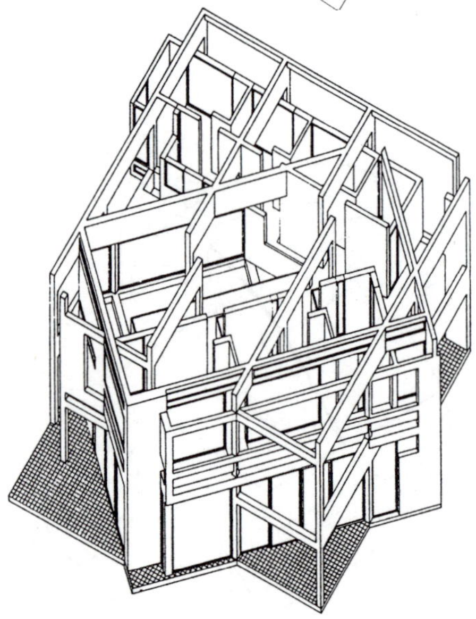

Ohne eine Darstellung der dritten Dimension könnte dieser dekonstruktivistische Bau überhaupt nicht in seiner architektonischen Komplexität sichtbar gemacht werden:

- Der in der Aufsicht ablesbare Grundriß zeigt
  - die spitzwinklige Drehung von einem Rechteck in einem Quadrat und
  - die parallele Versetzung von Wänden.
- Der Militärriß verdeutlicht:
  - Zwei Kuben durchdringen sich spitzwinklig mit der Folge, daß die Raumstruktur durch Teilwände und Durchbrüche aufgelöst wird.

- Die parallel versetzten Wände gehören zu vorgesetzten offenen Fassaden, die dem Bau
  - eine scharfe Kubenkonturierung verleihen,
  - ihn als Haus im Haus erscheinen lassen,
  - durch die »Lufthülle« eine Verbindung von künstlichem und natürlichem Raum schaffen sowie
  - einen Kontrast zwischen Außenhaut = durchsichtige, aber klare Verpackung und Innengestaltung = labyrinthhafte Raumverkettung geben.

Mario Botta, Casa Rotonda, Stabio / Schweiz 1965, zwei Militärrisse

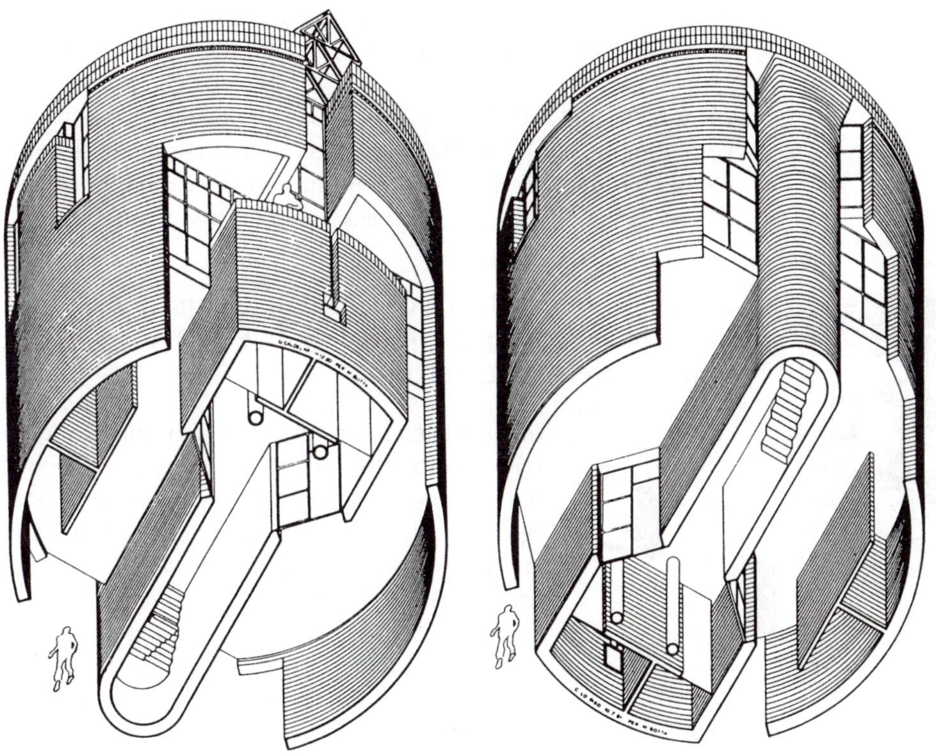

Ein Rundbau würde als Aufriß oder Schnitt die Form eines Rechtecks erhalten. Um die unterschiedlichen Ansichten eines Rundbaus zu zeigen, werden deshalb als Darstellungsform zwei Isometrien mit Einsicht von unten gewählt. Was weder durch einen Grundriß noch durch einen Schnitt allein richtig wiedergegeben werden könnte, sind u. a. solche Details wie die äußere Formung des Treppenhauses als röhrenförmige Kolossalsäule, das Formenspiel der Wandaufschnitte mit Treppungen und Fensterschrägen etc. Hier kann in zwei Zeichnungen dargestellt werden, wozu anderenfalls mehrere Grundrisse und Aufrisse notwendig wären.

▲

Die komplexeste technische Darstellungsart, um Dreidimensionalität zu zeigen, ist die *explodierte Axonometrie*. Mit solchen Axonometrien, kombiniert mit perspektivischen Ansichten oder Aufrissen, wird durch Trennung von Etagen oder Abrückung von Wandteilen versucht, Außen- und Innendarstellungen zu kombinieren (vgl. S. 57).

Beispiele:

Foster Associates, Renault Vertriebszentrale, Swindon / Großbritannien 1981, explodierte Axonometrie eines Grundmoduls

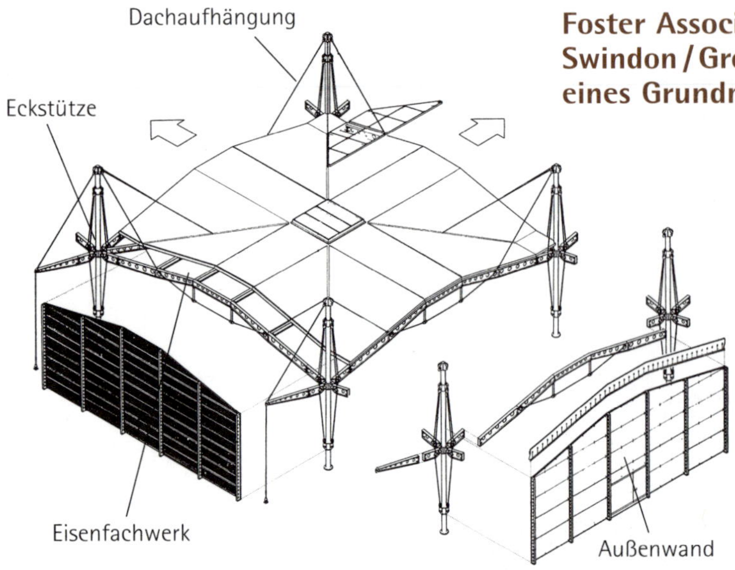

Die Halle besteht aus mehreren gleichartigen Modulen. Ihre Grundkonstruktion wird über die Abrückung der Wände und Freilegung der Stützenkonstruktion gezeigt:

- An vier Eckstützen, die über ein Eisenfachwerk miteinander verbunden und stabilisiert sind, wird das flache gebrochene Zeltdach aufgehängt und mit Drahtseilen verspannt.
- Die Außenwände sind zurückgesetzt, so daß die Stützen freistehen; die Wandelemente sind durch senkrechte Streben ausgesteift und gegliedert.

Die außen und auch innen überwiegend freiliegende Konstruktion verbindet die Funktionalität des Baus mit ästhetischen Gliederungselementen. Die sichtbare Aufhängung und Verspannung signalisieren die im Automobilbau hochentwickelte Konstruktivität.

Mecanoo (niederländische Architektengruppe), Wohnhaus, Rotterdam / Niederlande 1991, explodierte Axonometrie

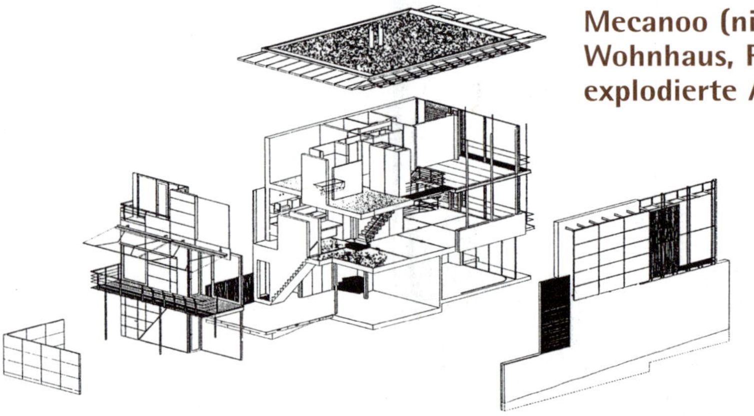

Durch Abhebung des Daches und Abrückung von zwei Fassaden wird das Innere des dreigeschossigen Hauses einsichtig und die filigrane Außengestaltung verdeutlicht. Das strenge geometrische und stereometrische Formenvokabular verweist auf die Tradition »De Stijl«*. Die Kastenform kontrastiert mit den ziselierten Fenster- und Gitterformen, ohne daß das strenge Prinzip des rechten Winkels verlassen wird. Die großen Lichtöffnungen suchen den Kontrast mit den umschließenden Wandflächenteilen; an einigen Stellen scheinen herausgerückte Wandteile den transparenten Charakter der Gitter- und Fensterformen als Großelement zu betonen. Mit Hilfe axonometrischer Darstellung wird hier ein Gesamteindruck hergestellt.

Aus architekturanalytischer Sicht interessieren all diese technischen und zeichnerischen Darstellungen, um

- architektonische Planungs- und Konstruktionsprinzipien,
- Gestaltungsprinzipien und -formen sowie
- Körper-Raum-Bezüge

zu erkennen. Erst diese Erkenntnisse lassen Schlüsse auf Funktionalität und Bedeutungsinhalte der analysierten Bauten zu.

Die Übersicht S. 103 faßt noch einmal die Analyseziele zusammen, die zum Erkennen der Planungs-, Konstruktions- sowie Gestaltungsprinzipien und -formen führen, um Schlüsse auf die Bedeutungen des Baus ziehen zu können.

Von der zeichnerischen Darstellung zum Erkennen der Bedeutung

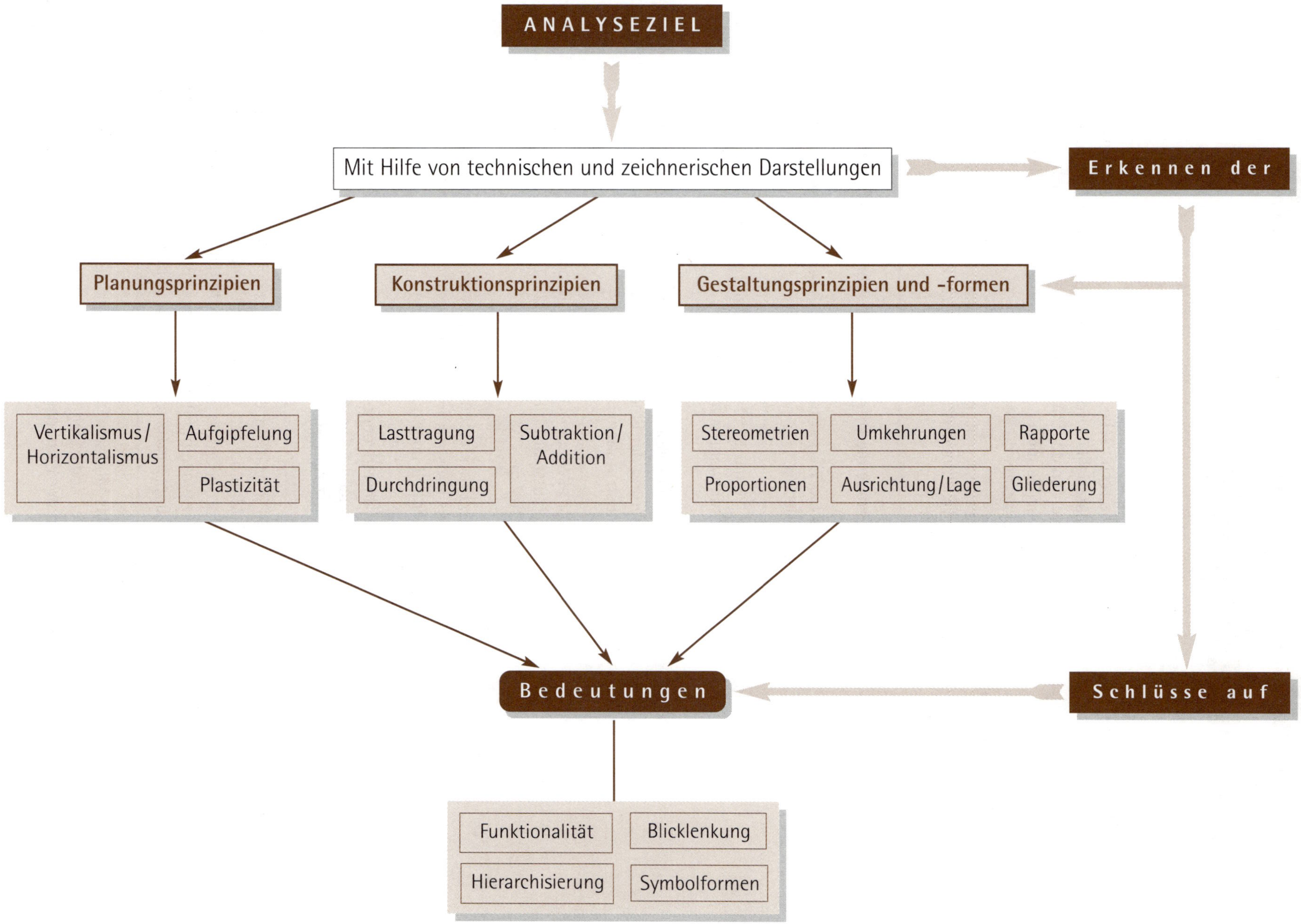

Materialität und Idealität des Baukörpers

Die technische Umschließung des Raums geschieht immer mit Materialien: Holz, Stein, Glas, Eisen etc. Mit Hilfe dieser Materialien werden der Baukörper geformt und die Baumassen gegliedert; die Dächer spielen in diesem Formungs- und Gliederungsprozeß eine bedeutende Rolle.

> Der Innen-Außen-Bezug eines Baus läßt sich oft am Baukörper, d. h. seiner Formung, Gliederung und den Öffnungen ablesen.

Gerade die Öffnungen, Türen und Fenster, bestimmen

- die Wegeführung in den Raum und damit das primäre Raumerlebnis,

- die natürlichen Lichtverhältnisse im Raum und damit die primäre Raumwahrnehmung.

Oft ist schon durch die Ausgestaltung der Öffnungen eine Hierarchisierung der Eingänge und Fenster zu erkennen und damit ein erster Innen-Außen-Bezug ablesbar.

Vor allem der Umgang mit Bauschmuck am Baukörper läßt Rückschlüsse auf die Grundauffassung von Funktion und Bedeutung des Baus zu:

- Zurückhaltender Umgang mit Bauschmuck betont in aller Regel das Konstruktive des Baus, kann aber auch Ausdruck von Bescheidenheit oder gar Armut sein.

- Übertriebene Verwendung von Bauschmuck verschleiert in aller Regel die Konstruktion und bringt Pracht, Verherrlichung, aber auch Protz zum Ausdruck.

> Die Materialien eines Baus geben nicht nur Auskunft über seine Materialität; in ihrer Wahl und Verwendung wird auch Idealität ausgedrückt, nämlich die Absicht des Bauherrn, der Materialien vor allem unter dem Aspekt der Nützlichkeit auswählt und darüber hinaus eine bestimmte Bedeutung darstellen möchte.

Das Modische und das Kostbare spielen in diesem Zusammenhang der Kodierung nach außen eine besondere Rolle. Beides wird bereits in der Wahl der Baumaterialien und ihrer Behandlung sichtbar.

Baumaterial und seine Bearbeitung als Ausdrucksträger

Lange bevor die Materialvielfalt von heute und ihre komplizierten Bearbeitungstechniken bekannt waren, ist das Baumaterial nach Materialwert, Bearbeitungsmöglichkeit und Bedeutung ausgewählt worden. Porphyr als purpurner Stein war in spätrömischer Kaiserzeit dem Kaiser zur Nutzung vorbehalten. Marmor mit seiner Möglichkeit feinster Oberflächenbearbeitung und seinem Schimmer galt den Griechen - auch wegen seines seltenen Vorkommens - als wertvollstes Baumaterial und wurde für bedeutende Tempelbauten über weite Strecken transportiert. Die Quader, als aufwendig und sorgfältig gearbeitete Steine, werden in der Bibel mit symbolischer Bedeutung beim Bau von Salomons Tempel als Fundament erwähnt (1. Könige 7, 9).

Die Materialverarbeitung und -bearbeitung waren und sind Ausdruck des Wertes, der dem Bau zugemessen wird.

■ Unter Material*verarbeitung* versteht man die Verwendung von geliefertem Material ohne zusätzliche oder besondere Materialveränderung. Der Wert des Materials und seiner Vorbearbeitung sind aber Ausdrucksträger der Wertschätzung.

■ Von *Bearbeitung* spricht man, wenn das gelieferte Material vor der Verwendung zusätzlichen Formungsprozessen unterliegt. Hier zeigt sich die Wertschätzung vor allem im handwerklichen Aufwand.

Fugenlose Verlegung von Steinen ist aufwendiger, als wenn die Steinschichten durch Mörtelfugen ausgeglichen werden. Fugenkonkordant* verlegte Steine bilden durch die Sorgfalt der Verlegung Muster, verlangen aber vereinheitlichte Steinformate. Das Scharrieren* von Quadern ist ein zusätzlicher Bearbeitungsvorgang, belebt aber die Mauer durch besonderes Schattenspiel. Eine zusätzliche Bearbeitung erfordert die Profilierung von Simsen, die sich dann als Gliederung abhebt.

Wie Materialqualität und Handwerksqualität von alters her ihre Bedeutung haben, zeigen z. B. die Schauseiten von Klosterkirchen. Die Sichtseiten sind nicht nur in aller Regel aus qualitativ hochwertigerem Material, sie zeigen auch meist eine handwerklich aufwendigere Gestaltung.

Die Analyse der Baumaterialien und ihrer handwerklichen Be- und Verarbeitung läßt Schlüsse auf die Bedeutung des Baus oder von Bauteilen zu, denn

■ schon die Wahl des Materials ist eine Entscheidung über den Wert und die Möglichkeit der Bearbeitung;

■ der Grad handwerklicher Qualität zeugt von dem der Durchführung beigemessenen Wert und gibt über die Be- und Verarbeitung die Absicht des Bauträgers über die Bedeutung wieder.

Die Materialien und ihre Bearbeitung als Ausdrucksträger bestimmen ganz entscheidend den Eindruck des Betrachters.

Beispiel: Mykene / Griechenland, Löwentor der Palastanlage, Anfang 13. Jh. v. Chr., Ansicht

Ins Zyklopenmauerwerk* aus Quadern mit mächtigen Ausmaßen ist das Hauptportal des Palastes eingelassen. Es wird hervorgehoben und nobilitiert durch

- eine monolithe* Leibung* und

- die durch eine Säule getrennten gegenüberstehenden Löwen auf dem Portalsturz*.

Die Größe der verwendeten Quader, deren Transport sowie Be- und Verarbeitung die im Hintergrund wirkende Macht des Bauträgers verraten, wird noch gesteigert durch die verwendeten Monolithe und ihre Bearbeitung: Portalleibung und Portalnobilitierung durch Skulptierung.

Im Löwentor wird deutlich, wie Ausdruck in Eindruck verwandelt wird; schon hier wird mit den Mitteln der Quantität = Steingröße und Qualität = Steinbearbeitung gearbeitet. Diese Mittel können in jedem modernen Bankenbau mit kostbarer Steinverblendung, in die Straßen vorkragenden Portalkonstruktionen oder ondulierten bzw. gebrochenen Spiegelfassaden – in denen sich die Umwelt prismatisch bricht – beobachtet werden.

Mit dem Gegensatz von Materialien oder deren Bearbeitung wurden und werden architektonische Effekte bewirkt.

Beispiel: Delphi / Griechenland, Apollon-Heiligtum, Ausschnitt mit Apollon-Tempel und der Halle der Athener, 478 v. Chr., Ansicht

Die zierliche offene Halle der Athener steht vor der Terrasse, auf der sich der Haupttempel erhebt. Diese Terrasse ist mit behauenen Bruchsteinen abgestützt. Die Behauungsart ist so fein, daß die Bruchsteine fugendicht verlegt werden konnten und mit den isodom* verlegten Steinen der Mauerkrone kontrastieren. Die Halle der Athener macht sich dieses Polygonalmauerwerk zunutze:

- Es wird als Rückwand der Halle benutzt.

- Es kontrastiert mit der kleinteiligen Quaderung des Sockels und der Seitenwände.

Feingliedrigkeit – Säulen und Steinschnitt – werden mit der »gebändigten« Grobstruktur der Polygonalmauer, das menschlich Geometrische mit dem naturhaft Unregelmäßigen verbunden, wobei die Bruchsteine der Mauer kaum weniger aufwendig sind als die Quader.

Die mathematischen Regeln der Geometrie und Stereometrie beherrschen die Architektur nicht etwa nur in der Statik, sondern können bis in die kleinsten Details der Materialverarbeitung eindringen. Sie werden so zum Ausdruck einer triumphierenden Übertragung dieser Regeln auf die Kunst des Menschen.

Beispiel: Olympia / Griechenland, Schatzhaus von Sikyon im Zeus-Heiligtum, Anfang 5. Jh. v. Chr., Aufriß der Längswand

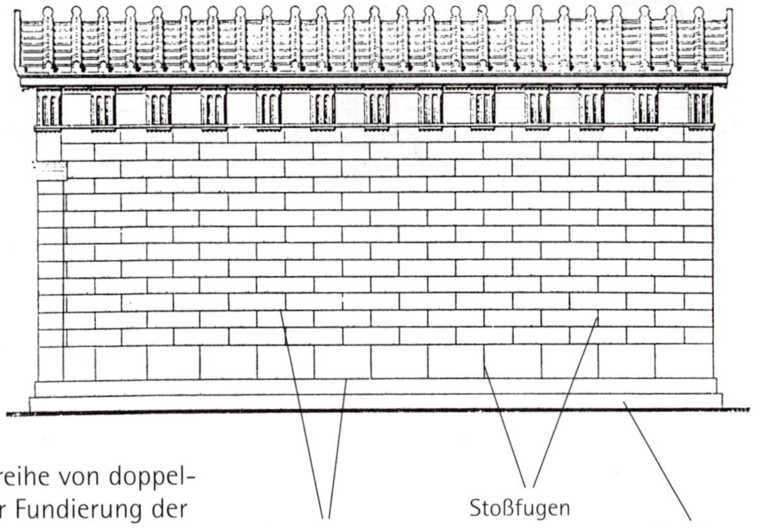

Die Stadt Sikyon stiftete eines der erlesensten Schatzhäuser im Heiligtum von Olympia. Das Material wurde in der kunstfertigen Stadt bearbeitet und nach Olympia transportiert. Am Schatzhaus wird das ganze handwerkliche Können der Zeit im Umgang mit dem Stein vorgeführt:

- Auf der zweigestuften Krepis* wird eine Quaderreihe von doppelter Höhe der übrigen Steinlagen aufgelegt, um der Fundierung der Mauer Ausdruck zu verleihen.

- Die Mauer ist isodom verlegt, d. h. alle Quaderschichten liegen in gleicher Stärke waagerecht übereinander.

- Der Steinverbund liegt in absoluter Fugenkonkordanz, d. h. die Steinverlegung ist so angeordnet, daß die Stoßfugen* genau senkrecht übereinander sitzen.

- In diese Fugenkonkordanz ist die unterste starke Quaderreihe einbezogen.

Die detaillierte Bauausführung beginnt bei der Materialbearbeitung. Sie läßt nicht nur Schlüsse auf den finanziellen Aufwand und damit über die beigemessene Bedeutung zu; sie ist auch Widerspiegelung der Planung, da Materialbearbeitungen in aller Regel nachträglich am Bau nur schwer vorgenommen oder korrigiert werden können.

Die Materialwahl sowie die Materialbe- und -verarbeitung zählen bis heute zu den hervorstechendsten Kodierungsmitteln, mit denen der Bauträger dem Bau »Charakter«, Ausdruck und Bedeutung verleihen will. Im Material wird der Bau vorgeführt. Verblendung von Mauern oder Bauteilen ist oft nur der drapierende Rest einer Ausdrucks-Vortäuschung: Barocksäulen mit stuckierter Marmorierung, historistische Bauten mit Quader vortäuschenden Putzfugen, moderne Bauten mit dünner Marmorverblendung vor Hohlsteinfassaden. Der Griff nach der Vortäuschung ist besonders entlarvend. Er steht aber in der Tradition von Schaufassaden, deren materielle Qualität bei der Wand oder hervorgehobenen Teilen schon früh eine Rolle gespielt hat.

Beispiel: Erfurt, Peterskirche, 1103, Teil-Aufriß der Süd- und Nordwand des Langhauses

Rundbogenfries

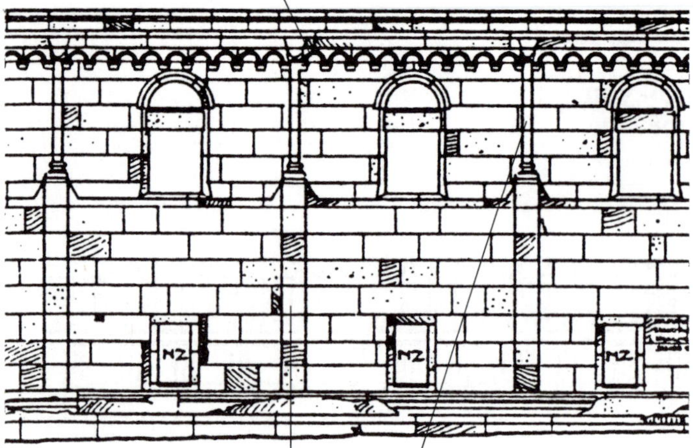

Gliederung durch Lisenen und Halbsäulen

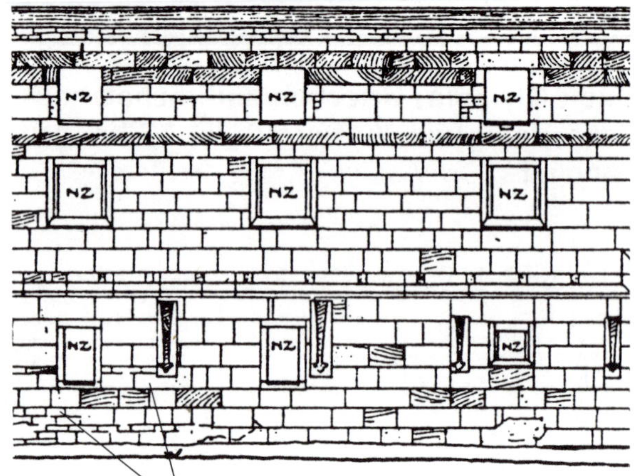

Schichtenverspringungen

Die Klosterkirche war im Mittelalter von Süden sichtbar und zugänglich, während die Nordseite vom Kreuzgang und den Klostergebäuden verstellt war. Ein Vergleich der beiden Wandteile (die Rechteckeinbrüche sind Fenster der Neuzeit) zeigt:

- Die Südwand ist aus großen Quadern in nahezu gleichhohen Schichten verlegt, während die Nordwand kleinteilig gemauert ist, die Schichtung in der Dicke variiert und an einigen Stellen sogar verspringt.

- Die Südwand ist im Gegensatz zur Nordwand nicht nur horizontal und vertikal gegliedert; die Steinbearbeitung ist auch in Form eines Rundbogenfrieses* aufwendiger als an der Nordwand.

> Die Baumaterialien als Träger von Ausdrucksspuren sind auf ihre Wirkung hin zu analysieren. Vom Bauträger kodierte und einkalkulierte psychologische Effekte lassen Rückschlüsse auf die mit dem Bau verbundenen Absichten zu.

Festigkeit und Leichtigkeit, Zurückhaltung und Protz, Licht und Schatten, Wärme und Kälte, Eintönigkeit, selbst Farblichkeit sind Eindrücke, die wesentlich durch die Materialität des Baukörpers bestimmt werden.

Massengliederung als Konstruktionsausdruck

Übersicht: Der Baukörper als Umschließung, S. 121

Der umschlossene Raum der Architektur erscheint in seiner Körperform als Masse. Unter Massengliederung versteht man die äußere Anordnung und Organisation sowie Formung dieser Massen. Bei alten wie modernen Bauten tritt hier die Grundentscheidung auf, inwieweit die äußere Form die innere oder die innere die äußere bestimmen soll.

Der griechische Tempel (vgl. S. 18) ist ganz überwiegend von seiner skulpturhaft aufgefaßten Außenform, d. h. dem Baukörper bestimmt, während die Hagia Sophia / Istanbul (S. 65) das Raumerlebnis in den Vordergrund der architektonischen Aussage stellt. In der romanischen Kirche St. Michael / Hildesheim (S. 55f.) werden dagegen innen und außen gleichermaßen betont; während die Turmgruppen das Außenbild beherrschen und nach innen als Galerien zurückwirken, bestimmen die Querhäuser, Vierungen und Chöre von innen her die Außenform. Der Einsteinturm in Potsdam (S. 10, 94) wird trotz aller Funktionalität durch die expressive Außenform bestimmt, während in der documenta-Halle in Kassel (S. 47) das Innere und Äußere vor allem durch Wandtransparenz und Raumgefüge aufeinander bezogen sind.

Die wichtigsten Umschließungs*elemente*, die die Massengliederung eines Baukörpers bestimmen, sind Wände, Böden und Dächer. Diese Elemente wiederum werden maßgeblich durch Umschließungs*öffnungen* charakterisiert.

Beispiel: Paderborn, Bartholomäus-Kapelle, 1017, Ansicht

Der schlichte Bau wird durch drei architektonische Mittel belebt:

- Die ungegliederte Wand besitzt Rundbogenfenster.
- Die glatte halbrunde Apsis kontrastiert mit den planen Wänden; sie ist inzwischen mit ihren ursprünglich drei Apsisfenstern rekonstruiert.
- Das spitze Satteldach wird mit dem Halbkegeldach* der Apsis über das Belüftungsfenster im Dachgiebel axial verbunden und betont Streckung und Dachvariation zugleich.

Der Bau wird als Körper durch die beiden Umschließungselemente verschiedener Wand- und Dachformen sowie die Umschließungsöffnungen der Fenster definiert.

Die Konstruktion von Umschließungselementen und Umschließungsöffnungen kann komplizierte Formen annehmen. Die Umschließungselemente *Wand, Boden* und *Dach* lassen unterschiedlichste Konstruktionsformen zu, so daß der Baukörper nicht nur ganz verschiedene Ansichten bietet, sondern auch unterschiedlich in der Annäherung erfahren wird.

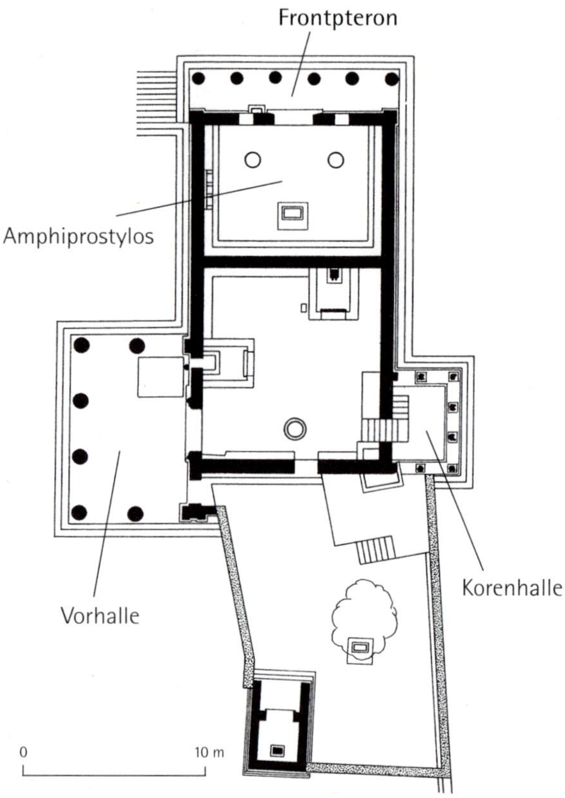

Beispiel: Athen/Griechenland, Erechtheion, Ende 5. Jh. v. Chr., Ansicht und Grundriß

Der verhältnismäßig kleine Bau besteht aus einem Amphiprostylos*, dem eine Säulen-Vorhalle und die Korenhalle* annexiert sind.

■ Die Umschließungselemente zeigen einen großen Variationsreichtum:

- Geschlossene Wandteile wechseln mit offenen Fronten; weiter gestellte Säulen wechseln mit enger gestellten, Rundstützen mit figuralen Stützformen.
- Alle drei Bauteile sind auf unterschiedlichem Bodenniveau zusammengefügt, wodurch ihr selbständiger additiver Charakter betont wird. Während die Vorhalle durch Säulengröße und eigene Krepis wie ein selbständiger Tempelbau wirkt, ist die Korenhalle eine fast erkerartige »intime« Anfügung.
- Das stumpfwinklige Satteldach des Tempels kontrastiert mit dem Flachdach der Korenhalle und dem im rechten Winkel angesetzten, ebenfalls stumpfwinkligen Satteldach der Vorhalle.

■ Die Umschließungsöffnungen sind teilweise aus der Ansicht zu ersehen und teilweise aus dem Grundriß zu erschließen.

- Die Vorhalle ist an den Seiten offen; statt einer Wand wird nur eine optische Membrane zwischen den Säulen empfunden.
- Die Korenhalle wirkt wie ein Panoramafenster, das durch die »Sprossen« der Koren geteilt ist.
- Der Grundriß zeigt Eingänge unterschiedlicher Größe: Der Haupttempel hat sein Portal hinter dem offenen Frontpteron; eine unscheinbare Tür (siehe Ansicht) führt aus dem Tempelunterbau zum Platz, den Tempel und Vorhalle teilweise einschließen.

Die Umschließungs*öffnungen* können in Wanddurchbrüche, Einschließungen und Wandaufbrüche unterschieden werden. Sie sagen über den Baukörper jeweils etwas anderes aus:

■ *Wanddurchbrüche* (Türen und Fenster) sind die typische Verbindung von Baukörper und Raum, von außen und innen.

■ *Einschließungen* (Passagen und Innenhöfe) sind Umschließungen durch den Baukörper, die ihm nach innen oder von innen zusätzliche Körperstruktur verleihen.

■ *Wandaufbrüche* (Loggien und offene Vorhallen) definieren sich durch teilweisen Verlust des Wandcharakters.

▼

Beispiel: Qalaat Seman / Syrien, Kirche des hl. Symeon Stylites, 2. Hälfte 5. Jh., Aufriß der Haupteingangsfront

Die Kirche wurde für den Besuch vieler Pilger gebaut. Ihre Fassade ist weniger durch ihre Umschließungselemente als durch die Umschließungsöffnungen gekennzeichnet:

■ Eine Vorhalle mit drei Wandaufbrüchen, von denen die mittlere durch Größe hervorgehoben ist, zeigt zentrale Hierarchisierung und bewirkt verzögerten Zugang ins Heiligtum.

■ Über der Vorhalle kontrastieren die durch fortlaufendes Bogenband zusammengebundenen kleinen Fensteröffnungen mit dem zentralen Eingang und betonen zugleich die Zentralität.

■ Hinter der Vorhalle wird eine neue Hierarchisierung von Portalen sichtbar.

- Zwei breite und hohe Mittelportale werden von je einer kleineren Tür flankiert.
- Während die Seitentüren von einem profilierten Rundbogen überfangen werden, sind die Mittelportale durch verbundene Rundbögen über kräftig ausgebildeten Stürzen zusammengebunden.

Über die gestaffelte Eingangsanordnung, über die Kombination von parallelen und gestaffelten, vor allem aber unterschiedlichen Umschließungsöffnungen werden hier Zentrierung, Hierarchisierungen, Blickführung und Schrittlenkungen für hinein- und herausströmende Pilger vorgenommen.

▲

Das konstruktive Spiel zwischen Umschließungselementen und Umschließungsöffnungen bekommt mit dem freien Entwurfsstil neue Impulse. Ondulierte Wände (vgl. S. 42), Glasfassaden (vgl. S. 43) oder Innenhöfe (vgl. S. 100) wurden bei der Behandlung mehrerer Bauten bereits erwähnt.

Beispiele:

Gerrit Thomas Rietveld, Schröder-Schräder-Haus, Utrecht/Niederlande 1924, Ansicht

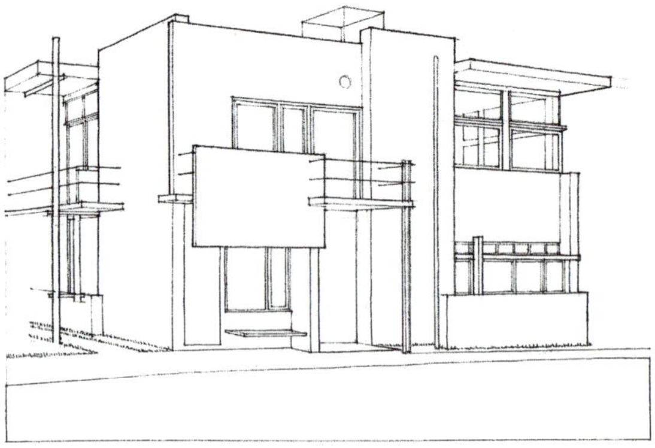

Das kastenförmige Haus läßt durch seine Umschließungselemente und seine Umschließungsöffnungen keine Eintönigkeit aufkommen:

■ Mit den Umschließungselementen Wand, Boden und Dach wird gleichermaßen gespielt:

- Die Wand wird über vorgehängte (Balkon) und vorgesetzte Stücke mit vertikalen und horizontalen Konstruktionselementen angereichert.
- Die Etagengliederung ist über die für die Balkone herausgezogenen Betonplatten erkennbar; sie werden durch wandübergreifende Auskragung als belebendes Konstruktionselement genutzt.
- Als Flachdeckung tritt das Dach nur durch Vorkragungen in Erscheinung, bricht dadurch die Kastenform auf und erfüllt Schutz- und Schattenfunktionen.

■ Auch die Umschließungsöffnungen werden frei von jeder Dogmatik behandelt:

- Die Fensterformen variieren nach Größe, Form, Kombination und Plazierung.
- Durch Rückverspringungen der Wand, Vertikalstangen, verschiedene Balkonschutzformen und Balkonüberdachungen werden offene Außenräume konstruiert, die den Charakter von Wandaufbrüchen haben und moderne »Loggien« bilden.

Fritz Wotruba, Kirche auf dem Georgenberg, Wien/Österreich 1974, Ansicht und Grundriß

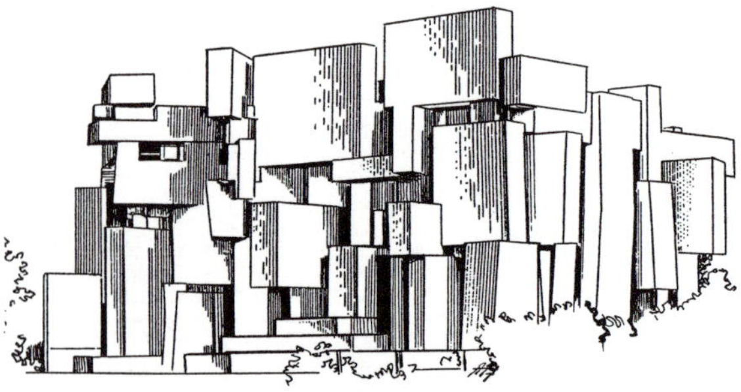

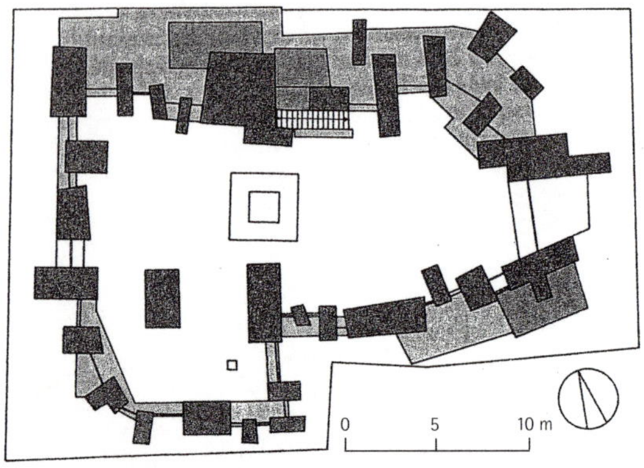

Große Stahlbetonblöcke scheinen wie Zyklopenmauerwerk gestapelt und verschränkt.

■ Die Umschließungselemente sind kaum noch faßbar. Dachformen sind nicht mehr erkennbar; die Wand ist nur gebrochen und blockhaft wahrnehmbar; sie signalisiert einen geheimnisvollen Ort mit kraftvollem Schutz.

■ Die Umschließungsöffnungen erscheinen wie übriggebliebene Lücken zwischen den Betonblöcken. Das Hauptportal ist weit nach innen gezogen, die Fenster sind teilweise spaltartig ausgebildet.

Aus dem Baukörper – wenn man weiß, daß es eine Kirche ist – kann nur abgelesen werden, daß der Bau als »feste Burg« betrachtet wird. Eine Aussage über die Innengestaltung ist unmöglich.

Hier hat eine Architektur-Skulptur als Bedeutungsträger den Ort besetzt.

Die Umschließungselemente und Umschließungsöffnungen werden konstruktiv über die Umschließungs*formen* verbunden und variiert. Umschließungsformen sind

■ *Massengruppierung* oder *-gliederung*, durch die verbundene Bauteile oder Bauten geordnet werden,

■ *Massenzusammenfassung*, mit der Bauten oder Bauteile zu einer Einheit organisiert werden,

■ *Dimensionierung*, durch die Bauelemente, Bauteile oder Bauten ins Verhältnis gesetzt werden, so daß

- Horizontalisierung bzw. Vertikalisierung,
- Streckungen bzw. Stauchungen oder
- Proportionalisierungen entstehen.

Bei der Analyse des Baukörpers werden zunächst die Umschließungselemente und Umschließungsöffnungen untersucht. Sodann werden die Umschließungsformen analysiert.

■ Die Umschließungselemente führen den Betrachter zur Grundform des Baukörpers. Mit den Umschließungsöffnungen erkennt der Betrachter zunächst, welche Formen von Öffnungen – Wanddurchbrüche, Einschließungen oder Wandaufbrüche – gewählt wurden. Aus beiden lassen sich in vielen Fällen Außen-Innen-Bezüge ableiten und Schlüsse auf Gestaltungsprinzipien ziehen.

■ Die Umschließungsformen, bezogen auf die Umschließungselemente und Umschließungsöffnungen, führen den Betrachter über die Einzelelemente des Baukörpers zu einer Betrachtung des Ganzen, d. h. zur Analyse der Konstruktionsprinzipien.

Gängige *Konstruktionsprinzipien*, die bei alten wie modernen Bauten angewandt wurden und werden, sind

■ *Ordnungsprinzipien* wie Axialisierung, Symmetrisierung oder Hierarchisierung,

■ *Organisationsprinzipien* wie zentrale, lineare, radiale oder gruppierte Anordnungen,

■ *Formprinzipien* wie Rhythmisierung, Wiederholung oder Wandlung bzw. Addition, Subtraktion oder Integration.

Unter Ordnungsprinzipien versteht man in der Architekturgestaltung die kompositorischen Gestaltungselemente, die sowohl auf den Einzelbau als Ganzes wie auch auf Bautenensembles angewandt werden.

Demgegenüber bezieht die Architekturlehre die Organisationsprinzipien auf die Raumanordnung und Bauteilzusammenhänge.

Sowohl bei den Ordnungsprinzipien wie bei den Organisationsprinzipien werden Formprinzipien, d. h. vor allem geometrische Figuren und deren Abwandlungen in bestimmten Verfahren (Subtraktion, Addition etc.) als Elemente der Architekturgestaltung genutzt.

Das Vordringen zu den Konstruktionsprinzipien ermöglicht es, Schlüsse über Absichten des Bauträgers zu ziehen, vor allem aber die Kodierungen im Bau zu entschlüsseln.

Bei den bisherigen Beispielen wurden Beschreibungsmerkmale der *Massengruppierung*, wie z.B. bewegt, gegliedert, aufgereiht oder aufgegipfelt, verwendet. Die Kirche Mont St. Michel (S. 24) ist ein Musterbeispiel der Aufgipfelung. Dieses Beispiel betrifft die Gesamtanlage. Doch können Massengruppierungen gleichermaßen einzelne Bauglieder betreffen.

▼

Beispiel: Goslar, Kaiserpfalz, 1050, Aufriß der Palastfront

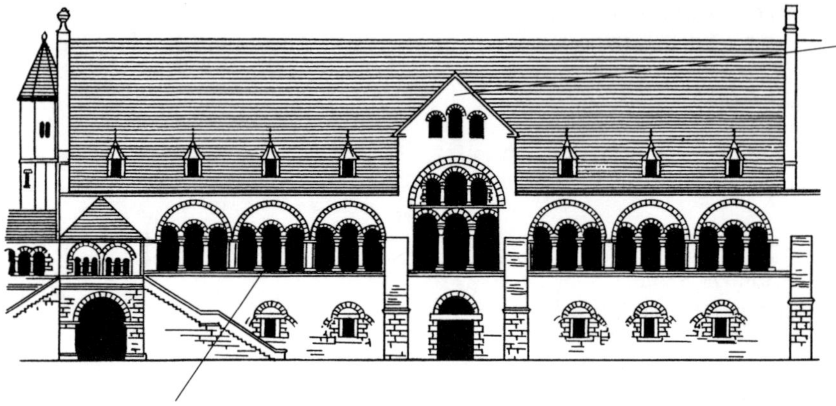

Der langgestreckte Bau erhält seine besondere Prägung durch die Reihung der gekuppelten* Rundbogenfenster. Mit mehreren architektonischen Mitteln wird die Front gegliedert:

- Die Umschließungsöffnungen, vor allem die Fenster, sind rhythmisiert; die Front wird mittig durch einen Zwerchgiebel* geteilt und die gekuppelte Fensterform dreifach variiert:

  - Das Grundmotiv der gekuppelten Fensterreihe wird am Treppenaufgang in kleinerer Form aufgenommen.
  - Im Mittelteil wird das Grundmotiv durch ein Zitat der Oktogon-Arkaden von Aachen (S. 84) zusätzlich durch Größe hervorgehoben und
  - im Zwerchgiebel die Kuppelung aufgehoben.

- Trotz der asymmetrischen Stellung des Mittelteils wird über das formale Mittel der Fensterreihung – je drei links und rechts – eine »Symmetrie« hergestellt. Der additiv angefügte Treppenaufgang betont einerseits die Asymmetrie des Ganzen, unterstützt aber gleichzeitig den Symmetrieeindruck durch »Verselbständigung« des linken Gebäudeteils.

Mit den Ordnungsprinzipien der Symmetrie und Hierarchie, den Formprinzipien der Wiederholung, Addition und Rhythmisierung wird eine spannungsvolle Massengliederung erreicht.

▲

Das Problem der *Massenzusammenfassung* entsteht vor allem bei großen und stark gegliederten Baukomplexen. Bestehen diese sogar aus unverbundenen Bauten, so kann eine Einheit – wenn man den Gebrauch der Farbe als nicht architektonisches Mittel außer Betracht läßt – über gleiche Materialien, z.B. den Gebrauch von Sandstein, oder tektonische Massenzusammenfassung erfolgen.

Eine architektonische Zusammenfassung wird vor allem auf drei Wegen erreicht:

- Dekorvereinheitlichung,
- Bauteilkorrespondenz und
- Dachgestaltung.

Beispiele:

Köln, Kirche St. Aposteln, 1. Hälfte 13. Jh., Ansicht des Chors von Südosten

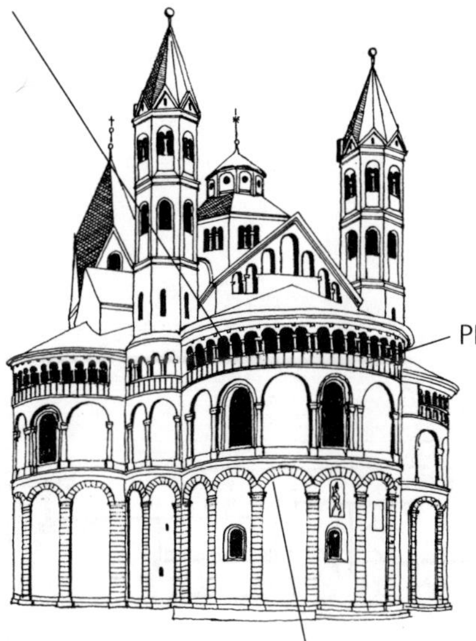

Die Apsiden des Trikonchos' sind an den Verbindungsstellen durch Türme voneinander abgesetzt. Trotzdem sind die Massen über den Baudekor zusammengefaßt:

- Die Blendarkaden* der unteren beiden Geschosse werden an den Türmen fortgeführt.

- Die Zwerggalerie* umkreist unter Einschluß der Türme den gesamten Trikonchos.

- Das gleiche gilt für den unter der Zwerggalerie umlaufenden Plattenfries*.

Worms, Dom, 12. Jh., Ansicht von Südwesten

Schon bei Maria Laach (S. 17) geschah die Zusammenbindung der Baumassen durch zwei Dreiturmgruppen. In Worms werden die Massen mit mehreren Mitteln zusammengefaßt:

- Die beiden Dreiturmgruppen verklammern den Bau von Osten und Westen.

- Das Motiv der Zwerggalerie wird mehrfach variiert:

  - Die Dreiturmgruppe im Westen wird horizontal umkreist.
  - Die beiden Vierungstürme werden dadurch axial verspannt.
  - Im Westen wird das Motiv vertikal zwischen Chor und Vierungsturm gestaffelt.

Mit dem Ordnungsprinzip der Axialisierung und den Formprinzipien der Wiederholung werden Korrespondenzen geschaffen, die eine Massenzusammenschließung bewirken.

Le Corbusier, Centre Le Corbusier, Zürich / Schweiz 1963, Ansicht

Der aus Beton errichtete Baukörper ist durch kubische und quaderartige Grundformen geprägt. Darüber »schwebt« wie aufgehängt das in Flächen gebrochene Dach:

- Die schweren Baumassen werden hierdurch zusammengefaßt, ohne ihnen die »Freiheit« des Ausbrechens und damit ihre Selbständigkeit zu nehmen.

- Der blockhaften Schwere wird die »beschirmende« Leichtigkeit des Schwebens entgegengesetzt, ohne daß das kubische Grundprinzip der Formensprache aufgegeben wird.

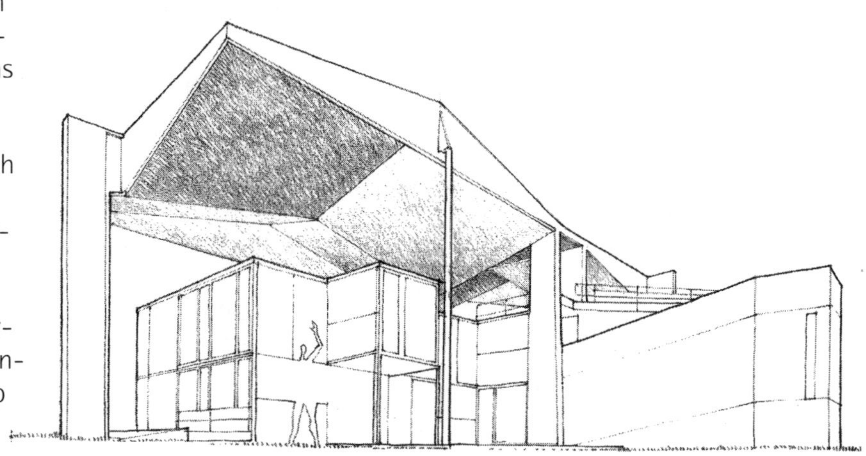

Im Rahmen des Organisationsprinzips der freien Gruppierung werden die Baumassen nach dem Formprinzip der Addition verbunden, um über das Dach integriert zu werden.

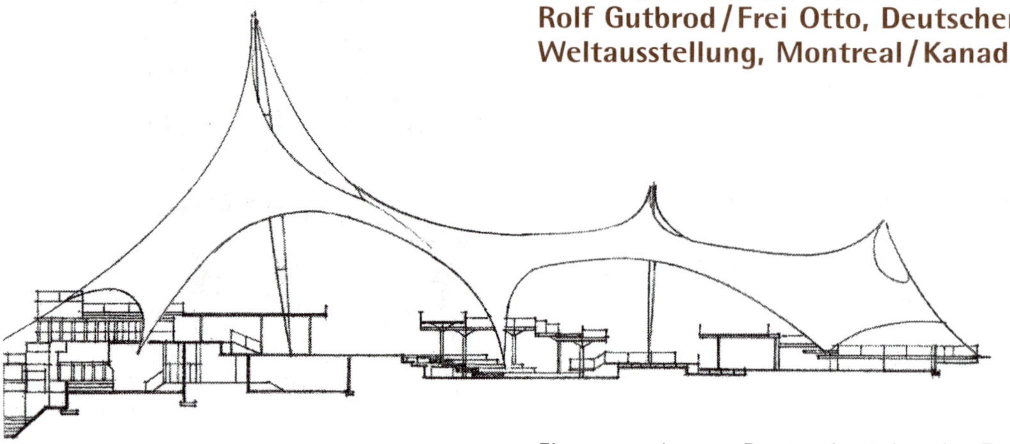

Rolf Gutbrod / Frei Otto, Deutscher Pavillon zur Weltausstellung, Montreal / Kanada 1966, Schnitt

Ein aus mehreren Bauten bestehendes Ensemble auf unterschiedlichem Bodenniveau wird von einer Zeltstruktur überspannt. Mit dieser Zeltstruktur wird die »Grenze« der Umschließung deutlich:

- Das Umschließungselement macht das Bautenensemble zum Bau im Bau.

- Wand und Dach des Zeltes werden zu einer nicht mehr unterscheidbaren Einheit.

- Die Umschließungsöffnungen stehen zur Umschließung selbst nicht mehr in einem »Unterordnungsverhältnis«, sondern gewinnen gleichwertige Bedeutung.

- Über die »Aufspitzung« der Zeltstruktur an mehreren Stellen wird eine bewegte »Landschaft« geschaffen, deren Übergänge jeder traditionellen Eckigkeit widersprechen.

- Gleichzeitig schaffen die durch Masten im Innern gestützten »Aufspitzungen« Zentrierungen.

Mit der Zeltstruktur wird der freien Gruppierung von einzelnen Bauten eine die Massen zusammenfassende Einheit verliehen.

Neben den Umschließungsformen der Massengruppierung oder Massengliederung und der Massenzusammenfassung dient vor allem die *Dimensionierung* der Baukörpergestaltung.

Dimensionierungen am Bau treten vor allem in drei Formen auf als

- Horizontalisierung oder Vertikalisierung,
- Streckung oder Stauchung,
- Proportionalisierung.

Oft werden Dimensionierungen verschiedener Art kombiniert angewendet.

Beispiel: Beaune/Frankreich, Hôtel Dieu, 1443, Aufriß

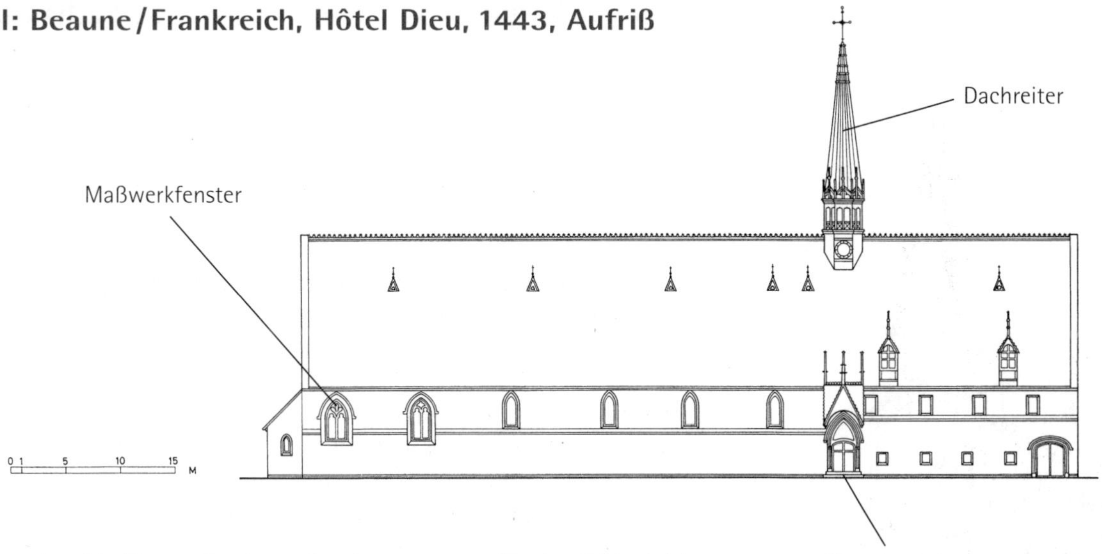

Der langgestreckte Bau mit seinem hochgezogenen Dach wirkt nicht nur breitgelagert:

- Die axiale Anordnung von Hauptportal und Dachreiter* teilen den Bau optisch in zwei Teilstücke.

- Bei dieser Teilung ist eine Proportionalisierung zwischen dem Langstück bis zum Dachreiter und dem Reststück mit Dachreiter von 2 : 1 gewählt.

- Das Drittelstück ist reichhaltiger gestaltet als das Langstück, indem

  - verschiedene Portalformen,
  - unterschiedliche Rechteckfenster,
  - zwei Dachgauben sowie
  - Fialen* am Portal, den Dachgauben und dem Dachreiter verwendet werden.

- Die Horizontalisierung im Langstück wird durch ein profiliertes Gesims betont, aber durch zwei unterschiedlich große Fenster mit Maßwerk* unterbrochen.

- Die Streckung des Gesamtbaus und die Horizontalisierung des Langstücks werden mit Hilfe der Vertikalisierung, die durch die Achse Portal – Dachreiter entsteht, im Gleichgewicht gehalten.

- Dieses Gleichgewicht wird neben der Drittelung nochmals durch Proportionalisierung gestützt, indem die Länge des Dachreiters und die des Kurzteils des Firstes sich entsprechen.

Ohne das Ordnungsprinzip der Hierarchisierung und die Formprinzipien der Rhythmisierung und Wandlung würde der Bau langweilig wirken. An diesem Bau werden die Umschließungsformen in allen drei Varianten als Streckung, Proportionalisierung sowie Horizontalisierung/Vertikalisierung angewendet.

Die Konstruktionsprinzipien bestimmen maßgeblich die Umschließungsformen. Sie werden häufig dazu benutzt, den verschiedenen Seiten des Baukörpers ein eigenes Aussehen zu verleihen.

Beispiele: Vergleich von drei Renaissance-Rathäusern

Posen/Polen, Rathaus, 1536 (Turm von 1700), Ansicht

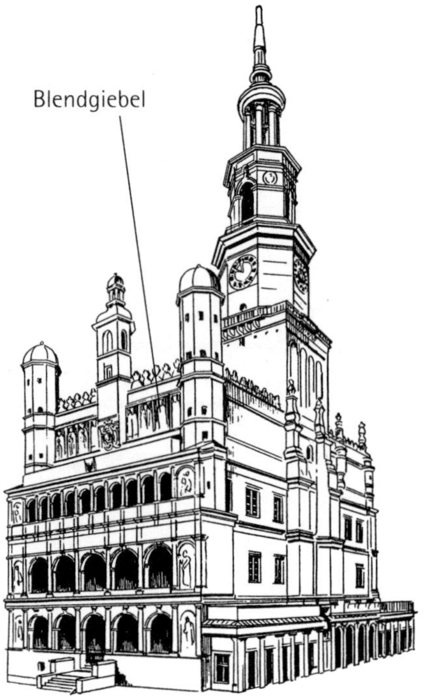

Die Ansicht zeigt zwei Fassaden, die sich grundlegend voneinander unterscheiden:

- Die strenge glatte Turmfassade ist horizontal gegliedert, wird aber durch den Turm – auch ohne den barocken dreistufigen Aufsatz – sowie starke Eckausbildung und Lisenen vertikal betont.

- Demgegenüber ist die Loggienfassade in allen drei Etagen tief verschattet. Die horizontale Gliederung korrespondiert zwar mit der Turmfassade, ist aber durch Lauben und Loggien bewegt, deren Formen in den Etagen leicht variieren. Die Ecktürmchen setzen zwar einen vertikalen Akzent; dieser wird aber durch den nur wenig höheren Mittelturm und den Blendgiebel* wieder horizontal zurückgenommen.

Als Ordnungsprinzipien werden vor allem vertikale Mittelachsen, als Formprinzipien Rhythmisierungen verwendet.

Paderborn, Rathaus, 1612, Ansicht

Die Eingangsfassade ist durch zwei seitlich vorgesetzte Laubenerker in die Tiefe gestaffelt.

- Hierdurch wirkt der Eingang tief zurückgesetzt.

- Das Fensterband bewirkt eine horizontale Verknüpfung der additiven Bauteile.

- Die geschweiften* Volutengiebel* der Laubenerker sind eine Variation des Hauptgiebels. Sie sind in der Dachneigung angepaßt und besitzen eine gleichartige Durchfensterung.

- Die Giebelfenster sind auf Lucke gesetzt; hierdurch wird die horizontale Gliederung gegenüber der Vertikalität, wie sie in den hochgezogenen Giebeln und den hohen Rechteckfenstern zum Ausdruck kommt, erhalten.

Die Ordnungsprinzipien der vertikalen Axialität mit Symmetrie und der Hierarchisierung der Bauteile werden mit den Formprinzipien der Rhythmisierung, Wiederholung und Variation verbunden.

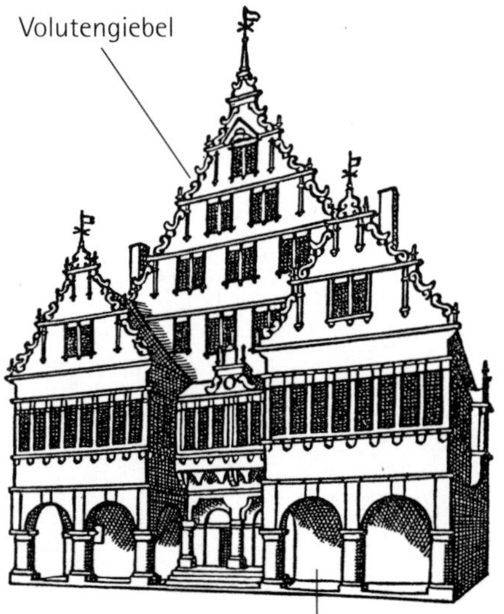

Elias Holl, Rathaus, Augsburg 1615, Ansicht und zwei Grundrisse

Der kastenförmige Bau wird durch seine Fensterreihungen und Betonung der Mittelstücke geprägt. Seine strenge Achsensymmetrie ist in den Längs- und Querachsen der Grundrisse ebenso wie in den vertikalen Mittellachsen der Fassaden ablesbar. Die Monotonie der Fensterrapporte bewirkt eine »Trockenheit« der Fassaden, die über die Rahmung der Fronten durch Ortwerk* und Balustraden* am Dach betont wird.

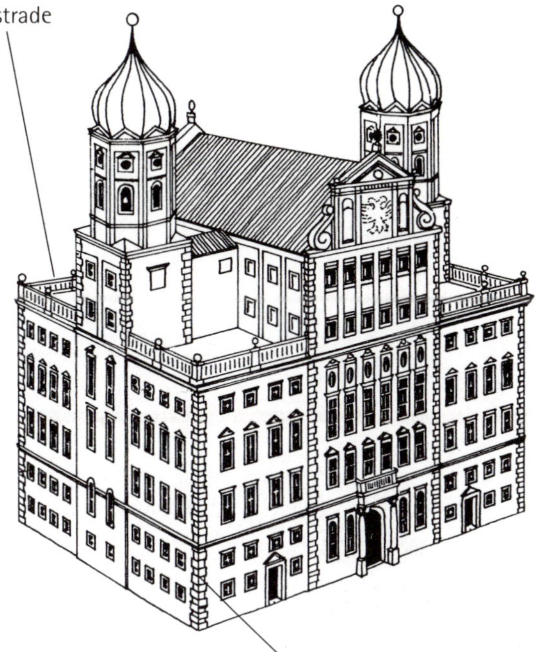

- Hieraus ergibt sich eine horizontale Hauptwirkung,

- die durch mittig gesetzte Fronttürme auf zwei gegenüberliegenden Seiten und einer Aufstockung des Mittelteils mit Volutengiebel auf den anderen beiden Seiten einen vertikalen Zug erhält.

- Die Eingangsfront ist – an den Grundrissen ablesbar – 2 : 3 : 2 proportioniert.

- Die Dimensionierung des Gesamtbaus geschieht über eine leichte Stauchung der Turmfront gegenüber der Giebelfront sowie mit einer Proportionierung der Giebelfront und durch Horizontalisierung sowie Vertikalisierung.

Das wichtigste Ordnungsprinzip ist die Achsensymmetrie, das mit den Formprinzipien der Rhythmisierung, Wiederholung und Variierung vor allem in den Fenstern kombiniert wird.

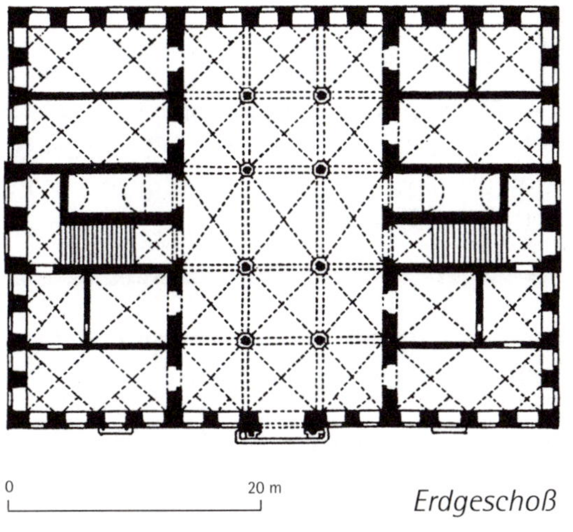

Erdgeschoß

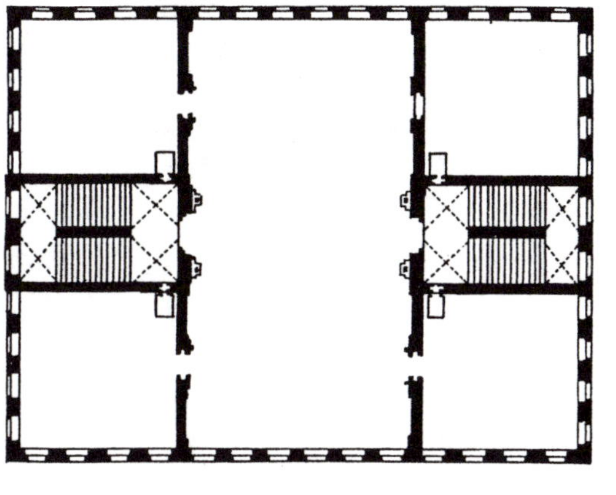

2. Obergeschoß

Konstruktionsprinzipien bestimmen nicht nur die Bauglieder oder Bauteile; sie bestimmen auch ganze Bauanlagen und Bautenensembles.

Die Ordnungsprinzipien von Achse, Symmetrie und Hierarchie konnten sowohl an antiken Anlagen, wie den Kaiserforen (S. 32), in fremden Kulturen, z. B. der Anlage in Vat Phu (S. 44), aber auch an modernen Bauten, wie dem Bautenensemble von Wright (S. 68), aufgezeigt werden.

Das gleiche gilt für die Organisationsprinzipien, die sich in zwei Untergruppen einteilen lassen:

- Baumassen können durch ihren Grundriß oder

- im Ensemble von Bauten auch durch ihre Beziehung zueinander organisiert werden.

Baumassenorganisation durch den Grundriß zeigt sich besonders deutlich in den neuen Stadtteilgründungen Hongkongs (S. 37), wo Punkt-, Scheiben- und Mehrspännerbauten zu Großensembles verbunden sind. Auch bei Bautenensembles ist die freie Gruppierung, z. B. beim Kloster Sanchi (S. 39), neben der zusammenfassenden Gruppierung möglich.

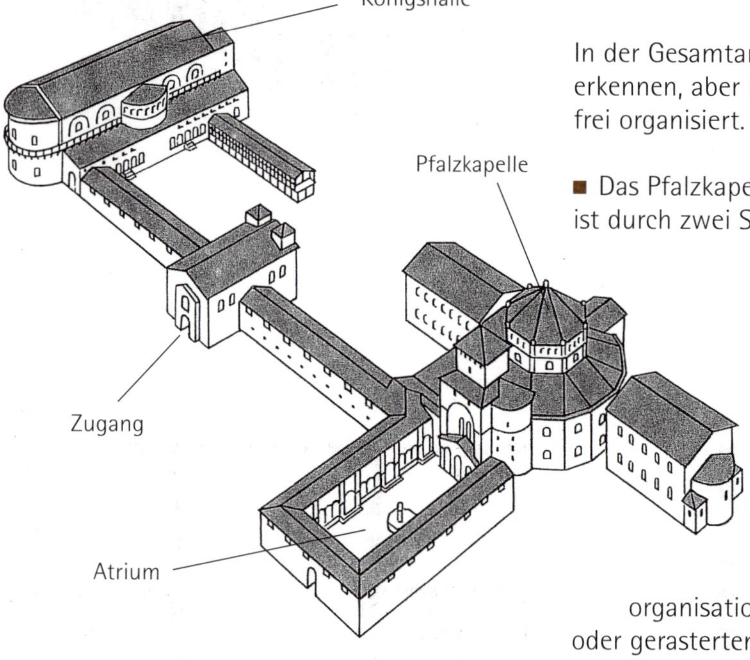

Beispiel: Aachen, Pfalzanlage, 9. Jh., rekonstruierte Ansicht

In der Gesamtanlage sind zwar mehrere Achsen und Symmetrien zu erkennen, aber in der Organisation der Einzelgebäude ist die Anlage frei organisiert.

- Das Pfalzkapellen-Ensemble – Kapelle, Atrium und Flügelbauten – ist durch zwei Symmetrieachsen geordnet.

- Am nördlichen Ende der Anlage steht die Königshalle; sie ist mit der Kapelle durch einen mauerartigen Gang verbunden, in dessen ungefährer Mitte sich der Hauptzugang der Pfalzanlage befindet.

Sind in der Pfalzanlage allenfalls lineare Organisationsprinzipien zu erkennen, die im Ensemble von Wright (S. 68) ebenfalls angewandt wurden, so gibt es vor allem bei Ensemble- oder Großbautenorganisation die Möglichkeiten der zentralen, linearen, radialen oder gerasterten Organisation.

Beispiel: Konarak / Indien, Surya-Tempel, 1250, rekonstruierte Ansicht

Die mit einer Mauer eingefaßte Tempelanlage ist ein Musterbeispiel für die Kombination fast aller Konstruktionsprinzipien:

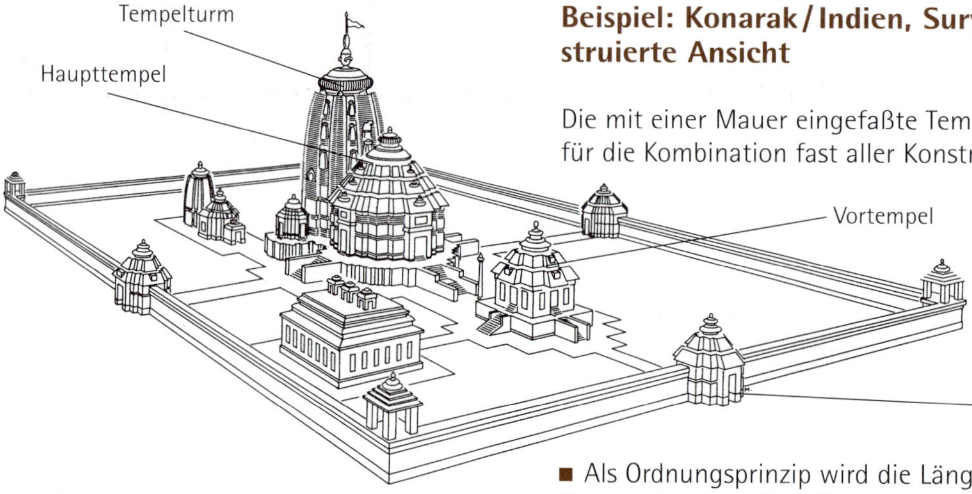

- Als Ordnungsprinzip wird die Längsachse benutzt, auf der die Hauptgebäude aufgereiht sind. Mit Hilfe der Größendimensionierung werden die Bauten hierarchisch geordnet. Die Massenzusammenfassung geschieht über die Tempelmauer, die durch mittig gesetzte Eingänge sowie Ecktürme eine streng geometrische Ausrichtung verrät.

■ Das Ordnungsprinzip der Längsachse wird als Organisationsprinzip genutzt, indem

- eine Querachse den Tempelbezirk in vier Felder teilt,
- im Schnittpunkt der Achsen der Haupttempel das Zentrum der Anlage bildet,
- auf der Längsachse, die nur einen Fronteingang besitzt, Vortempel, Haupttempel und Tempelturm in unterschiedlicher formaler Gestaltung aufgereiht sind.

■ Mit den Formprinzipien der Rhythmisierung, Wiederholung und Wandlung werden bis ins Kleinste durchgeführte Variationen geschaffen:

- Die Rhythmisierung geschieht auf der Längsachse durch Höhen und Größenstaffelungen.
- Die Wiederholung wird zur Markierung der Mauer und damit des Tempelbezirks, aber auch im Detail in den Dachformen sowie durch Wiederholung der Haupttempel-Turmgruppe im Kleinformat genutzt.
- Wandlungselemente, die vom Quadrat bis zum Rund angenäherten Vielecken reichen, werden in den Grundrißgestaltungen deutlich.

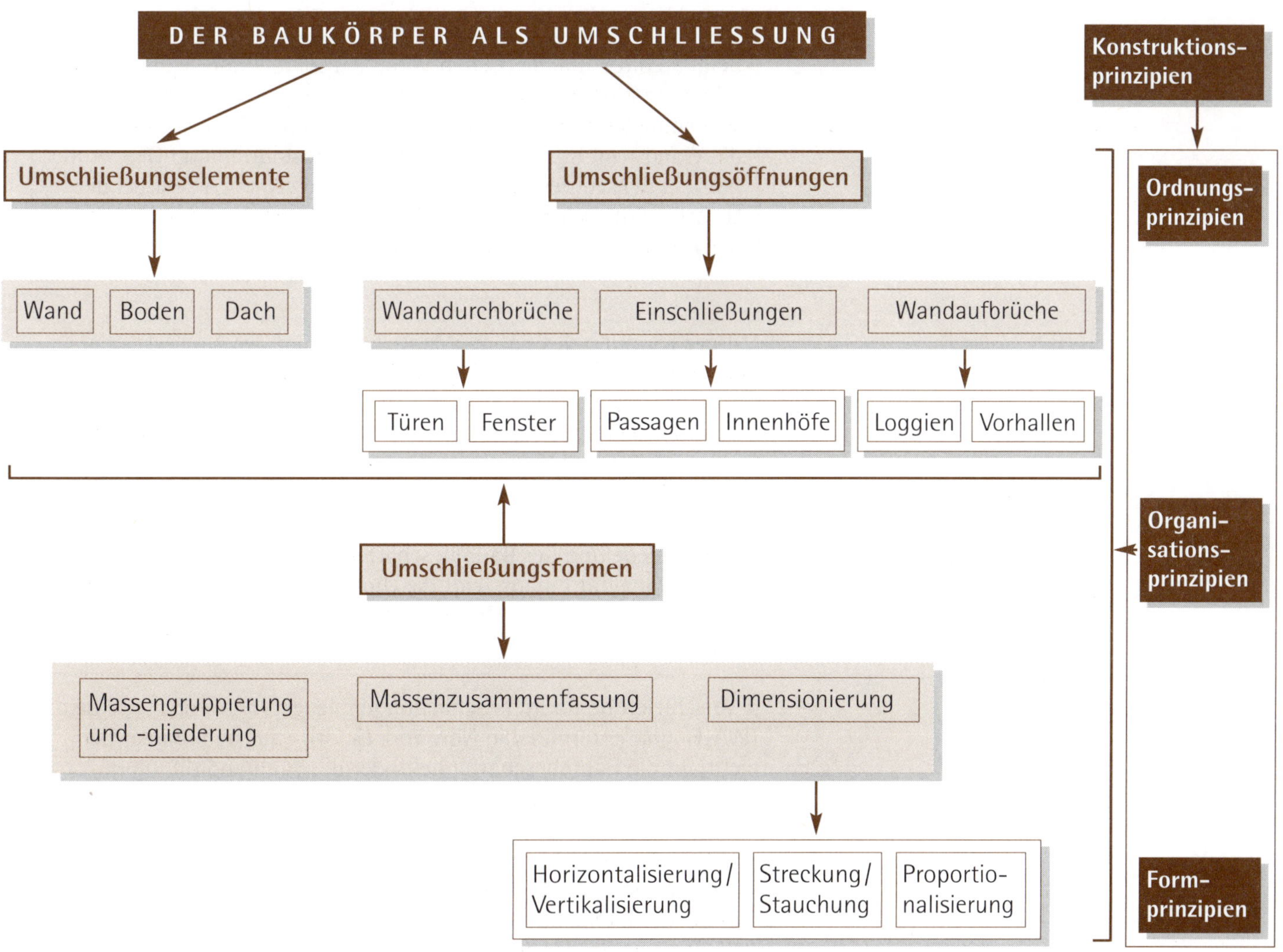

Umschließung als Raum-»Mantel«

Übersicht: Die Umschließung als Raum-»Mantel«, S. 130

Architektur, auf Schaffung künstlicher Räume angelegt, bedient sich der Umschließungselemente Boden, Wand und Dach. Diese bilden den Baukörper. Jedes dieser Umschließungs*elemente* besteht wiederum aus Umschließungs*teilen,* z. B. die Wand aus Ecken, Kanten und Flächen, die durch Umschließungs*gestaltung* sehr verschiedene Ausformungen erhalten können. Flächen können ganz ungegliedert, aber auch regelmäßig, rhythmisiert oder frei gegliedert sein. Ecken und Kanten können scharf oder profiliert, aber auch fließend bis zur Rundung geformt sein.

Die Raumbegrenzung erfolgt durch die Umschließungselemente *Boden, Wand* und *Dach.* Jedes Umschließungselement besteht aus Umschließungsteilen. Sowohl die Umschließungselemente als Ganzes wie auch die Umschließungsteile unterliegen einem architektonischen Formungsprozeß, der Umschließungsgestaltung.

Durch die Umschließung erhält der Raum einen »Mantel«. So wie »Kleider Leute machen«, ist auch der Raum-»Mantel« Ausdruck des Baus, zumal wir architektonische Räume grundsätzlich von außen nach innen über Lage, Zugang und Eingang erleben (vgl. 37ff.).

Beim architekturanalytischen Vorgehen sollte immer von den Umschließungselementen zu den Umschließungsteilen und zur Umschließungsgestaltung fortgeschritten werden. Auch wenn sich die Wand – meist schon von der Größe, Gestaltung und Gliederung her – in den Vordergrund der Betrachtung schiebt, sollte bei den Umschließungselementen in aller Regel zuerst der Boden, sodann die Wand und zuletzt das Dach betrachtet werden.

Mit der Formung des Raum-»Mantels« verfolgt der Architekt oder Bauträger oft ganz unterschiedliche Ziele:

- Funktionsgerechte Raumumschließung zeigt die Garage, deren Größe und Öffnungen nach den unterzubringenden Autos geplant werden.

- Widerspiegelung der Raumbeschaffenheit und -anordnung über die Funktionalität hinaus zeigt die Umschließung der Kreuzbasilika über das hochgezogene Mittelschiff, ausladende Querhausarme und Konchen.

- Verschleiernde Raumumschließungen liegen vor, wenn – wie beim TWA-Flughafenterminal in New York (S. 74) – aus dem Baukörper nicht auf die Raumbeschaffenheit oder die Raumanordnung geschlossen werden kann.

- Oft werden verschleiernde Raumumschließungen allerdings zur symbolischen oder abbildhaften Baukörpergestaltung genutzt, wie dies bei der Kirche auf dem Georgenberg in Wien (S. 112) oder dem TWA-Terminal (S. 74) der Fall ist.

Als *Boden* wird hier nicht die Fundamentierung verstanden. Vielmehr gilt als Boden die am Außenbau nicht immer klar ablesbare Fläche, auf der der Bau betreten wird, der architektonische Boden.

Der architektonische Boden steht immer in einem Spannungsverhältnis zum natürlichen Boden.

Die Griechen setzten ihre Tempel vom natürlichen Boden ab, indem sie ihm eine mehrstufige Krepis unterlegten (vgl. S. 18). Im Hellenismus und in der römischen Baukunst wurde diese »Erhobenheit« durch Vielstufigkeit, d. h. ein Podium, zur »Erhabenheit« gesteigert (vgl. Baalbek S. 62). Andere Bauten zeigen ihre Erdgebundenheit, indem sie aus dem natürlichen Boden aufgehen.

Beispiele:

Ravenna/Italien, Mausoleum der Galla Placidia, um 440, Grundriß und Ansicht

Der kleine kreuzförmige Bau wächst heute unmittelbar aus dem natürlichen Boden auf, der ursprünglich ca. 1,5 m tiefer lag. Dies verändert den Eindruck erheblich; die Blendbogengliederung* reicht bis zum Boden. Hierdurch entstehen zwei Wirkungen:

- Der Bau ruht scheinbar fest mit seinem Boden auf der Ebene des Betrachters.

- Bei der Annäherung bildet er keine »Sperre« wie bei der Krepis, die ein Verharren abverlangt, sondern er bietet sich fast haptisch an.

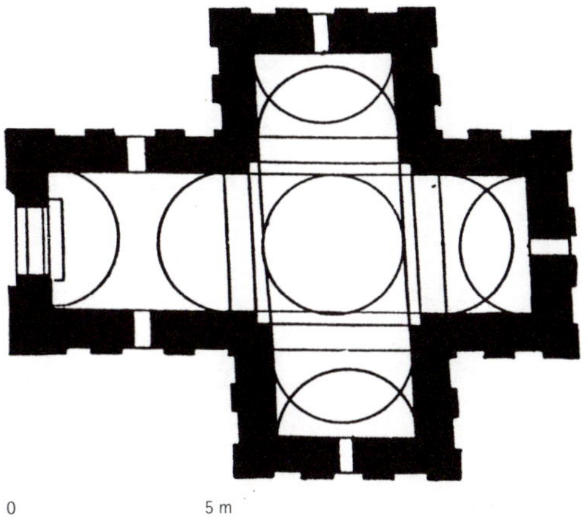

Ravenna/Italien, Grabmal Theoderichs, Anfang 6. Jh., Grundriß und Ansicht

Der zehneckige Unterbau wächst direkt aus dem Erdboden auf. Statt zierlicher Blendbögen sind hier Nischen gewählt, die bis zum Boden reichen und dadurch den natürlichen Boden optisch in den Bau einbeziehen. Die Verbindung des Baus mit dem natürlichen Boden bewirkt ein kraftvolles Ruhen.

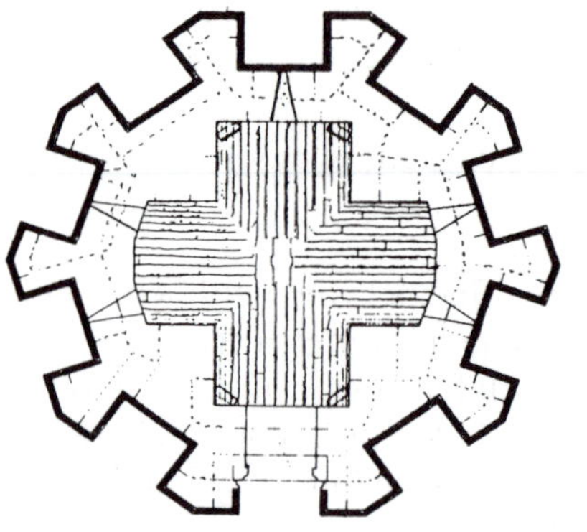

Um Niveauunterschiede des natürlichen Bodens auszugleichen oder auch bewußt zu machen, zeigen Bauten oft in Form von Verspringungen diese Niveauunterschiede an. Dies wurde bereits deutlich am Arp-Museum in Rolandseck (S. 90), aber auch im Erechtheion auf der Athener Akropolis (S. 29). Niveauunterschiede und Verspringungen werden von Architekten oft dazu benutzt, Zugangsinszenierungen, Baumassengliederung oder Spannung zwischen Natur und Architektur zu erzeugen. Unter diesem Aspekt erhält das Wohnhaus »Fallingwater« (S. 7) ebenso einen eigenen Charakter wie das Heiligtum Vat Phu (S. 44).

Die häufigste Form, einen Bau vom natürlichen Boden abzusetzen, ist der *Sockel*. Architektonisch ist der Sockel ein sehr unklares Gebilde:

- Er kann als Absatz im Wandaufbau das innere Bodenniveau des Baus widerspiegeln.

- Er kann aber auch nur eine Absetzung des Baukörpers vom natürlichen Boden vorspiegeln.

- Manchmal wird sogar ein ganzes Sockelgeschoß angelegt, auf dem sich der Hauptbau erhebt oder

- mit Hilfe einer Aufstelzung* der Boden des Baus angehoben.

Viele dieser Formen wurden schon behandelt: Die Stelzung bei der Villa Savoye (S. 100), der Sockel bei der Kunst- und Ausstellungshalle in Bonn (S. 42), beim Schloß Vaux-le-Vicomte (S. 23) bis hin zum Sockelgeschoß beim Rathaus in Paderborn (S. 118) oder der Villa Rotonda (S. 86).

> Das Zusammentreffen von Architektur und Natur, die Schnittstelle von natürlichem Boden und Erdgeschoß des Baus ist ein Ausdrucksträger besonderer Art. An der Umschließungsgestaltung des Umschließungsteils Boden lassen sich die Absichten des Bauträgers in Bezug auf die »Annäherungs-Inszenierung« ablesen.

Moderne Kaufhäuser sind ebenerdig; keine Schwelle soll die Konsumneigung behindern. Alte Burgen sind oft mit kräftigen schrägen Sockeln versehen; Wehrhaftigkeit soll im Sockel durch Massivität und schweres Erklettern ausgedrückt werden.

Beispiele:

Oviedo (Naranco) / Spanien, Königshalle, 1. Hälfte 9. Jh., Grundriß (Obergeschoß) und Ansicht

Der Bau ist durch einen niedrigen Sockel vom Boden abgesetzt. Wie die Tür unter den Arkaden zeigt, reicht der Sockel über den Erdgeschoßboden hinaus. Der Sockel wird um die Außentreppe, die an der einen Langseite des Baus zweiarmig zu der Eingangshalle führt, herumgelegt. Die Außentreppe läßt erkennen, daß der Hauptraum auf der Höhe des Treppenaustritts liegt. Der Sockel soll bei diesem Bau das Absetzen vom natürlichen Boden unterstreichen sowie die additiv angesetzten Treppen und Vorhallen an den Baukörper anbinden.

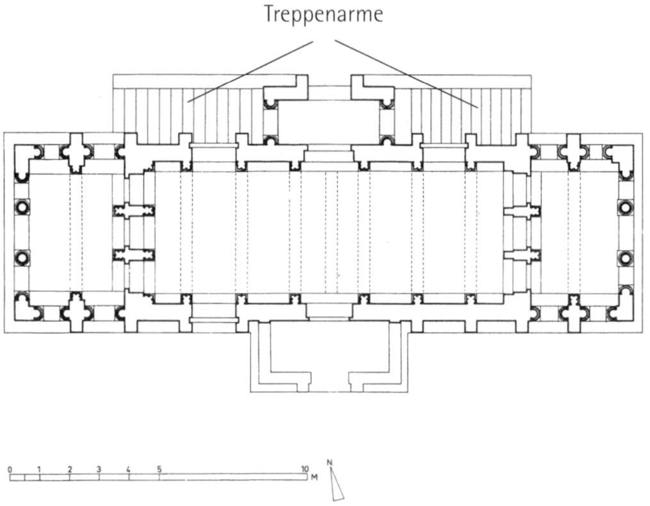

Turmanin / Syrien, Kirche, 6. Jh., Ansicht

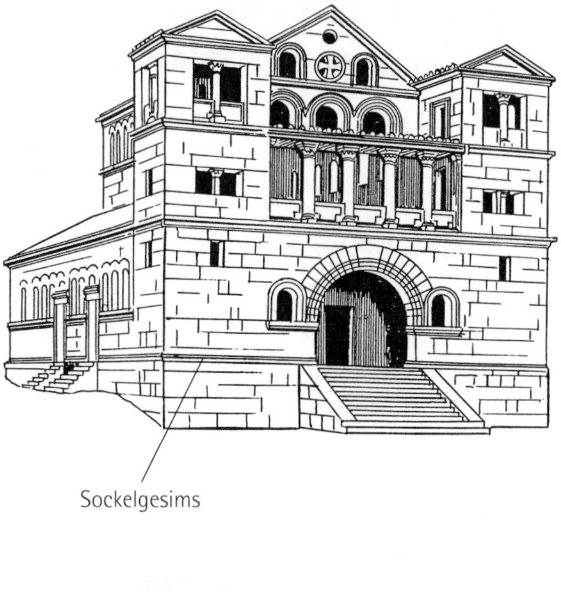

Aus den Größenverhältnissen vor allem des Eingangsportals und der Stufenanzahl ist zu erkennen, daß die Sockelhöhe des Baus ungefähr menschlichen Längenmaßen entspricht. Dies ist nur teilweise durch Niveauunterschiede des Geländes bedingt. Vielmehr zeigen die vorgezogenen Treppen und das Sockelgesims auf Höhe der Treppenaustritte, daß hier eine »Erhöhung« des Baus beabsichtigt ist. Der Sockel zeigt das Bodenniveau im Bau korrekt an und läßt – durch die vorgezogenen Treppen – den Besucher verharren.

Tarascon / Frankreich, Burg, 12. – 15. Jh., Ansicht

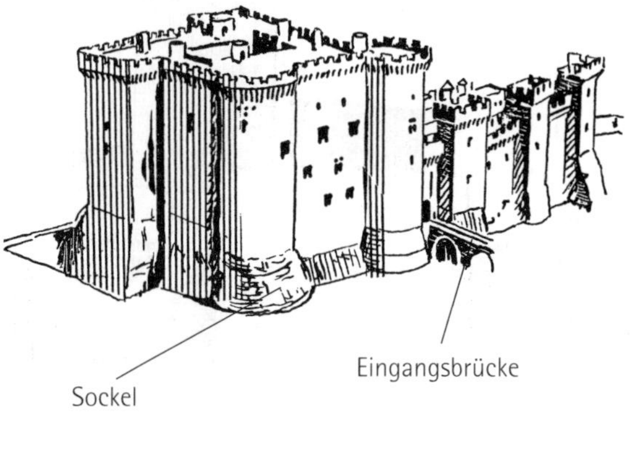

Der turmartige Burgbau ist in dem älteren vorderen Teil von einem mächtigen Sockel umzogen, der teilweise schräg ausgestellt ist. Das Bodenniveau des Baus ist am Baukörper nicht ablesbar; aus der Eingangsbrücke ist allenfalls zu erkennen, daß das Eingangsgebäude auf Brückenniveau liegt. Der Sockel betont nicht nur den wuchtigen Bau, er verdeutlicht auch durch seine teilweise geböschten Mauern den Wehrcharakter.

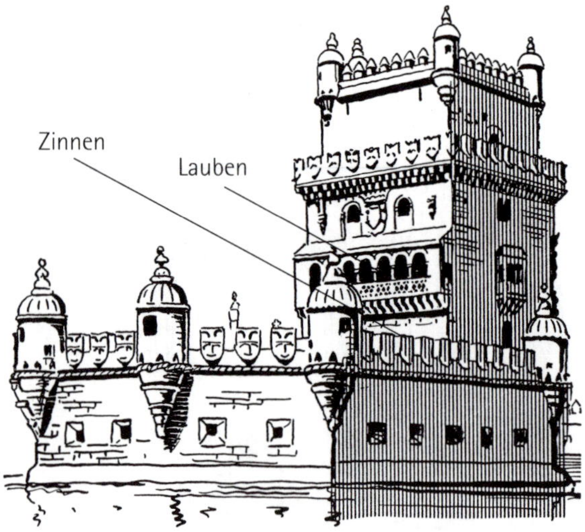

Belém bei Lissabon / Portugal, Hafenturm, 1515, Ansicht

Ein festungsartiger Unterbau erhebt den Hafenturm über das umgebende Niveau hinaus. Dieses Sockelgeschoß mit seinen Zinnen* und Türmen über glatten Wänden mit kleinen Fenstern betont den Wehrcharakter und unterstreicht zugleich den Wohncharakter des Hafenturms. Das Spiel mit dem Baudekor, das bewußt als Kontrast zwischen Unterbau und Turm gestaltet ist, zeigt allerdings an, daß Wehr- und Wachcharakter mehr symbolisch gemeint als real sind.

Auch die moderne Architektur nutzt die Spannung zwischen natürlichem oder Straßenniveau und dem Boden des Baus. Hierbei können funktionale Aspekte ebenso wie ästhetische oder bedeutungsträgerhafte überwiegen.

Beispiele:

Le Corbusier, Unité d'Habitation (Wohnblock), Firminy-Vert / Frankreich 1965, Ansicht

Der Scheibenbau ist aufgestelzt. Der Architekt erreicht damit eine Reihe überraschender Effekte:

- Der schwere Baukörper verliert seine Blockhaftigkeit:
  - Er ist passierbar und bildet keinen Riegel.
  - Er scheint mit Hilfe des Kontrastes von offenem und umschlossenen Raum zu schweben.
- Mit der Leichtigkeit der Stelzung wird eine Korrespondenz zur Leichtigkeit der Glasfront hergestellt und deren Monotonie zumindest gemildert.
- Der Raum zwischen den Stelzen kann als Abstellplatz genutzt werden.
- Möglicherweise sollte durch das Aufstelzen auch die Erhabenheit des Wohnens unterstrichen werden.

Charles Gwathmey, Wohnhaus, New York / USA 1967, Ansicht

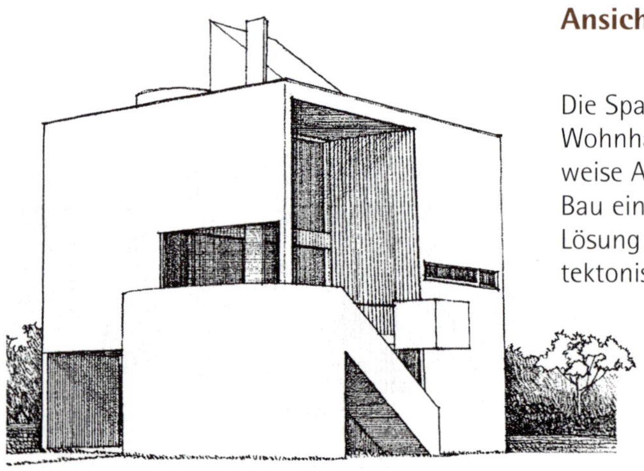

Die Spannung zwischen Natur und Architektur bestimmt das ganze Wohnhaus. Es wächst unmittelbar aus dem Erdboden auf. Die teilweise Aufstelzung, betont durch die vorgezogene Treppe, nimmt dem Bau ein Stück von seiner kubenhaften Schwere. Verbundenheit und Lösung bestimmen die Spannung zwischen natürlichem und architektonischem Boden.

Das Augenfälligste bei der Betrachtung ist meist die *Wand.* Ihr begegnen wir in direkter Ansicht. Als Raum-»Mantel« erscheint sie uns in aller Regel als aufrechte, mehr oder weniger gegliederte Fläche. Jedoch ist jede Fläche durch Kanten begrenzt und bildet beim Zusammentreffen von Flächen Ecken.

Kanten und *Ecken* geben der Fläche und damit dem Bau Kontur; solche Konturen können absichtsvoll scharf, profiliert oder auch fließend gestaltet sein.

Kanten und Ecken werden oft schon in der Baumassengliederung betont, wenn z. B. Eckrisalite (vgl. S. 23) die Front eines Baus »einklammern«. Je nachdem ob Kanten oder Ecken scharf, profiliert oder fließend gestaltet werden, bekommt die Fläche bzw. der Baukörper unterschiedliche Wirkung. Das »Glass House« von Philip Johnson (S. 43) betont mit seinen scharf geschnittenen Konturen aufgrund seiner scharfen Dachkanten und Eckausbildungen den Kontrast zu den Naturformen. Die Johnson-Wax-Factory von Frank L. Wright (S. 41) bewirkt mit ihren abgerundeten Formen einen fließenden Eindruck, der das Bewegte und Verbindende der Baumassen unterstreicht. Bei der Kirche in Paray-le-Monial (S. 91) werden alle Ecken und Kanten profiliert; die Gestaltung mit Hilfe von Ecklisenen* und Friesen gibt dem Bau eine rhythmische, festigende und die Flächen verbindende Wirkung.

> Ecken und Kanten sind in der Regel als Teil des Ganzen Ausdrucksträger der Grundkonzeption der Baugestaltung. Darüber hinaus zeigen sie besonders deutlich den Stand architektonischer Qualität an.

Gerade dort, wo Flächen zusammentreffen, zeigen sich die detaillierte Voraussicht und Sorgfalt des Baumeisters und Architekten.

▼

Beispiele:

Minden, Dom, 1072, Ansicht der Westfassade

Vor dem Westriegel* liegt eine Vorhalle, die durch den dreiarkadigen Eingang und die darüberliegende Zwerggalerie gegliedert ist. Der Westriegel ist unter den Fenstern leicht abgesetzt und durch gekuppelte Blendbogenfenster* gegliedert. Das gotische Ziertürmchen und die Strebepfeiler sind spätere Zufügungen. Der Bau ist scharfkantig konturiert. Alle Flächen stoßen ohne Übergang aneinander. Die Anbauten seitlich der Vorhalle sind handwerklich primitiv angesetzt. Weder die Wandmassen noch die Abdeckungen stehen in einer tektonischen Verbindung mit der Fassade, sondern wirken beziehungslos angefügt. Die Scharfkantigkeit und fehlende tektonische Flächenbegrenzung – vor allem deutlich an der zum Giebel übergangslosen Westwand der Vorhalle – bewirken zusammen mit dem sockellosen Aufwachsen des Baus eine Mischung aus großartiger Wehrhaftigkeit und einer noch nicht hoch entwickelten Handwerklichkeit.

Bamberg, Dom, 1215, Ansicht der Ostfassade

Der etwa 150 Jahre später als die Mindener Westfassade errichtete Ostteil des Bamberger Doms zeigt im Vergleich zur Westfassade des Doms in Minden eine reiche Gliederung. Dies wird u.a. durch die Betonung von Ecken und Kanten bewirkt:

■ Der im oberen Teil polygonale Chor ist durch Sockel, Traufgesims* und Eckausbildung architektonisch hervorgehoben.

■ Selbst der Giebel des Langhauses ist an den Giebelschrägen durch einen Rundbogenfries, der am Turmanschluß in eine Lisene übergeht, profiliert.

■ Die Türme setzen sich als aufstrebende Bauteile vom Bau durch besondere Eckausbildung ab, erhalten aber zum Helm einen fließenden Übergang durch die ausgestellten Ecken.

Auch wenn der Raum-»Mantel« durch die Grenze zwischen Architektur und Natur – d. h. auch zum Luftraum – vorwiegend an den Ecken und Kanten wahrgenommen wird, so ist doch die Wand als Fläche das unmittelbar Augenfällige für den Betrachter. Mit der Außenwand wird der Betrachter »angesprochen«. Dieser Erst-Eindruck läuft wahrnehmungspsychologisch als »Kleider machen Leute« ab.

> Eine Wand kann ungegliedert oder gegliedert sein. Die Form des Wandaufbaus zeigt die Gesamtabsicht und die An-»Sprache« des Bauträgers an den Betrachter an.

Beispiele:

Manchester / Großbritannien, Baumwollfabrik, 1830, Ansicht

Das scharfkantige, sockellose Flachdachgebäude ist außen durch die absolut regelmäßigen Fensterrapporte gegliedert. Ökonomie und Funktionalität bestimmen die trockene Langweiligkeit der Wände. Dieser Baukörper zeigt in seinem Wandaufbau, daß der niedrige m³-Preis eine wesentliche Rolle für die Gestaltung gespielt hat.

Venedig / Italien, Dogenpalast, 1309, Ansicht

Im Vergleich zum Fabrikbau in Manchester ist die Fassade des Dogenpalastes überaus reich gegliedert. Der Bau wird vor allem dadurch bestimmt, daß die Wand mit der wahrnehmungspsychologischen Vorstellung des Betrachters über die Schwerkraft und Statik spielt. Über den Arkaden eines Laubengangs erhebt sich ein von zierlichen Säulen und Maßwerk getragenes Laubengeschoß; die darüber aufgehende kompakte Wand lastet voll auf den Arkaden und ist nicht etwa um die Laubentiefe zurückgesetzt. Einige gotische Maßwerkfenster und Vierpaßöffnungen*, vor allem aber der im Rautenmuster mosaizierte, teilweise goldene Wandschmuck mildern die Schwere der Wand. Am flachen Dachabschluß erhält die Wand einen gotischen Schmuckabschluß, der die Kanten zwischen Bau und Luftraum verwischt. Die Wandgliederung geschieht mit konstruktiven Mitteln sowie über Öffnungen und Wanddekoration.

Edfu / Ägypten, Eingang des Horus-Tempels, 2. Jh. v. Chr., Aufriß

Die Eingänge vieler ägyptischer Tempel sind, wie hier in Edfu, durch allseitig geböschte hohe Mauern, sogen. Pylone*, eingefaßt. Der Eingang ist hoch und schmal zwischen die glatten Mauerflächen gelegt; sie sind in drei Zonen mit eingeschnittenen Reliefs überzogen (nicht zu sehen). In den Mauern sind scharfkantige Vertiefungen für Fahnenmasten eingeschnitten, über die in vertikaler Verlängerung dafür Halterungen angebracht sind. Im übrigen ist jeder Mauerteil mit einer kleinen Tür und kleinsten Luft- und Lichtöffnungen versehen. Die Wandgliederung geschieht mit einfachsten, aber raffinierten Mitteln:

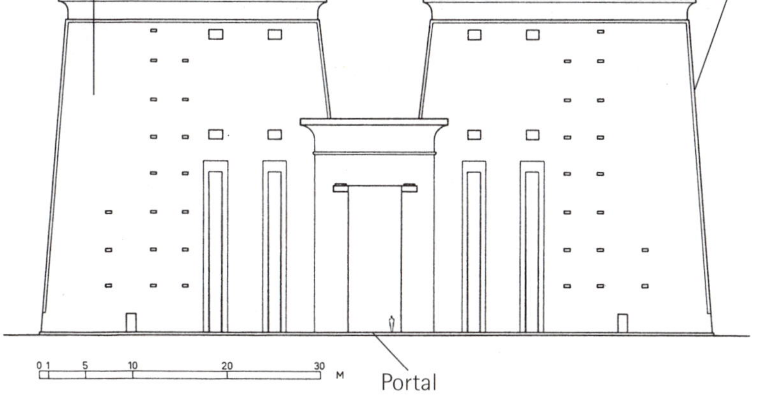

- Die Wand wächst zwar fast sockellos auf, erhält aber einen Wulst als Kantenabschluß.

- Die Ecken sind somit profiliert, verlieren aber nicht ihre Scharfkantigkeit, zumal die Profilierung nicht bis zum Boden gezogen wird.

■ Das Abböschen der Wände kontrastiert mit der lotrechten Form des extrem großen Portals und den übrigen Gliederungselementen der Wand.

■ Der Scharfkantigkeit wird nur im Dach und Portalsturz die fließende Rundform der Kehle entgegengesetzt.

Durch die Achsensymmetrie in der Portalvertikalen und durch die Vertikalelemente sowie über eine Verbindung von Scharfkantigkeit und Flächigkeit wirkt der Bau großartig, distanzgebietend und repräsentativ zugleich. Konstruktion und Wandöffnungen werden architektonisch in den Dienst dieser Ziele gestellt.

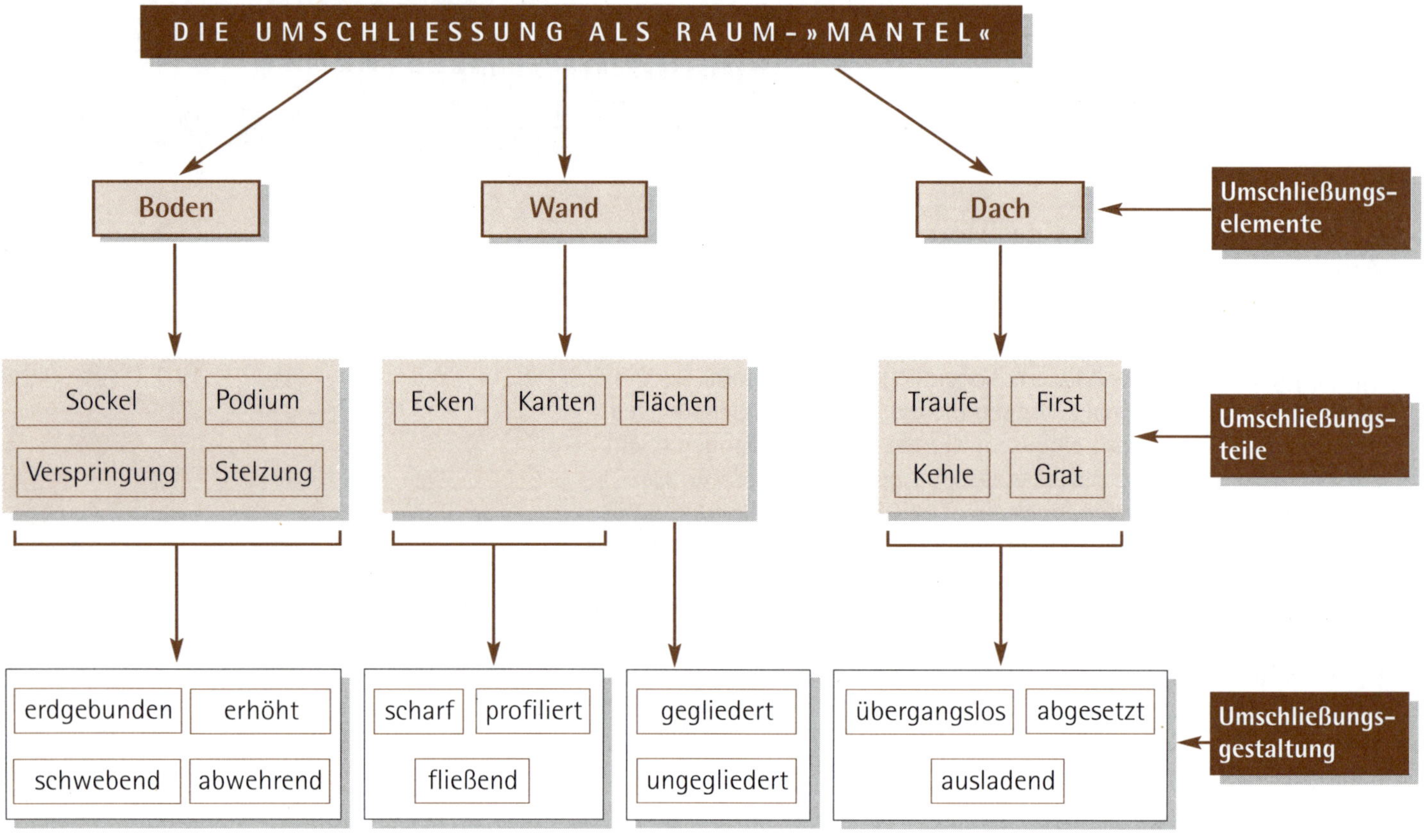

Die Wand nutzt für die Wandgliederung, d.h. für ihre An-»Sprache«, die Wand*materialien*, Wand*formen*, Wand*öffnungen* und die Wand*dekoration*. Der Verzicht auf diese Elemente oder ihre Kombination zeigen verschiedenste Absichten des Bauträgers an.

Übersicht: Die Wand als An-»Sprache«, S. 140

Baumaterialien wurden bereits als Ausdrucksträger behandelt (vgl. 105ff.). Die Art dieser Materialien, aber auch ihr Wert bewirken einen Ausdruck, die der Bauträger auch dem Betrachter vermitteln will. Gegenüber einer verklinkerten Garage zeigt eine Garage aus Fertigbauelementen sparsame ökonomische Mittelverwendung und möglicherweise geringeren Statuswert an. Die Wand kann der Art der Materialverwendung nach – wie bei den Großquadern an der Erfurter Peterskirche (S. 108) – Festigkeit, als Glaswand – wie bei der documenta-Halle (S. 47) – Transparenz ausdrücken.

Oft werden verschiedene *Materialien* – wie beim Lyoner Bahnhof (S. 97) – verwendet, um statische Probleme zu lösen, Kontraste herzustellen, die Lichtführung zu beeinflussen oder auch dekorative Spannungen zu erzeugen.

Der Wert der Materialien, der in ihrer Seltenheit oder in ihrer Bearbeitung liegen kann, hat zu allen Zeiten eine große Rolle gespielt. Säulen aus dem seltenen Porphyr mit seiner Symbolaufladung durch die Purpurfarbe oder die exakte Quaderbearbeitung in Griechenland, um isodome und fugenkonkordante Verlegung zu gewährleisten (vgl. S. 107), sind Wert-Ansprachen an den Betrachter. Auch die Wandform spielte bereits bei der Baumassengliederung eine Rolle (vgl. 109ff.) Hier soll sie in ihrer Konstruktion und Wirkung betrachtet werden.

Die *Wandform* kann die Konstruktion des Baus betonen oder verstecken; sie kann konstruktiv, expressiv oder inszeniert angelegt sein.

Beim ägyptischen Pylon (vgl. S. 129) ist die glatte Wandkonstruktion der auffälligste Ersteindruck, bei der Kunst- und Ausstellungshalle in Bonn (S. 49) ist es der Kontrast zwischen ruhiger und bewegter, d. h. ondulierter Wand. Wandgliedernde Verspringungen (vgl. S. 23) wurden schon oft hervorgehoben. Wandformen mit konstruktiver Expressivität zeigen besonders der Dachausbau Falkenstraße in Wien (vgl. S. 35), aber auch die Kirche auf dem Georgenberg in Wien (S. 112). Allerdings bildet die Kirche auf dem Georgenberg bereits den Übergang zur Inszenierung.

▼

Beispiele:

Eßlingen, Rathaus-Rückseite, 15. Jh., Ansicht

Wie oft bei Fachwerkbauten werden auch hier mit Hilfe der freiliegenden Holzkonstruktion Wand und Giebel gegliedert. Die Fachwerkkonstruktion ruht auf einem Steinsockel. Über Balkenköpfen horizontal verlaufende Balken zeigen die Stockwerke und deren Auskragung an. Die freiliegende Holzkonstruktion gliedert die Wand darüber hinaus vertikal durch Ständer* und Streben* und rhythmisiert die Stockwerke in Höhe und Auskragung.

Ludwig Mies van der Rohe, Schule für Architektur und Gestaltung, Chicago / USA 1950, Ansicht

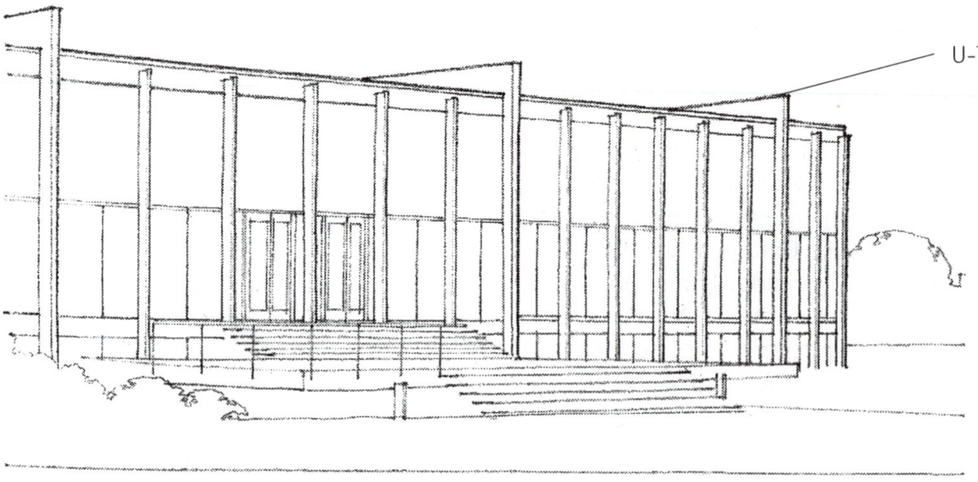

Die Wand dieses Baus ist durch eine strenge Gliederung bestimmt, die die Konstruktion verdeutlicht:

■ Das Stahlgerüst des Baus ist in starke U-Träger, wie sie bei riesigen Laufkränen verwendet werden, eingespannt.

■ Zierliche Vertikalstreben rastern die Wand in gleichmäßige Rechteckbahnen.

■ Der dadurch entstehende Vertikalzug des an sich lagernden Baus wird über die Glasfrontgestaltung »diszipliniert«:

- Die Rechteckbahnen werden horizontal und
- der untere Teil nochmals vertikal durch Sprossen* geteilt.

Aus der Verdeutlichung der Konstruktion gewinnt die Wand die ruhige Klarheit.

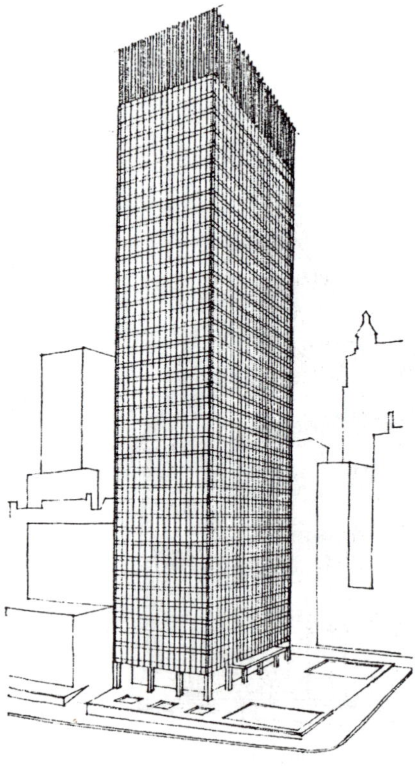

Ludwig Mies van der Rohe / Philip Johnson, Seagram Gebäude, New York 1954, Ansicht

Dieses Verwaltungsgebäude scheint aus einem Gitterwerk von Linien zu bestehen, die sich vertikal und horizontal rechtwinklig kreuzen. Die Wand wird konstruktiv als Glasfront in ein Stahlskelett eingehängt; die Etagen werden hinter der Glasfassade vorgeführt. Die Einförmigkeit der Gliederung wird über drei konstruktive Gliederungselemente verringert.

■ Die Vertikalität des Wolkenkratzers wird durch die gegenüber der Fenstergliederung kräftiger ausgeprägte Horizontalität der Etagengliederung beim Betrachten immer wieder unterbrochen.

■ Die teilweise Aufstelzung des Erdgeschosses verleiht dem turmartigen Bau eine eigenartige Spannung:

- Einerseits entsteht durch die Freistellung der Stützen unten und die Skelettkonstruktion eine »unglaubliche« Leichtigkeit, mit der die Geschosse nach oben streben;
- andererseits wird den »fliehenden« Aufwärtslinien erst durch die schweren Abschlußgeschosse, bei denen die Wände kompakt gestaltet sind, Einhalt geboten und der Bau wieder nach unten gedrückt.

■ Die Wand und der Bau erhalten durch die unterschiedliche Gliederung von Erdgeschoß, aufstrebendem, vielgeschossigem lichtem Baukörper und dem kompakten Abschluß skulpturale Züge von Fuß, Leib und Kopf.

Die expressive Konstruktivität moderner Bauten geht weit über funktionale oder ökonomische Ziele hinaus. Ästhetische, ins Design reichende Absichten werden deutlich. Aber auch der Versuch, den Arbeitsabläufen in diesen Bauten durch Freilegung der architektonischen Konstruktion Ausdruck zu verleihen, wird erkennbar.

Die Verbindung von Konstruktivität und Expressivität war bereits ein bestimmendes Element in der Breslauer Jahrhunderthalle (S. 96). Sie führte bei der Kirche auf dem Georgenberg in Wien (S. 112) zur »Unklarheit« der Wand, erhöhte dadurch aber ihre Expressivität.

> Bei der Wandform stehen Konstruktion und Expressivität in einer Spannung. Bei Zunahme der Expressivität verändert diese Spannung in aller Regel den Charakter der Wand in ihrer Funktion als Raum-»Mantel« zugunsten der An-»Sprache«.

Beispiele:

Frederick Gibberd, Metropolitan Kathedrale, Liverpool/Großbritannien 1962, Grundriß und Ansicht

Der runde Zentralbau erhält über schräggestellte Betonstützen und eine aufgesetzte verglaste Laterne* mit nadelförmigem Abschlußkranz den Ausdruck eines gekrönten Zeltes. Durch die Freilegung der Konstruktion werden die Wände, die in die Stützen und horizontalen Betonringe verspannt sind, gegliedert. Ähnliches gilt für die in Fensterbahnen geteilte Laterne. Der Eingang, wie eine übergroße Bischofsmütze geformt, zeigt, wie die Expressivität die Konstruktivität verdrängt. Der nadelförmige Abschlußkranz kann überhaupt nicht konstruktiv erklärt werden; er ist dekoratives Kronenzeichen für die Christus als König geweihte Kirche.

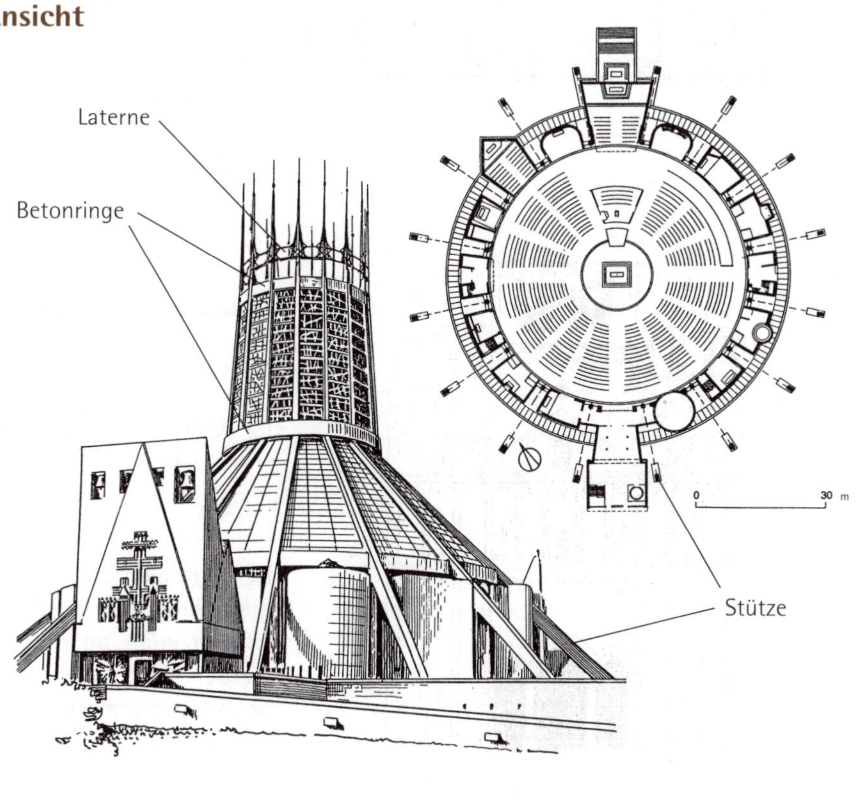

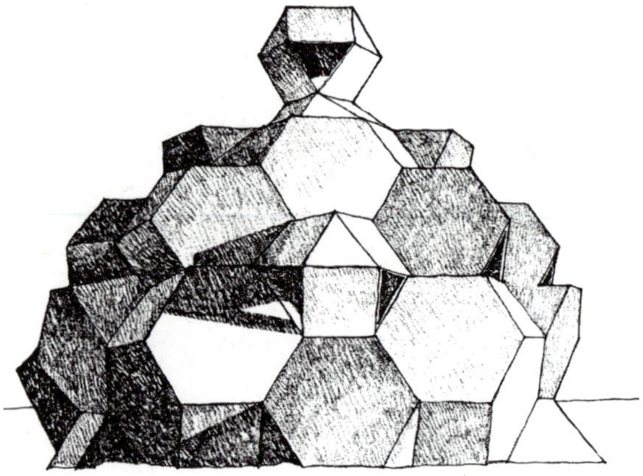

Zvi Hecker, Synagoge, Negev-Wüste/Israel, 60er Jahre, Ansicht

Der Bau besteht aus kristallin geformten Betonteilen, die sich zu einer geodischen Form zusammenschließen. Die Konstruktion aus Stahlbeton ist zwar in der Wandgestaltung erkennbar, wird aber überlagert durch die expressive Formung. Hier verschwindet die Vorführung der Konstruktion hinter der expressiven Bedeutungsträgerschaft: Die Synagoge wird zum Großkristall; die dort vermittelte Lehre besitzt die Festigkeit eines geschliffenen Edelsteins.

Die Wand entfaltet neben ihrer Expressivität eine Wirkung im engeren architektonischen Sinne. Als Teil des Raum-»Mantels« kann sie ihre An-»Sprache« auf verschiedene Weise zur Verdeutlichung des Bezuges zwischen Baukörper und Raum nutzen.

Die architektonische Wirkung der Wand kann in Bezug auf den umschlossenen Raum als

- Spiegelung von innen nach außen,
- Raumverschleierung mit Hilfe von Vorblendungen oder
- sich aufdrängende, vom Innenraum losgelöste Selbstdarstellung

genutzt werden.

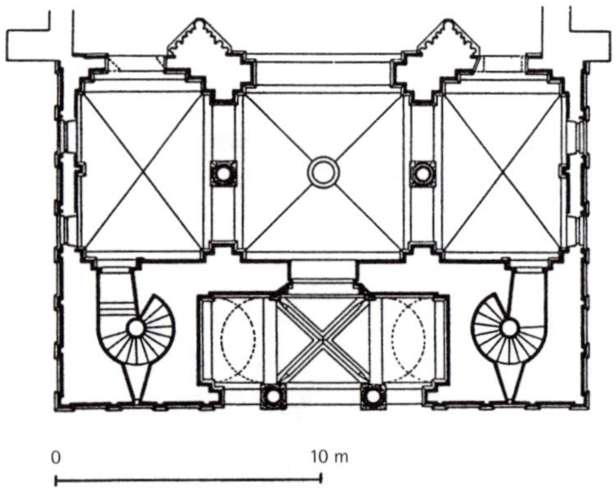

In all diesen Fällen wird die Wand zur »Inszenierung« der An-»Sprache« verwendet.

Eine Spiegelung der Raumsituation in der Außengliederung ist z. B. bei mittelalterlichen Kirchen öfters vorzufinden. Exakte Aussagen lassen sich allerdings nur mit Hilfe von Grundrissen machen. So läßt sich aus dem Grundriß von Schwarzach (S. 50) für die Westfassade ableiten, daß die Wandgliederung durch Lisenen die Dreischiffigkeit des Langhauses widerspiegelt. Am Grundriß des Mainzer Doms (S. 69) ist aus den die Wand gliedernden Strebepfeilern die Jochgliederung des Langhauses ablesbar. In der Wandgliederung aufgenommene Raumbezüge sind aber – außer in der Etagengliederung – sehr selten.

Beispiele:

Marmoutier/Frankreich, Klosterkirche, 12. Jh., Grundriß und Aufriß des Westbaus

Der Vergleich des Grundrisses mit dem Aufriß zeigt, daß die Wandgliederung die Dreischiffigkeit der Innenraumgestaltung nicht genau widerspiegelt, aber auch nicht den Treppenhaustürmen zugerechnet werden kann. Vielmehr ist die Wandgliederung dekorativ durch lineare, vorgeblendete Elemente bestimmt, die allenfalls Horizontalität und Vertikalität ausponderieren sollen.

Leon Battista Alberti, Palazzo Rucellai, Florenz/Italien 1446, Aufriß

Die Wandgliederung spiegelt über die Simse die Etagengliederung wider. Trotzdem sind die Bodenebenen nicht genau ablesbar, wie am Sockel und den Türen besonders deutlich erkennbar ist. Eine Aussage über die innere Raumanordnung ist trotz der strengen scheinbar jochhaften Gliederung durch die vorgeblendeten Stützen nicht möglich.

Die verbreitetsten Wandgestaltungen sind das *Verblenden* und *Vorblenden*. Hierbei soll in aller Regel die Konstruktion verschleiert werden.

Wandverblendungen sind heute meist als Putz, Kunststoff- oder Metallabhängungen üblich; sie treten an Fabrik- und Verwaltungsgebäuden als Wandschutz auf, wobei ökonomische Gründe – besondere Haltbarkeit, Pflegeleichtigkeit etc. – meist ausschlaggebend sind. Von Verblendungen spricht man auch, wenn Mauern aus billigeren Materialien und handwerklich weniger sorgfältiger Verarbeitung durch vorgelegte Materialien kaschiert werden. Bei gliedernden Elementen der sonst sichtbaren Wand, wie z. B. Halbsäulen, Pilaster*, Bögen etc., spricht man von Vorblendungen. Diese gliedernden Elemente sollten nicht mit dekorativen Applikationen, wie z. B. stuckierten Girlanden, gleichgesetzt werden.

Verblendungen sollen vor allem über die Verarbeitung und oft zusätzlich über das Material Eindruck schaffen. Selbst die einfachste Putz-Verblendung soll häufig durch Bearbeitung, z. B. durch Aufkratzen oder Kelleneindruck, belebt werden, das Licht- und Schattenspiel fördern und der Wand ein Stück Monotonie nehmen. Wandverblendungen können zum Ausdruck höchster Pracht genutzt werden.

Beispiele:

Florenz/Italien, Kirche San Miniato, 1018, Aufriß der Westfassade

Die Fassade ist durch eine reich gegliederte Inkrustation* verschiedenfarbiger Steine verziert. Hierdurch werden flächige, ornamentale und schwingende Effekte erzielt. Gleichzeitig wird die Verblendung zur Rhythmisierung (Eingänge und Flächen), zur Ponderation von horizontalen und vertikalen Linien, zur Verbindung durch Bögen (auch Motivwiederholung im Giebel) bis zur Betonung architektonischer Linien (Schräglinien an den Pultdachansätzen*) genutzt. Mit Hilfe wertvoller Materialien und handwerklicher Qualität werden der Bau als Haus Gottes hervorgehoben und die Wirkung in Form von Erwartung von außen nach innen gelenkt.

Teruel/Spanien, Turm St. Martin, 15. Jh., Ansicht

Der Turm besteht in seiner Hauptfront aus verschiedenfarbigen Backsteinen. Glasierte Ziegel, sogen. azulejos, wurden von islamischen Handwerkern mit islamischem Formengut in einem gotischen Turm vermischt. Die Wandgliederung wird durch verwirrenden Formenreichtum bestimmt, der dem Auge keine Verharrungspause gönnt. Weder horizontale noch vertikale Momente verbinden sich strukturell; vielmehr entsteht durch eine Mischung aus geformten und farblich verschiedenen Steinen ein reicher und exotisch wirkender Teppich. Der Übergang zum Aufdrängenden durch Lösung der Wandgestaltung von der Wandfläche ist erreicht.

Wandöffnungen sind wichtige Teile der Wandgliederung. Sie wurden bereits als Umschließungsöffnungen (vgl. S. 110 f.) behandelt. Hier sollen sie nochmal unter dem Aspekt der Wandgliederung betrachtet werden.

> Wandöffnungen unterscheiden sich nach Zweck, Form und Gestalt.
>
> ■ Der *Zweck* – Eingang, Fenster oder Freiraumöffnung – bestimmt sich primär aus der Innenraumaufteilung, Lichtführung und Baumassengliederung.
>
> ■ Aber schon die *Form* der Wandöffnungen – Größe und Lage – folgt Gesichtspunkten, die weit über den Zweck hinausgehen und deshalb auf Absichten des Bauträgers – Repräsentation, Blicklenkung, Bedeutung etc. – schließen lassen.
>
> ■ Der *Gestalt* nach lassen sich Wandöffnungen als schlichte Einschnitte ins Mauerwerk oder als architektonisches Detail unterscheiden, das als Teil des Ganzen die Gesamtaussage des Baus aufnimmt (pars pro toto) oder sich verselbständigt.

Der Zweck der Wandöffnungen – bei den Umschließungsöffnungen (S. 110 f.) im einzelnen behandelt – ist für die Wandgliederung nur insoweit wichtig, als er vor allem die Lage und Größe mitbestimmt. Die Maße eines Garagentors z. B. müssen mehr als die Breite und Höhe des Autos betragen. Bei Kirchen ist die Lage von Portalen teilweise durch Prozessionsanforderungen bestimmt.

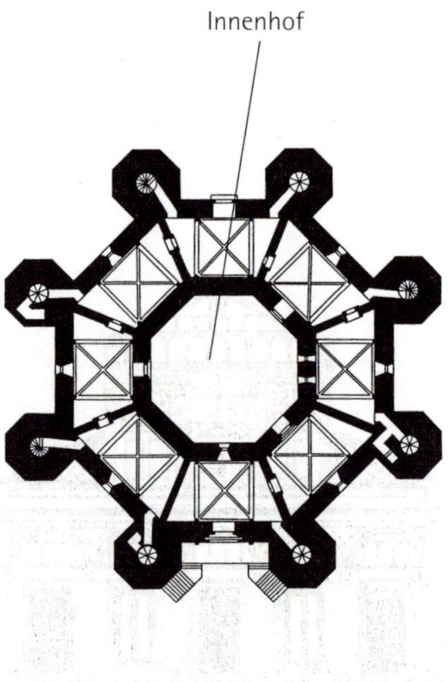

Beispiele:

Castel del Monte/Italien, Kastell, um 1240, Grundriß und Ansicht

Der Grundriß zeigt einen oktogonalen Bau mit freiem Innenhof. An den Ecken wird das Oktogonmotiv in Form von vorgesetzten Türmen wiederholt. Der auf Schutz und Verteidigung angelegte Bau ist in seiner Wandgliederung durch den Rhythmus von kompakter Wand, ausgestellten Türmen, oktogonaler Wandbrechung und ein dünnes Kordongesims* gestaltet. Die hier vor allem interessanten Wandöffnungen – Portale, Fenster und Scharten – zeigen:

■ Das hintere Portal ist für den Zweck, Lasten reinzutragen, gerade groß genug. Größere Fenster gibt es nur im Obergeschoß, wo sich die Aufenthaltsräume befinden. In den Türmen sind zu Verteidigungszwecken nach den freien Seiten hin Schießscharten angebracht.

■ Primär sind Größe und Lage der Wandöffnungen durch den Schutz- und Verteidigungszweck bestimmt. Vor allem das Frontportal aber und die Fenster im Obergeschoß zeigen über die Funktion hinausgehende Absichten:

- Der Haupteingang ist durch eine Treppenanlage und ein gestuftes Gewände* hierarchisch hervorgehoben. Dieses Portal ist darüber hinaus durch flankierende Säulen, Verdachung und Rahmung nobilitiert. Die Abbreviation eines Baldachins zeigt den kaiserlichen Burgherren, Friedrich II., an.
- Auch die Obergeschoßfenster, gekuppelte gotische Spitzbogenfenster, sind der Größe nach – vor allem im Vergleich zu den Fenstern im Erdgeschoß – hervorgehoben und von der glatten Wand abgesetzt.
- Während die Scharten Zweckeinschnitte ins Mauerwerk sind und in ihrer Lage weitgehend durch die Treppenläufe bestimmt werden, sind die Obergeschoßfenster mittig in die Wand und axial zu den Erdgeschoßfenstern gesetzt.

Vor allem das nobilitierte Portal und die Obergeschoßfenster kontrastieren mit den fast ungegliederten Wänden des Kastells; als Teil des Ganzen betonen sie in ihrer dekorativen Verselbständigung den herrschaftlichen Anspruch des Burgherren, während vor allem die Scharten, aber auch die geringe Größe aller Wandöffnungen die Gesamtaussage des Baus vervollständigen.

Peder Vilhelm Jensen Klint, Grundtvig-Kirche, Kopenhagen / Dänemark 1913 (entworfen), Aufriß der Westfassade

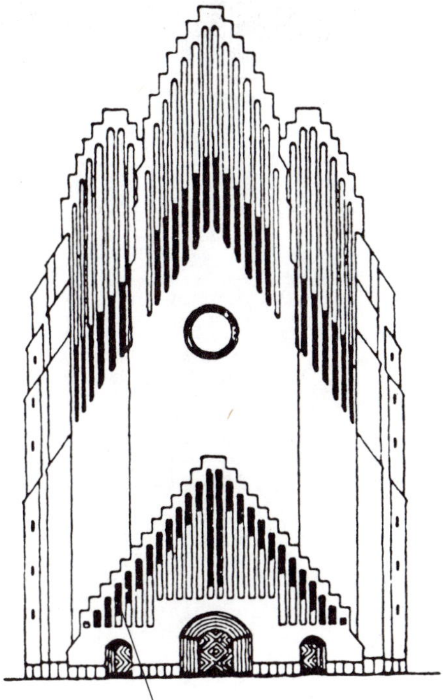

Die Giebelfront ist durch Kontraste gekennzeichnet:

■ Die scharfen linearen Konturen werden durch kleinteilige Treppung des Giebels und die lanzettförmigen – wie Orgelpfeifen oder Kanneluren* wirkenden – gestaffelten Blendvertiefungen in Teilen aufgelöst.

■ Die großen ungegliederten Wandteile kontrastieren mit den Riefelmustern der Giebel.

■ Die an der Vorhalle und durch gestaffelte Fenster sowie Riefelungen viermal wiederkehrende Giebelform zieht den Bau von dem gedrückten Eingangsbereich nach oben, wobei die Giebelformen zunehmend spitzwinkliger werden.

In diesem Zusammenhang spielen die Wandöffnungen eine unterstützende und kontrastierende Rolle:

■ Die schlitzartigen streckenden Fenster unterstreichen den neugotischen Eindruck des Baus und betonen in ihrer Staffelung die Aufschichtung von Giebelformen. Als Wandeinschnitte ordnen sie sich ein in die Streckungsabsicht der Wandriefelung.

■ Die Eingänge mit ihren Segmentbögen passen nicht zum neugotischen Formenapparat:

- Sie kontrastieren und betonen damit zugleich den streckenden Charakter der Wand,

- nehmen mit der Raum-Staffelung des Gewändes das Prinzip der Höhen-Staffelung auf und erweisen sich insoweit als pars pro toto,

- dienen durch Größenhierarchie dazu, die Vertikalachse der Wand – Hauptportal, Giebelspitze der Vorhalle, Blendrose* und Giebelspitze der Kirche – zu betonen.

Das Gliederungsspiel mit den Wandöffnungen läßt sich besonders gut an modernen Großbauten oder Bautenensembles beobachten.

Beispiele:

Robert Venturi, Guild-House (Altersheim), Philadelphia / USA 1960, Ansicht der Straßenseite

Für den Eindruck des Baus bestimmend ist die Baumassengliederung mit ihrer Rückstufung von der Straßenfront aus. Die Wände sind vor allem durch Wandöffnungen gegliedert, wobei Strenge mit geringer Formvariation verbunden wird:

■ Das Quadratfenster in der Sprossenvariante mit streng vertikal-axialer Anordnung dominiert. An der Eingangsfront werden sprossenlose Fenster und im Erdgeschoß teilweise Doppelquadrate mit Sprossen verwendet.

■ Am hinteren Flügel werden Bandfenster den Quadraten entgegengesetzt, um die Wand im »Gleichgewicht« zu halten.

■ Nur die unmittelbare Straßenfront erfährt durch Wandöffnungen eine besondere Gestaltung:

- Der in einen hochgezogenen Sockel trichterförmig eingelassene Haupteingang wird durch eine Säule geteilt; hierdurch werden Sog und Verharren beim Betreten und Richtungslenkungen auf den Gehsteig beim Verlassen erreicht.

- Die Loggien* geben der Wand einen Tiefenzug mit Schattenwirkung.

- Durch das Segmentfenster erhält die Wand einen Spannungsbogen, ein architektonisches Spiel, da der Betrachter aus statischen Gründen eher einen Entlastungsbogen* erwartet. Die vertikale Linie von der Eingangssäule über den Segmentscheitel bis zur »Antenne«

gibt dem Bau Symmetrie und Streckung, die mit dem Wechsel von Tiefe und Fläche, von Dichte und Transparenz, von Quadrat und Rechteck, Rundform und Segment verbunden wird.

■ Alle Wandöffnungen sind als Einschnitte geformt und betonen damit die scharfen, linearen Konturen des Baus.

Ed Jones / Michael Kirkland, Rathaus, Mississauga / Kanada 1982, Ansicht

Dieses Bautenensemble voller architektonischer Formen verliert seine Massigkeit nicht allein über die Baumassengliederung, sondern u. a. auch über die Gestaltung der Wandöffnungen, die außer dem Materialwechsel das einzige Gliederungsmittel der Wände sind. Der Formenreichtum der Wandöffnungen ist beeindruckend:

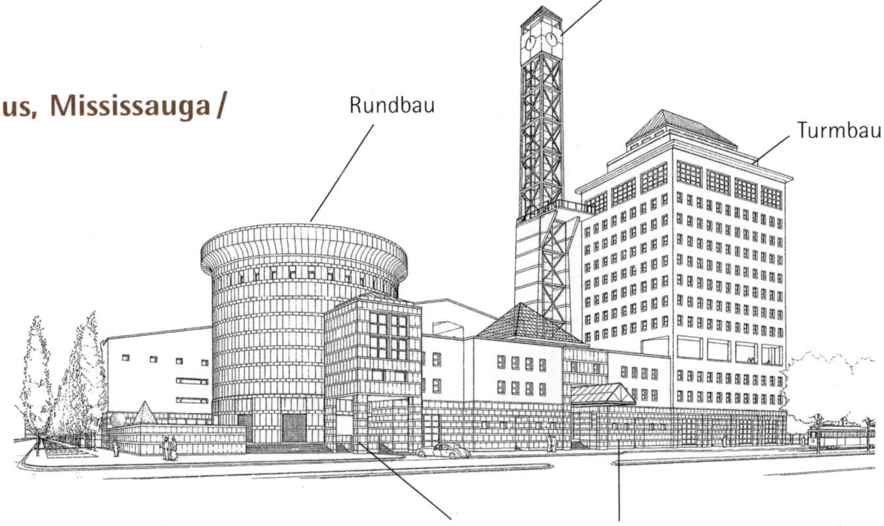

■ Über eine scharfkantige Aufstelzung wird der Treppenaufgang teilweise unterbrochen und zugleich überfangen.

■ Offenes Stahlfachwerk verbindet motivisch den Turm mit dem verglasten Treppenhaus.

■ In dem Rundbau sind die Fenster zur »Erleichterung« des schweren Dachabschlusses wie ein Perlenband rundherum gelegt und betonen durch die Kleinheit die Massivität der Wand.

■ An den langgestreckten Bauten sind die Fenster in gleichmäßigem Rapport gereiht, nehmen aber in den Obergeschossen zu.

■ In dem großen turmartigen Hauptkomplex, der formal das Pendant zum Rundbau bildet, werden alle Register gezogen:

- Der untere Teil paßt sich dem Langbau an.
- Darüber wird mit Loggien das Motiv des aufgestelzten Baus am Treppenaufgang variiert.
- Dichte Fensterreihen kehren die Wand-Öffnungs-Relation im Vergleich zum Rundbau um und bestimmen die Geschosse des Turmbaus.
- Als Abschluß unter dem kräftigen Gesims liegt ein Großfensterband mit kleinteiliger Sprossengliederung, durch das jeweils drei der darunterliegenden Fenster zusammengefaßt werden.
- Darüber bildet, wie auf einer Stufenpyramide, ein Penthaus den Dachabschluß.

Verschließen und Öffnen, Größe und Lage der Öffnungen, vor allem aber auch die Formung werden bei Bautenensembles zum Dialog zwischen den einzelnen Bauten, insbesondere mit den Mitteln des Kontrastes und der Variation, genutzt.

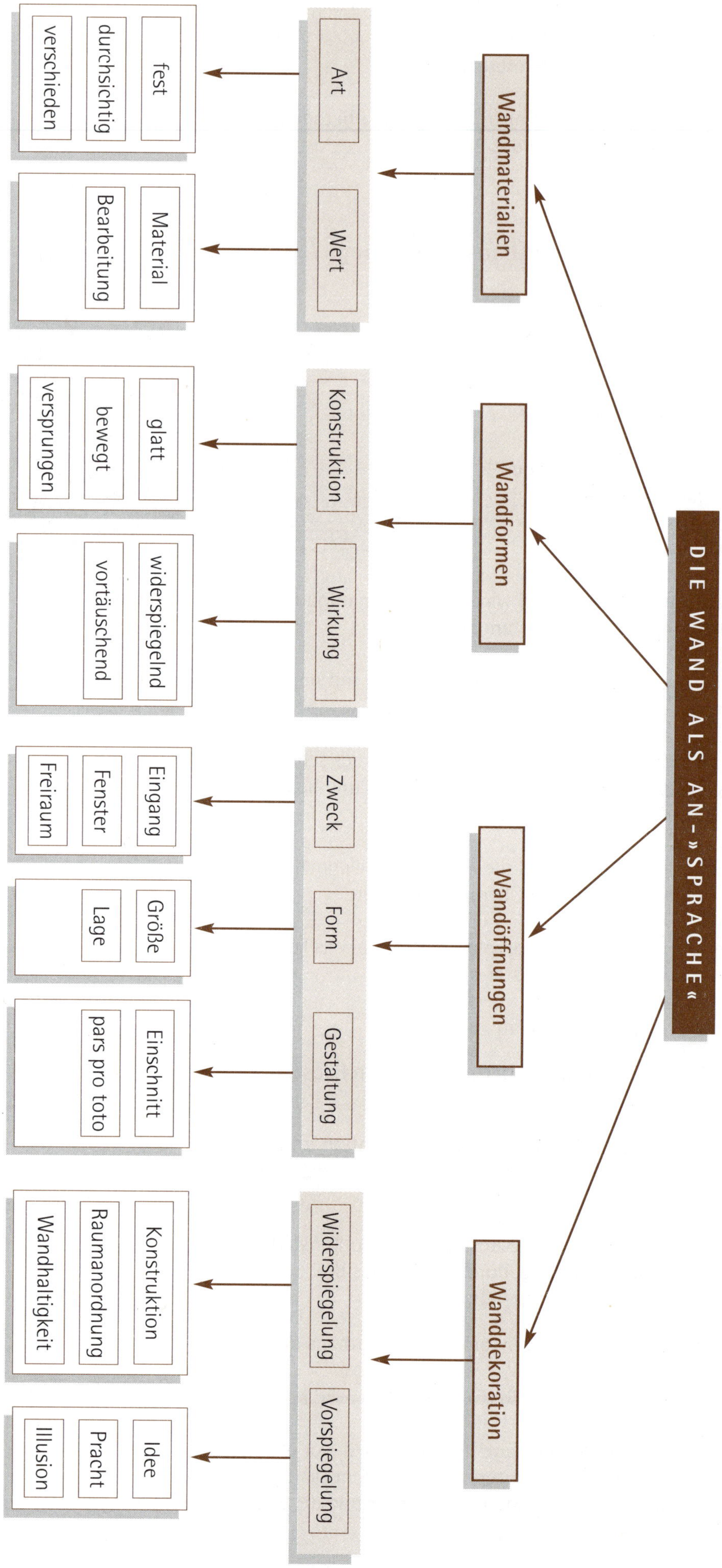
DIE WAND ALS AN-»SPRACHE«
Wandmaterialien
Art
fest
durchsichtig
verschieden
Wert
Material
Bearbeitung
Wandformen
Konstruktion
glatt
bewegt
versprungen
Wirkung
widerspiegelnd
vortäuschend
Wandöffnungen
Zweck
Eingang
Fenster
Freiraum
Form
Größe
Lage
Gestaltung
Einschnitt
pars pro toto
Wanddekoration
Widerspiegelung
Konstruktion
Raumanordnung
Wandhaltigkeit
Vorspiegelung
Idee
Pracht
Illusion

Beispiel: James Stirling, Internationales Forum, Tokio / Japan (80er Jahre), Ansicht

Auf einem großen verbindenden Unterbau erhebt sich das Bautenensemble. Die Baumassengliederung in runde und eckige, lagernde und strebende Baukörper wird systematisch durch die Gestaltung der Wandöffnungen ergänzt. Während sich der »Sockel« verschlossen gibt, um die Treppenaufgänge und den Eingang in die Rotunde zu betonen, sind die drei anderen Bauten mit ihren Vorhangfassaden* geöffnet. Der Blick auf die Konstruktion wird freigegeben. Transparenz als leitende Forumsidee wird in den Gebäuden durch die weitgehend durchsichtigen Wände deutlich gemacht. Die durch Glasfassaden wie geöffnet wirkenden Wände schließen das Ensemble zu einem Ganzen zusammen. Das Spannungsfeld zwischen Wand und Öffnung gelangt hier an die Grenze, indem die Wand als Mauer der verglasten »Öffnung« weicht.

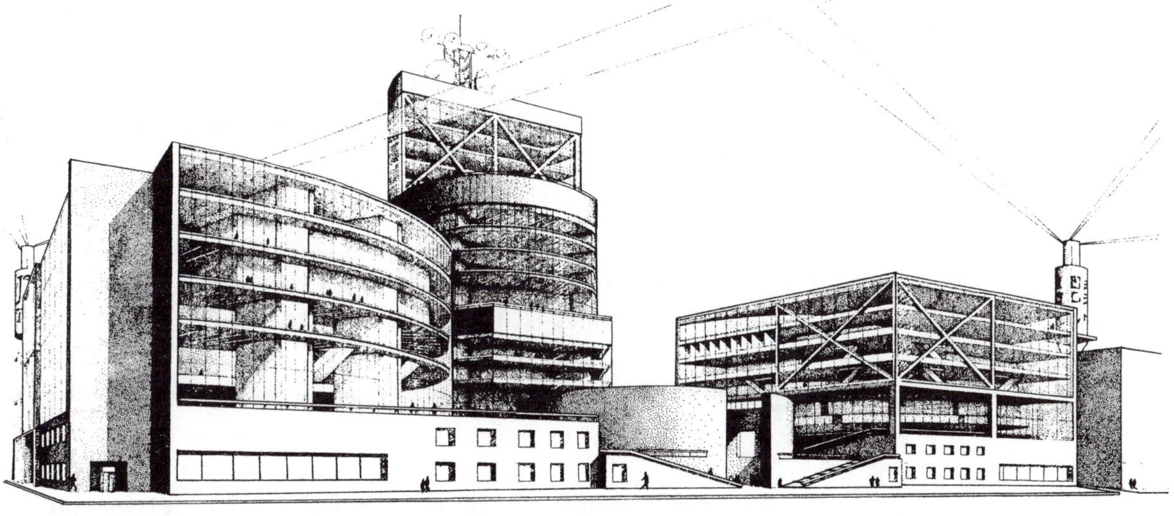

Als letztes Element, das die Wandgliederung bestimmt, muß die *Wanddekoration* betrachtet werden.

Übersicht: Bauformen und Dekor als Ausdrucksträger, S. 212 f.

Die Wanddekoration kann zwei Zielen dienen, die sich in der Architekturgeschichte als gleichberechtigt erwiesen haben:

- Sie kann *Widerspiegelung* sein und so die Konstruktion, Raumanordnung oder die Wandhaltigkeit vorführen und herausstellen.
- Sie kann aber auch *Vorspiegelung* sein, um einer Idee bzw. einer Illusion oder der Pracht zum Ausdruck zu verhelfen. Vor allem als Ausdruck einer Idee unterstützt der Baudekor die programmatische Bedeutung, die der Bauträger zu vermitteln sucht; als illusionistische Vorspiegelung reicht der Formenapparat von der architektonischen bis zur willkürlich applizierten Illusion.

Die Dekorations*motive* sind unzählbar. Aus architekturanalytischer Sicht ist die Dekor*form* mit dem Dekor*ziel* im Zusammenhang zu sehen, weil Baudekor architektonisch als Ausdrucksträger verstanden werden muß. Dies gilt grundsätzlich für den Baudekor außen wie innen.

Der Form nach läßt sich der Baudekor nach abstrakten, floralen, figurativen und phantastischen Formen unterscheiden. Vom Ziel her dient er

- der Betonung der Konstruktion oder der Bauform,
- der Vereinheitlichung des Baus,
- als schmückende Applikation sowie
- als Träger von Symbolik, Programmatik oder Identifikation.

Die Matrix (Übersicht S. 212 f.) enthält Abbildungen als Beispiele mit weiteren Verweisen.

Der Grenzfall der Baudekoration ist das Fehlen jeglicher Dekoration der Wandfläche. Dies kann, wie schon bei der Fabrik in Manchester (S. 128) oder im Falle des Internationalen Forums in Tokio (S. 141) gesehen, funktionale Gründe haben oder die Absicht verfolgen, mit Hilfe der freigelegten Konstruktion Bedeutungsträgerschaft zu erzeugen.

Auch der Fall, daß mit Hilfe von Dekor, z. B. Lisenen oder Simsen, Raumanordnungen oder Geschoßgliederungen widergespiegelt werden, wurde bereits behandelt.

Durch Vorblendungen, zumal wenn sie in gestufter Form auftreten, wird oft die Mächtigkeit der Wand vorgeführt; tief eingerückte Fenster und Portale, in früherer Zeit auch Konchen und Nischen, zeigen die Wandhaltigkeit des Baus und damit seine Festigkeit auf.

Beispiele:

Trier, Porta Nigra, 2. Jh., rekonstruierte Isometrie und Grundriß

Der spätrömische Bau führt sein schweres Mauerwerk durch kräftige Säulenvorlagen, stark ausgeprägten Sockel und Simse sowie tief eingerückte Fenster vor. Die Durchgangstore verstärken den Eindruck, da sie gegenüber den turmartig vorgezogenen Seitenflügeln weit nach hinten versetzt sind. Eine Großquaderverarbeitung, verbunden mit der Säulen- und Bogenarchitektur, zeigt in der vorgeschobenen römischen Provinz nicht nur Verteidigungsbereitschaft und Herrschaftsanspruch an; sondern über die architektonische Pracht und Formenstrenge wird auch die technische Überlegenheit vorgeführt: Das Stadttor ist damit Träger der imperialen Idee Roms.

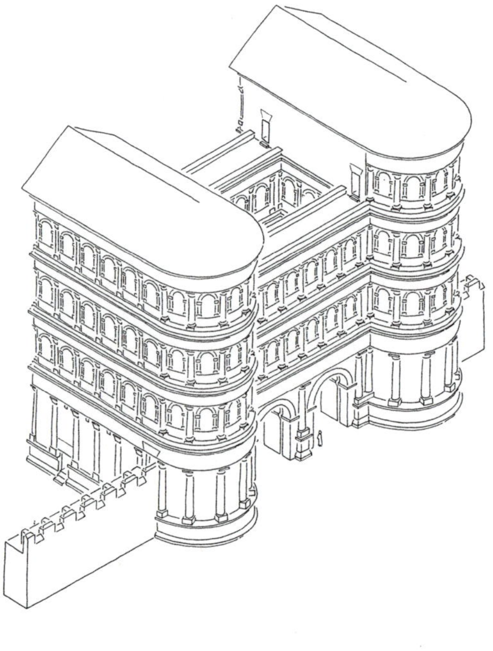

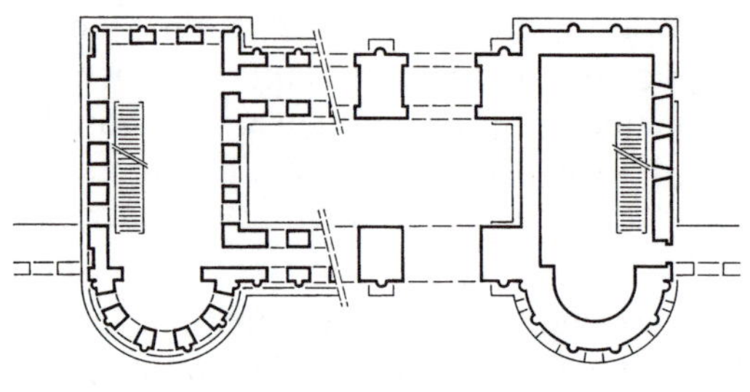

Obergeschoß *Untergeschoß*

Poitiers / Frankreich, Kirchee Notre-Dame-la-Grande, 1. Hälfte 12. Jh., Aufriß der Westfassade

Auch bei dieser Kirche wird die Wandhaltigkeit vorgeführt:

- Das Portal ist mehrfach gestuft.

- Die Blendarkaden neben dem Portal sind in mehreren Schichten angelegt.

- Im oberen Teil der Wand sind, in Arkadenreihen zusammengefaßt, Nischen gebildet, in denen Heiligenfiguren das große Westfenster in zwei Zonen flankieren.

- Die Wandhaltigkeit tritt jedoch hinter dem Dekorreichtum zurück. Dieser überzieht wie ein kostbarer Teppich die ganze Fassade.

- In der Portalgestaltung wird das Triumphbogenmotiv* aufgenommen.

- Die erlesene Steinbearbeitung steigert die Bedeutung des Eingangs.

- Heilige wachen auf der Stufe des Lichts – dem Fenster – über die Eintretenden.

- An oberster Stelle thront die Patronin der Kirche, Maria, in der Mandorla*.

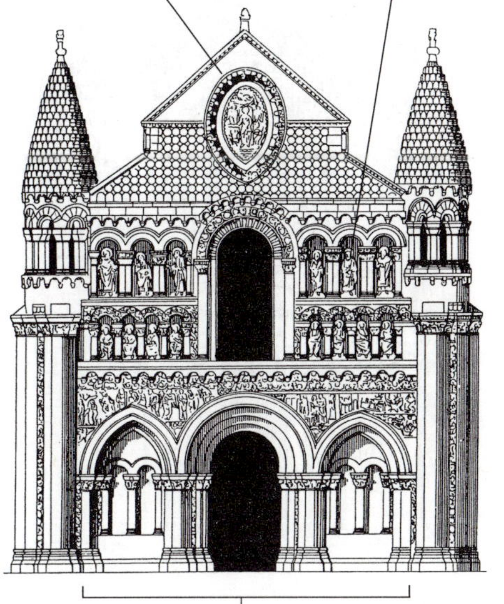

Hier werden mit Formenvielfalt Pracht und Idee verbunden. Die Pracht zeigt die überirdische Herrschaft, die auch außerhalb dieser Mauern gebietet. Als Idee wird der Heilsweg*, der am Eingang dieser Mauer beginnt, durch Triumphbogen, Licht und Schutzheilige programmatisch verkündet.

Karl Friedrich Schinkel, Neue Wache, Berlin 1816, Ansicht

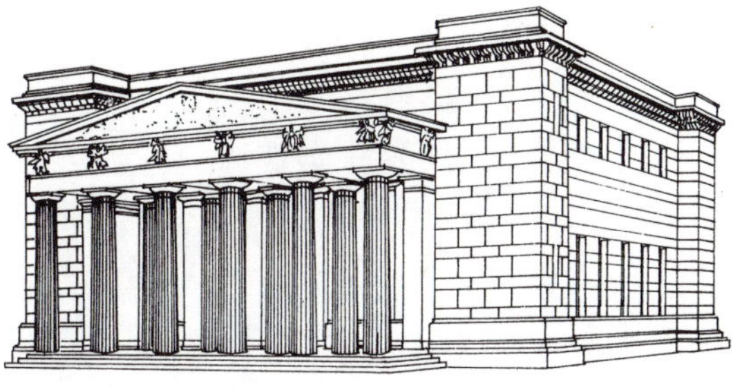

Dem kubischen Baukörper mit seinen stark betonten Ecken ist eine dorische* Tempelfassade vorgelegt. An den Ecken kommt die pseudoisodome* und fugenkonkordante Quaderverlegung gut zur Geltung. Während die dorische Portikus auf einer Krepis steht, ist der übrige Baukörper durch einen gestuften Sockel abgesetzt und von einem kräftigen Kranzgesims umzogen. Die Wand der Hauptfassade spiegelt eine architektonische Illusion vor: Einen Zwitter von Tempel und Burg. Eingefangen werden sollte die Idee des königlichen Wachhauses, dem sakrale Zitate für profane Herrschaftsausübung beigefügt wurden. Hinter der Tempelfassade opferten keine Priester, sondern spielten Soldaten Karten.

Beim Rückgriff auf frühere Stile zur Dekorierung neuer Bauten ist immer zu fragen, inwieweit das übernommene Formenvokabular die frühere Absicht oder Idee aufnehmen soll oder ob diese verlorengehen bzw. sich gar ins Gegenteil verkehren.

Eine architektonische Illusion entsteht nicht allein durch die fehlassoziative Verwendung von Architekturformen, sondern auch durch Blendfassaden, die einem Bau einen Betrachtungsinhalt geben, der im Raum nicht eingehalten wird.

Beispiele:

Petra / Jordanien, Felsengrab, frühes 1. Jh., Eingangsansicht

Die Fassade ist vollständig aus dem Fels geschlagen und bildet den Eingang zu einer Grabstätte. Hier wird mit großer Dekorationsform eine architektonische Illusion erzeugt:

- Die Front im unteren Eingangsbereich spiegelt einen typischen Tempel vor.

- Jedoch wird dies im zweiten Geschoß korrigiert, wo in einer weiteren Tempelfront mit Sprenggiebel* ein kleiner Monopteros* steht, der als Baldachin für eine Figur dient.

Insgesamt wird der Eindruck erzeugt, daß der Betrachter vor einem zweigeschossigen Tempel steht, der sich nach hinten erstreckt. In Wirklichkeit handelt es sich hier um die Nobilitierung eines Grabeingangs; das Gesamtgebilde bezieht seine Spannung aus dem Gegensatz Natur und Architektur, großer lichter Fassadengeste und dunklem Grabraum.

Charles Moore, Piazza d'Italia, New Orleans / USA 1977, Ansicht

In New Orleans mit seinem hohen Anteil italienischer Einwanderer versucht der Architekt, eine Erinnerungsarchitektur zu schaffen.
Um ein großes Wasserbecken mit begehbarem Steg in Form der italienischen Halbinsel (hier nicht zu erkennen) werden illusionistische Architekturzitate kulissenhaft gruppiert: Kolonnaden, Arenen, Triumphbögen. Über Strebebögen verbundene Architekturteile vermitteln den Gesamteindruck eines Amphitheaters. Hier wird die architektonische Illusion bis an die Grenze des Kitsches von Erlebnisparks getrieben. Da hier Wandelemente zitatenhaft zur Dekoration eines Platzes verwendet werden, stellt sich die Frage, ob Architektur im definierten Sinne überhaupt vorliegt.

Wenn sich die Dekoration der Wand soweit verselbständigt, daß sie mit dem Bau als konstruktiver Raumumschließung nichts mehr zu tun hat und auch keine Idee verkörpert, ist der Dekor appliziert. Bei vielen Bauten findet man Bauteile, z. B. figurative Kapitelle oder skulptierte Gesimse, mit applizierten Dekorformen.

Die extremste dekorative, oft ökonomisch bedingte (Kostenersparnis) Applikation erfolgt mit Hilfe von Farbe. Dient dies zur Unterstreichung von Bauteilen, so wird ein konstruktiver Illusionismus, wie z. B. bei den Zeichnungen künstlicher Quaderung oder farblicher Marmorierung, erzeugt. Bei Wandmalereien löst sich die Dekoration von der Tektonik der Wand, oft, um eine applizierte Idee darzustellen.

Applizierte Dekorformen werden oft verwendet, um die Konstruktion zu verschleiern und Illusionen, z. B. figurative oder vegetative Vorstellungen, zu erzeugen.

Beispiele:

Agrigent / Italien, Olympieion, 5. Jh. v. Chr., Teil-Wandaufriß

Die Tempelwand mit vorgelegten dorischen Halbsäulen zeigt eine Besonderheit: Die im oberen Teil der Wand zwischen den Säulenvorlagen stehenden Atlanten*, die den Architrav zu stützen scheinen. Schon in der Proportionierung erscheint diese Atlantenapplikation lächerlich. Da der Zeus gewidmete Tempel nach dem Sieg der Griechen über die Karthager errichtet wurde, wird u. a. spekuliert, ob die Atlanten gefangene Karthager darstellen sollen. Aber selbst eine solche »ideelle« Interpretation kann das Unproportionierte der Fassade nicht korrigieren. Allein die Triglyphen betragen die halbe Höhe der Atlanten und verweisen diese ins Reich der applizierten Illusion.

Giovanni Michelazzi, Wohnhaus, Florenz / Italien um 1900, Ansicht

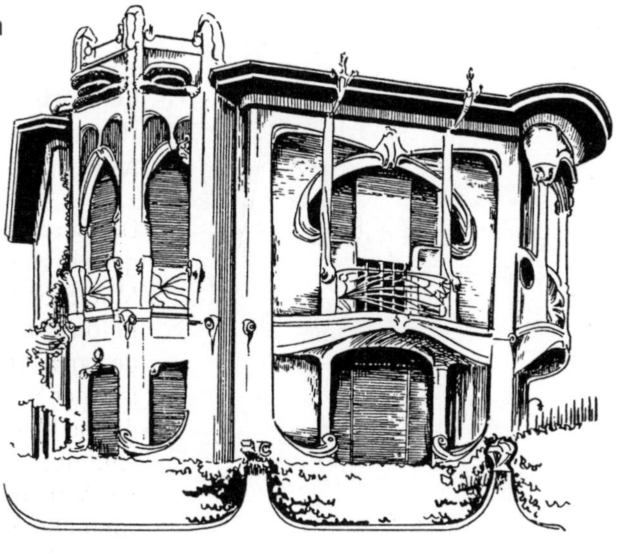

Die Wände des Baus werden mit ornamentalem schwingenden Dekor überzogen. Wandöffnungen werden in diesen teilweise pflanzenhaften Dekor einbezogen. Das Künstliche der Architektur soll mit Hilfe dieser wuchernden und schwingenden Formen in die applizierte Illusion des Natürlichen transformiert werden. Hierbei wird die Wand als konstruktive Umschließung wegdekoriert; sie wird einer anderen »Künstlichkeit« untergeordnet.

Übersicht: Das Dach als »Hut« und »Landschaft«, S. 148

Als letztes Umschließungselement soll das *Dach** betrachtet werden. Schon etymologisch ist es der deckende Abschluß des Raums. Da der Mensch als »bodengebundenes« Wesen von den Füßen her den Raum erlebt, sind das Dach und die Decke immer »über« ihm. Dieses Faktum wird wahrnehmungspsychologisch noch verstärkt, da der Mensch seinen Kopf zurücklegen muß, um Höhe zu erfassen. In der Höhe von Türmen, Schornsteinen oder Wolkenkratzern bewirkt dies bei der Betrachtung einen schwindelerregenden Eindruck.

Dachflächen werden durch Traufen, Firste, Kehlen und Grate sowie Giebelkanten begrenzt. Während *Traufen* den unteren Abschluß der Dachfläche bilden, begrenzt der *First* das Dach als oberste Dachkante. Den seitlichen Abschluß der Dachflächen bilden die *Giebelkanten*, während beim Zusammentreffen verschiedener Dachflächen *Kehlen* oder *Grate* entstehen.

Wichtiger als diese Umschließungsteile ist die Umschließungsgestaltung, da sie den Bau oder Baukomplex als deren oberer Abschluß in seiner Wirkung maßgeblich bestimmt. Dächer wirken häufig wie »Hüte« oder »Landschaften«.

Beispiele:

Bisceglie / Italien, Dolmen (Megalithgrab), 4./3. Jahrtausend v. Chr., Ansicht

Das in der Jungsteinzeit errichtete Grab besteht aus unbearbeiteten Steinplatten als Wänden und einem waagerechten Deckstein als Dach. Der Deckstein ragt weit über die Wände hinaus, um die Auflage zu sichern, bewirkt aber gleichzeitig durch seine Ausladung den Eindruck behütenden Schutzes.

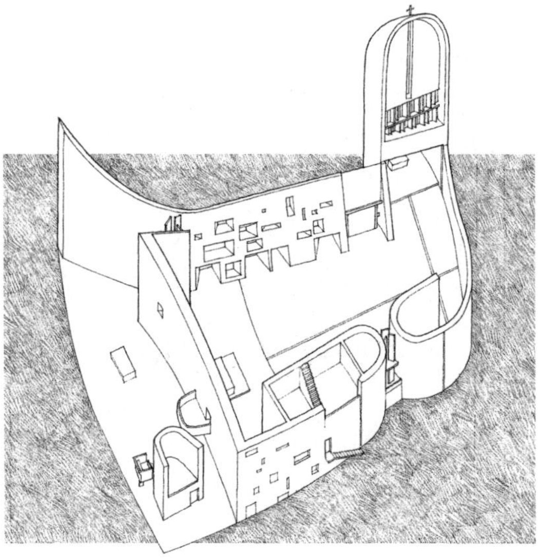

Le Corbusier, Wallfahrtskirche Notre Dame du Haut, Ronchamp / Frankreich 1950, Ansicht und aufgedeckter Militärriß

Der Betonbau verbindet Schmucklosigkeit mit großen Formengesten, zu denen u.a. das Dach gehört. Es wirkt wie eine schwere Mütze, obwohl es aus zwei dünnen, innen einen Hohlraum bildenden Betonschalen besteht. Weit auf die herausgezogene Außenwand vorgezogen, breit über die Wände herausragend und aufgeschwungen in einer Spitze, wird dieses Dach zum beschützenden Hut. Die tektonische Illusion der Leichtigkeit trotz der vorgespiegelten Massivität wird über die Schwingung und Schrägung der Betonkonstruktion, die Auflagerung auf der vorgezogenen Spitze und einer Punktlagerung über der rechten Seitenkapelle bewirkt.

Dachlandschaften entstehen vor allem bei starker Baumassengliederung; sie sind oft konstruktive Widerspiegelung der Raumanordnung. Sie können aber auch zur Gliederung großer Komplexe genutzt werden, um diese »herunterzudimensionieren«; so genutzt, entfalten sie den umgekehrten Effekt, wie er bei der architektonischen Zusammenfassung von Baumassen beschrieben wurde (vgl. S. 114).

Beispiele:

Padua / Italien, Kirche San Antonio, 1232, Ansicht

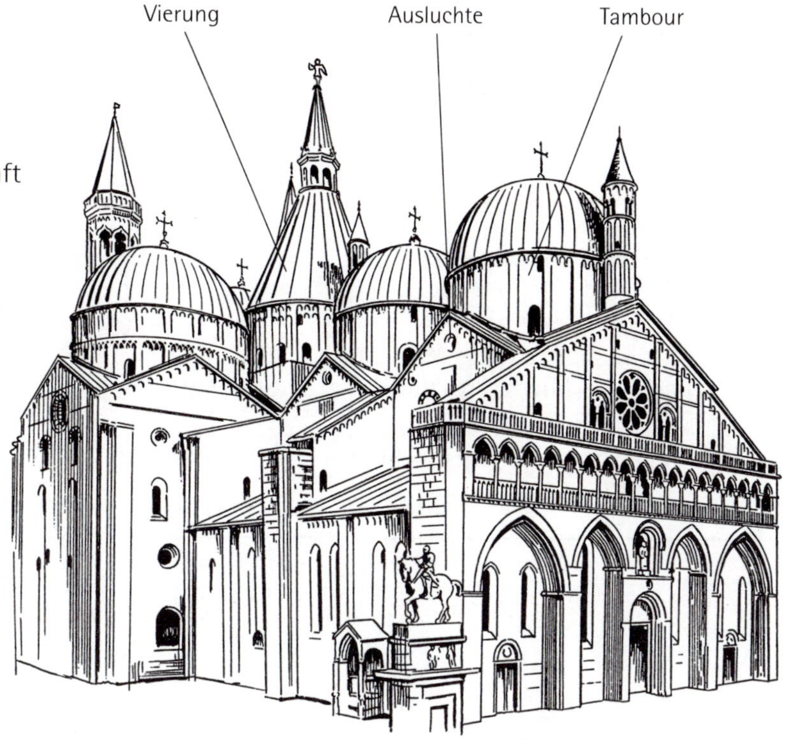

Der Bau ist durch eine formenreiche Dachlandschaft gekennzeichnet, die zum größten Teil die Raumanordnung widerspiegelt:

- Das Seitenschiff trägt ein Pultdach, während die Ausluchte* des Obergadens Satteldächer* besitzen.
- Lang- und Querhaus bestehen aus hochgezogenen Jochen mit Kuppeln auf Tambouren*, während die Vierung ein Kegeldach besitzt.
- Einige Turmhelme tragen Pyramidendächer*.

Durch die Dachlandschaft erhält der Bau eine Bewegtheit, die durch Staffelung, Durchdringung und Kontrastierung geprägt ist.

Philip Webb, Red House, Bexley Heath / Großbritannien 1859, Grundriß und Militärriß

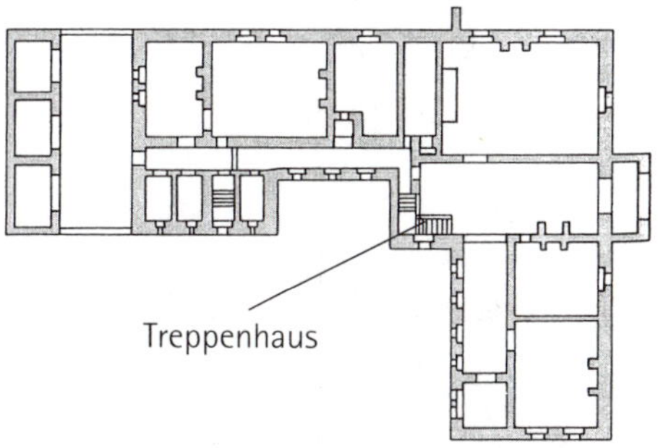

Das Wohnhaus in der Grundrißform eines L hätte einfach durch zwei Satteldächer überdacht werden können. Statt dessen gliedert der Architekt den Bau über eine Dachlandschaft:

- Die Hauptdächer durchdringen sich im rechten Winkel.
- First- und Traufenverspringungen markieren unterschiedliche Linien.
- Über die Mauerkrone heruntergezogene Dächer wechseln mit scharfen Giebelkanten.
- Die dominierende Form der Satteldächer wird variiert durch ein

- Zeltdach* über dem Treppenhaus,
- Schopfwalme und Pultdachabschleppung.

Das Wohnhaus wird vor allem über die Dachgestaltung zur Bauernhofarchitektur umgeformt und vermittelt über die Gliederung den Eindruck einer »gewachsenen« Struktur.

Dächer können bezogen auf die Wand übergangslos, abgesetzt oder ausladend sein. Nach ihrer Ausformung können *Abschlußformen*, z.B. flach, spitz, gekuppelt etc., *Wohnraumformen*, z.B. Zwerchgiebel, Gauben* etc., und *Freiraumformen*, z.B. Dachgarten, Penthaus* etc., unterschieden werden.

Das Dach als »Hut« und »Landschaft«

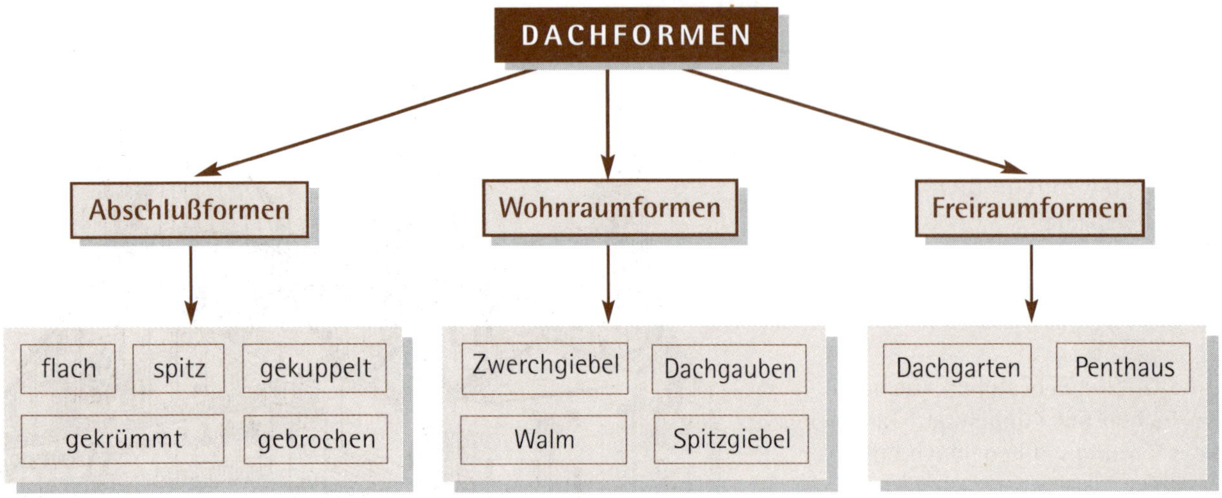

Während das übergangslose Dach vor allem die Kontur des Baukörpers schärft (vgl. S. 90 und 112), betonen ausladende Dächer den behütenden Schutzgedanken. Nur wenig abgesetzte Dächer dienen vor allem der Baumassengliederung. In asiatischen Kulturen werden weit ausschwingende und mehrfach gestaffelte Dächer verwendet. Diese Dachformen bewirken unterschiedlichste Effekte, wie Luftigkeit und motivische Verspannung.

Beispiele:

Nara/Japan, Pagode im Horyu-ji-Tempel, 670, Aufriß

Um einen turmartigen Kernbau wurden gestaffelte umlaufende Pultdächer gelegt. Die Grate und Traufen sind leicht geschwungen. Das weite Herausragen verschattet die Stockwerke. Trotz der Höhe von etwa 20 m bis zum letzten Dachscheitel ist der Höhenzug gedrosselt durch

- die fünf Dachstufen über dem Erdgeschoß,
- eine nur leichte Verjüngung des Kernbaus und der Ausladung der Dächer sowie
- die breite Aufsockelung mit einem kompakten Erdgeschoß.

Der Effekt der Luftigkeit überwiegt den der Streckung.

Uji/Japan, Phönixhalle, 1053, Aufriß

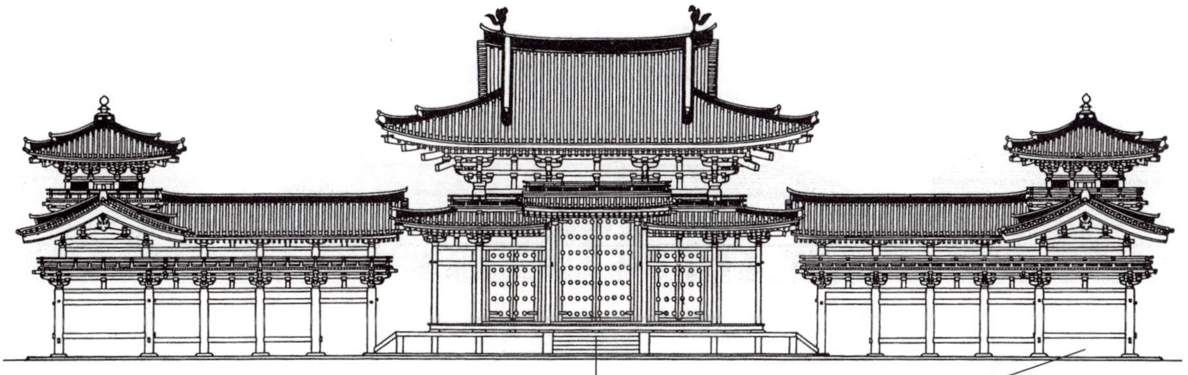

Auch hier ist das schwingende und abgesetzte Dachmotiv über dem Haupteingang und den Eckpavillons verwendet. Der Formenreichtum der Dachkonstruktion ist entschieden größer als bei der Pagode, die mit einem Motiv auskam. Neben Satteldachformen werden an der Phönixhalle auch versetzte Pultdachformen sowie Zeltdächer als Staffelung über den Pavillons verwendet. Interessant ist vor allem, wie über leichte Dachvariationen eine architektonische Verklammerung der ausladenden Front (fast 50 m) erreicht und durch Höhenstaffelung die Baumassengliederung betont wird, so daß die Front jede monumentale Schwere vermeidet.

Während bislang Dächer nur in ihrer Abschlußform betrachtet wurden, können sie auch aus ihrer *Raumnutzung* gesehen werden. Gerade die Nutzung des Dachraums als Wohnraum kann maßgeblich die Dachform bestimmen. Sie ist darüber hinaus ein wichtiger ökonomischer Gesichtspunkt beim Bauen. Mit zwei besonderen Dachformen, dem spitzwinkligen Satteldach und dem Walmdach, wird der Dachraum besonders erhöht oder verbreitert. Am Eßlinger Rathaus (S. 131) sind am Giebel drei Dachgeschosse zu erkennen, die auf der Sattelseite durch Dachgauben zusätzlich belichtet und belüftet werden. Im Schloß Vaux-le-Vicomte (S. 23) sind die Dächer des Mittelbaus zunächst steil hochgezogen, um dann im stumpfen Winkel den First zu erreichen. Diese Walmform hat den Vorteil, mit Hilfe nur kurz herausgezogener Gauben das Dach zu belichten und durch innen hochgezogene Wände den Wohnraum zu erweitern. Eine Nutzung wird besonders gesteigert, wenn gegen den Dachverlauf auf der Mauer Giebel hochgezogen werden, so daß Zwerchgiebel entstehen, die beim Dachausbau eine zusätzliche gerade Wand bieten (vgl. S. 114).

> Trotz funktional bedingter Dachgestaltungen für Wohn- oder Speicherzwecke werden die notwendigen Gestaltungsformen über das Zweckanliegen hinaus zur Formung des Baus genutzt.

Beispiele:

Maciej Takimowicz, Laden- und Wohnbau, Biała Podlaska/ Polen 1777, Aufriß

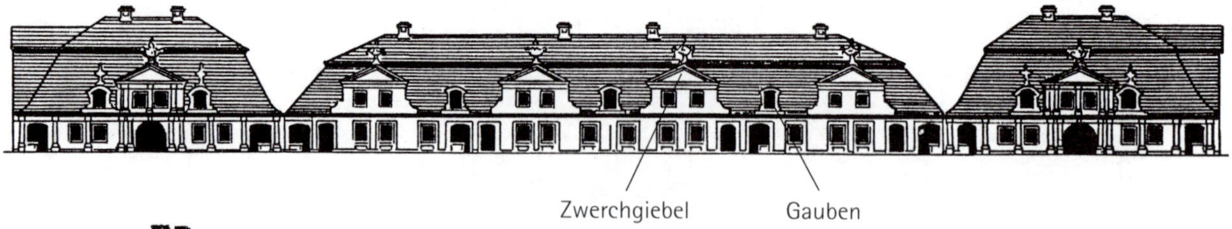

Der langgezogene Bau wird vor allem durch die Dachgestaltung und die Nutzung der Dachgeschosse bestimmt:

- Mit Hilfe von Zwerchgiebeln und Gauben wurden die Walmdächer großzügig bewohnbar gemacht.

- Mit Hilfe der Dachgliederung wurde der Bau proportioniert und kleinteilig rhythmisiert.

Auch die moderne Nutzung des Flachdachs als *Freiraumform* geht weit über eine funktionale Dachgestaltung hinaus. Die Bonner Kunst- und Ausstellungshalle (vgl. S. 42 und 49) eröffnet zwar mit dem Dachgarten vor allem die Möglichkeit, Objekte im Freiraum zu präsentieren; die drei Spitzkegel auf dem Flachdach haben aber darüber hinaus Zeichencharakter. Vom Dachgarten als Verbindung zum Freiraum (vgl. Villa Savoye in Poissy, S. 100) bis zum Haus auf dem Dach, dem Penthaus, wie es auf dem turmartigen Hauptbau des Rathauses in Mississauga (S. 139) zu sehen ist, werden Freiraumformen genutzt, um einerseits einen besonderen Aufenthaltskomfort mit Ruhe und Aussicht zu ermöglichen, andererseits aber auch, dem Bau durch eigenwillige Dachgestaltung – beim Rathaus z. B. die Form einer Stufenpyramide – eine ausdrucksvolle Prägung zu geben. Der Schotte John Claudius Loudon schrieb 1833 eine »Encyclopaedia of Cottage, Form and Villa Architecture«. Loudons Zeichnungen über die Verwandlungen eines einfachen Landhauses mit Hilfe veränderter Umschließungsformen zeigt auf belustigende Weise, wie »Kleider Leute machen«. Bei seinen Verwandlungen zieht Loudon alle Umschließungselemente – Boden, Wand und Dach – in den Wandlungsprozeß ein. Der Architekt und Architekturkritiker Charles Jencks sagt in seinem Buch »Die Sprache der postmodernen Architektur« (Stuttgart, 3. Aufl. 1988, S. 68) mit Recht zur Wahl einer Variante: »Der passende Stil hängt von der Rolle des Bauträgers und dem Wohnort ab.«

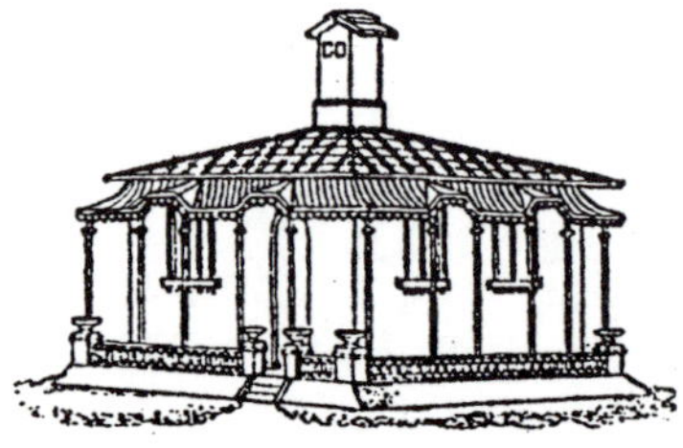

Türen und Fenster als Verbindung von innen und außen

Türen und Fenster sind als Umschließungsöffnungen bereits zweimal behandelt worden (vgl. 109 ff. und 136 ff.): als Elemente der Baumassengliederung und der Wandgliederung. Sie sollen noch einmal intensiv betrachtet werden:

Übersicht: Der Eingang als »Visitenkarte«, S. 164

■ Als Verbindung von außen und innen erfüllen sie im Zusammenhang von künstlich geschaffenem und natürlichem Raum mehrere Funktionen:

- Sie sind Zugangs- und Lichtquelle.
- Sie bestimmen die natürliche Wärme und Kälte des architektonischen Raums.
- Über die Größe und Lage regeln sie die Ausleuchtung und bestimmen damit maßgeblich den Raumeindruck.

■ Durch die Verbindung von außen und innen beziehen sie Baukörper und Raum aufeinander und steuern insoweit

- die Erwartungen des Betrachters beim Betreten,
- die Wahrnehmung der Raumanordnung und
- die Orientierung im Raum.

Türen und Fenster an einem Bau sind vor allem durch Größe, Lage und Dekor hierarchisch geordnet. Sie drücken über diese Hierarchie Funktionen, Bedeutungen und Absichten aus.

Am Haus Rabe in Leipzig (S. 87 f.) waren unterschiedliche Türen und Fenster zu erkennen, die teilweise durch Form und Größe funktional und hierarchisch bestimmt werden konnten: Wohnraumfenster, Flurfenster, Toilettenfenster, Haupteingang, Carport-Eingang etc.

Beispiel: Vorortvilla der Jahrhundertwende, Ansicht

An dieser architektonisch einfachen, aber in der Zugangsfront inszenierten Vorortvilla lassen sich mehrere funktional und zweckübergreifende Absichten ablesen:

■ Durch die zweiläufige Treppe wird der Zugang psychologisch durch einen Absatz verzögert.

■ Der Haupteingang hat die Form eines Pfeilerportikus mit Balkon.

■ Das Hauptportal ist durch ein seitliches Fenster optisch verbreitert, während die Balkontür schmaler gestaltet ist.

■ Die Erker sind durch große Fenster voll durchlichtet und zeigen Wohnräume an.

■ Auffällig ist das Giebelfenster im Palladio-Motiv*. Es zeigt an, daß

- die Front selbst im Giebel nobilitiert werden soll und
- der Dachraum ausgebaut ist.

■ Das Fenster am Balkon ist architraviert*; die übrigen Fenster an der Traufseite des Hauses sind einfach und bündig in die Wand gelegt.

Türen, Haupteingänge und Portale sind vor allem im Zusammenhang von Ort, Lage und Zugang des Baus (vgl. 27ff.) zu betrachten.

> Die Tür, vor allem der Haupteingang, ist die »Visitenkarte« des Gebäudes. Sie ist mit ihrer Verschließungs- und Öffnungsfunktion in der konkreten Ausgestaltung Ausdruck dafür, ob
>
> ■ sich der Raum verschließt, so daß der Eintritt zum »Genehmigungsakt« wird,
>
> ■ der Eingang zum Eintritt auffordert, d.h. Einladung ausdrückt bzw.
>
> ■ vor dem Eingang ein Verharren gefordert wird, so daß der Einlaß zelebriert wird.

Bei Türen und Portalen sind Tür*elemente*, Tür*formen* und die Tür*gestaltung* zu unterscheiden. Im Zusammenhang mit der Wand bilden sie den Eingang. Jede noch so einfache Tür besteht aus den Elementen *Leibung* (bzw. Zarge), *Sturz* oder *Bogen* und *Blatt*. Manche Türen und Portale sind darüber hinaus mit einer *Schwelle* als Bodenverbindung zwischen den Pfosten, teilweise auch mit Rahmungen im weiteren Sinne versehen. Als Schwelle wird im allgemeinen auch die Raumgrenze an einer Tür verstanden.

Beispiele:

Zwei romanische Portale aus dem 12. Jh., Aufrisse mit Grundrissen

Das einfache Portal besteht aus einer steinverstärkten Leibung mit einem halbrunden monolithen Sturz, dessen Feld durch Vertiefung einen Sturz mit Bogen simuliert. Demgegenüber ist das zweite Portal kompliziert aufgebaut:

■ Die Leibung ist als gestuftes Gewände ausgebildet, wobei in jede Treppung eine Viertelsäule eingestellt ist.

■ Sockel und Kämpfer* sind durch Profilierung betont und in die Treppung verkröpft*, so daß das Portal

- einerseits um Pilastertiefe vor die Mauer tritt und
- andererseits tief trichterförmig in die Wand eindringt.

■ Die Stufung des Gewändes wird durch Rundbogenläufe fortgeführt; über dem Türblatt wird der Rundbogen durch ein Steinfeld, das Tympanon*, ausgefüllt.

Hildesheim, Kirche St. Godehard, Säulenportal, um 1170, Aufriß

An diesem Portal ist das Tympanon mit Figuren und einem Dekorband geschmückt; es weist auch zwei weitere Besonderheiten auf:

- Über den Portalarchivolten ist der Mauer ein profilierter Rahmen vorgelegt.

- Das Gewände sowie der Rahmen werden aus dem Sockel des Baus entwickelt, indem dessen Profilierung teilweise ins Gewände geführt wird und teilweise – vor die Mauer gelegt – das Portal einfaßt.

Ein solches Sockelumlaufportal* zeigt eine doppelte Absicht:

- Die »Verletzung« der Wand durch den Türeinschnitt soll mit Mitteln der Steinmetzkunst gemildert und das Portal als integraler Bestandteil des Baus dargestellt werden.

- Mit der Rahmung wird das Portal in seiner Größe bedeutungsmäßig erhöht; das skulptierte Tympanon wird dadurch mit einer besonderen »Bildeinfassung« nobilitiert.

▲

Die Türschwelle wird bei der Betrachtung oft vernachlässigt. Wir nehmen sie aber deutlich mit unseren Füßen wahr, wobei auch das Fehlen einer Schwelle als Eindruck des ungehinderten Zugangs zumindest unterbewußt wahrgenommen wird. Mit Hilfe von Stufen wird die Schwelle im übertragenen Sinne erhöht.

Mit der Schwelle wird der Übergang von außen nach innen wahrnehmungspsychologisch gesteuert.

▼

Beispiele:

Erfurt, Dom, Hauptportal, um 1300, Ansicht

Das gotische Figurenportal besitzt direkt vor der Tür eine geringe Schwelle, die mehr die Funktion des Feuchtigkeitsschutzes als eines Verharrungseffektes hat. Das tiefgestaffelte Portal entfaltet eine Sogwirkung. Seine Rahmung durch Strebepfeiler, Fialen und den maßwerkgeschmückten freistehenden Wimperg* geben dem Portal eine aufwärtsgerichtete Streckung mit Bedeutungsgehalt.

Ják/Ungarn, Hauptportal der Abteikirche, um 1250, Ansicht

Bei dem spätromanischen Portal ist im Unterschied zu Erfurt die Schwelle nach vorne verlegt, ohne besonders betont zu sein. Trotzdem wird dadurch das tiefgestaffelte Säulenportal zum »Vorraum«. Dies wird außerdem durch die quergestellten Löwen, die die vordersten Säulen tragen, hervorgehoben. Das Portal wird durch eine gestaffelte Zwerggalerie von Dreipaßarkaden gerahmt, in die Heiligenfiguren als Begleiter des Heilswegs, der hinter dem Portal beginnt, eingestellt sind. Das durch ein skulptiertes Tympanon geschmückte Portal besitzt ein zweiflügeliges Türblatt, dessen Türangeln aus kunstvoll geschmiedeten Beschlägen bestehen.

Segovia/Spanien, Hauptportal der Klosterkirche Sta. Cruz la Real, 15. Jh., Ansicht

Dieses Portal im Platerostil* betont die Schwelle durch zwei Stufen, um dadurch einen Verharrungseffekt zu erreichen und damit die Bedeutung des Eintritts zu erhöhen. Das zweiflügelige Türblatt ist mit Kreuz- und Strahlensymbolen versehen. Der Sturz, als Tudorbogen* geformt, wird von einem gedrückten Dreipaßbogen über dem Tympanon überwölbt, um darüber in einem herzförmigen Rahmen das Opfer Christi am Kreuz (Kirchenname) als Symbol der Liebe Gottes zu zeigen. Das Ganze wird durch einen reich verzierten Rahmen überhöht.

Salomon de Brosse, Kirche St. Gervais, Paris/Frankreich 1616, Fassadenansicht

Hier ist den seitlich angeordneten Eingängen eine Freitreppe vorgelegt, die als vorverlegte Schwelle einen Verharrungseffekt mit der Wirkung des »Aufstiegs« vermittelt. Während die Eingänge bündig in der Wand liegen, ist der Mittelteil zurückgestuft und durch eine vor die Wand gelegte Portikus gerahmt. Eingänge und Portikus werden über gekuppelte Säulen und eine die Höhe des Portikusgiebels einbeziehende Attika* zur Einheit verbunden. Auf diese Weise entsteht eine Triumphbogenarchitektur, die der Fassade ihre besondere Bedeutung gibt.

▲

Die Form des Eingangs wird aus der Lage der Tür zur Wand definiert. Dementsprechend können grundsätzlich drei Formen unterschieden werden:

- Der bündig zur Wand gesetzte Eingang,
- der vor die Wand gezogene Eingang und
- der in den Bau zurückgesetzte Eingang.

Eingangsformen

Der bündig gesetzte Eingang unterbricht die Wandfläche am wenigsten, erfüllt aber nicht einmal die Funktion des Witterungsschutzes; er zeigt sich »emotionslos« als Wandeinschnitt mit der schlichten Funktion der Öffnung zwischen außen und innen.

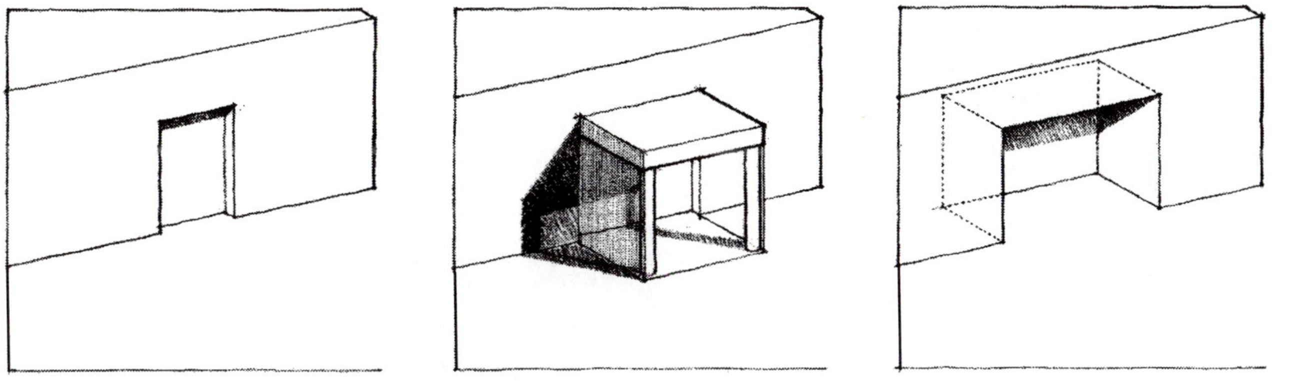

bündig *vorgezogen* *zurückgesetzt*

Demgegenüber hat der vorgezogene additive Eingang neben der Funktion des Witterungsschutzes den Vorraumcharakter; er ist insofern Vorbereitung auf den Raum, wirkt einladend und läßt den Besucher verharren.

Am deutlichsten zeigt der zurückgesetzte integrative Eingang seine Einladung zum Betreten; er gewährt nicht allein Witterungsschutz, sondern nimmt den Eintretenden schon vor dem Eintritt in den Bau auf.

All diese Eingangsformen – auch Zwischenformen – sind bereits an Beispielen dargestellt worden. Baumeister und Architekten haben zu allen Zeiten auf diese Grundformen zurückgegriffen, um zusammen mit der Eingangsgestaltung als Visitenkarte des Baus die Absichten des Bauträgers, der Bewohner oder Institution auszudrücken.

▼
Beispiele:

Mykene / Griechenland, Eingang zum sogen. Grab des Agamemnon, um 1300 v. Chr., Aufriß

Der bündig gesetzte, über 10 m hohe und 6 m breite Eingang ist aus isodomen Steinlagen mit leicht nach innen geneigter Leibung gebildet. Der Sturz besteht aus einem gewaltigen Steinblock, der mehr als ein Drittel der gesamten Portalhöhe ausmacht. Zwei vorgelegte, bronzebeschlagene Säulen mit geometrischen Schmuckmotiven flankieren den Eingang. Eine schmuckvolle Bronzeverzierung feldert den Sturz, der zusätzlich mit einer Stierkampfszene skulptiert ist. Ein Hörnerfries bildet den Abschluß. Die übermächtige Größe des Eingangs und seine aufwendige Gestaltung verweisen auf die Bedeutung des Grabes und dessen, der dort bestattet wurde.

Filippo Brunelleschi, Pazzi-Kapelle innerhalb des Kreuzgangs von Sta. Croce, Florenz/Italien 1429, Ansicht

Mit einer vorgezogenen Portikus im Triumphbogenmotiv staffelt der Architekt den Eingang. Das zwischen Säulen erhöhte Rundbogenportal ist vor den eigentlichen Eingang mit Giebelverdachung* gelegt. Formenvariation wird durch verschiedene Motive mit Bedeutung verbunden.

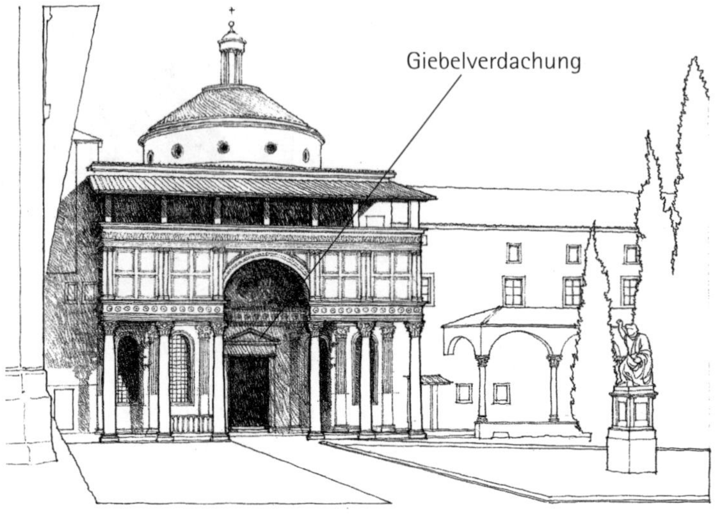

Ieoh Ming Pei & Partner, National Gallery of Art, Washington/USA 1978, Ansicht der Ostfassade

Pei öffnet die fensterlose Front, indem er den Eingang weit nach innen zurücksetzt. Der scheinbar abweisende Bau erhält so eine Sogkraft. Mit einer modernen Variante ägyptischer Pylonenarchitektur erreicht der Architekt

- funktional: Lichtgeschützte Räume für die Kunstobjekte,
- tektonisch: Großflächige Massengliederung und
- psychologisch: Sogwirkung in den Bau.

Gerade mit der Eingangsgestaltung wird die Spannung zwischen dem Geheimnis der Kunst und der Einladung, in das Geheimnis einzudringen, architektonisch zum Ausdruck gebracht.

Jede Tür, ob Käfigtür, Garagentor oder Kirchenportal, wird nach funktionalen und intentionalen Gesichtspunkten gestaltet. Die Käfigtür muß vor Ausbruch sichern, das Garagentor den Automaßen entsprechen. Das Kirchenportal soll über die Eingangsfunktion hinaus auf die Bedeutung des Gebäudes verweisen.

Die Gestaltung von Türen und Portalen an Bauten kann im einfachsten Falle ein Mauereinschnitt mit schmucklosem Türblatt sein. Sie kann aber auch mit Hilfe von Schmuckformen, Portalüberhöhungen oder symbolischer Aufladung dem Eingang eine besondere Aussage verleihen.

Obgleich im Guild House in Philadelphia (S. 138) ein einfacher Wandaufschnitt zum Eingang führt, wird trotzdem durch zwei andere Elemente der Eingang betont;

- Durch die trichterförmige Gestaltung wird ein Sog zur Haustür ausgeübt; die Leibung hat durch Übergröße Schutz- und Willkommensfunktion.

- Die mittig gestellte Säule hat neben der erwähnten Aufgabe der Verkehrslenkung eine Aussagebedeutung. Als vornehmes Bauglied soll die Säule dem Bau Würde verleihen, die einem Wohnort für alte Menschen zukommt.

Beispiele:

Halberstadt, Portal eines Patrizierhauses, 1552, Ansicht

An diesem Renaissance-Portal zeigen die klaren vertikalen und horizontalen Elemente – trotz letzter gotischer Stabwerkreste* am Portalbogen – den Einfluß römischer Triumphbogenarchitektur. Die Attika über dem Bogen ist von einer Ädikula* überhöht, in deren Mittelfeld ein Wappen – vermutlich des Hausherrn – angebracht ist. Palmettenschmuck, verkröpfte Gesimse und Pilasterformen machen das Portal zur Visitenkarte eines vornehmen, reputierten Hausherrn.

Straßburg / Frankreich, Figurenportal am südlichen Querhaus des Münsters, 1. Drittel 13. Jh., Ansicht

Das Doppelportal ist tiefgestuft, durch profilierte Bogenläufe überfangen und einen kräftigen aufgelegten Doppelbogen zusammengebunden. Darüber hinaus gibt ein programmatischer Figurenschmuck dem Portal seine besondere Bedeutung:

- Auf dem trennenden Mittelpfosten ist ein Mann mit Schwert zu erkennen; es ist Salomon als Richter.

- Links und rechts auf gleicher Höhe wird er von zwei Frauenfiguren, Ecclesia und Synagoge, Allegorien des Christentums und Judentums, flankiert.

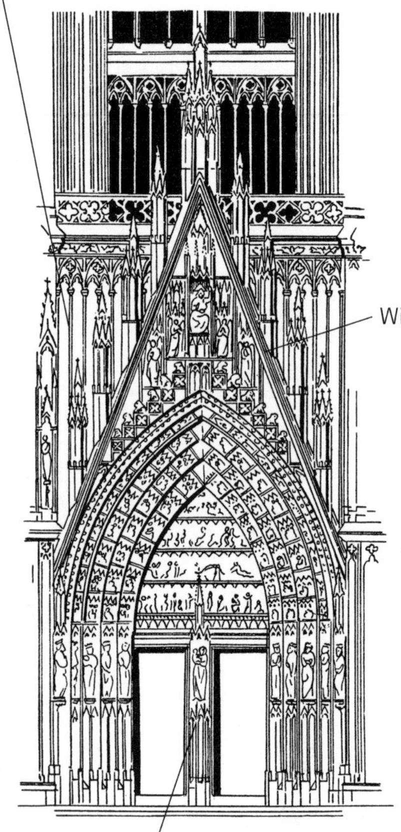

- Im Gewände begleiteten früher die zwölf Apostel – die im Zuge der Bilderstürmerei der französischen Revolution zerstört wurden – den Eintretenden.

- In den beiden Tympana werden der Marientod und die Marienkrönung dargestellt.

Hier wird ein Portal symbolisch und programmatisch aufgeladen, wobei die Schmuckmotive, Doppelbogen und Kämpferverkröpfung, verklammernde Bedeutung haben.

Köln, mittleres Westportal des Doms, 19. Jh. nach Plänen des 13. Jh., Aufriß

An diesem gotischen Kathedralportal soll nicht das komplexe Figurenprogramm analysiert werden, das von der Trumeaufigur* über die Gewände- und Archivoltenfiguren bis zum vierzonigen Tympanon reicht. Vielmehr ist an diesem Portal besonders gut die Überhöhung von Portalen zu erkennen:

- Die spitzbogigen Archivolten des Portals werden von einem Wimperg überhöht, der nicht nur den steilen Zug nach oben unterstreicht, sondern auch ein eigenes Figurenprogramm enthält, das bedeutungsmäßig an höherer Stelle angebracht ist.

- Der Wimperg wird von Fialen und Schleiermaßwerk* begleitet und somit in den ziselierten Wandschmuck und seine wandauflösende Illusion einbezogen.

Mit einem solchen Portal wird über die architektonische Verbindung von unten und oben die Heilsbedeutung des Portals und der theologische Zusammenhang der Bedeutung von oben und unten augenfällig gemacht.

Chemnitz, Portal der Schloßkirche, Anfang 16. Jh., Ansicht

An diesem Portal wird Schmuck, Überhöhung und symbolische Aufladung in kaum überbietbarer Form verschmolzen:

- Astwerk*, möglicherweise eine Lebensbaum-Anspielung, überzieht und durchdringt die gesamte Portalanlage.

- Das Portal wird dreizonig überhöht.

- Das Figurenprogramm reicht von der Portalzone über alle Zonen:

  - Wächterlöwen und Heilige flankieren den eingezogenen und über zwei Stufen erhöhten Eingang.
  - In der Zone über dem Rundbogen steht Maria mit dem Kind, begleitet von Heiligen.
  - Darüber, umgeben von musizierenden Engeln, wird die Dreieinigkeit in Form des Gnadenstuhls* dargestellt.
  - Den Abschluß bilden musizierende Engel.

Das Portalprogramm vermittelt von der Geburt bis zum Opfertod Christi die göttliche Gnade und den Anteil der Gottesmutter daran. Die Durchdringung von Schmuck- und Aussagedichte machen das Portal zu einem überladenen, ruhelosen Gesamtwerk, das u.a. mit dem abgeschnittenen Astwerk manieristische Züge trägt.

Während heutige Architekten dazu neigen, Eingänge weniger über Dekor als vielmehr mit architektonischen Mitteln, z.B. durch raffinierte Wandeinschnitte oder Säulenverwendung – wie in Peis National Gallery (S. 156) oder Venturis Guild House (S. 138) – zu gestalten, wurden noch Anfang dieses Jahrhunderts gerade die Portale großer Gebäude »bedeutungsschwer« hervorgehoben. Dabei schreckte man nicht davor zurück, alte Symbolik für neue Zwecke zu nutzen, um die Wahrnehmung psychologisch zu steuern.

Beispiel: Louis H. Sullivan, Merchant's National Bank, Grinell / USA 1914, Ansicht

Die schwere Wand der Bankfassade wird dominiert von der Portal- und Fenstergestaltung:

- Eine keinesfalls übergroße, zurückgesetzte Tür wird
  - durch Säulen mit schwerem Sturz, in dem sich ein Wappen befindet, flankiert.
  - Zur Seite der Säulen hocken Gestalten, die wie Wächter fungieren.
- Das Portal ist mit einem üppig eingefaßten Rundfenster überhöht, das an ein gotisches Rosenfenster erinnert.
- Die Einfassung des Rundfensters ist in Schichten gestaltet:
  - In der untersten Schicht nimmt ein Kreis die Fensterform wieder auf.
  - Darüber liegt ein Quadrat und wieder ein Kreis.
  - Diese Schichten werden verbunden und durchdrungen von Stabwerk in Quadrat- und Rautenform.

Die alten Symbole von Kreis und Quadrat für Himmel und Erde werden hier mit der überhöhten Portalform verbunden. Sakrale Bilder werden für profane Weltmächte, Handel und Geld, in Dienst genommen.

Die *Eingangs*gestaltung muß immer in engem Zusammenhang mit der *Zugangs*gestaltung gesehen werden. Sie kann aber auch verzögerte *Eintritts*gestaltung sein und damit den Übergang von außen nach innen betonen.

Während Portikusformen und Baldachinportale vor den Baukörper gelegt werden, sind Vorhallen und Vorräume den Bauten als Räume integriert, wie bereits in Qalaat Seman (S. 111) zu sehen war.

Beispiele:

Fidenza / Italien, Domportal, Ende 12. Jh., Ansicht

Der Eingang ist als kleines Haus mit freigestellten Säulen gebildet. Mit dieser Baldachinform wird ein Herrschaftszeichen verwendet. Dem Eintretenden soll deutlich werden, daß er den Ort des Weltherrschers betreten wird, ein Ort, über den die Löwen unter den Säulen wachen. Das Wächterbild des Löwen beruht auf der mittelalterlichen Vorstellung, daß Löwen mit offenen Augen schlafen und ihnen somit nichts entgehen kann.

Richard Boyle Burlington, Chiswick House, Chiswick / Großbritannien 1726, Ansicht der Eingangsfront

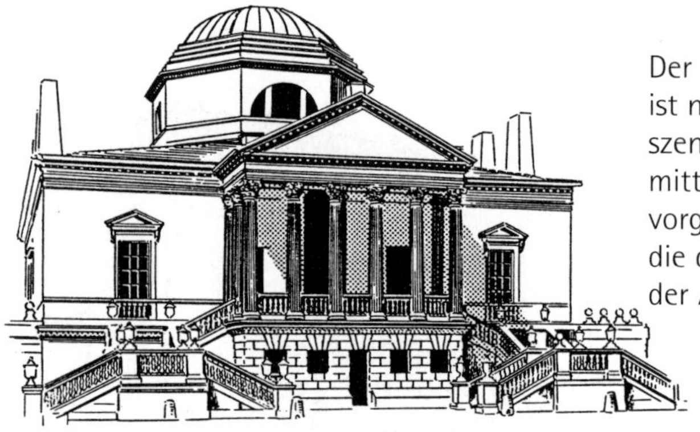

Der Bau, ein Zitat der Villa Rotonda von Palladio (vgl. S. 66 und 86), ist nicht nur durch eine komplizierte Treppenanlage im Zugang inszeniert. Ihm ist vor allem eine Portikus in Form einer Tempelfassade mittig vorgelegt, um den Eingang oder Eintritt vorzubereiten. Dieser vorgelegte zweijochige »Podiumstempel« ist eine Würdeformel, die die damaligen Bauherren in Anspielung auf Götter-und Heroensitze der Antike zur Selbstinszenierung nutzten.

Oft greifen moderne Architekten auf uralte Formen der Zugangs- und Eingangsgestaltung zurück, um bei ihren Bauten eine »würdige« Näherung zu inszenieren.

Beispiele:

Ur / Irak, Zikkurat*, um 2000 v. Chr., Axonometrie

Über drei langgezogene Treppen ist der Zugang zum ersten Plateau gesteuert. Dort muß ein zentral gesetztes Tor durchschritten werden. Hinter dem Tor werden das zweite und dritte Plateau über eine zentral geführte, zweiläufige Treppe erreicht, die direkt auf den Eingang des Heiligtums auf dem obersten Plateau zuführt. Mit Hilfe von langgezogenem Zugang und Verharrungseffekten durch Tor und Treppenabsatz wird der Eingang zum Zielpunkt der Bewegung hochstilisiert.

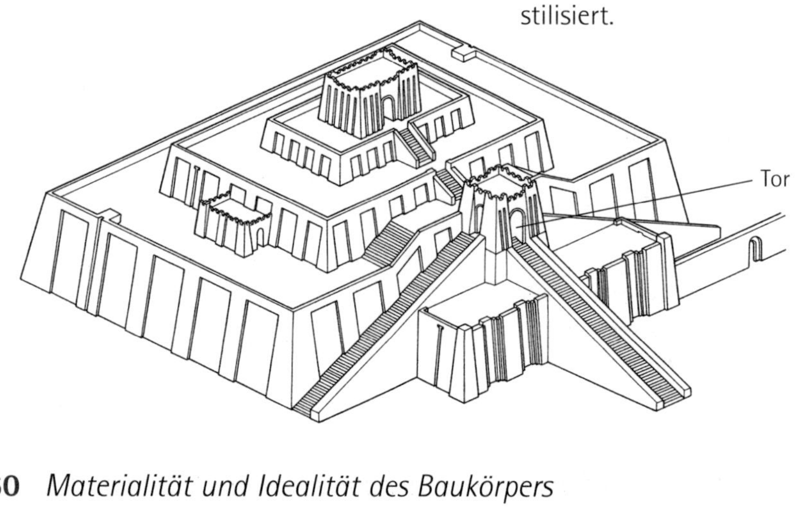

Richard Meier, High Museum of Art, Atlanta/USA 1983, Militärriß

Meier arbeitet gern mit einer Zugangs-Eingangs-Inszenierung, wie auch am Entwurf des Arp-Museums (S. 90) zu sehen ist. Wie beim Zikkurat von Ur wird durch ein Tor der Zugang von verschiedenen Seiten gebündelt und dahinter gerichtet weitergeleitet. Dabei setzt der Architekt – ähnlich der Verharrung durch den Treppenabsatz beim Zikkurat – über ein freigestelltes Tor ein Zeichen für den künftigen Eintritt, der erst einige Schritte dahinter liegt. Eine solche Inszenierung enthält die Mahnung, sich der Kunst bewußt zu nähern.

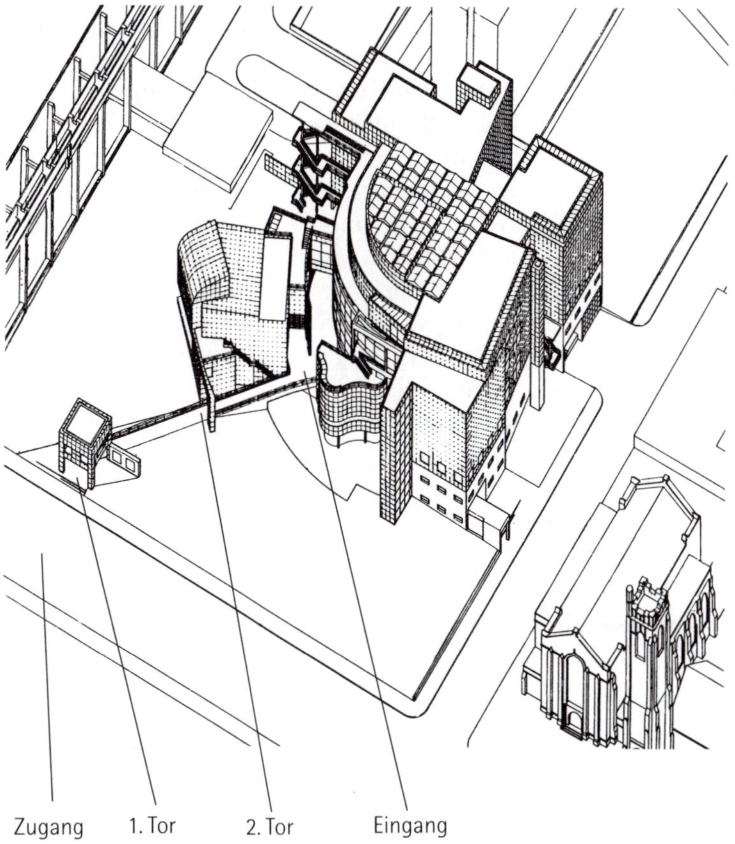

Auch das Fenster ist bereits als Umschließungsöffnung behandelt worden (vgl. S. 136ff.) Seine architektonische Verwendung folgt ähnlichen Absichten und Gestaltungsprinzipien wie die Tür. Ein grundlegender Unterschied besteht allerdings:

Übersicht: Das Fenster als »Auge« des Baus, S. 164

> Während die Tür vor allem von außen als Eintritt in den umschlossenen Raum definiert wird, müssen Fenster vorrangig vom Raum her als Erschließung von Lichtquellen verstanden werden.

Trotzdem hat auch das Fenster neben belichtenden und wandgliedernden Funktionen eine wichtige Aussagebedeutung. Ist der Eingang die »Visitenkarte« des Baus, so sind die Fenster im übertragenen Sinne die »Augen«, mit denen der Bau den von außen kommenden Betrachter »anschaut«.

Am Beispiel der Merchant's National Bank in Grinell (S. 159) war es das dominierende Rundfenster über dem Portal, das wie ein Zyklopenauge an der kaum gegliederten Wand den Betrachter in seinen Bann zieht.

Das Fenster kann im Extrem selbst zur Wand werden, wenn es bei gläsernen Vorhangfassaden den Bau ganz oder teilweise umschließt und sein Inneres optisch freigibt.

Dies war besonders gut am Glass House von Johnson (S. 43) und an Stirlings Internationalem Forum in Tokio (S. 141) zu sehen.

Auch beim Fenster können *Elemente*, *Formen* und *Gestaltung* unterschieden werden. Fenster*elemente* sind die Leibung, der Sturz, die Fensterbank und die Scheibe. In modernen Bauten verbindet manchmal ein vorgesetzter Rahmen, wie bei Eisenmans Haus Miller (S. 100), den Bau mit dem Luftraum. Wie schon bei den Türen, so muß auch bei den Fenstern die übergreifende Wandgestaltung als Rahmung im weitesten Sinne angesehen werden. Auch die Fenster*form* kann, ähnlich den Türen, bündig mit der Wand, wie im Haus Rabe in Leipzig (S. 87f.), gesetzt, wie bei Lovag (S. 46), herausgestellt oder, wie beim Einsteinturm in Potsdam (S. 10), tief eingezogen sein. Der Fenster*gestaltung* sind fast keine Grenzen gesetzt. Wichtiger als die Variation, oft unterstützt durch die Gliederung der Scheiben mit Hilfe von Sprossen, Stegen, Maß- und Stabwerk oder farbige Glasverwendung mit Bild- und Symbolinhalten, ist die Lage der Fenster. Auf die Lage und ihre funktionale Bedeutung wurde an mehreren Stellen hingewiesen. Sie ist meist über die Lichtzuführung, d.h. die Beleuchtung, hinaus für die Lichtführung im Raum, d. h. die Ausleuchtung wichtig. Das im Kuppelscheitel des römischen Pantheon (S. 62) angebrachte Opäum ist in dem sonst fensterlosen Bau nicht nur im Tagesablauf und Jahresablauf wechselnde Belichtungsquelle; es ist auch und vor allem durch seinen Lichtkegel ein Instrument der spotartigen Beleuchtung und Ausleuchtung.

Beispiele:

Batalha / Portugal, Klosterkirche, 1388, Aufriß der Westfassade

An der Fassade sind drei Spitzbogenfenster angebracht:

- Die Seitenschiffenster sind mit ihren Gewänden in die Wand eingestuft und durch Stabwerk dreibahnig* gegliedert. Der Spitzbogen ist mit Maßwerk ausgefüllt. Die Fensterbank ist glatt als Regenablauf gestaltet.

- Das Obergadenfenster des Mittelschiffs ist durch kleinteilige Bleiverglasung dekorativ hervorgehoben. Seine Leibung und Bogenausbildung als Eselsrücken* ist dem Portal angepaßt.

- Die hohe Lage des Mittelschiffensters im Westen gewährleistet, unterstützt durch seine Verglasung, ein von oben diffundierendes Licht im Raum.

- Das über dem Portal und dem Bogen des Mittelschiffensters angebrachte Blendmaßwerk verbindet nicht nur Portal und Fenster, sondern bewirkt eine architektonische Vertikalisierung. Das Fenster kennzeichnet das Mittelschiff auch lichtmäßig als bevorzugten, d. h. »erleuchteten« Heilsweg.

Jacob van Campen, Mauritshuis, Den Haag/Niederlande 1633, Ansicht

Während die Fenster im Souterrain* ohne besondere Hervorhebung in die Wand eingeschnitten sind, werden sie an der Eingangsfassade sehr behutsam gegliedert und gestaltet:

■ Zwischen die streckenden Pilaster der Kolossalordnung sind hochrechteckige Fenster gleicher Größe gesetzt. Während die Scheiben durch gleiche Sprossengliederung den Gleichklang betonen, wird jeder monotone Rapport durch geringfügige Variationen vermieden:

- Der Rhythmus der Fensteranbringung wird im Portalbereich verengt.
- Während die Stürze der Fenster im Erdgeschoß nur durch Architravierung und geschmückte Verdachung* neben dem Portal hervorgehoben werden, tragen die Fenster im Obergeschoß kräftige Giebelverdachungen mit einer Ausnahme; die axial zu den Fenstern, die das Portal flankieren, gesetzten Fenster im Obergeschoß haben die gleiche geschmückte Verdachung wie unten.
- Hierdurch wird der rhythmische Gleichklang trotz Variation beibehalten: Im Erdgeschoß a a b Tür b a a, im Obergeschoß a a b a b a a.

■ Während die Rechteckform der Fenster die Vertikale betont, sind die Architravierungen und Verdachungen nur geringe Ausponderierungen als Horizontale, die erst durch das starke Kranzgesims am Dachauflager hervorgehoben wird.

■ Die Horizontalität wird aber auf mittlerer Wandhöhe durch dekorative Girlanden, sogen. Festons*, unterstützt.

■ Motivisch verbindend – insoweit erweist sich die Fenstergestaltung als pars pro toto – sind die Giebelverdachungen, die die Form am Portal und im Frontispiz*, dem geschmückten Zwerchdach, aufnehmen.

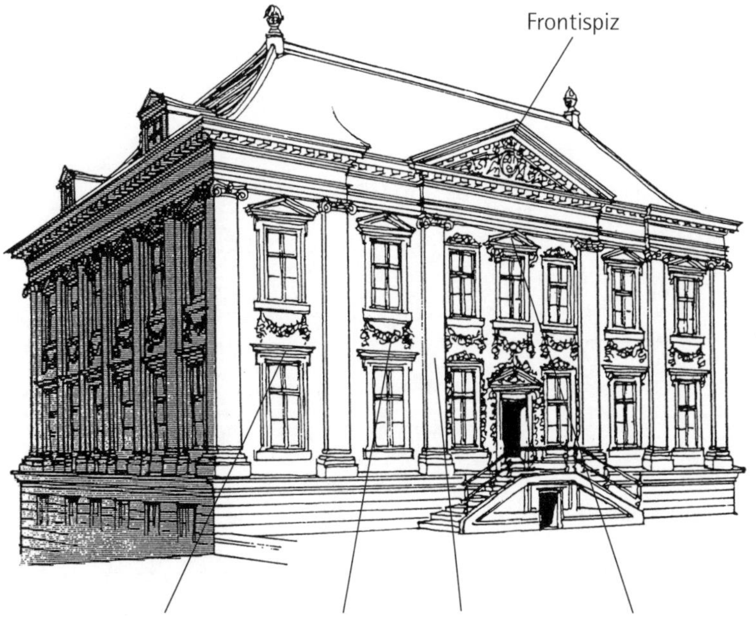

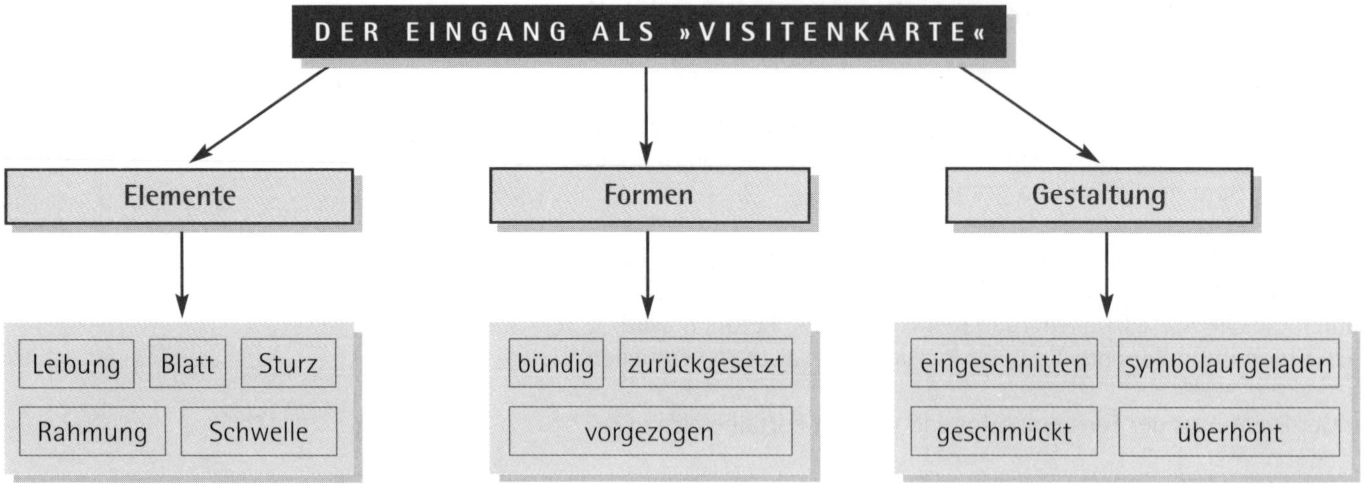
DER EINGANG ALS »VISITENKARTE«
Elemente
Formen
Gestaltung
Leibung
Blatt
Sturz
Rahmung
Schwelle
bündig
zurückgesetzt
vorgezogen
eingeschnitten
symbolaufgeladen
geschmückt
überhöht

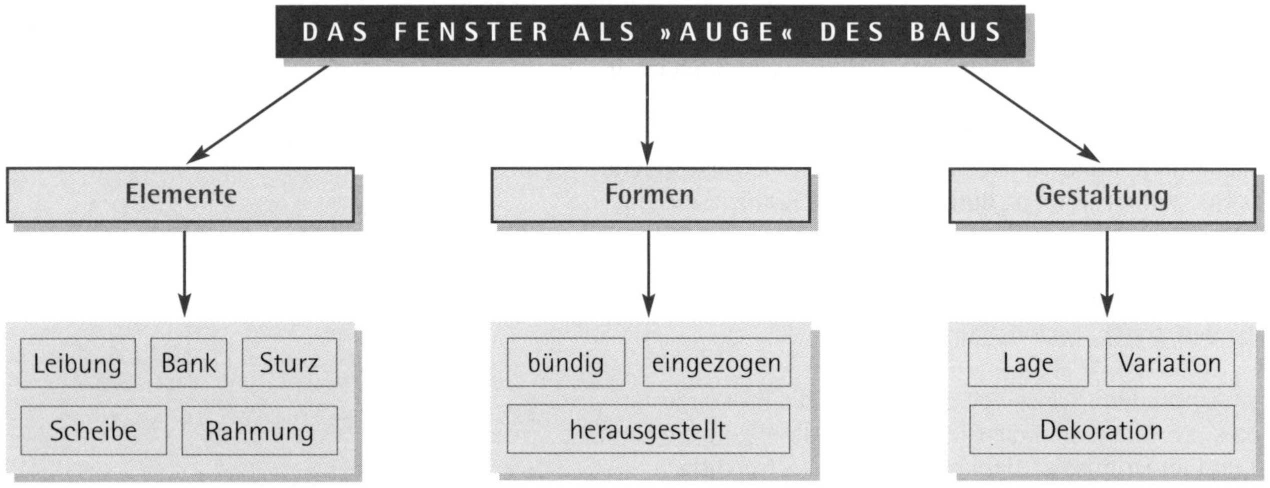
DAS FENSTER ALS »AUGE« DES BAUS
Elemente
Formen
Gestaltung
Leibung
Bank
Sturz
Scheibe
Rahmung
bündig
eingezogen
herausgestellt
Lage
Variation
Dekoration

Innenraum als Ort und Bewegungsraum

Aus der Sicht des Betrachters ist die Begegnung mit dem Baukörper die Begegnung mit einem Objekt; d. h. der Betrachter erfährt sich in einer Beziehung von Subjekt zum Objekt. Das Erlebnis des Raums ist ganz anders. Der Betrachter steht nicht außerhalb; vielmehr ist er auf doppelte Weise »eingeschlossen«. Als Teil des Raums steht er in einer Spannung sowohl als Subjekt wie auch als Objekt.

> Der Raum ist Ort und Bewegungsraum; er ist für den Menschen immer zugleich Lebensraum.

Stehen und Schreiten sind in einem Raum zwei grundsätzlich verschiedene Haltungen. Dies ist auf banale Weise in überfüllten Zügen auf langen Reisen sinnfällig zu erleben. Der Stehplatz wird zur Qual und der enge Raum zur Beklemmung. Der Mensch erfährt in der Ruhestellung den *Raum als Ort* und beim Durchschreiten als *Bewegungsraum*. Obwohl die meisten Räume als Orte konzipiert werden, erfahren wir sie durch das Eintreten zunächst aus der Bewegung. Durch und mit dem Eintritt wird der Raum erschlossen und der Ersteindruck geprägt.

Eintritt und Erschließung eines Baus und eines jeden Zimmers bestimmen den Ersteindruck; sie genießen deshalb als »Eindrucksgestaltung« die besondere Aufmerksamkeit von Architekten und Bauträgern.

Lenkung als ein zentrales Architekturproblem ist schon bei der Zugangsgestaltung behandelt worden; im Raum, d. h. nach dem Eintritt in den Bau und beim Betreten eines jeden Zimmers, ist dieses Lenkungsproblem präsent. Es wird auf den Ort und Bewegungsraum bezogen und mit der Blickführung verbunden. Estraden betonen den Ort, Fluchten die Bewegung; Türen als Verengung führen zur Verharrung, offene Treppenhäuser und Vorräume steigern den Drang, sich weiterzubewegen.

▼

Beispiele:

Karl Friedrich Schinkel, Altes Museum am Lustgarten, Berlin 1825, Ansicht von innen mit Treppenhaus und Vorhalle

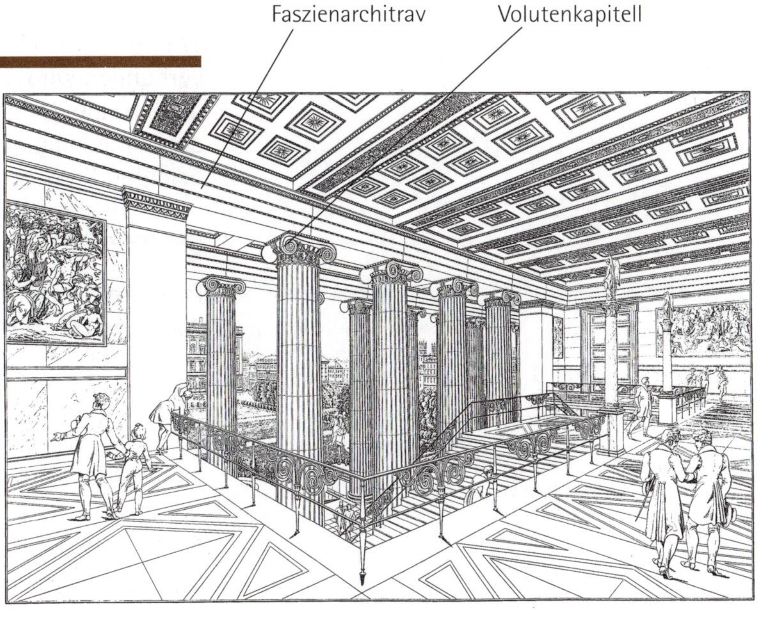

Treppenhaus und Vorhalle sind in den Bau eingezogen, aber nach außen über eine doppelte Säulenreihe geöffnet. Diese Säulenreihe ist hochgelegt und über eine Treppe zu erreichen (hier nicht zu sehen). Hinter der Säulenreihe führt eine zweiarmige Treppe in den Vorraum. Der Treppenantritt liegt auf der Ebene der Säulenbasen. Die Kassettendecke* der Vorhalle wird von einem

Faszienarchitrav* über den ionischen* Volutenkapitellen* getragen. Die Vorhalle ist als riesige »Estraden-Galerie« geformt. Die Zeichnung Schinkels spiegelt in den beigegebenen Figuren die Absichten dieser architektonischen Lösung:

- Die Treppe führt zur Verharrung, zieht den Blick in die Höhe und vermittelt den Aufstieg zur Kunst.

- Auf halber Treppenhöhe wird der Blick auf die Vorhalle freigegeben und die Neugier als Erwartungshaltung geweckt.

- Am Treppenaustritt ist ein Entscheidungspunkt mit Verharrungseffekt eingebaut:

  - Die Wendung nach allen Seiten einschließlich des prächtigen Rückblicks ist möglich.
  - Raumlage queroblong, dagegen Fußbodengestaltung und Deckenstruktur längsoblong, verstärken das Entscheidungsproblem.
  - Die Vorhalle ist nicht nur als Erschließungsraum gedacht, sondern auch als Erlebnisraum für diskutierendes Wandeln konzipiert. Die altgriechische Stoa stand Pate.

Auguste Perret, Musée des Travaux Publics, Paris/ Frankreich 1937, Ansicht des Treppenhauses

Das Treppenhaus demonstriert die Formbarkeit des neuen Werkstoffs Beton. Bei sichtbarem Beton-Skelett der Wände und Decke schaffen die Rundstützen einen ausgesonderten Raum für die skulpturale Treppe. Die strenge Rechtwinkligkeit der Wand- und Deckenkonstruktion wird mit Transparenz und Schwingung verbunden. Hierfür wird, über jede Notwendigkeit hinausgehend, Erschließungsfläche und -raum zur Verfügung gestellt. Die flachgezogene Treppenführung soll beim Aufstieg das Erleben der Schwingung nicht durch Anstrengung mindern. Im kubischen Raum scheint ein Ring elastisch verzogen zu schweben. Über die formalen Kontraste wird die Spannung von Räumlichkeit inszeniert.

Wie sehr der Eintritts- und Erschließungsraum mit der Blickführung verbunden wird, zeigen beide Beispiele. Schinkel verdeutlicht dies durch seine der Zeichnung beigegebenen Figuren; Perret bewirkt sie durch die imaginäre Membrane zwischen den Stützen und der schiefgelegten Kreisform.

Beispiel: Gianlorenzo Bernini, Vatikan/Italien 1656, Ansicht der Scala Regia

Um die Treppe und den Aufgang zu einem optischen Erlebnis des »langen Weges« zu machen, benutzt Bernini zwei illusionserzeugende architektonische »Tricks«:

- Die Treppe läuft zum oberen Treppenende konisch zu, und
- das Interkolumnium wird zum Aufstieg verkürzt.

Der Rhythmus der Säulen, die Gurtbögen des Tonnengewölbes, die Linearisierung der Kassettendecke, die schmalen Seitenschiffe des Treppenhauses und die lange flache Streckung des Treppenanstiegs machen das Fenster am oberen Ende zu einem perspektivischen Fluchtpunkt. Sogwirkung und langsame Näherung mit Hilfe illusionistischer Mittel sind die Wirkungsziele des Architekten.

Bei der Betrachtung des Baukörpers und seiner Widerspiegelung von Raumbezügen wurde u. a. beim Palazzo Rucellai (S. 135) darauf hingewiesen, daß nur mit Vorsicht vom Baukörper auf die Raumgestaltung geschlossen werden kann. Viele Bauten sind darüber hinaus als Körper konstruiert und vernachlässigen die Raumgestaltung.

> Die Qualität eines Baus hängt u.a. maßgeblich von der funktionalen und qualitativen Übereinstimmung von Körper und Raum ab.

Wo der Baukörper über den umschlossenen Raum dominiert, wie z. B. beim Castel del Monte (S. 136f.), bekommt der Bau skulpturale Selbständigkeit; dominiert die Innenraumanordnung, d. h. der Raum, so kann dies wie z. B. bei der Unité d'Habitation in Firminy-Vert (S. 126), zur Monotonie führen.

Beispiel: Le Corbusier, Wallfahrtskirche Notre Dame du Haut, Ronchamp / Frankreich 1950, Innenansicht

Vergleicht man die Außenansicht und den Militärriß (S. 146) mit der Innenansicht, so hat man ein Musterbeispiel von funktionaler und qualitativer Übereinstimmung von Körper und Raum vor sich.

- Die expressive, Schutz vermittelnde Außenform wird innen als Raumerlebnis aufgenommen:

- Der äußeren Schmucklosigkeit entsprechen die schmucklosen Wände und Decke; das gleiche gilt von den großen Formengesten am Außenbau, die als Lichteinfälle und vorsichtige Schwingungen im Inneren (Wände, Decke) aufgenommen werden.
- Nach außen gewölbte Rundformen werden im Innern nicht nur als Hohlformen für die Aussonderung von Funktionsräumen (Sakristei, Tauf- und Andachtskapelle), sondern auch als Korrespondenzen (Kanzel, Zutritt zur Außenkanzel) genutzt.

- Vor allem das Spiel von der »Undurchdringlichkeit« der Wand mit ihrer bergenden Symbolik und der spotartigen Lichtdurchdringung mit ihrer geistig-theologischen Symbolik (Johannes-Evangelium 1, 4–9) zeigen die geniale Beziehung von innen und außen.

Die architektonische Erfassung des Raums ist in aller Regel komplizierter als das Erfassen des Körpers.

Die meisten Bauten enthalten eine Mehrzahl von Räumen, die

- durch Wände voneinander getrennt,
- durch Decken, d.h. über Etagen, voneinander geschieden und
- durch raumverbindende oder etagenübergreifende Verknüpfungen, d.h. Flure und Treppen, miteinander verbunden sind.

Raumanordnungen und Raumverknüpfungen sind nicht auf einen Blick, sondern nur im Durchschreiten zu erfassen, wobei die Rekonstruktion vor dem geistigen Auge den Zusammenhang der Lage von Räumen, die Gestaltung der Etagen und ihre Verknüpfungen leisten muß. Bei einer solchen geistigen Rekonstruktion hilft die Abwicklung, mit der ein Baukörper nahezu ganz in die Fläche projiziert werden kann, allenfalls für einen Raum, nicht aber für Raumgefüge. Wir sind bei der Analyse also darauf angewiesen, die üblichen zeichnerischen Darstellungsmittel von der Ansicht über Risse und Schnitte bis zu Axonometrien zu nutzen.

Alle zweidimensionalen technischen Darstellungsmittel haben selbst als dreidimensionale Flächenprojektionen den Nachteil, den Raum nur von einem Ort und nie innerhalb eines Bewegungsablaufs zu erfassen.

Hierbei sind die verschiedenen technischen Darstellungsmittel für unterschiedliche Erfassungsziele besonders geeignet:

- Grundrisse geben am besten die Raumanordnung und Raumgrößen sowie die Verknüpfungsformen und -lagen der Räume und Etagen wieder.

- Aus Aufrissen und Schnitten sind Raumhöhen, z.T. Raumdurchdringungen und Wandaufbau einschließlich Tür- und Fensterlagen ablesbar.

- Axonometrien vermitteln Blickführungen, verdeutlichen Dimensionierungen sowie Proportionierungen und zeigen teilweise Bezüge von innen und außen auf.

- Das zeichnerische Darstellungsmittel der Ansicht kann bei aller Maßverzerrung mit Hilfe von Perspektive am ehesten die »Wirkung« eines Raumes einfangen. Jedoch ist Vorsicht bei der Betrachtung geboten, da Ansichten örtliche und zeitliche Momentaufnahmen sind, die von subjektiven Wahrnehmungen geprägt sein können.

- Nur die Computer-Animation ist heute in der Lage, den Bewegungsraum zu simulieren. CAD-Raumbilder können auf dem Bildschirm gedreht werden und unterschiedliche Lichteinstrahlung sowie mit Verwendung von Zoom ein Durchschreiten des Raums simulieren.

Bei einer ersten Betrachtung können Räume nach ihrer *Funktion*, *Form* und *Bedeutung* unterschieden werden.

Die Kriterien der *Funktion* unterscheiden, ob ein Raum der Erschließung, dem Hauptzweck, Nebenzwecken oder der Unterbringung von Technik dient. Im Schloß Vaux-le-Vicomte (S. 23 und 70) bestimmt das Vestibül als Erschließungsraum die Achse des Baus, von wo aus der dominierende Hauptraum, der Ovalsaal, ebenso wie die Enfiladen* der übrigen Räume erschlossen werden.

▼

Beispiele:

Chung Wah Nan, Tregunter Towers (Hochhaus), Hongkong 1975, Etagengrundriß

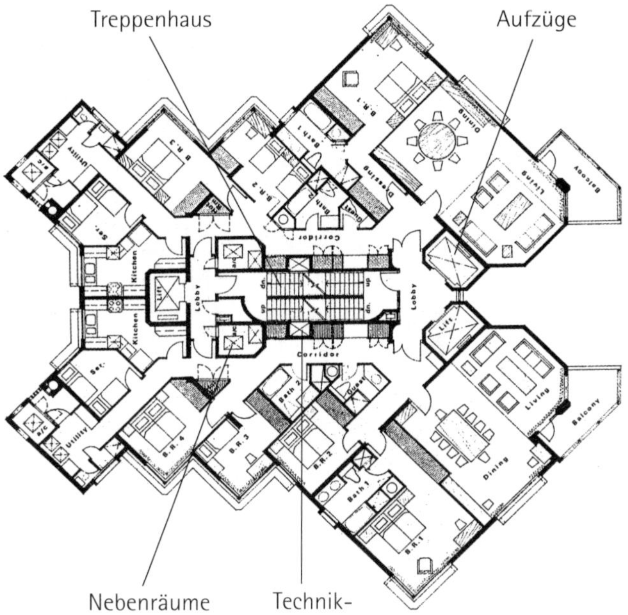

Die Erschließung des Baus durch Treppenhaus und Fahrstühle geschieht über den Kernbereich. Um diesen Kern ziehen sich die Erschließungskorridore der Wohnungen. Diese Grunderschließung folgt den ökonomischen Prinzipien sparsamer Flächen- und Raumnutzung ohne natürliche Lichtquelle. Die Zimmer werden vom Korridor aus durch schmale Stichflure erschlossen. Durch die gestaffelte Grundrißanlage, die zusätzliche Fensterfläche schafft, werden im Inneren Verspringungen unumgänglich; entstehende Ecken werden für Nebenräume genutzt.

Charles Garnier, Oper, Paris/Frankreich 1862, Längsschnitt

Der langgestreckte Bau besitzt zwei aufragende Teile; der eine mit Kuppel und Laterne enthält den Zuschauerraum. Links vom Zuschauerraum ist die Bühne, über der sich der sogen. Flytower für den Kulissenwechsel mit den Aufzügen befindet. Dieser Technikraum, notwendig für den Theaterbetrieb, bestimmt maßgeblich den Bau und nimmt ihm mit seiner additiven Staffelung einen großen Teil seiner Eleganz.

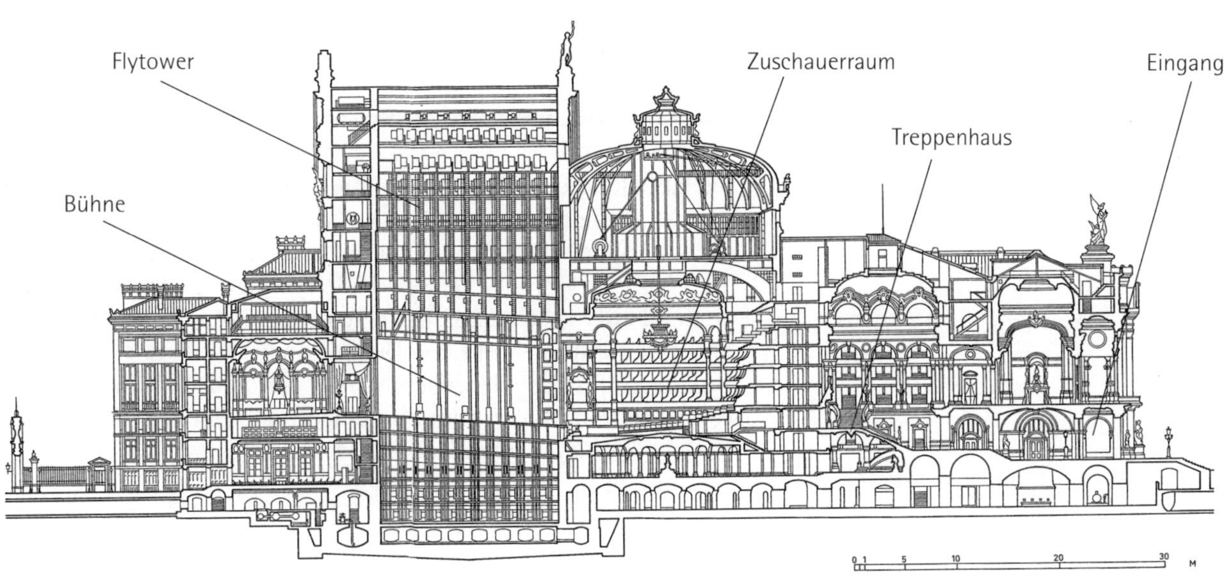

Für die Besucher ist das »Raumgewirr« nicht wahrnehmbar. Sie werden über eine Freitreppe an den Bau herangeführt und über Treppen durch Raumstaffelungen bis zu den Eingängen des Zuschauerraums geleitet; der letzte Vorraum dient als Erschließungsraum mit Treppenhaus zur Erreichung der Logenplätze.

Jørn Utzon, Opernhaus, Sydney / Australien 1956, Längsschnitt

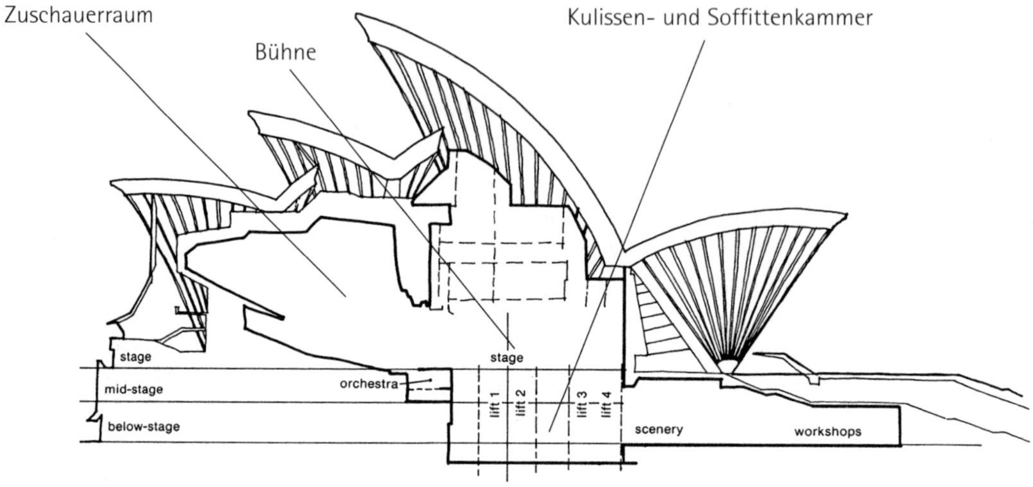

Der Außenbau mit seiner rhythmischen Segeldach-Konstruktion (S. 30) verrät nichts von den Schwierigkeiten, die Garnier zur Lösung der funktionalen Anforderungen an ein Opernhaus zu überwinden hatte. Wie der Längsschnitt zeigt, hat Utzon durch Umkehrung der bisherigen Lösungen die Problematik genial bewältigt:

- Er versenkt den Flytower und legt die Kulissen- und Soffittenkammer unter das Bühnenniveau.

- Die Bühne kann trotzdem noch teilweise abgesenkt und z. B. als Orchesterpodium genutzt werden.

- Nur ein rudimentärer Rest eines »Towers« für das Aufhängen der Kulissen ist übrig geblieben.

Den Technik- und Stauräumen ist die maßgebliche Dominanz für den Baukörper genommen.

Die Einteilung der Räume nach ihrer *Form* ist wenig aussagekräftig. Aus der Grundrißgestaltung – Ovalsaal, Rotunde etc. – ihrer Deckenform – Kuppelraum, Gewölberaum, getäfelt, stuckiert etc. – oder aus der Wandgestaltung – Scheidarkaden, versetzte Wände, etagenübergreifend etc. – allein lassen sich keine genauen Erkenntnisse gewinnen. Erst zusammen mit den Dimensionen der Räume sind Formwirkungen festzustellen. Hierbei muß auf die Erkenntnisse über das Verhältnis von Maßen zum Menschen und seiner Naturerfahrung zurückgegriffen werden (vgl. S. 12f.).

Beispiele:

Gdansk/Polen, Remter* des Hochmeisterpalastes, um 1320, Ansicht

Der längsrechteckige Raum ist zweischiffig mit weitgestellten Mittelstützen; hierdurch wird die Längsstreckung betont. Das feingliedrige Fächergewölbe spannt sich von den Stützen zu den Konsolen an den Wänden und reicht tief zwischen die Fenster hinunter. Hierdurch wird einerseits die Längsstreckung durch Jochbildung in eine kleinteiligere Struktur zurückgenommen, andererseits die Decke über die Wölbungsansätze tief nach unten gezogen und darüber hinaus durch die Fächerrippen ein bewegtes Element der sonstigen Raumstrenge entgegengesetzt. Der Gesamteindruck des Raums zeigt harmonische Proportionen.

Goslar, Kaiserpfalz, um 1050, Ansicht des Großen Saals

Der weiträumige Saal ist durch Holzstützen mehrschiffig gegliedert. Auf den Holzunterzügen liegt die Holzdecke mit freiliegender Balkenkonstruktion. Die Verstrebungen der Stützen rhythmisieren durch gegenläufige Ausrichtung die Reihung und unterbrechen die Richtung im Stützensaal durch eine der Deckenführung gegenläufige Achse, die auf die Treppe ausgerichtet ist. Der Saal wirkt bezogen auf die Größe eher niedrig.

Jerichow, Prämonstratenserkirche*, um 1150, Ansicht des Mittelschiffs nach Osten

Die flachgedeckte Basilika mit zweizonigem Wandaufbau zeigt im Mittelschiff mehrere raumbestimmende Kontraste:

■ Die weiten Scheidarkaden kontrastieren mit dem wandbetonten Obergaden.

■ Die schwingenden Rundbogenformen – Arkaden, Fenster, Schwibbögen – heben sich von der ruhenden Kastenform des Raums und seiner Flachdecke ab.

■ Der Boden ist vor der Vierung, wo die Mönchskirche beginnt,

- zur Krypta abgesenkt und
- zum Hochchor in der Vierung angehoben.

■ Der langgestreckte Raum wird durch architektonische Mittel gegliedert:

- Die Längsstreckung wird durch die Absenkung und Anhebung des Bodens unterbrochen.
- Durch Schwibbögen wird die Vierung als eigener, zentralisierter Raum ausgesondert.
- Die abschließende Apsis bringt mit ihrer gerundeten Form die Längsstreckung und Kastenform zur Ruhe.

Der Raum wirkt gerichtet (nach Osten) – Heilsweg –, gegliedert – soziale Schichtung zwischen Laien- und Mönchskirche – und hierarchisiert – Laienkirche gestreckt, Mönchskirche zentralisiert, Apsis abgerundet und gewölbt.

Annaberg, Stadtkirche St. Annen, ab 1499, Ansicht des Mittelschiffs nach Osten

Die gotische Hallenkirche* mit schlanken Polygonstützen besitzt ein Rippengewölbe. Der Raum wird in seiner Längsausrichtung durch die gleichmäßige Reihung der Stützen betont. Das gereihte und mit Schlingrippen den Jochübergang verschleifende Gewölbe zeigt die Raumvereinheitlichung, die durch die schlanken Stützen und die Wölbungsansätze an den Stützen auf die Seitenschiffe übergreift. Das Verhältnis Höhe zu Breite gibt dem Raum eine gestreckte Wirkung, die durch die schmalen Lanzettfenster* im Chorschluß noch betont wird. Die später angebrachte Kanzel und die auf sie ausgerichteten Sitzbänke verfälschen den Raumeindruck.

Rudolf Skoda, Neues Gewandhaus, Leipzig 1977, Ansicht des Konzertsaals

Der 54 m lange und 42 m breite Raum ist polygonal geformt. Um das Orchesterpodium mit Orgelprospekt und Sängerbühne gruppieren sich amphitheatralisch die Stuhlreihen für die Besucher. Die Decke ist aus Akustik- und Beleuchtungsgründen vielgliedrig abgehängt; die Wände sind kräftig profiliert verblendet. Die Raumwirkung ist gekennzeichnet durch

- Konzentration, weil das aktive Kunstgeschehen in die Raummitte gelegt ist, um das sich die Besucher gruppieren.
- Abstufung, weil die Sitzreihen ebenso wie die Sängerbühne amphitheatralisch angeordnet sind;
- Gliederung, weil durch Grundriß, Sitzplatzstaffelung, Deckenabhängung und Wandgestaltung eine monotone Kastenform vermieden wird.

Neben der Raumform und ihrer Wirkung werden heute Räume oft nach ihrer *Nutzungsbedeutung* bezeichnet. Es wird von Verkehrsflächen, Aufenthaltsräumen, Sanitärräumen oder auch Erlebnisräumen gesprochen. Solche Kategorisierungen sind nur bedingt brauchbar. Allerdings ist ein Trend festzustellen, daß immer mehr Räume vom Bauträger als Erlebnisraum definiert werden, so daß neue architektonische Anforderungen an die Ausgestaltung entstehen. War schon die Eingangsgestaltung des Alten Museums am Lustgarten, also eine Erschließungs- oder Verkehrsfläche, von Schinkel als Erlebnisraum begriffen und geformt worden, so werden heute Küchen wieder als Wohnküchen oder ins Wohnzimmer integrierte Einheiten gewünscht und Badezimmer als zum Aufenthalt verleitende Erlebnisräume ausgestattet. Der Raum als Erlebnisraum, der als Kitsch-Apotheose im Disneyland Millionen Besucher anzieht, kann zur bedeutungsträgerhaften Leitidee der Raumgestaltung werden.

Beispiel: Hans Hollein, Österreichisches Verkehrsbüro, Wien/Österreich 1976, Schnitt und Militärriß

Der hier vor allem interessierende Kundenraum ist in verschiedener Hinsicht gekennzeichnet:

- architektonisch durch weiche Rundungen – Eingang, Decke, Schalteranordnung, Bodengestaltung – und überraschende Wandverspringungen;

- wandgestalterisch durch Würdeformeln – Halbsäulen – und Transparenzformen – Gitterstrukturen;

- ausstattungsmäßig durch exotische Accessoires – Palmen, Säulenbruchstück, Pavillon, Vögel, Fahnen.

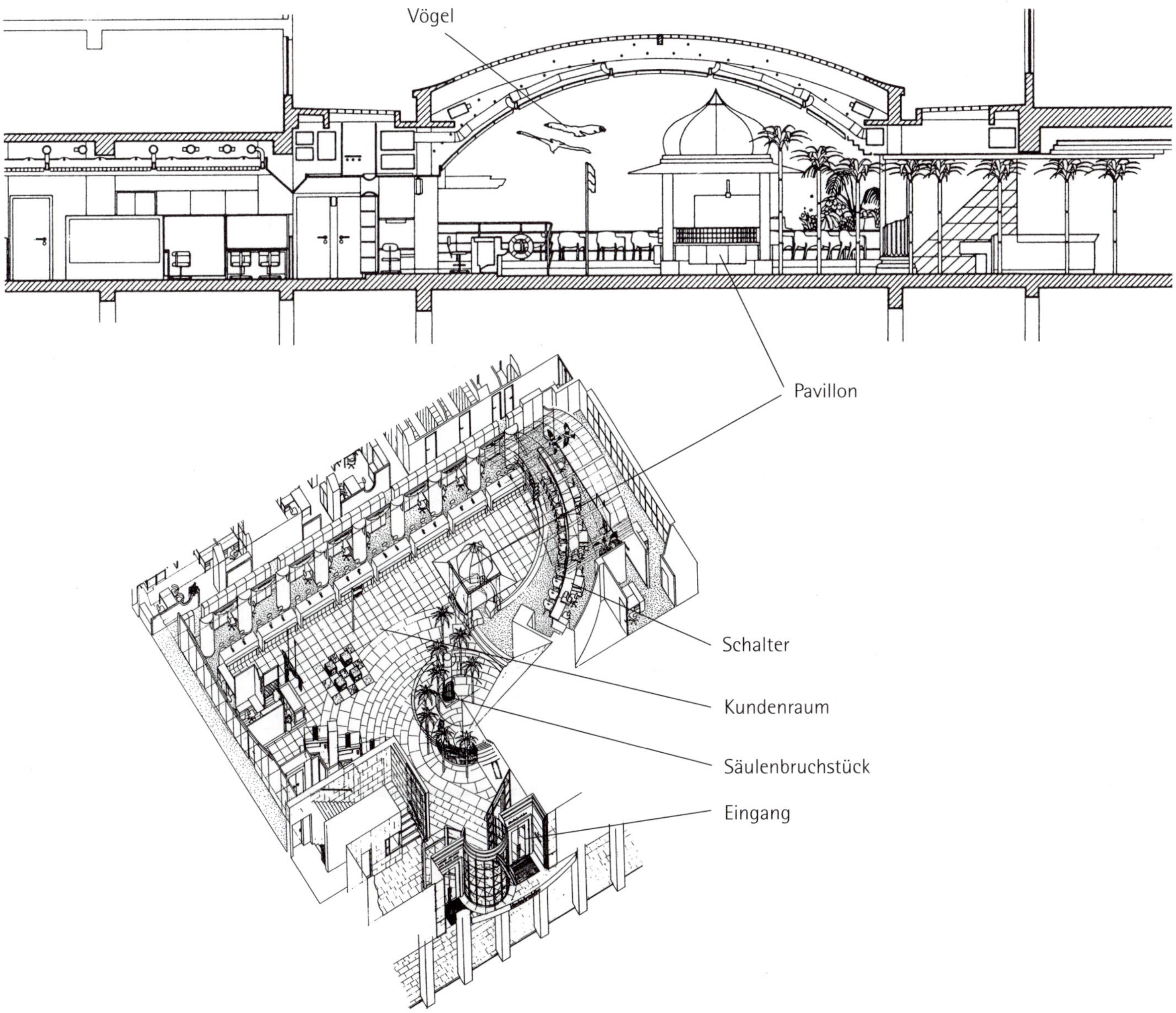

Der »Verkaufsraum« wird zum Erlebnisraum und erhält durch die Anspielung auf Sehnsüchte offenen Animiercharakter. Die tiefenpsychologische Meisterleistung schreckt vor Grenzüberschreitungen zum Kitsch nicht zurück.

Raumordnung, Raumanordnung und Raumorganisation

Übersicht: Raum und Erschließung als »Eindrucksgestaltung«, S. 190

Eintritt und Erschließung als »Eindrucksgestaltung« zielen auf Raumwirkung. Raumwirkung entsteht architektonisch aus *Konstruktionsprinzipien* und *Gestaltungsprinzipien*.

Die den Raum bestimmenden Konstruktionsprinzipien sind die

- *Raumordnung*, d. h., wie Räume aufgrund von Funktion und Bedeutung gestaltet werden,
- *Raumanordnung*, d. h., wie Räume aufgrund von Funktion und Bedeutung zueinander in Beziehung gesetzt werden,
- *Raumorganisation*, d. h., wie die Beziehung von Räumen gestaltet wird.

Im Beispiel des Schlosses Vaux-le-Vicomte (S. 23 und 70) ist das Vestibül mit Treppenhaus eine »Verteilungszentrale«, die die Raumordnung funktional bestimmt und axial ordnet; die großen Räume im Erdgeschoß des Schlosses sind auf den Ovalsaal ausgerichtet, der aus seiner repräsentativen Funktion heraus die angrenzenden Räume hierarchisch ordnet; diese Räume sind wiederum mit ihren Türen so hintereinander linear organisiert, daß vom Ovalsaal die Zimmerfluchten bei offenen Türen einen Streckungseffekt bewirken, d. h. die Raumorganisation geschieht mit Hilfe einer Raumaufschnürung, einer sogen. Enfilade.

Die Konstruktionsprinzipien werden durch Gestaltungsprinzipien überlagert. Die Hauptgestaltungsprinzipien sind die

- *Dimensionierung*, das Prinzip, mit dem über die Höhe, Länge und Breite des Raums Verhältniswirkungen erzielt werden, und die
- *Umschließungsformung*, das Prinzip, mit dem über die Boden-, Wand- und Deckengestaltung öffnende oder verschließende Raumwirkungen entstehen.

Beispiele:

Karl Friedrich Schinkel, Altes Museum am Lustgarten, Berlin 1825, Ansicht der Rotunde

Das Treppenhaus und die Vorhalle des Museums (S. 165) liegen vor einer großen Rotunde. Die Treppe endet mit ihrem Austritt axial vor diesem Raum. Durch korinthische* Säulen, die eine Galerie tragen, wird die Wand zweizonig gegliedert. Die zweite Zone wird mit einem Kranzgesims* abgeschlossen, über dem sich die kassettierte Kuppel erhebt. Von der Raumordnung her erfüllt die Rotunde verschiedene Funktionen:

■ Sie ist Ausstellungsraum,

■ von dem aus sich nach hinten weitere Ausstellungsräume und die Treppen zum Obergeschoß (nicht zu sehen) erschließen.

■ Durch Form und Größe ist der Raum als Repräsentationsraum konzipiert.

Die Raumnutzung zeigt darüber hinaus eine raffinierte Ausnutzung der Lage:

■ Die zentrale Treppenführung endet auf der Achse, die durch den Eingang in die Rotunde und den hinteren Ausgang aus der Rotunde gebildet wird.

■ Die Rotunde selbst wird als Zentralraum angelegt, der der querrechteckigen Vorhalle entgegengesetzt ist; beide sind über eine Achsenausrichtung verbunden; Achse, Zentrum und Zugänge werden als Lage in der Raumordnung zusammengebunden.

Außerdem ist die Rotunde durch ihre Kuppel hierarchisch gegenüber den angrenzenden Räumen herausgehoben.

Istanbul/Türkei, Kirche Hagia Eirene, 740, Grundriß, Quer- und Längsschnitt

Die Kirchenanlage besteht aus zwei großen Teilen, dem Atrium und der Kirche, die an ihrem Zusammentreffen durch einen Narthex verbunden sind. Die Raumordnung der Gesamtanlage ist funktional bestimmt:

■ Das Atrium verteilt die Besucher und läßt geordnete Prozessionsaufstellungen zu, erschließt aber zugleich durch zentralisierende Eingangsgestaltung in den Narthex den Zugang zur Kirche.

■ Der Narthex ordnet den Eintritt in die Kirchenschiffe; er ist Erschließungsraum.

■ Das Mittelschiff der Kirche ist gestaffelt: Einem queroblongen überkuppelten Raum folgt ein zentraler Kuppelraum, dem ein queroblonger Rechteckraum vorgelegt ist, an den sich das halbrunde Synthronon anschließt.

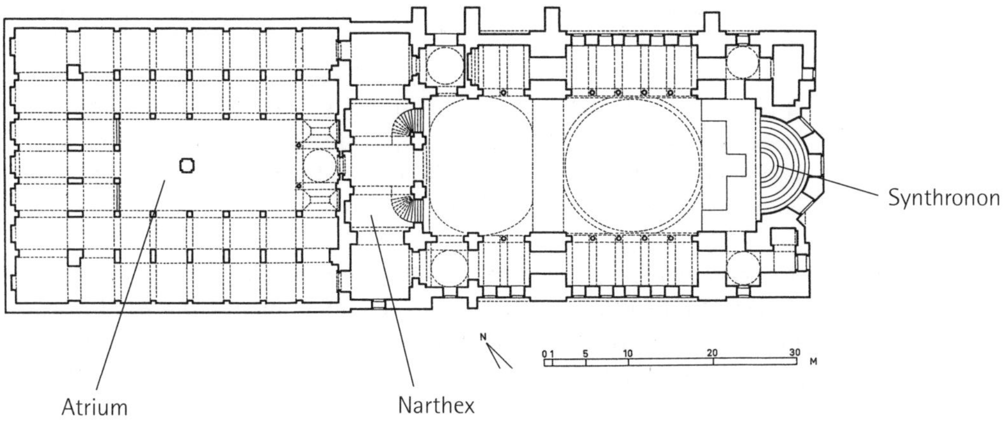

Die Lage der Räume ist durch eine Achse bestimmt, die durch den Wechsel von gegenläufigen und zentralen Raumstrukturen rhythmisiert ist. Von den Zu- und Eingängen her wird die Achse betont, was der Erstwirkung des Raumeindrucks zugute kommt. Vor allem die Raumgrößen und -höhen zeigen deutlich die Hierarchisierungstendenzen; verbunden mit der Ostausrichtung bekommt die Lage der Räume über die symbolische Nähe zum Heil (das im Osten erwartet und durch den Altar verkörpert wurde) eine zusätzliche qualitative Ordnung.

Wilhelm Kücker, Museum für Sepulkralkultur, Kassel 1988, Innenraumansicht

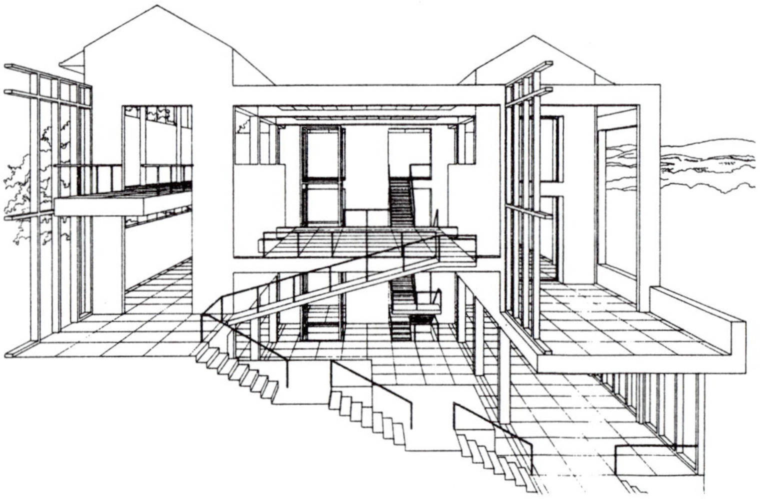

Die Ansicht zeigt vielfältige Durchblicke in Ausstellungsräume mit Galerien und Balkon. Treppen verdeutlichen die unterschiedlichen Niveaus der Räume, aber auch die Sichtverbindungen. Als Raumordnungsprinzip läßt sich

- die funktionale Nutzung unterschiedlicher Ausstellungsflächen und des Erschließungsraumes unterscheiden; beide Funktionen gehen aber ineinander über.

- Eine größenmäßige Differenzierung in kleinere, durch Galerien gestrecktere oder nur durch Stützen geteilte weitere Räume läßt sich erkennen, die für unterschiedliche Exponate verschiedene Möglichkeiten der Ausstellung schaffen.

- Statt einer gerichteten oder zentrierten Lage ist ein allgemeines Verknüpfungsprinzip erkennbar: Durch die Kombination und Integration von Nutzungs- und Erschließungsfunktionen wird ein Raumkontinuum geschaffen, durch das der Besucher vor allem über die Treppenführungen geleitet wird.

Bei der Ostung von Kirchen wurde die Himmelsrichtung als ein die Raumordnung bestimmendes Moment aufgezeigt. Heute spielen für die Raumordnung weniger solche theologisch-symbolischen Argumente als vielmehr Witterungs- und Lichtbedingungen eine Rolle. An der französischen internationalen Schule in Hongkong (S. 38) sind im Querschnitt die Witterungs- und Lichtbedingungen, aber auch die Lärmbelästigung einer Lage erfaßt. Sie spielen für die Nutzung des Baus, vor allem aber für das Raumklima im doppelten Sinne eine wichtige Rolle: Die Energiebilanz ist zunehmend ein ökonomischer Betriebsfaktor, die Lebensqualität des Raums ein psychologischer und ökologischer Motivationsfaktor.

Beispiel: Uwe Kiessler u. a., Wissenschaftspark, Gelsenkirchen 1992, Querschnitt und Energiesystem-Studien

Dem Komplex der Büro- und Arbeitsräume ist eine Glasfassade schräg vorgelegt, hinter der sich zunächst ein großer über alle Etagen erstreckender Luftraum befindet. In diesen Luftraum ragen Erschließungsgänge und Großräume wie Galerien hinein, hinter denen sich – durch Aufzüge und Treppenhäuser erschlossen – die anderen Arbeitsräume anschließen.

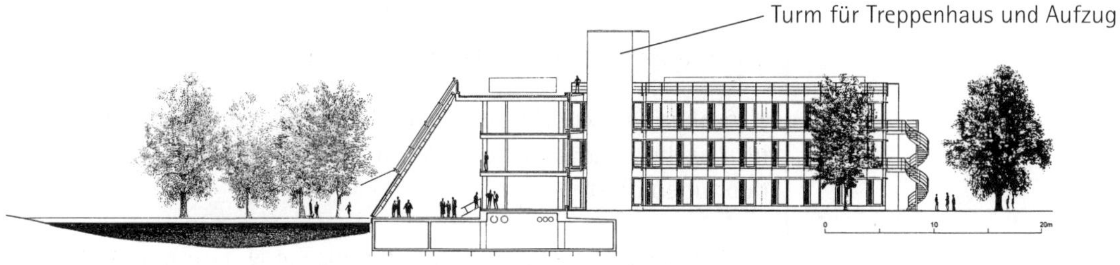

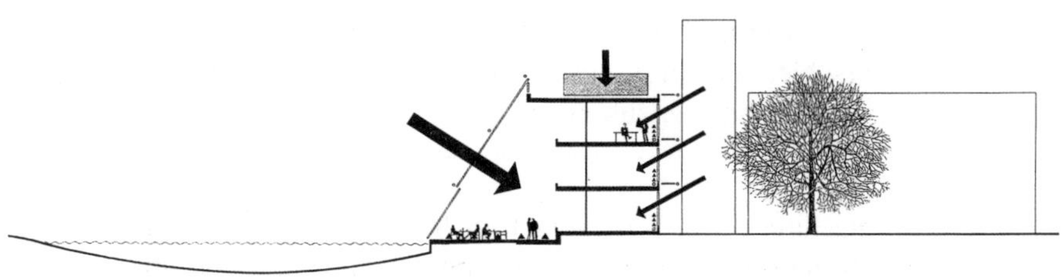

Wintertag

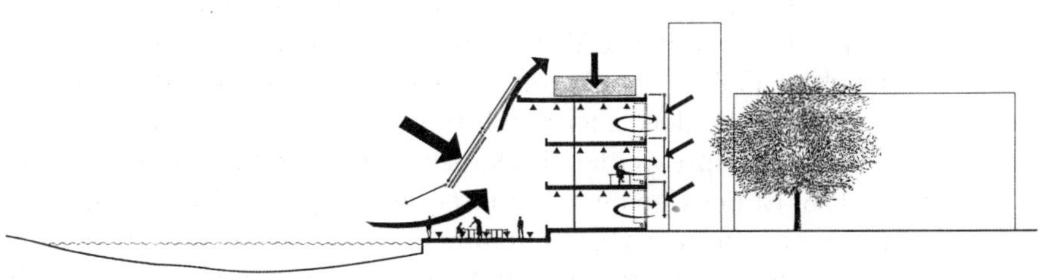

Sommertag

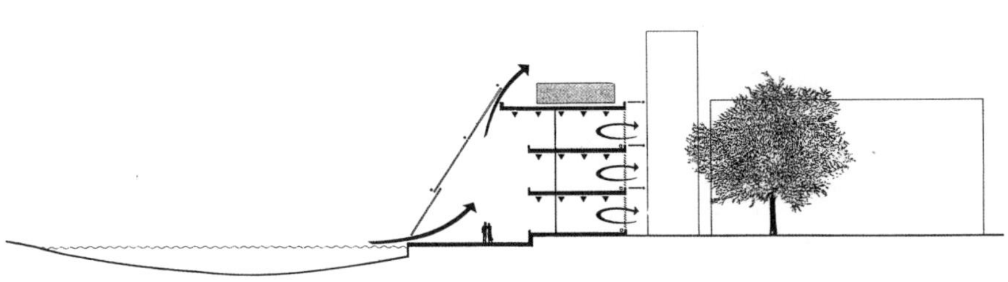

Sommernacht

Die Energiesystem-Studien zeigen:

- Die Sonneneinstrahlung wird jahres- und tageszeitlich analysiert und
- mit der Luftzirkulation verbunden.
- Über Öffnung und Sonnenschutz der Glasfassade können Wärme und Zirkulation zusätzlich gesteuert werden.

Funktion und Lage der Räume sind maßgeblich durch die Energienutzung bestimmt; die Raumordnung dient aber darüber hinaus auch anderen Zielen:

- Mit der Durchlichtung des ganzen Komplexes wird eine Anbindung an den natürlichen Außenraum erreicht.
- Die Galerien wirken wie Erschließungsstraßen, die die Großräume über eine »Kommunikationsschiene« verbinden.

▲

Dieses Beispiel zeigt, wie sich die *Raumordnung* mit der *Raumanordnung* verbindet, wenn die Galerien als Kommunikationsschienen verstanden werden.

Die Raumanordnung nutzt als Prinzipien die

- *funktionale Zuordnung*, indem verschiedene Räume, z. B. aus liturgischen, didaktischen oder anderen Nutzungszwecken, einander zugeordnet werden,
- *räumliche Verkettung*, um z. B. typische Nutzungsabfolgen oder Zweckzusammenhänge zu verbinden,
- *integrierte Einheit*, um durch räumliche Vereinheitlichung, z. B. verschiedene Nutzungszwecke in einem einheitlichen Erlebnisraum, zusammenzubinden.

In der Kirche von Schwarzach (S. 50) ist die Raumanordnung durch die funktionale Zuordnung bestimmt; u.a. waren die Abseiten über eine Stütze zum Sanktuarium, dem Raum östlich der Vierung, geöffnet, um den Altardienst in den drei Apsiden ungehindert zu ermöglichen. Eine räumliche Verkettung zeigt in Ansätzen die Kirche in Jerichow (S. 171), wo Räume – Laienkirche, Krypta und Hochchor – zwar ausgesondert, aber durch Treppen und Arkaden offen miteinander verknüpft werden. Im Kasseler Museum für Sepulkralkultur (S. 176) ist der Übergang zur integrierten Einheit zu erkennen; auch wenn noch ausgesonderte Raumeinheiten bestehen bleiben, ist der Übergang von der räumlichen Verkettung zur integrierten Einheit deutlich.

Beispiele:

Szeto Wai, Chinesische Universität, Honkong 1968, Grundriß und Querschnitt des Vorlesungsgebäudes

Zwischen zwei parallelen, langgestreckten, linear geordneten Bauten der naturwissenschaftlichen Fakultät ist das Vorlesungsgebäude eingespannt. Der Querschnitt zeigt, daß es aus einer auskragenden Konstruktion besteht, die diesen Bau ebenerdig an die parallelen Bauten anschließt, die übrigen Etagen aber schwebend auskragen läßt. Der Baukörper selbst ist als Durchdringung von zwei verschieden großen Kreissektoren konstruiert, wobei die Spitzen der Sektoren als gemeinsame Schnittmenge die Laborräume und statische Achse für die Aufhängung der ausladenden amphitheatralisch geformten Vorlesungsräume bilden. Die Raumanordnung folgt einer doppelten funktionalen Zuordnung:

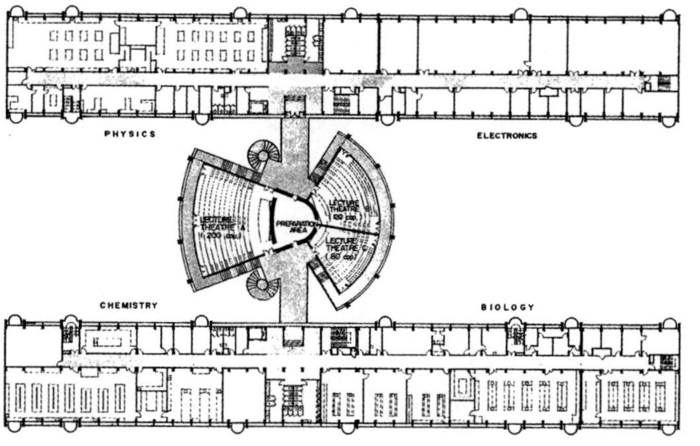

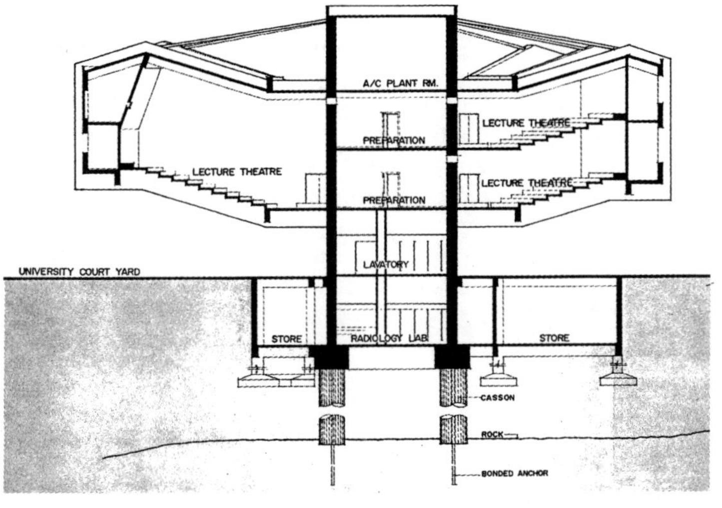

■ Die Verspannung des Vorlesungsgebäudes zwischen den Parallelbauten fördert die gemeinsame Nutzung mit kurzen Wegen von allen vier Enden.

■ Zum anderen ist das Vorlesungsgebäude selbst ein Musterbeispiel funktionaler Raumanordnung:

- Wendeltreppen erschließen von außen möglichst zentral, den gestreckten Kreissektor flankierend, die Etagen.
- Zwischen den auskragenden Vorlesungsräumen liegen im Kernbau die für Experimentvorbereitung, -durchführung und Entsorgung notwendigen Laboratorien, Präparations- sowie Sanitärräume.
- Der wegen Strahlung sensibelste Raum der Radiologie ist unter die Erde gelegt und von Lagerräumen umgeben.

Trotz der streng funktionalen Zuordnung dominiert die Raumanordnung nicht den Außenbau. Vielmehr bilden Grundriß und Baukörper des Vorlesungsgebäudes ein belebendes Gegengewicht zu den rastermäßig konstruierten Parallelbauten. Die Nutzung der verschieden großen Vorlesungsräume mit ihren für verschiedene Zwecke – Projektionsmöglichkeiten und Übersetzungsanlagen – im Hintergrund angeschlossenen Räume wird nicht behindert oder erschwert.

Kyoto/Japan, Schloß Nijo, 1602, Grundriß mit Teillageplan

Der Wohnpalast ist modulhaft aufgebaut und spiegelt in seinen konstruierten geometrischen Verspringungen die »konstruiert natürliche« Gartenanlage, vor allem den künstlichen See mit seinen der Natur nachempfundenen Uferkonturen, wider. Massengruppierung und Raumanordnung des Palastes folgen dem Prinzip der Verkettung:

■ Die Räume der einzelnen Bauteile werden durch die Anordnung der Raumlagen miteinander verknüpft.

■ Die Verkettung ist unterschiedlich stark ausgebildet:

■ Während die Bauteile des offiziellen Bereichs A bis C eng aneinander anschließen,

- werden der private Bereich D nicht nur durch einen langen Verbindungsgang und der Intimbereich E durch einen offenen Gang abgesetzt, sondern
- der ganze Komplex D bis E gegenüber A bis C um 90° versetzt.

Die auf Funktion ausgerichtete Massengliederung wird als Raumanordnung in der räumlichen Verkettung genau widergespiegelt und zeigt im Grad der Verkettung, wie ein Rahmen für Prozeduren der Annäherung und Distanz geschaffen wird.

A = Samuraihalle
B = Versammlungssaal
C = Audienzräume
D = Privatgemächer
E = Wohnräume des Shogun

Hugo Häring, Wohnhausprojekt, 1941, Grundriß

Das im freien Entwurfsstil konzipierte Wohnhaus zeigt in der Raumanordnung sowohl funktionale Zuordnungen wie auch integrierte Einheiten:

■ Schlafen, Bad und Toilette sind immer funktional zugeordnet; dies gilt auch für den als Gast- oder Arbeitsbereich ausgesonderten Teil oberhalb der Küche.

■ Küche, Eß- und Wohnraum sind als integrierte Einheit konzipiert und nur durch Stufen oder raumteilende Einrichtung schwach voneinander getrennt. Selbst der Garten ist als Teil in den Wohnraum einbezogen.

Auffällig ist, daß beim Versuch, integrierte Einheiten zu schaffen, Rundungen und Krümmungen bevorzugt werden, während bei der funktionalen Zuordnung die rechtwinkligen Wandstrukturen dominieren.

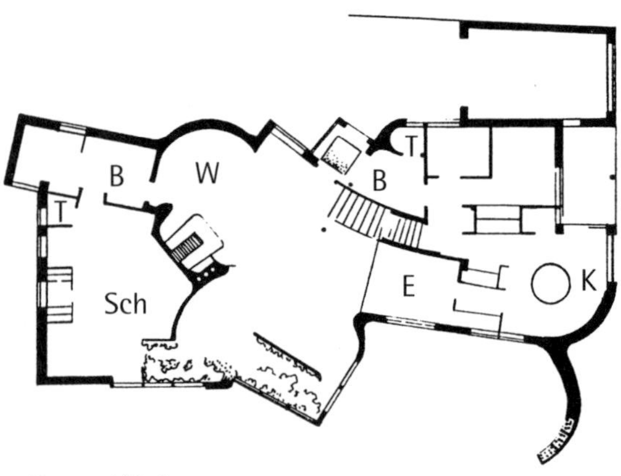

K = Küche
E = Eßraum
W = Wohnraum
Sch = Schlafraum
B = Bad
T = Toilette

Hongkong, Kulturzentrum (Teil: Weltraum-Museum), 1974, Grundriß und Längsschnitt

Das vom Bauministerium in Hongkong errichtete Gebäude kombiniert im Grundriß die Eiform mit einem Rechteck. Während der Ovalbau überkuppelt ist, besteht der Rechteckbau aus traditionellen Horizontalformen. Die Raumanordnung zeigt eine Kombination mehrerer Ansätze:

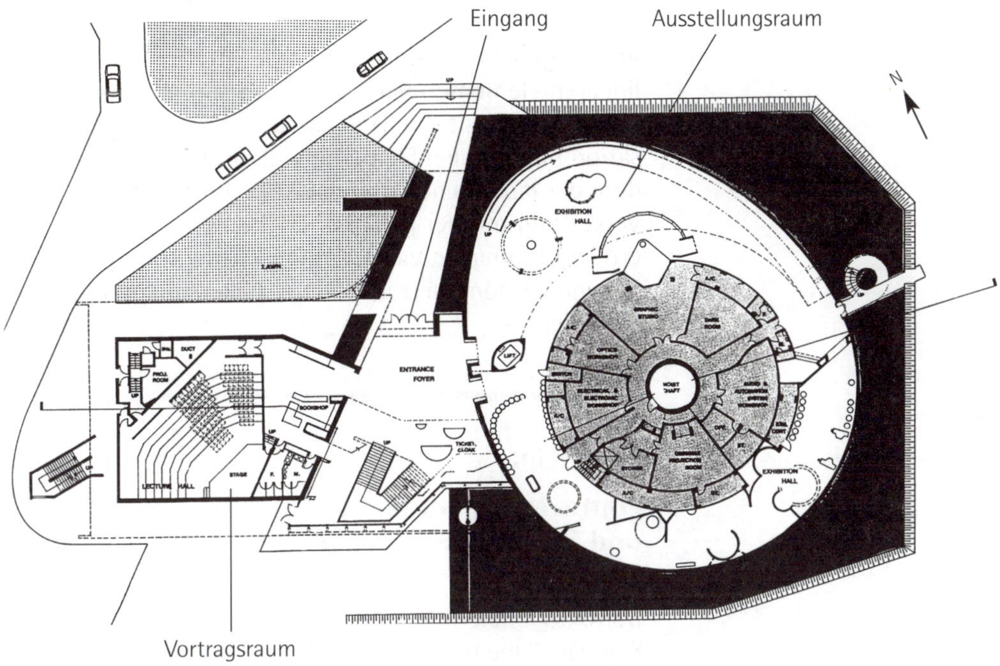

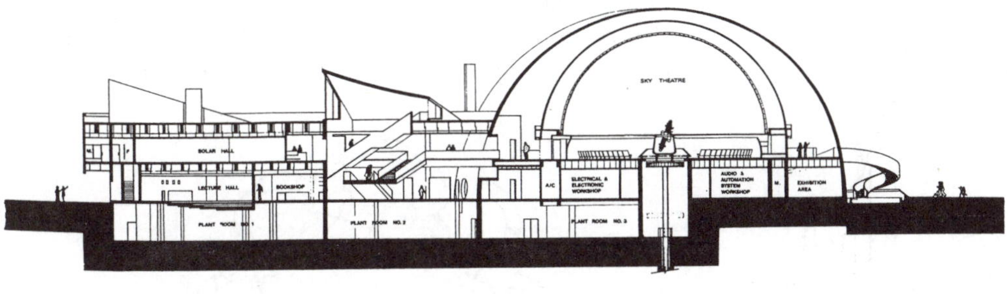

■ Über Zugang, Eingang und Treppenhaus werden beide Bauteile gemeinsam erschlossen und die Teile Ausstellung und Vortragssaal einander funktional zugeordnet.

■ Der ovale Ausstellungsraum erhält als integrierte Einheit einen runden Zentralkomplex, in dem Studios ebenso wie Technikräume untergebracht sind.

■ Die Sektoren in diesem »Dotter« sind wiederum funktional geordnet und als Einheiten verknüpft.

Große Formengesten sowohl des Baukörpers wie auch der Raumgestaltung geben dem Gebäude mit Eiform, Kuppel und Konstruktion (vor allem durch Dach und Grundriß) einen bedeutungsträgerhaften Ausdruck.

Die Möglichkeiten der *Raumorganisation* sind immer wieder in die Betrachtung eingeflossen.

Die Beziehung von Räumen, nach der vor allem die Raumanordnung gestaltet wird, d. h. die Raumorganisation kann nach den konstruktiven Prinzipien unterschieden werden, die auch die Baumassengliederung bestimmen: *Zentralität, Linearität, Radialität, Rasterung* und *Gruppierung.*

Im Hongkonger Kulturzentrum (S. 181 ff.) sind zentralisierende mit linearen Elementen der Raumorganisation verbunden; in der Chinesischen Universität in Hongkong (S. 179) ist eine lineare Raumorganisation mit radialen Elementen im Vorlesungsgebäude gekoppelt worden; der japanische Wohnpalast (S. 180) verbindet eine räumliche Verkettung mit der japanischen Rasterung im Ken*-Format und erreicht räumliche Vielfalt durch Wiederholung und Wandlung; demgegenüber dominiert in Härings Wohnhausprojekt (S. 180) die freie Gruppierung.

Beispiele:

Fontevrault/Frankreich, Kloster, um 1120, Grundriß und Schnitt des Küchenbaus

Der oktogonale Raum schwingt an allen Oktogonseiten konchal aus. Sein Gewölbe betont die zentralisierende Raumorganisation. Die Konchen sind radial um das Zentrum gelegt. Dieser außergewöhnlich feingliedrige Küchenbau ermöglicht durch seine Raumorganisation mit gleich weiten Wegen zum Mittelpunkt über die funktionale Zuordnung der Konchen eine interessante, die Nutzung unterstützende Raumordnung. Raum und Baukörper sind eine Einheit eingegangen, in der Nutzung und Schönheit zur Vollendung gebracht sind.

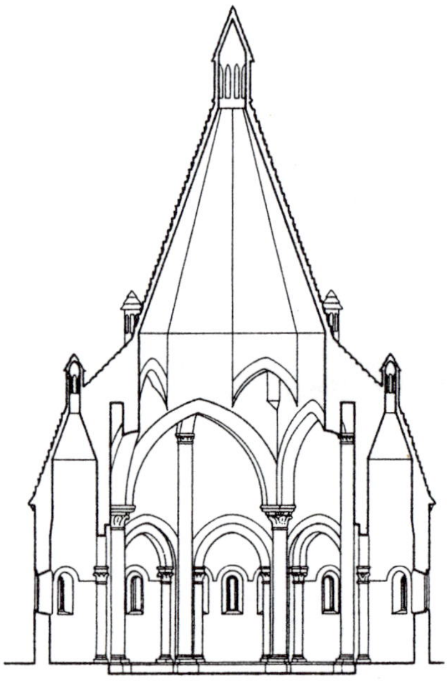

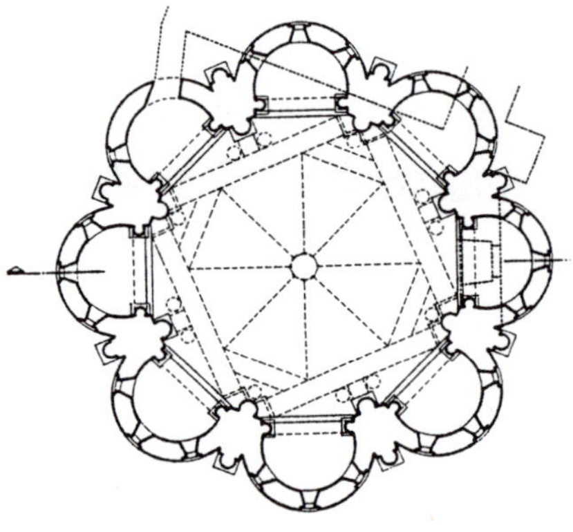

Gustav Peichl, ORF-Landesstudio, Salzburg/Österreich 1969, Militärriß

Der Bau setzt sich konstruktiv aus zwei Teilen, einem Kreis und einem in ihn eindringendem Rechteck, zusammen. Das Rechteck ist in der Fläche und der Bauhöhe durch regelmäßige rechtwinklige Verspringungen gekennzeichnet und zeigt deutlich die Verwendung des Rasterprinzips. Der Kreis, bei dem durch Aufdeckung der Axonometrie auch die Raumstrukturen zu erkennen sind, wurde

■ durch Herausziehen von Sektoren radial organisiert, wobei die Höhenstaffelung wie im Rechteckbau wiederholt und dazu genutzt wird, im höchsten Teil Auditorien einzurichten;

■ innerhalb der Sektoren funktional geordnet und räumlich frei organisiert.

Raumorganisation und Massengliederung drücken bedeutungsträgerhaft die Idee der Informationsverbreitung in konzentrischen Wellen aus.

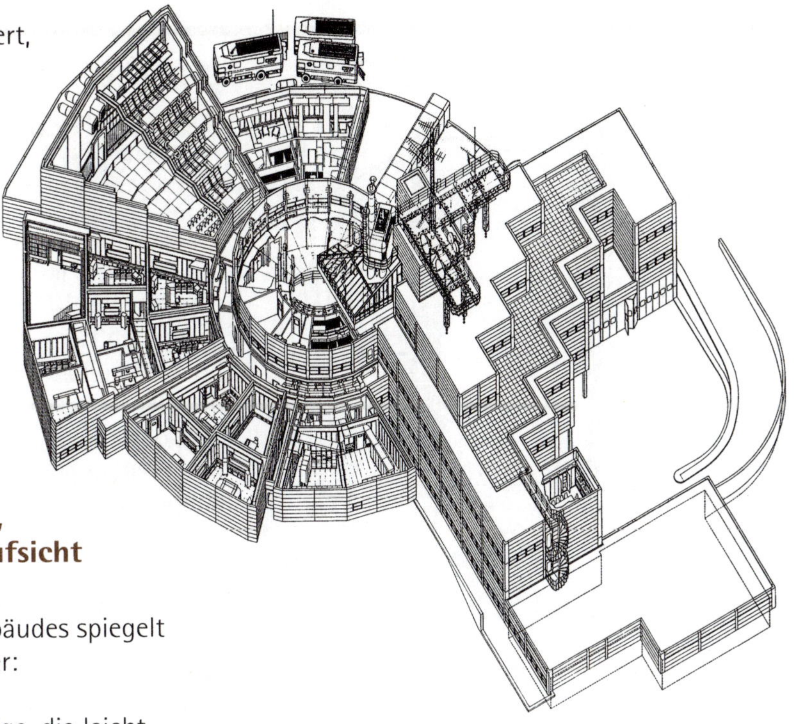

Frank O. Gehry, Sirmai-Peterson-Residenz, Thousand Oaks/USA (80er Jahre), Dachaufsicht

Die Dachaufsicht dieses dekonstruktivistischen Gebäudes spiegelt fast alle Möglichkeiten der Raumorganisation wider:

■ Dominierend ist eine linear organisierte Raumfolge, die leicht genickt von rechts nach links verläuft und

■ im linken Drittel eine Zentrierung erfährt,

■ um die weitere Räume radial ausfächern.

Bei den dem Hauptkomplex annexierten Bauten wählt der Architekt die freie Gruppierung.

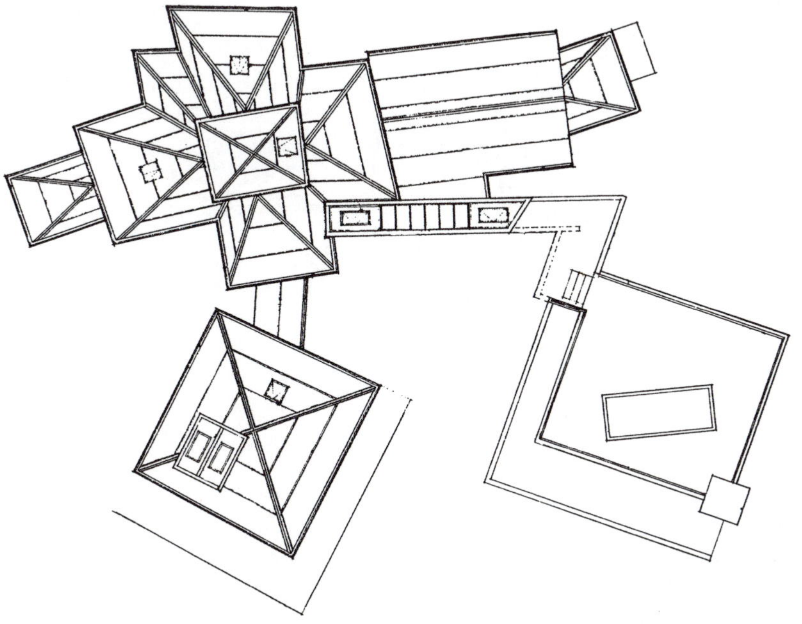

Die Konstruktionsprinzipien der Raumordnung, Raumanordnung und Raumorganisation werden durch die Gestaltungsprinzipien der Dimensionierung und Umschließungsformung überlagert.

Raumwirkungen sollten immer im Zusammenhang mit den menschlichen Maßen gesehen und belegt werden, so daß die psychologische Wirkungsbeschreibung nachvollziehbar ist.

Beispiele:

Beauvais/Frankreich, Kathedrale St. Pierre, 1247, Querschnitt

In dem ca. 14 m breiten und ca. 48 m hohen Mittelschiff erreicht der Mensch eine maßstäbliche Länge von nicht einmal 2 mm. Selbst die Seitenschiffe mit ca. 22 m Höhe und gut 5 m Breite lassen den Menschen klein erscheinen. Das Mittelschiff ist 3,5mal höher als breit und die Seitenschiffhöhe beträgt das 4,5fache der Breite. Bei diesen Maßverhältnissen entsteht ein schwindelerregender Höhenzug, der in den Seitenschiffen in eine Enge umschlagen kann. Diese Raumwirkungen sind gewollt, um dem Mittelschiff eine himmelstrebende, Demut heischende Würde und den Seitenschiffen die Unterordnung mit Verweis auf den Heilsweg durchs Mittelschiff zu verleihen.

Norman Foster, Leichtathletikhalle, Frankfurt/Main 1981, Innenansicht

Um die Größenverhältnisse und Ausmaße zu verdeutlichen, bedient sich der Architekt der eingefügten Figuren. (Die eingekastelten großen Figuren unter der Decke sind Plakateinfügungen.) Ohne genaue Maßangaben kann aus den eingezeichneten Figuren geschlossen werden:

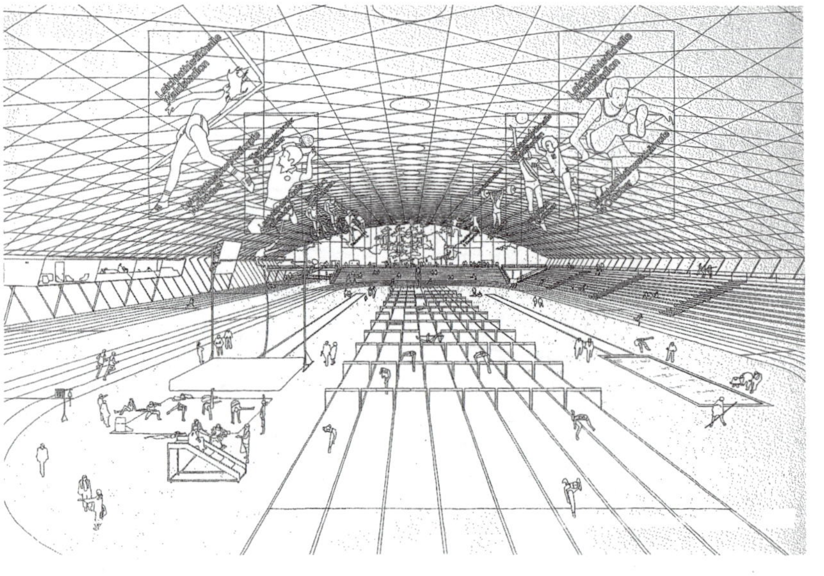

- Der Bau ist lang gestreckt, aber auch breit, um mehrere Wettkämpfe parallel abwickeln und größere Zuschauermengen aufnehmen zu können.

- Das linsenförmige Tonnendach senkt sich tief über die Zuschauersitze und läßt den Raum im Verhältnis zur Breite nur mäßig hoch erscheinen.

Die Halle wirkt, funktional bedingt, gestreckt; Gefühle von Endlosigkeit oder Verlorenheit kommen nicht auf, weil vor allem die Zuschauersitze an der Seite und am Kopfende Begrenzungen markieren und weil die flach gewölbte Decke den Hallencharakter durch Drückung mindert.

Louis Boullée, Entwurf für den Lesesaal der Nationalbibliothek, Paris / Frankreich 1785, Ansicht

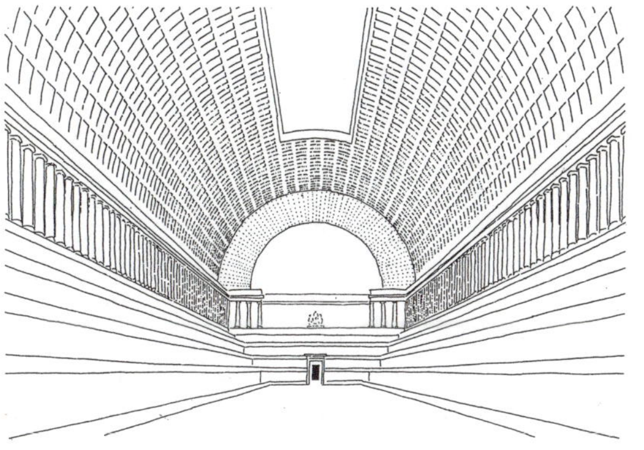

An dieser Ansicht sind Größenverhältnisse allenfalls aus der Tür zu erschließen. Der langgestreckte Raum erhält seinen Hallencharakter aus dem über Säulenrapporte hoch aufgelegten Tonnengewölbe. Das Verhältnis Länge : Breite rechtfertigt es, vor allem durch die getreppte Wandanlage von einem schmalen Raum und durch das Verhältnis Breite : Höhe von einem am Maß des Menschen gemessen hohen Raum zu sprechen. Die Raumwirkung ist eher endlos und führt bei dem riesigen Tonnengewölbe zu Gefühlen von Kleinheit und Verlorenheit. Da der Tonnenstich dieselbe Höhe wie die Wand hat, wird ein Röhreneffekt erzielt, dessen Tunnelwirkung auch durch die Abtreppungen gerade im Vergleich mit der Leichtathletikhalle besonders auffällt.

Wie an den Beispielen deutlich wird, kann die Raumwirkung der *Dimensionierung* mit Hilfe psychologischer Begriffsskalen beschrieben werden. Die Skala der Höhe reicht von schwindelerregend bis bedrückend; Längsausdehnung kann im Extrem als Endlosigkeit oder Bedrängung, die Breitendimension als Verlorenheit oder Beklemmung empfunden werden. Der Architekt nutzt die Dimensionierung, um eine entsprechende Raumwirkung besonders bei Großraumgestaltung, räumlicher Verkettung und integrierten Einheiten zu erzielen. Überall, wo sich Menschen, wie in Wohnhäusern oder Bürobauten, dauerhaft aufhalten sollen, werden die Dimensionierungen am Maß des Menschen orientiert, der für sein Wohlbefinden sowohl die Rückzugsecke wie auch die Geräumigkeit braucht, nie aber in der »Verlorenheit« hausen will. Selbst Großraumbüros werden heute durch Paravents oder Raumteiler auf Menschenformat unterteilt.

Beispiel: Mario Botta, Casa Rotonda, Stabio / Schweiz 1980, vier Militärrisse

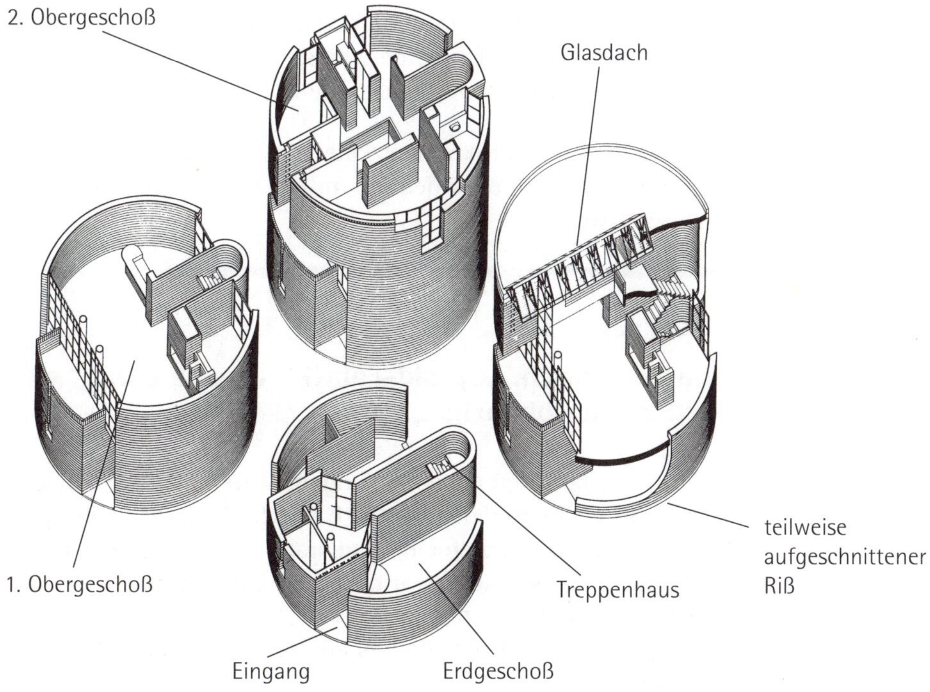

Das Wohnhaus ist als Baukörper bereits vorgestellt worden (S. 101). Mit Hilfe der aufgeschnittenen Militärrisse kann die Raumdimensionierung der drei Etagen gut abgelesen werden:

■ Das Treppenhaus liegt auf einer Mittelachse des Rundhauses, von wo aus die Räume der einzelnen Etagen erschlossen werden. Die Belichtung des Treppenhauses erfolgt über einen Teil des verglasten Satteldachs, das das Flachdach des Baus bekrönt.

■ Vom Treppenhaus aus werden die Räume bei gleicher Raumhöhe unterschiedlich dimensioniert und zum Treppenhaus hin ausgerichtet:

- Im Eingangsbereich führt ein geräumiges Entree zum Treppenhaus und einem abgetrennten, durch Raumteiler in der Größe leicht gegliederten Wohnraum.

- Das erste Obergeschoß ist als Wohnraum fast vollständig als Einheitsraum mit Balkonaustritt gestaltet; lediglich zwei abgetrennte Räume sind ausgespart und kleinräumig angelegt.

- Im zweiten Obergeschoß dominiert die kleinräumige Gliederung für Schlaf- und Toilettenräume.

Die Dimensionierung der Räume spiegelt nicht nur die funktionalen Bedürfnisse, sondern auch das menschliche Maß, das bei verschiedenen Funktionen unterschiedliche Maßansprüche kennt.

▲

Aus der Casa Rotonda sind aber neben der Dimensionierung auch mehrere Elemente des weiteren Gestaltungsprinzips, der *Umschließungsformung*, ablesbar.

Die Umschließung des Raums kann grundsätzlich offen oder verschlossen, einbeziehend oder ausschließend geformt sein.

Die Casa Rotonda besitzt einen großzügigen Eingangsbereich, der zwar zum Treppenhaus und zu den Räumen hin abgeschlossen ist, aber durch Sichtverbindung einbeziehend wirkt. Vor allem der große Wohnraum im ersten Obergeschoß ist bis auf die abgetrennten Räume offen gestaltet; erst im Intimbereich des zweiten Obergeschosses werden geschlossene Einheiten von Schlafräumen und zugeordneten Badezimmern sowie Toiletten gebildet.

Haus-in-Haus-Konstruktionen zeigen besonders augenfällig *offene Umschließungsformen*, indem Raumteile in eine größere Raumeinheit eingesetzt werden.

▼

Beispiele:

Günter Benisch, Leybold-Fabrik, Alzenau 1987, Schnitt des Eingangsbereichs

Der aus Glasfassaden gebildete Eingangs- und Zufahrtsbereich wird von einem weit vorkragenden Dach überfangen. Die weite offene Eingangshalle wird durch eine Innenraumkonstruktion gegliedert, die ein Haus im Haus bildet. Zwar bleibt der Eingangsbereich eine nach außen angebundene einheitliche Halle, deren Umschließungsform aber durch die konstruktiven Einbauten auf menschliche Maße reduziert wird.

Norman Foster, Rechtsfakultät der Universität, Cambridge / Großbritannien 1993, Querschnitt

Die Räume – teils offene, teils geschlossene – und Galerien sind in eine zum größten Teil gläserne Außenhaut mit kreisförmigem Querschnitt eingepackt. Hierdurch ergibt sich eine nach außen angebundene und innen offene Umschließungsform. Innen wird diese Form als Raum-in-Raum-Struktur zu offenen und verschlossenen Raumformen genutzt. Die Wirkung von Kern und Mantel, von luftiger Weite und konzentrierter Dichte vermittelt zugleich den Eindruck einer abgerundeten Kompaktheit.

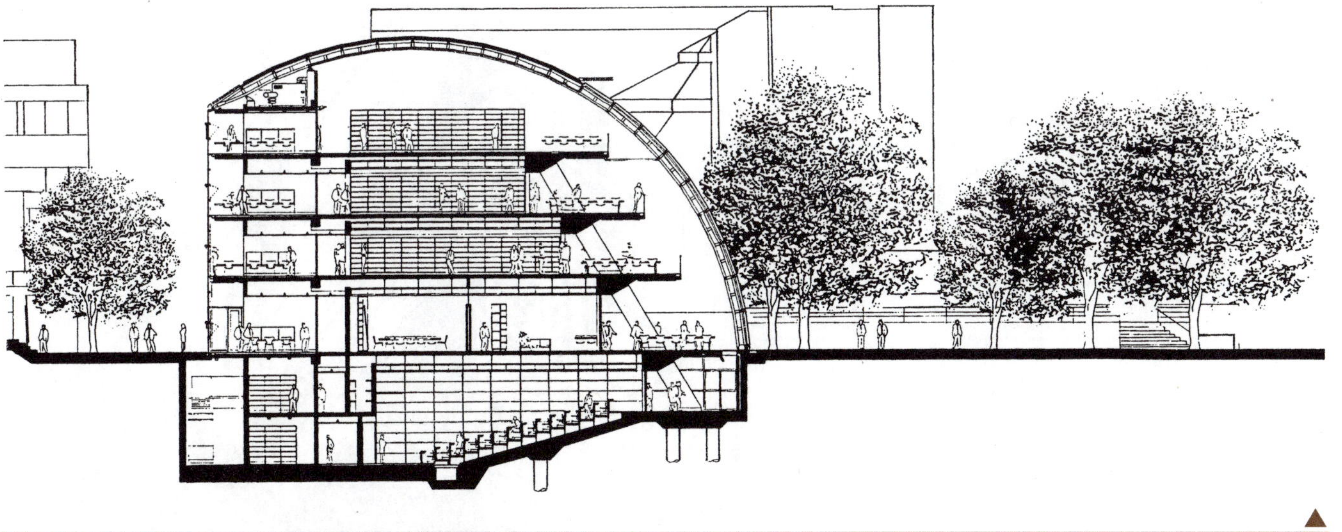

Oft sind es ökonomische Gründe – sparsamer Umgang mit Boden und Finanzen –, die zu abgeschlossenen und in sich sehr *verschlossenen Raumeinheiten* führen. Vor allem in Japan sind aus diesen Überlegungen Kapselstrukturen entwickelt worden, bei denen um einen zentralen Hochhauskern gleichförmige Raumeinheiten als Kapseln mit wechselnder Richtung pro Etage gruppiert werden. Ähnliche Lösungen werden im baugrundknappen Hongkong für Wohnkomplexe bevorzugt. Sie zeigen die Macht der Funktionalität unter ökonomischen Zwängen, aber auch die Grenzen für den menschlichen Entfaltungsraum an; die Dimensionierungen, vor allem der Gegensatz von gigantischen Baumassen und winzigen Raumeinheiten werden zum Paradoxon von schwindelnder Bauhöhe und beklemmender Raumenge.

Beispiel: Kisho Kurokawa, Kapsel-Hochhaus, Tokio/Japan 1972, Etagen-Grundriß und Isometrie einer Wohneinheit mit Sanitäreinrichtung

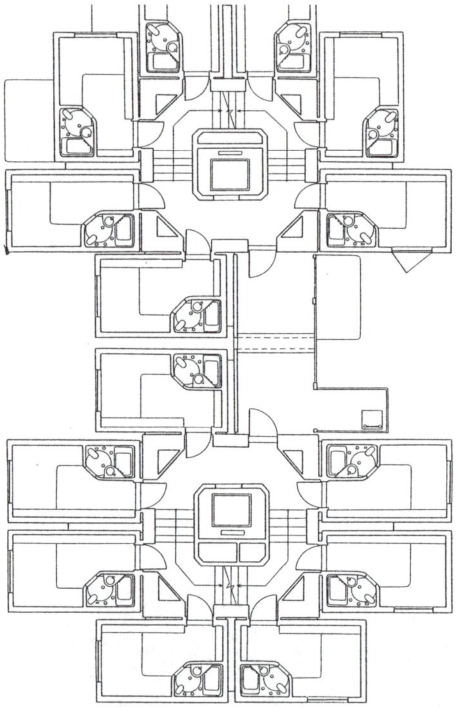

Der Grundriß zeigt die nur durch Ausrichtung verschiedenen, am Hochhauskern gruppierten gleichförmigen Einzimmer-Kapseln. Das Treppenhaus mit Lift ist in der Grundfläche größer als die Fläche der einzelnen Kapseln, die mit standardisierten Naßzellen und Einbauten nur etwa ein Drittel »Bewegungs«-Raum freilassen. Außer einem Rundfenster und einer Tür zum Treppenhaus sind die Kapseln total in sich geschlossen. Die Dimensionierung erweckt den beklemmenden Eindruck von Schlafkabinen, bei denen die Uniformität an Legebatterien für Hühner erinnert. Für eine individuelle Wohnraumgestaltung wird kein Platz mehr gelassen. Und doch sind diese Mini-Wohnungen in Japan mit seinen beengten Familien-Wohnverhältnissen ein für uns unvorstellbarer »Luxus« an Privatheit.

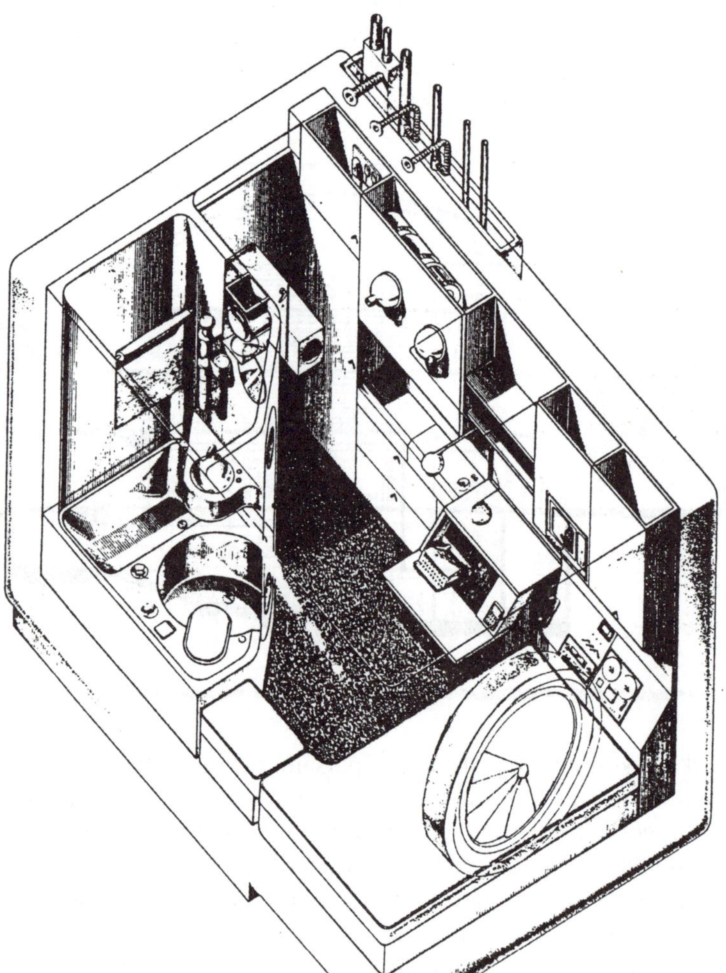

Einbeziehende Umschließungsformen behalten zwar den eigenständigen Raumcharakter, nehmen aber die schließenden Elemente Wand und Decke soweit zurück, daß offene Raumverknüpfungen bis hin zu integrierten Einheiten enstehen. Je nach dem Grad der Raumausgrenzung kann von einer Einbeziehung oder Ausschließung gesprochen werden.

Beispiele:

Florenz/Italien, Kirche San Miniato, 1018, Ansicht des Mittelschiffs nach Osten

Die Innenansicht – Außenansicht S. 135 – läßt eine Reihe von Raumaussonderungen unterschiedlichen Grades erkennen:

- Durch die offenen Scheidarkaden werden die Seitenschiffe räumlich mit dem Mittelschiff verbunden, diesem aber über den Obergaden und den offenen Dachstuhl verstärkte räumliche Eigenständigkeit gegeben.

- Vor der Vierung wird das Sanktuarium durch Schwibbögen ausgesondert und durch Hochlegung vom Mittelschiff abgeschrankt. So entsteht eine ausschließende Raumqualität, die aber durch die Sichtverbindung bis zur Apsis ein Stück zurückgenommen wird.

Die differenzierten Umschließungsformen von Einbeziehung und Ausschluß sind nicht nur Ausdruck kultischer Zusammengehörigkeit und abgestufter Heilsnähe zum Hochaltar, sondern auch soziale Scheidung zwischen aktiv den Kult gestaltenden Klerikern, die den Prozessionsweg durch das Mittelschiff über Seitentreppen zum Platz in der Vierung nahmen, und dem passiv teilnehmenden Volk, das beim Einzug der Kleriker in den Seitenschiffen stand und nur vor der Abschrankung Platz nehmen durfte.

Jochen Jourdan/Bernhard Müller, documenta-Halle, Kassel 1989, Innenansicht

Der Blick in die Halle dieses durchlichteten Baus wurde bereits aus der Eingangsperspektive gezeigt (S. 47). Aus umgekehrter Richtung zeigt die Innenansicht, wie durch Niveauverspringung sowie offener Treppenführung und Wandgestaltung der ausgesonderte Raum in die Hallengestaltung einbezogen wird. Bei einer geschlossenen Gestaltung wäre die geschwungene Linienführung des Gesamtraums gestört und die transparente Außeneinbeziehung unterbrochen worden. Durch Einbeziehung des tiefer liegenden Raums (wo sich die Cafeteria befindet) in den Hallenraum mit seinen Exponaten wird ein einheitlicher Erlebnisraum geschaffen.

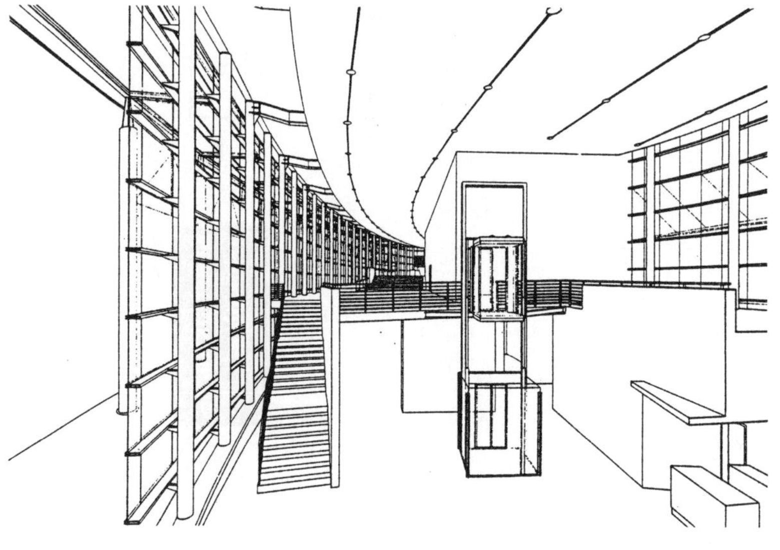

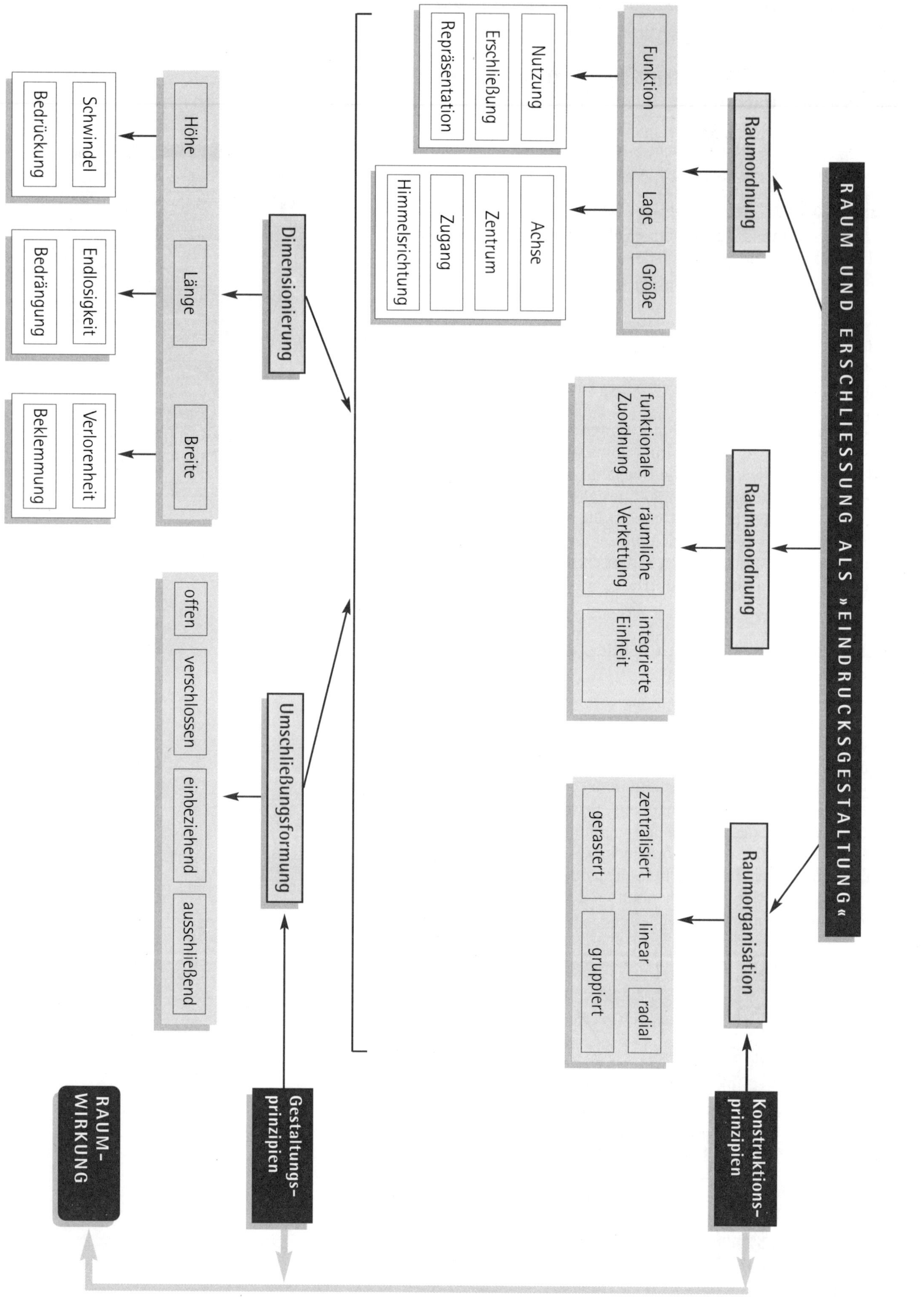
RAUM UND ERSCHLIESSUNG ALS »EINDRUCKSGESTALTUNG«
Raumordnung
Funktion
Lage
Größe
Nutzung
Erschließung
Repräsentation
Achse
Zentrum
Zugang
Himmelsrichtung
Raumanordnung
funktionale Zuordnung
räumliche Verkettung
integrierte Einheit
Raumorganisation
zentralisiert
linear
radial
gerastert
gruppiert
Konstruktions-prinzipien
Dimensionierung
Höhe
Länge
Breite
Schwindel
Bedrückung
Endlosigkeit
Bedrängung
Verlorenheit
Beklemmung
Umschließungsformung
offen
verschlossen
einbeziehend
ausschließend
Gestaltungs-prinzipien
RAUM-WIRKUNG

Antti Lovag, Wohnanlage, Côte d'Azur / Frankreich, um 1980, Teilansicht des Wohn- und Schlafraums

Lovags eigenwillige Wohnanlage mit ihrer Einbettung in die Natur S. 46) ist in der Raumgestaltung ein Musterbeispiel für Umschließungsformen. Er schafft durch Gruppierung einzelner Kugel- und Blasenkörper separate in sich geschlossene Räume und bricht im Innenraum der einzelnen Körper mit jeder konventionellen Raumgestaltung:

- Der unter der Deckenkuppel »eingehängte« schalenförmige Schlaf- und Rückzugsraum wird in den Wohnraum durch einen weiten Ausschnitt der Wand einbezogen, so daß ein Hängematten-Effekt entsteht.

- Raumteilungen für verschiedene Nutzungen - Essen, Entspannen, Ruhen - werden über Einbauten, die neue Ebenen bilden, geschaffen, so daß Innenlandschaften entstehen, zu denen die runden Fenster eine Außen-Innen-Verbindung herstellen.

Die nur geringe Trennung von Raumteilen führt wahrnehmungspsychologisch zu einer Verbindung des Raums und damit zu einer emotionalen Aufhebung der unterschiedlichen Lebensformen im Tagesablauf.

▲

Bewegungsrichtungen und Grenzen im Raum

Übersicht: Bewegungs- und Sichtgrenzen im Raum, S. 202

Raum, der architektonisch aus den *Umschließungselementen* Boden, Wand und Decke besteht, wird mit anderen Räumen oder dem Außenraum durch *Umschließungsöffnungen*, den Türen, Wandaufbrüchen oder Höfen, und *Sichtöffnungen*, wie z. B. Fenstern oder Glastüren, verbunden. Diese architektonischen Möglichkeiten werden zu *Raum- und Sichtverknüpfungen* genutzt und damit Lenkungen vorgenommen. Als Ort und Bewegungsraum verstanden, muß der Raum architekturanalytisch auf diese Lenkungsabsichten, d. h. die Bewegungsrichtungen und Raumgrenzen hin untersucht werden. Die vergitterte Gefängniszelle in ihrer Raum- und Sichtbegrenzung macht augenfällig klar, daß die Bewegungsrichtung nur eindimensional aus der Zelle herausführt und die Sicht durchs Fenster als optische Freiraumanbindung über die Hochlegung und Vergitterung auf die Tür als einzige Möglichkeit, die Freiheit legal wiederzugewinnen, zurückverweist.

Umschließungselemente sind Bewegungsgrenzen im Raum:

- Umschließungsöffnungen lenken die Bewegung im Raum, da sie den Raum zu erweitern versprechen.

- Sichtöffnungen lenken ebenfalls die Bewegung, mehr noch die Blickführung, ermöglichen aber in aller Regel nur die Einbeziehung des Außenraums.

- Mit Hilfe von Raum- und Sichtverknüpfungen werden Bewegung und Verharren animiert; sie werden, bewußt eingesetzt, zur Überraschungsinszenierung.

Die drei *Umschließungselemente* sind in unterschiedlicher Betonung Bewegungsgrenzen, wobei der Begriff Grenze im übertragenen Sinne verstanden werden muß. In der Kirche von Jerichow (S. 171) wurden über den *Boden* durch Absenkung und Anhebung des Niveaus im Chorbereich selbständige Räume, die Krypta und das Sanktuarium, ausgesondert. Oft genügen aber auch nur einzelne Stufen, um Bewegungsgrenzen zu markieren. Die Begrenzung der *Wand* wird vor allem in ihrer grenzaufhebenden Behandlung sichtbar, wenn bei Säulen- bzw. Arkadentrennungen die nur noch optische Membrane zwischen den Stützen den Trenncharakter verdeutlichen oder Wandaufbrüche, wie im Museum für Sepulkralkultur in Kassel (S. 176), mit Absperrgittern die Bewegungsgrenze erlebbar machen. Teilwände oder Glastüren zeigen den Übergang von der Wand zur Umschließungsöffnung.

Beispiele:

Stephan Braunfels, Pinakothek der Moderne, München 1992, Ansicht des Treppenhauses und von Nordwesten

Das Gebäude öffnet sich über eine lichte Stützenkonstruktion zum architektonischen Mittelpunkt, der Rotunde. Zu ihr führt eine Treppenanlage, die durch zwei begrenzende Elemente den Raum bestimmt:

Treppenhaus

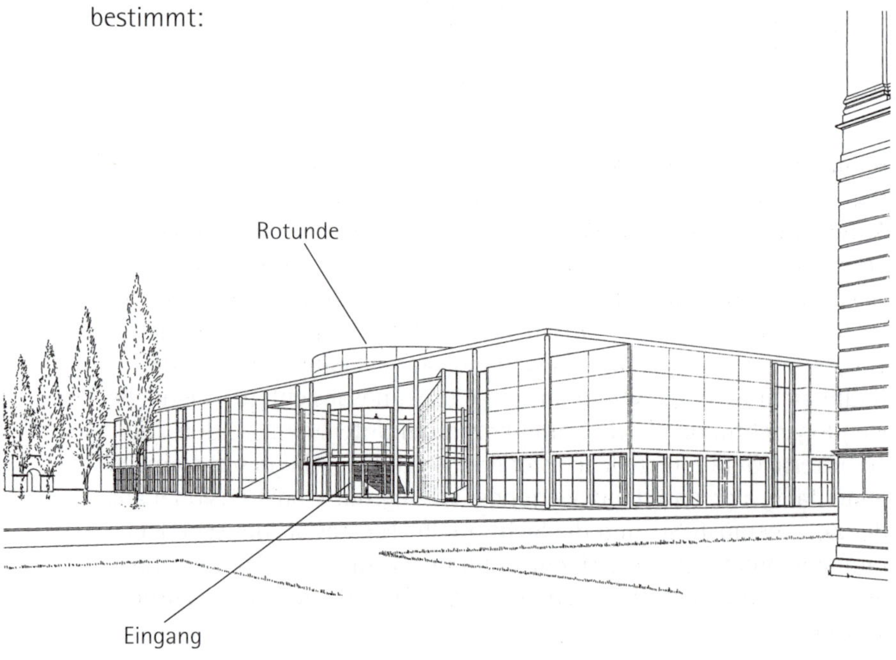

■ Mit einer schlanken Stütze, die als stilistische Verbindung zwischen Eingangs- und Treppenhausgestaltung wirkt, wird die breite Treppenanlage geteilt. Eine scheinbare Verengung auf die Rotunde hin wird betont, indem eine imaginäre Wand geschaffen wird.

■ Dieser steht auf der anderen Seite eine reale Wand als Begrenzung gegenüber, die wiederum in der Höhe aufgebrochen ist, die Treppenläufe widerspiegelt und den Blick auf die nächste Etage freigibt.

Während mit der schlanken Stütze der dahinter beginnenden Wand die Kompaktheit optisch genommen wird, verliert die gegenüberliegende Seite ihre Schwere durch eine offene Verknüpfung.

Wohnraum, um 1950, Ansicht

Eine Schiebetür hat die Funktion der Wandbegrenzung und ihrer Aufhebung übernommen. Der Raum kann nach den jeweiligen Bedürfnissen, aber auch Gefühlslagen, kleinteilig oder großräumig gestaltet werden. Mit solchen mobilen Wandelementen ist der Übergang zu den Umschließungsöffnungen erreicht.

▲

Die *Decke* spielt für die psychologische Empfindung der Bewegungsgrenzen eine oft unterschätzte Rolle. Lufträume und Dachabhängungen erweitern oder verengen scheinbar den Bewegungsraum. So werden Decken abgehängt, um z.B in größeren Räumen Intimbereiche zu schaffen.

Bei großen Räumen wird die Decke oft dazu genutzt, um Bewgungsrichtungen oder optische Raumgrenzen zu betonen. Der in die Höhe gezogene Blick überträgt die Deckenformung wahrnehmungspsychologisch auf Begrenzungen am Boden.

▼

Beispiele:

Peder Vilhelm Jensen Klint, Grundtvig-Kirche, Kopenhagen / Dänemark 1913 (entworfen), Ansicht des Mittelschiffs

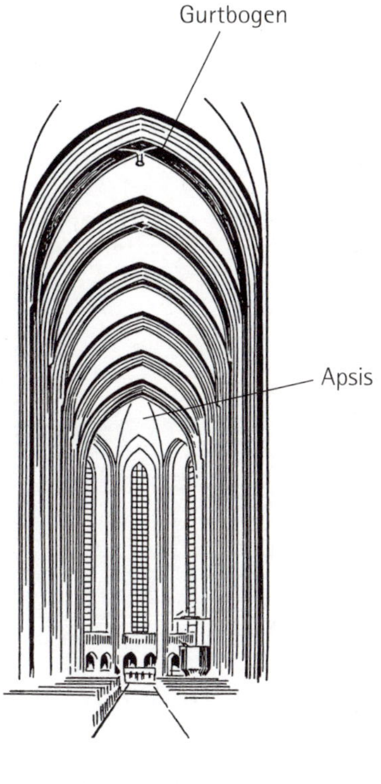

Der expressiv-gotisierte Bau wurde bereits vorgestellt (S. 137). Sein steiles Mittelschiff ist durch starke Gurtbögen rhythmisiert. Durch diese Rhythmisierung der Decke wird ein optischer Sog auf den Altar hin geschaffen. Die Modulation der spitzbogigen Decke durch die Reihung der Gurtbögen kommt erst in der Apsis zur Ruhe; diese beabsichtigte Bewegungsrichtung ist mit der Begrenzung am wichtigsten Ort, dem Altar, verbunden.

Oviedo (Naranco)/Spanien, Königshalle, 1. Hälfte 9. Jh., Innenansicht

Der bereits bekannte Bau (S. 125) ist räumlich ebenfalls von einem Gewölbe mit starken Gurtbögen geprägt. Im Unterschied zur Grundtvig-Kirche handelt es sich jedoch um ein halbrundes Tonnengewölbe über weiten Blendarkaden. Auch hier ist eine Rhythmisierung vorhanden, die aber eine andere psychologische Wirkung entfaltet:

- Wie aus dem Grundriß (S. 125) zu ersehen ist, wurden die Gurtbögen am Eingang verdichtet, so daß eine Zentrierung entsteht.

- Die Gurtbögen ruhen auf Konsolen, die in die Wand über flache Vorlagen abtropfen, so daß die Jochbetonung von der Decke über Arkaden bis auf den Boden reicht.

Mit diesen architektonischen Mitteln wird ein verlangsamender, eher beim Schreiten innehaltender Rhythmus und keinesfalls ein Sog bewirkt. Die Königshalle ist mehr Ort als Bewegungsraum.

Cordoba/Spanien, Große Moschee, 8. Jh., Innenansicht

Der aus zahlreichen Schiffen geformte Raum erhält nicht nur über seine dichte Säulenstellung den Eindruck eines Waldes. Vielmehr erzeugen die kräftig ausgebildeten Vorhang- und Hufeisenbögen* mit ihrem höhenversetzten Rhythmus einen verwirrenden Eindruck von Schwingung. Die Aussonderung des Einzeljochs wird überlagert durch die Ruhelosigkeit der Deckenstruktur, so daß nur die gleichförmigen Reihen der Stützen und die Rückführung des Blicks zum Boden Ruhe gewährt. Die Orientierung ist nicht eindeutig; sie wird nur durch die Gebetsnische (nicht zu sehen), die nach Mekka ausgerichtet ist, festgelegt. Ort und Bewegung durchdringen sich und bekommen ihren Halt erst am Boden, auf den die Decke verweist und wo der Betende kniet. ▲

Waren beim Baukörper Türen und Fenster als Umschließungsöffnungen annähernd gleich behandelt worden, so ist es richtig, beim Raum zwischen *Umschließungsöffnungen*, die auch als Einschließungsöffnungen bezeichnet werden könnten, und den *Sichtöffnungen* zu unterscheiden.

> Umschließungsöffnungen öffnen den Raum für die Bewegung; sie heben die Grenze im Raum auf, ohne die Begrenzung zu verwischen .

Eine Reihe solcher Umschließungsöffnungen im Raum sind bereits betrachtet worden:

- *Türen*, Ein- und Ausgänge, die Zimmer verbinden, sind oft durch besondere Gestaltung für die Aufmerksamkeit versehen, wie z. B. die große Tür in der Rotunde des Alten Museums am Lustgarten in Berlin (S. 175) oder der Aufgang im Musée des Travaux Publics in Paris (S. 166).

■ *Mobil- oder Teilwände*, wie z. B. große Schiebetüren (S. 193) oder raumteilende Schiebewände, werden in heutigen Bauten zur Erhöhung der multifunktionalen Nutzung immer öfter verwendet.

■ *Wandaufbrüche* sind im Kasseler Museum für Sepulkralkultur (S. 176), aber auch in der documenta-Halle (S. 189) als *offene Verknüpfungen* zu sehen.

■ Aber auch *Vor- und Innenhöfe* sind Umschließungsöffnungen, die meist den Bau mit seinen Räumen an den Außenraum anschließen; die Vorhalle von Qalaat Seman (S. 111), die Portikus der Pazzi-Kapelle (S. 156), der Innenhof von Castel del Monte (S. 136f.), aber auch der Innenhof und die Dachterrasse der Villa Savoye (S. 100) sind Beispiele der zahlreichen Variationen von Umschließungsöffnungen.

Während vor allem Türen die Begrenzung indirekt durch die Öffnung der Einschließung betonen, heben andere Umschließungsöffnungen – oft nur psychologisch – die Einschließung auf.

Umschließungs- und Sichtöffnungen werden in der Raumgestaltung nicht nur funktional, sondern vor allem auch mit der Absicht eingesetzt, die Bewegungsrichtung zu lenken und über die Blickführung den Ort im Raum zu fixieren.

Beispiele:

Ephesos/Türkei, Jüngeres Artemision, 2. Hälfte 4. Jh., rekonstruierte Ansicht des Westpteron mit Blick in den Pronaos und Naos

Während im griechischen Mutterland der Tempel als Peripteros* (vgl. S. 18) seine klassische Form gefunden hatte, wurde in Kleinasien durch Zufügung einer zweiten Peristase der Dipteros* entwickelt. Die doppelte Peristase und der Pronaos des Ephesischen Artemistempels zeigen eine raffinierte Abfolge von verschiedenen Umschließungsgestaltungen:

■ Der Zugang des Tempels ist über eine breite Treppe axial organisiert.

■ Mit einer offenen doppelten Peristase erhält der Tempel eine Baldachinstruktur, bei der die Säulenreihen offene Raummarkierungen in gestaffelter Form bilden:

- Zwei Säulenreihen umkreisen den festen Kern des Tempels.
- Eine dritte ist dem Pronaos vorgelegt,
- der mit acht Säulen dreischiffig und vierjochig gestaltet ist.
- Der Pronaos ist zu den Seiten abgemauert und
- besitzt an seiner Rückwand ein riesiges, profiliertes Portal, durch das der Blick auf das Adyton* mit Götterbild im Naos freigegeben wird.

■ Der Naos selbst ist, wie bei allen griechischen Tempeln, ein geschlossener Raum ohne Sichtöffnungen.

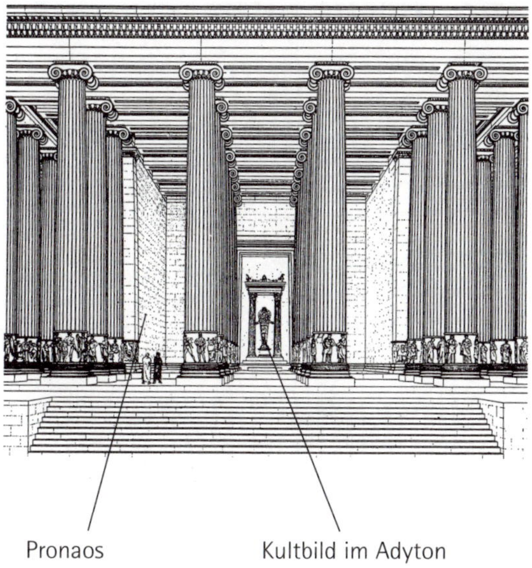

Die Umschließungsöffnungen sind auf einer Achse so organisiert, daß sich die räumliche Verschließung zunehmend verdichtet. Die Schwelle in den Naos ist angehoben und die Kultfigur aufgesockelt. Hierdurch werden nochmals Raumaussonderungen vom Tempelsockel bis zum Kultbildsockel hervorgehoben. Die Raumverdichtung und -verknüpfung sind Ausdruck von Kultpflege und Distanzierung: In das dunkle Geheimnis des allerheiligsten Raums, wo das Kultbild stand, hatten nur die Priester Zutritt.

Achtamar / Türkei, Heiligkreuzkirche, 915, Grundriß und Schnitt

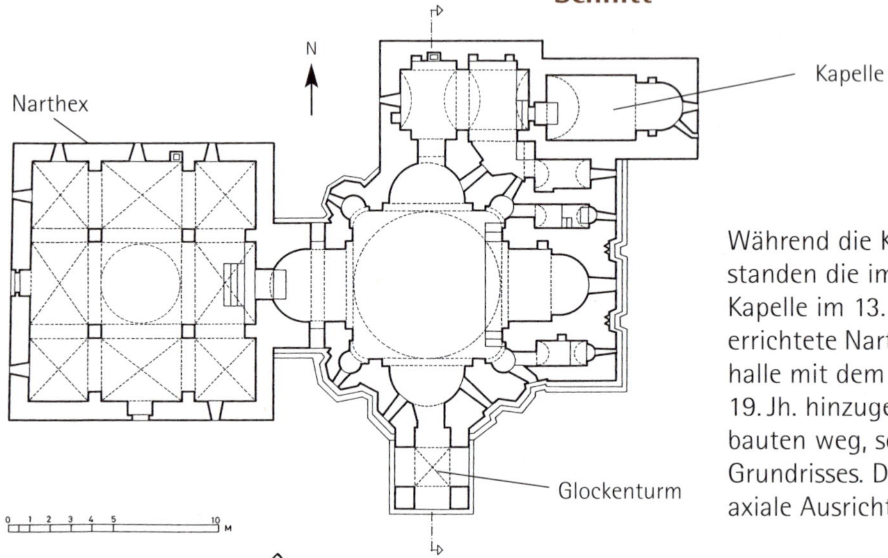

Während die Kirche aus dem 10. Jh. stammt, entstanden die im Norden vorgelegten Räume und die Kapelle im 13. und 14. Jh.; der große über vier Stützen errichtete Narthex stammt aus dem 18. Jh. Die Vorhalle mit dem Glockenturm im Süden wurde erst im 19. Jh. hinzugefügt. Denkt man sich die späteren Einbauten weg, so beeindruckt die Ebenmäßigkeit des Grundrisses. Der Zentralbau erfährt nur eine leichte axiale Ausrichtung nach Osten:

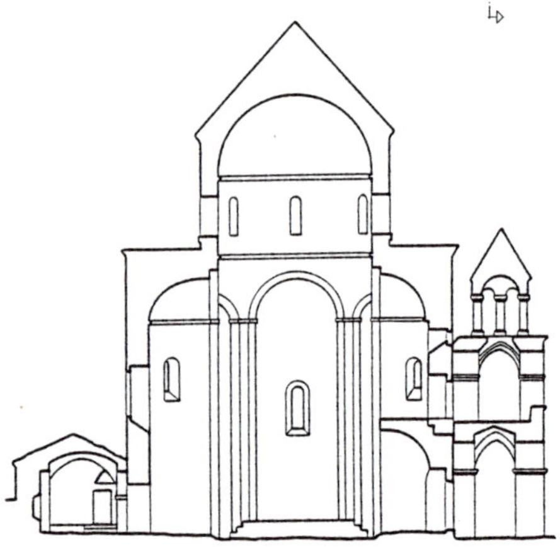

- Die Konche im Osten ist durch ein Vorjoch, das Bema, erweitert.
- Das Bema wird von zwei Räumen, den Pastophorien*, flankiert.

Ursprünglich gab es vermutlich nur das Westportal als Eingang. Der zentrale Raum ist im Grundriß symbolisch als Kreuz gestaltet, wobei das durch die Konchen gebildete griechische Kreuz durch die Ecknischen von einem zweiten um 45° gedrehten Kreuz überlagert wird. Die großen Konchen sind über Wandaufbrüche mit dem Zentralraum verbunden, erhalten aber eigene Raumqualität durch die niedrigere Raumhöhe. Dem Bema ist zusätzliche Raumqualität durch Aufstufung und Raumfolge gegeben.

Sichtöffnungen, die hier nicht funktional in ihrem Hauptzweck, den Raum natürlich zu belichten, analysiert werden, sind in erster Linie beabsichtigte Anbindungen nach außen. Große und besonders gestaltete Sichtöffnungen verdeutlichen oft diese Absicht. Es hat Architekten immer wieder gereizt, innen und außen, den natürlichen und den architektonischen Raum aufeinander zu beziehen. Dabei sind einordnende, kontrastierende und illusionistische Versuche nur eine Auswahl der Möglichkeiten. Im Glass House (S. 43) wird durch die Transparenz fast aller Wände die Sichtöffnung an die Grenze ihrer Möglichkeiten getrieben. Bei der documenta-Halle (S. 47) wird die Glasfront zur transparenten Sichtanbindung von innen und außen, die aber ihre Begrenzung durch eine Gitterstruktur behält. Bieten Spiegelfassaden die Möglichkeit, die Umwelt im Bau zu reflektieren, so gilt dieses Prinzip der Illusionserzeugung im Innenraum genauso; mit Hilfe von Spiegeln werden illusionistische Raumeffekte als Raumerweiterungen oder -staffelungen erzeugt, die wie Sichtöffnungen wirken.

Landschafts- und Gartenanschlüsse, aber auch Fernsichten auf andere Bauten, werden über Sichtöffnungen hergestellt. Sind die Öffnungen als Türen oder mobile Wandteile konzipiert, so daß man nach außen in den Garten oder auf den Balkon treten kann, so verbinden sich Umschließungs- und Sichtöffnungen.

Lage und Ausrichtung von Sichtöffnungen bestimmen oft maßgeblich die grundrißmäßige Raumanordnung.

▼

Beispiel: Orientierung im Raum, Skizze

Mit einer einfachen Skizze wird verdeutlicht,

- wie die Nähe zum Fenster die Sicht aus dem Raum bestimmt,
- wie sich der Innenraum auf den Außenraum beziehen kann,
- wie die Sichtöffnung den Raumausschnitt begrenzt und
- wie der Ort im architektonischen Raum die Sicht auf den natürlichen Raum festlegt.

▲

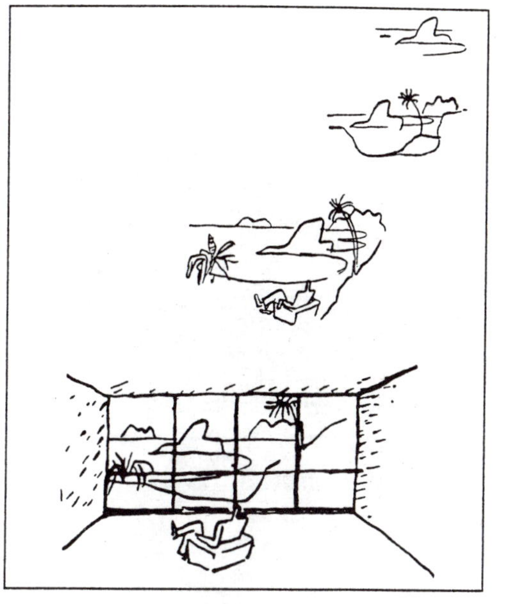

In den Sichtöffnungen und ihren Absichten, Landschafts- und Gartenanschlüsse sowie Fernsichten herzustellen, werden Bedürfnisse widergespiegelt, die maßgeblich die Raumordnung bestimmen. Dies gilt auch für die Umkehrung: Die Sichtverschließungen.

▼

Beispiele:

Frei Otto, Wohnhaus »Warmbronn«, 1976, Entwurfsskizze

Die Entwurfsskizze zeigt die Absicht, das Wohnhaus über seine Glasfront in die Gartensiedlung einzuordnen. Mit einer »Gewächshausarchitektur« soll das Wohnhaus nicht nur ein formales Zeichen setzen, vielmehr soll die Dachbepflanzung neben energiesparenden Effekten das Raumklima beeinflussen und das Haus in die Natur einbinden. Die Sichtöffnungen sind auf die Einbeziehung des Gartens angelegt.

Louis Le Vau, Schloß, Versailles/Frankreich 1678, Ansicht des Spiegelsaals

Eine illusionistische Form der Raumerweiterung und des Außenbezuges zeigt der Spiegelsaal von Versailles. Den Fenstern (nicht zu sehen) gegenüber sind Blendarkaden mit Spiegelfeldern angebracht. Durch die Spiegelung der Fenster mit ihrem Blick auf den Himmel und die Gartenanlage wird der langgestreckte Raum verbreitert und das Außen simulativ nach innen verlegt.

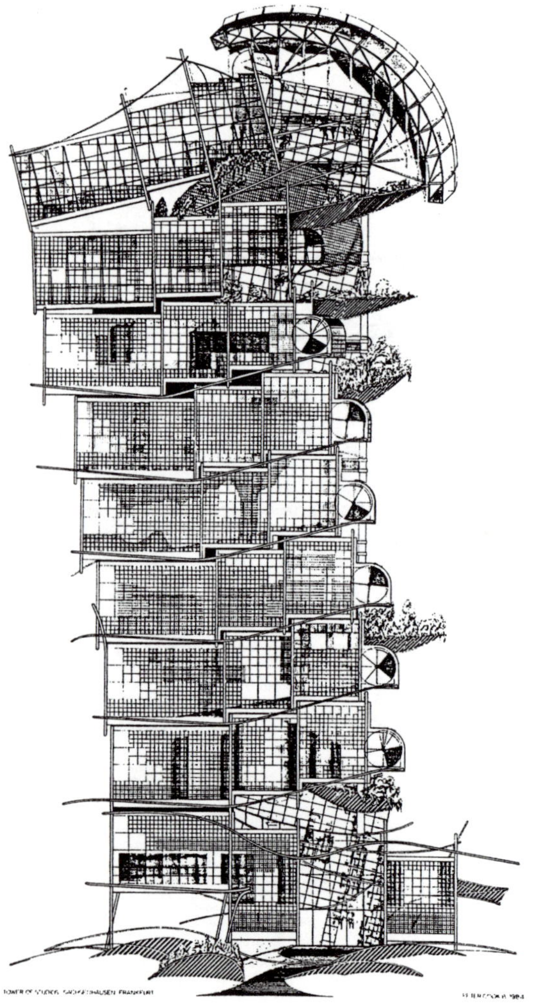

Peter Cook, Atelierturm, Projekt-Entwurf 1984, Aufriß

Das Projekt zeigt eine abenteuerliche Raumvorstellung mit Fernsicht:

- Die Räume der Etagen sind in Niveauverspringungen organisiert.
- Auf schalenförmigen Auskragungen und auf dem Dach sind Anpflanzungen vorgesehen, die den Turm begrünen.
- Balkone sind auf der einen Seite den Etagen vorgelegt.
- Auf der anderen Seite befinden sich Fenster mit Sonnenblenden und vorkragenden Etagen.
- Das Dach enthält ein Penthaus mit gekippter Raumstruktur, das zum »Dachgarten« angebunden und von einem riesigen »Sonnensegel« überspannt ist.

Nur ungenau sind die Fenster der Räume in den Gitterstrukturen definiert. Die Zeichnung läßt mehr die Absicht als eine exakte architektonische Struktur erkennen. Im Grenzwert der Fantasie aber werden zwei Absichten deutlich:

- Die Auseinandersetzung zwischen innen und außen mit gegensätzlichen Mitteln und
- den Raum als Erlebnisort und Bewegungsraum zu gestalten.

Neben der Raumorganisation dienen Umschließungs- und Sichtöffnungen auch der *Raum- und Sichtverknüpfung*, die in diesem Falle nicht nach außen, sondern nach innen gerichtet sind. Die Enfiladen im Schloß Vaux-le-Vicomte (S. 23 und 70) sind nicht nur Raumverknüpfungen, sondern vor allem Verknüpfungen des Durchblicks.

> Der Mensch, der den Raum als Ort und in der Bewegung erlebt, wird von den Raum- und Sichtverknüpfungen im Erleben des Raums bestimmt.

Da gerade Flure und Treppen typische Bewegungsräume sind, werden sie oft mit genauen Zielpunkten als Orte verknüpft. Schinkel hatte dies im Alten Museum am Lustgarten (S. 165 und 175) durch die Kombination von Treppe in offener Vorhalle mit Austritt auf einen galerieartigen Vorraum und axialer Verbindung zur Rotunde zur Erlebnissteigerung genutzt. Raum- und Sichtverknüpfungen sind mit Verschließungen so gekoppelt, daß Erwartungshaltungen geweckt werden und inszenierte Überraschungen als Eindruckswirkungen entstehen.

Treppen, Vorräume und Verkettungen sind die häufigsten Raumformen zur Raum- und Sichtverknüpfung.

Neben dem Alten Museum am Lustgarten konnten alle diese Verknüpfungsformen bereits beim Museum fur Sepulkralkultur (S. 176) beobachtet werden.

▼

Beispiele:

Charles Garnier, Oper, Paris/Frankreich 1862, Treppenhausansicht

Im Längsschnitt (S. 169) ist die Lage des Treppenhauses vor dem Zuschauerraum zu erkennen. Bei gemeinsamem Antritt gabelt sich die Treppe nach zwei Seiten, so daß es sich um eine zweiarmige und dreiläufige Treppenführung handelt. Das Treppenhaus als Verknüpfungsraum zur oberen Etage, wo sich die Logenzugänge befinden, wird durch die prachtvolle Treppe geprägt; eingebaute Verharrungseffekte – Antritt, Podest mit Gabelung und Austritt – sollen den Aufstieg und Abstieg zu einem Erlebnis des Gesamtraums werden lassen.

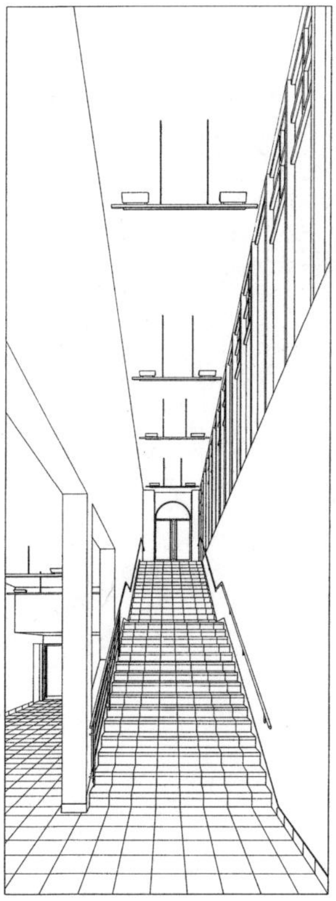

Ernst Ulrich Scheffler/Thomas Warschauer, Museum Liebighaus, Frankfurt/Main 1987, drei Treppenansichten

Das Problem der Raum- und Sichtverknüpfung läßt sich an der Ansicht der Haupttreppe sowie den beiden Skizzen (Austritt Haupttreppe und Treppe zum Vortragssaal) gut ablesen:

■ Die Haupttreppe wird mit dem Vorraum über die unten durchbrochene Wand sichtmäßig verknüpft. Nach oben wird der geschlossenen Wand auf der linken Seite eine durchfensterte Wand auf der rechten Seite entgegengesetzt, die neue Sichtverknüpfungen erlaubt.

■ Auf dem Austritt wird die rundbogige Glastür leicht nach rechts aus der Achse gerückt. Die Tür gibt den Blick in den Korridor frei und bewirkt durch die Versetzung aus der Achse sowie mit Hilfe eines Bogens im Gang eine raffinierte Rhythmisierung der Flucht und des Fluchtpunkts.

Austritt Haupttreppe

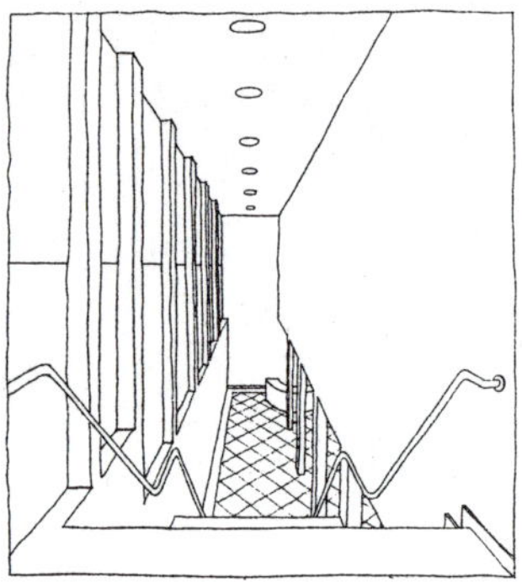
Treppe zum Vortragssaal

■ Auch die Treppe zum Vortragssaal spielt mit den gleichen Raum- und Sichtverknüpfungen, indem die Wand unten im Foyer aufgebrochen, darüber aber kompakt gestaltet ist und nach oben auf der Gegenseite wiederum über Fenster neue Sichtverknüpfungen eröffnet.

■ Der am Fuße der Treppe liegende Informationsstand ist aus der Treppenachse verschoben, so daß auch hier beim Hinunterschreiten der Fluchtpunkt nicht mit der Sichtperspektive übereinstimmt.

Raum- und Sichtverknüpfungen werden vor allem durch raffinierte Sichtbeeinflussung zur Inszenierung und Auflösung von Monotonie genutzt.

Treppen und Vorräume sind oft als Verkehrs- und Verteilungsräume konzipiert. In dieser Funktion können sie unterschiedliche Verknüpfungsgrade ausdrücken. Außentreppen an Balkonen, wie am Haus Rabe in Leipzig (S. 87f.), suchen in der Verbindung von Architektur und Natur eine weitergehende Raumverknüpfung. Im Wohnhaus »The Box« von Moss (S. 100) werden Treppe und Raum in einer Rotunde vereinigt und an den gekippten großen Baukörper angeschlossen, so daß sich Raumverdichtungen ergeben.

Verkettungsformen bei der Raum- und Sichtverknüpfung sind vielfältig. Emporen und Galerien sind bereits häufig erwähnt worden. Die einfachste Form ist die Addition von Räumen, die über große Wanddurchlässe verbunden werden (S. 193).

Beispiel: Oswald Mathias Ungers, Deutsches Architekturmuseum, Frankfurt/Main 1981, Militäriß und zwei Entwurfsskizzen

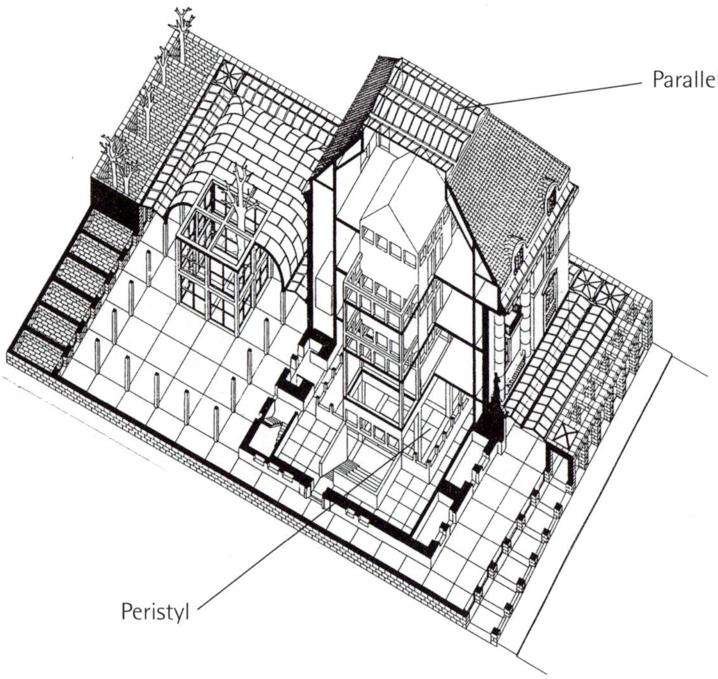

Der Militärriß zeigt, daß ein Altbau

■ zum einen mit einem niedrigen Neubau weiträumig umzogen wurde, so daß der Altbau zum turmartigen Kernbau des Gesamtbaus wird,

■ zum anderen entkernt wurde, um ein Haus im Haus einzufügen.

Die beiden Entwurfsskizzen verdeutlichen diese beiden Zielsetzungen. Vor allem die Innenraumskizze führt – im Zusammenhang mit dem Militärriß – musterhaft vor, wie Raum- und Sichtverknüpfungen sowohl funktional wie auch zur Inszenierung der Ausstellungsräume genutzt werden:

▪ Die Aufstelzung des »Innenhauses« sondert zwar den Raum im Erdgeschoß aus, bettet ihn aber in ein Peristyl ein und verleiht ihm optische Transparenz bis an die Raumgrenzen der Altbauwände.

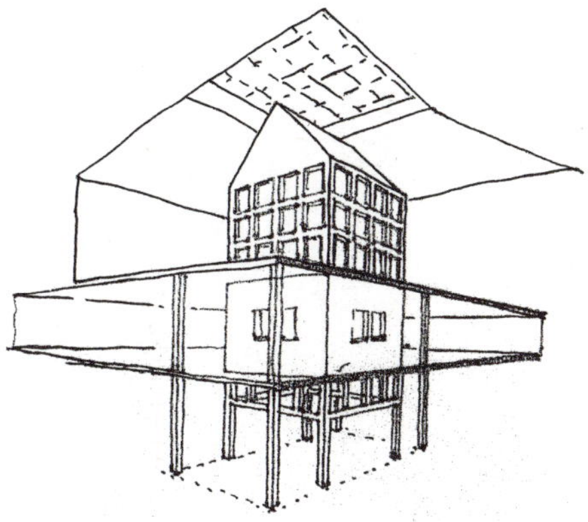

▪ Dieser Entreebereich ist in den Obergeschossen erheblich variiert:

- Die Wandverdichtung des »Innenhauses« nimmt zu, indem Wände gesetzt und Fenster zu den umgebenden Etagen geöffnet werden.
- Balkonartige Öffnungen im vorletzten Geschoß kontrastieren mit einer Freilegung der Konstruktion darunter und einer kompakten Wand unter dem Dach.
- Das »Innenhaus« wird zum umgehbaren Objekt mit tektonischer Erfahrung von innen und außen, von Raum und Körper, von neu und alt, aber
- es ermöglicht zugleich eine differenzierte Behandlung von Exponaten.

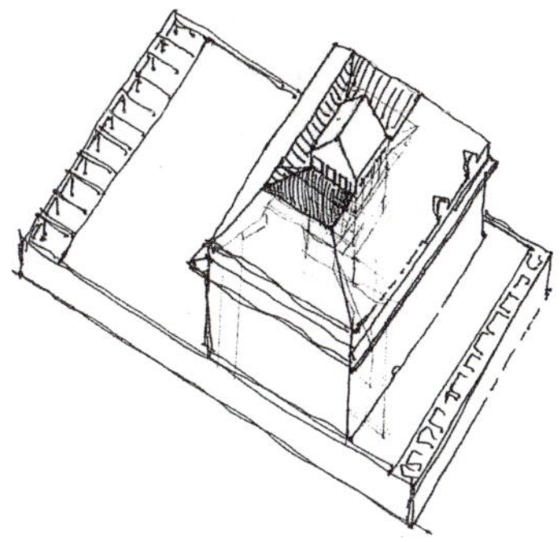

▪ Lichtmäßig wird dieses Spiel von Selbständigkeit und integriertem Teil durch die Aufbrechung des Altbaudachs unterstützt, das mit einer Paralleldachkonstruktion* aus Glas über dem »Innenhaus« versehen wurde. Das Licht von oben verknüpft das »Innenhaus« auf der obersten Etage mit dem umgebenden Altbau.

▲

Obwohl Raumorganisation und Raumgestaltung eng mit Raum- und Sichtverknüpfungen zusammenhängen, sind sie doch genau auseinanderzuhalten.

> Die Konstruktions- und Gestaltungsprinzipien definieren den geometrischen und stereometrischen Zustand des Raums, der in aller Regel maßgeblich mit dem Baukörper und der Massengliederung in Verbindung steht. Raum- und Sichtverknüpfungen sind demgegenüber innenraumbezogene Gestaltungen, mit denen optische und wahrnehmungspsychologische Lenkungs- und Bedeutungsabsichten verfolgt werden.

▼

Beispiel: Eric Owen Moss, Theater-Projekt, Culver City/USA 1994, CAD-Zeichnung

Auch wenn die Zeichnung schwer zu lesen ist, läßt sich doch erkennen:

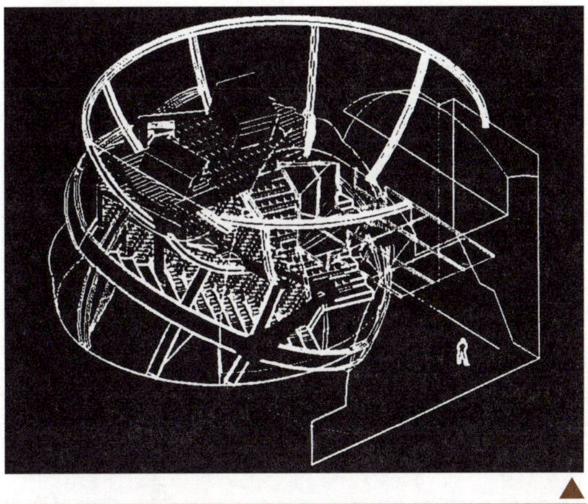

▪ Der runde Zuschauerraum wird von einem Rechteck (Bühne, Foyer, weitere Funktionsräume) angeschnitten.

▪ Der Rundraum selbst ist aus drei sich durchdringenden Kugeln und deren Segmentierung konstruiert.

Gegenüber dieser konstruktiven Raumorganisation und Raumgestaltung ist zur Raum- und Sichtverknüpfung aus der CAD-Zeichnung nur wenig ablesbar. Lediglich die für ein Theater selbstverständliche Verknüpfung von Bühne und Zuschauerraum durch amphitheatralische Gestaltung ist erkennbar.

▲

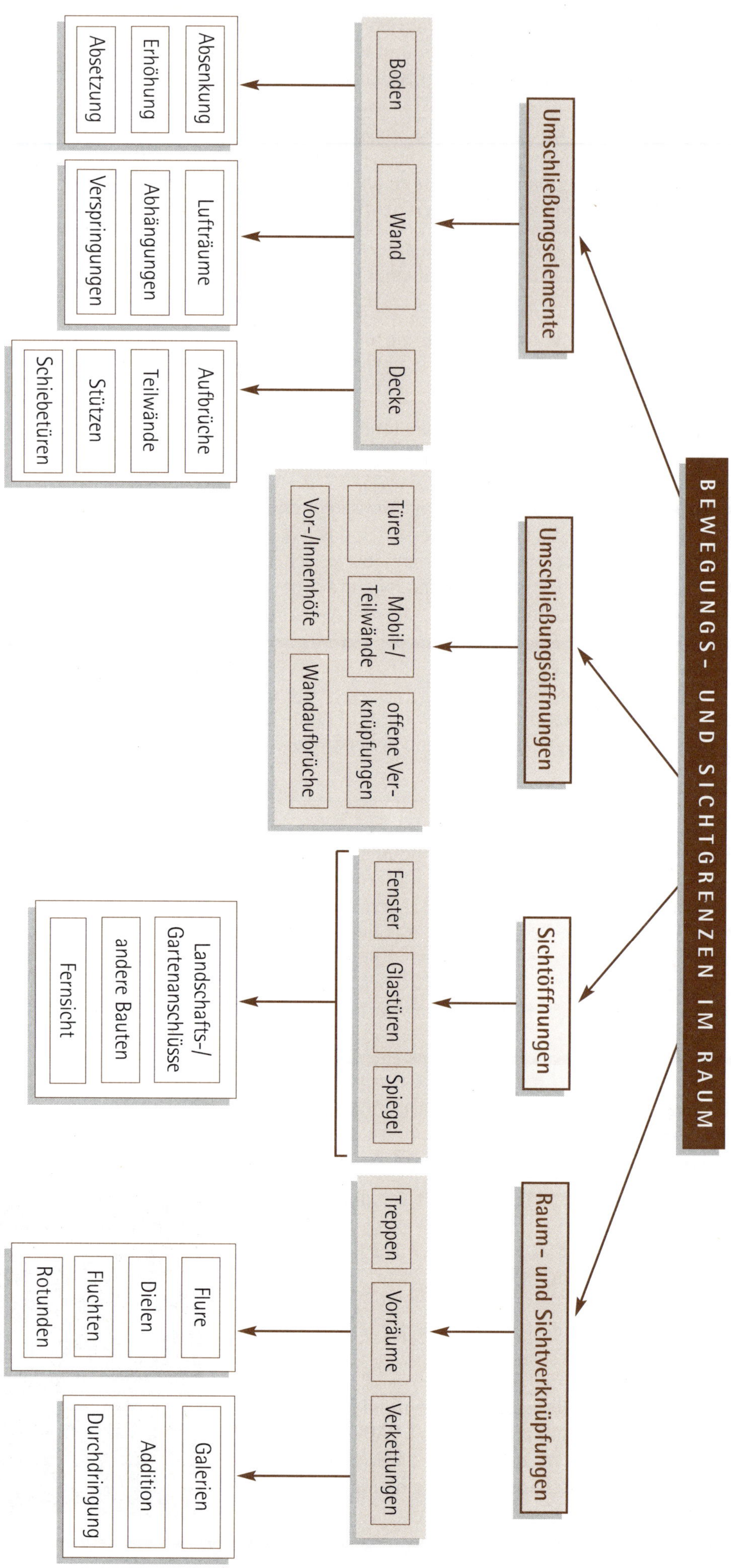
BEWEGUNGS- UND SICHTGRENZEN IM RAUM
Umschließungselemente
Boden
Wand
Decke
Absenkung
Erhöhung
Absetzung
Lufträume
Abhängungen
Verspringungen
Aufbrüche
Teilwände
Stützen
Schiebetüren
Umschließungsöffnungen
Türen
Mobil-/Teilwände
offene Ver-knüpfungen
Vor-/Innenhöfe
Wandaufbrüche
Sichtöffnungen
Fenster
Glastüren
Spiegel
Landschafts-/Gartenanschlüsse
andere Bauten
Fernsicht
Raum- und Sichtverknüpfungen
Treppen
Vorräume
Verkettungen
Flure
Dielen
Fluchten
Rotunden
Galerien
Addition
Durchdringung

Licht und Verschattung

Unter natürlichem Licht verstehen wir die durch Sonneneinstrahlung bewirkte Helligkeit, unter künstlichem Licht die technisch erzeugte. Beleuchtung und Ausleuchtung bestimmen den Helligkeitsgrad, der durch natürliches oder künstliches Licht entsteht. In den verschiedenen Gegenden der Welt sind Licht und Sonne unter den besonderen Klimaten zu berücksichtigen.

Für die Raumbelichtung gilt:

■ Künstliches Licht und die damit erzeugte Beleuchtung und Ausleuchtung sind voll planbar.

■ Natürliches Licht ist orts-, zeit- und witterungsabhängig; es ist

- in seiner Ortsabhängigkeit voll planbar,
- in seiner Zeitabhängigkeit bedingt planbar und
- in seiner Abhängigkeit vom Witterungswechsel unplanbar, so daß die Beleuchtung und Ausleuchtung nur »unter Normalbedingungen« in die Raumplanung einbezogen werden kann.

Beispiel: Wege der Sonne in der nördlichen Hemisphäre

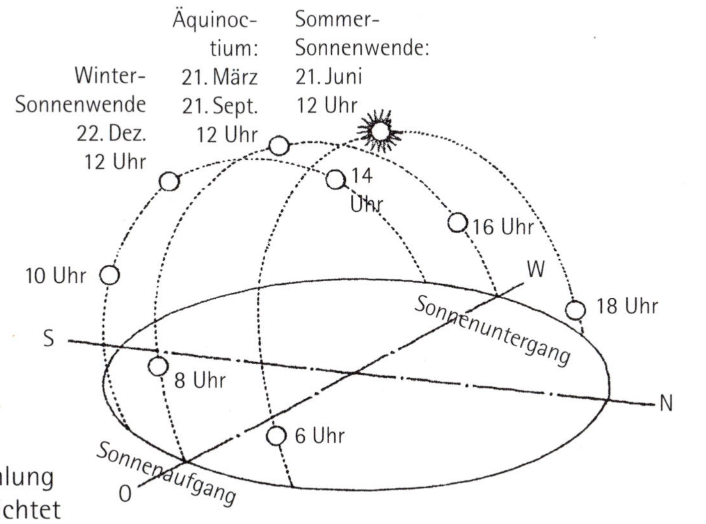

Aus diesem Schema des Sonnenlaufs wird deutlich:

■ Örtlich ist der Sonnenstand und die Sonneneinstrahlung davon abhängig, in welchem Teil der Erde ein Bau errichtet wird.

■ Zeitlich ist die Sonneneinstrahlung nicht nur vom Sonnenauf- und -untergang, sondern auch von der Jahreszeit abhängig.

Was in einem solchen Schema nicht erfaßt werden kann, sind

■ andere örtliche Gegebenheiten, wie Tal- und Berglagen sowie verschattende oder freie Umgebung, die für die Beleuchtung und Ausleuchtung eine große Rolle spielen, und

■ vor allem Witterungswechsel, wie klarer oder wolkenverhangener Himmel, die die Beleuchtung und Ausleuchtung maßgeblich beeinflussen.

Trotz der nur bedingten Planbarkeit von Beleuchtung und Ausleuchtung durch natürliches Licht haben Architekten in der jahrtausendealten Geschichte der Baukunst immer wieder versucht, das Licht für das Raumerleben einzusetzen.

Licht und Dunkel sowie beides im Zusammenspiel als Verschattung sind von alters her bis heute Möglichkeiten, die Raumwirkung effektvoll zu beeinflussen; dabei reichen die Effekte vom geheimnisvollen Dunkel über verschleierndes, mystisches Zwielicht bis zur gleißenden, blendenden Helle.

Licht und Dunkel mögen oft wahrnehmungspsychologisch oder assoziativ mit Wärme und Kälte verbunden werden. Dies ist jedoch im Rahmen der Architekturanalyse unzulässig. Wärme und Kälte werden heute unter dem Gesichtspunkt der Energiebilanz behandelt (vgl. S. 177); sie können über Abblendvorrichtungen mit der Lichteinstrahlung und somit auch mit der Beleuchtung und Ausleuchtung gekoppelt werden. Sie führen aber unabhängig davon zu architektonischen Besonderheiten, die nicht aus der Lenkung der Lichtführung zu erklären sind. Gotische Kathedralen in Spanien sind z.B. viel wandhaltiger gebaut als die zeitgleich entstandenen diaphanen* Dome in Mitteleuropa, um die Aufheizung im Sommer zu reduzieren.

Für die Lichtproblematik stellt sich bei der Architekturanalyse ein generelles Problem. Die traditionellen Darstellungstechniken reichen nicht aus, sie augenfällig zu machen. Selbst bei Ansichten (vgl. S. 167) wird die Beleuchtungswirkung immer nur als eine Momentaufnahme eingefangen.

Nur mit Hilfe computergesteuerter Animation können Beleuchtungs- und Ausleuchtungssituationen simuliert werden, bei denen verschiedene Orts-, Zeit- und Witterungsbedingungen mit Umschließungsöffnungen und Raumansichten gekoppelt werden.

Beim Entwurf geht der Architekt von Normalsituationen aus, die er in seine Beleuchtungsplanung einbezieht.

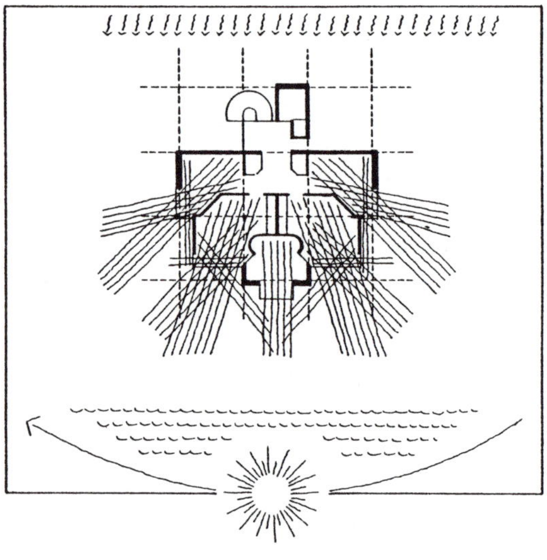

▼

Beispiel: Pierre von Meiss, Haus am Genfer See, Genf / Schweiz 1977, Grundriß mit eingezeichneter Sonneneinstrahlung

Die Skizze zeigt die Öffnung des Grundrisses zum See und zur Sonnenseite. Es werden anhand des Sonnenverlaufs die Hauptwinkel des Lichteinfalls bei der Durchfensterung und die Ausleuchtung der Räume festgehalten. Dabei wird als Normalfall klarer Himmel angenommen. Dem Architekten kommt es neben der Sichtausrichtung vor allem auf eine Durchflutung der Räume mit Sonnenlicht an, so daß dementsprechend Grundrißverspringungen und Wandsetzungen geplant werden.

▲

Die Ausrichtung der Lichtöffnungen bestimmt die natürliche Lichtführung, die Größe der Öffnungen die Lichtmenge; beides zusammen ergibt die natürliche Beleuchtung und Ausleuchtung. Bei der Betrachtung von Bauten wurde bereits mehrfach auf die Lichtführung aufmerksam gemacht:

■ Im Pantheon (S. 62) wird der sonst fensterlose Kuppelraum durch ein Opäum im Kuppelscheitel beleuchtet, so daß bei schrägem Sonnenstand ein großer Strahl spotartig einen Raumteil stark ausleuchtet und die anderen Raumteile verschattet. Bei senkrechtem Sonnenstand wird das Licht gestreut.

■ Bei der Hagia Sophia (S. 65) sind unter der Hauptkuppel vierzig dichtgestellte Fenster angebracht, die der Kuppel einen schwebenden Charakter verleihen.

■ In der Wallfahrtskirche von Ronchamp (S. 146 und 167) werden durch zahlreiche kleine Lichtöffnungen, die innen trichterförmig erweitert sind, Strahlen durch den Raum gelenkt, die das Licht diffundieren lassen, Teile des Raums aber auch spotartig anleuchten und neben Verschattungseffekten farbige Lichtspiele durch teilweise Buntverglasung erzeugen.

■ Beim griechischen Tempel (vgl. S. 18 und 195) wird über Raumverdichtungen nach innen das Götterbild ins Geheimnisvolle, das nur dem Priester zugängliche Adyton gesetzt, während in christlichen Kirchen (vgl. Jerichow, S. 171) der kultisch wichtigste Ort, der Altar, möglichst in Licht getaucht wird.

Gerade die Auswirkungen von Licht und Dunkel zeigen den oft geistig überhöhten Umgang mit Licht und Dunkel:

■ An der ägyptischen Cheopspyramide kann an bestimmten Tagen von einer bestimmten Position aus beobachtet werden, daß die Sonne beim Aufgang an einer Pyramidenkante bis zur Spitze hochsteigt und damit dem Grab des vergöttlichten Pharaos eine »göttliche« Erscheinung hinzufügt.

■ Vor allem in der Gotik führte eine biblisch begründete Lichtmystik zu den immer größeren, bunten Glasfenstern mit einer diffusen Durchlichtung der Räume. Bei Sonnenuntergang tauchen die vorwiegend im Westen angebrachten Rosenfenster* das Hauptschiff in ein Farbspiel.

■ Christliche Kirchen sind in aller Regel mit ihrem Chorbereich nach Osten ausgerichtet, weil die zweite Wiederkehr Christi zum Jüngsten Gericht (2. Parusie) im Osten erwartet wird. Außerdem liegt nach christlicher Vorstellung das Paradies im Osten. Auch wurde die aufgehende Sonne als die Vergegenwärtigung Christi gedeutet.

Die heutige Einstellung zum Licht und Dunkel ist meist nüchtern. Sonneneinstrahlung wird, wie die bevorzugten Südausrichtungen von Wohnanlagen zeigen, meist geschätzt, die Einstrahlung aber über Blendvorrichtungen geregelt. Funktional betrachtet, verlangen viele Arbeiten heute Blendfreiheit. Dies gilt für Filmvorführungen ebenso wie für Theateraufführungen oder Ausstellungen, die jeweils besondere Beleuchtungs- und Ausleuchtungsbedingungen verlangen. Solche können bei natürlichem Licht meist nur ungenügend oder nur mit Hilfe besonderer Steuerungsvorrichtungen erreicht werden. Deshalb wird zur präzisen Lichtsteuerung oft die künstliche Lichtquelle vorgezogen; dies läßt sich an fensterlosen Räumen oder bei Nutzung des natürlichen Lichts an architektonischen Sonderformen wie Sheddächern*, die meist indirektes Licht einfangen, z. B. an Museen ablesen.

Licht ist immer mit Dunkel im Zusammenhang zu sehen. Der Grad und die Form der Belichtung bestimmen die Ausleuchtung und Verschattung. Über die natürliche, aber vor allem auch die künstliche Belichtung werden vorwiegend vier Effekte im Raum erzielt:

- Die punktartige Spot-Belichtung hebt auf Kosten der verschatteten Umgebung hervor; sie reduziert Plastizität und Räumlichkeit.

- Die gleichmäßige Belichtung von allen Seiten – hierzu sind mehrere Lichtquellen erforderlich – steigert die Plastizität und Räumlichkeit gleichermaßen.

- Demgegenüber reduziert gleichförmige Belichtung von oben durch das Fehlen von Schattenbildung zwar nicht die Räumlichkeit, wohl aber die Plastizität.

- Der Lichtstrahl hebt wie die Spot-Belichtung auf Kosten der Umgebung hervor, entfaltet aber wahrnehmungspsychologisch eine Sog- oder Lenkwirkung.

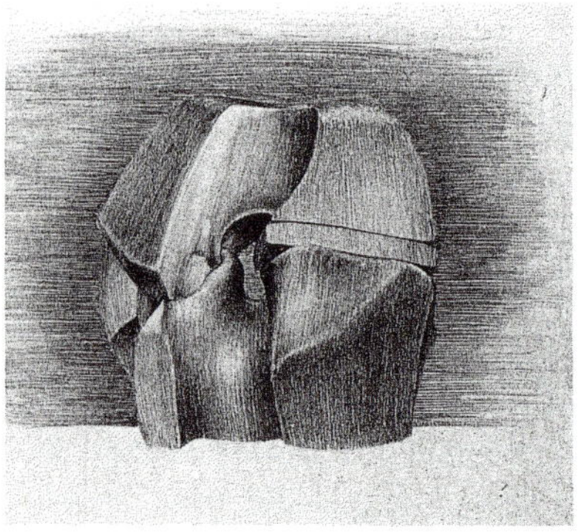

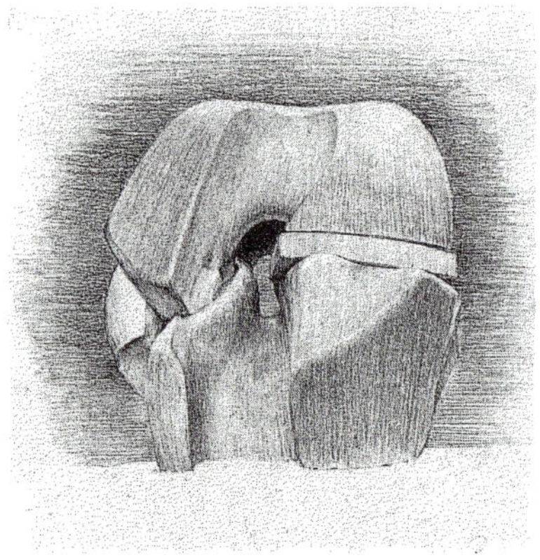

Beispiel: Wirkung verschiedener Belichtungsformen

Die punktartige Spot-Belichtung (oben) verwischt Konturen, verflacht Körperlichkeit und reduziert Räumlichkeit durch Verschattung. Die gleichmäßige Belichtung von mehreren Seiten (Mitte) schärft die Konturen, hebt Körperlichkeit hervor und schafft Räumlichkeit. Die gleichförmige Belichtung von oben (unten) schwächt zwar die Konturen und verflacht die Körperlichkeit, schafft aber Räumlichkeit.

Im Rahmen der Architekturanalyse können aus Rissen und Schnitten lediglich über Lage und Größe von Umschließungsöffnungen Schlüsse auf die natürliche Belichtung und Lichtführung gezogen werden. Raumverknüpfungen und Glasmaterial sind wichtige Faktoren bei der Beleuchtung und Ausleuchtung unter Normalbedingungen.

Beim Betreten eines Raumes muß immer auf die konkreten Lichtverhältnisse geachtet und versucht werden, die Orts-, Zeit- und Witterungsbedingungen zu berücksichtigen.

Trotz all dieser Vorbehalte ist aus Rissen, Schnitten und Ansichten ablesbar, ob

- Räume von mehreren Seiten belichtet werden,

- das Licht strahlenförmig diffundiert oder spotartig gebündelt wird,

- ein Zusammenhang zwischen Raumverdichtung und Lichtsteuerung vorliegt.

Beispiel: Paderborn, Bartholomäus-Kapelle, 1017, Innenansicht nach Osten

Bei der Betrachtung des Baus (S. 109) war auf die Rekonstruktion der Apsisfenster hingewiesen worden. Der Unterschied für die Lichtführung ist sehr bedeutend:

- Der Altar wird durch die Apsisfenster von drei Seiten belichtet.

- Gemeinsam mit den Fenstern an der Ostwand der Seitenschiffe entsteht ein gleichmäßiges Licht für den Eintretenden von Westen, das

- durch die höher liegenden Seitenschiffenster zur gleichmäßigen Beleuchtung und Ausleuchtung der kleinen Halle führt.

Bei nur einem Fenster in der Apsis wäre eine spotartige Wirkung entstanden, die zwar den Altar hervorgehoben, aber mit der übrigen Durchfensterung nicht in Einklang gestanden hätte.

Licht und Dunkel sind in der Architektur von alters her als Bedeutungsträger eingesetzt worden. Auch heute wird dies, nicht etwa nur in Sakralbauten, praktiziert, z. B. wenn im Internationalen Forum in Tokio (S. 141) die Transparenz der Kommunikation über Glasfronten oder auch das Eintauchen ins Dunkle der Kunst bei Museumseingängen (vgl. S. 33, 42, 49) das konzentrierte Eindringen ins Geheimnisvolle steigern soll.

Beispiel: Hans Hollein, Museumsprojekt, Salzburg / Österreich 1990, Längsschnitt

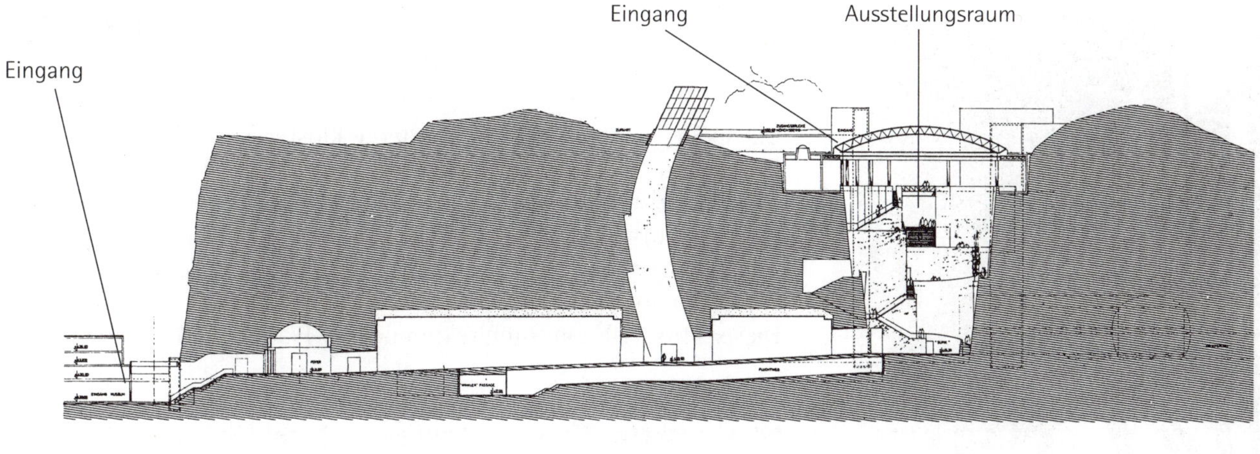

Das Museum soll in einen Berg eingelassen und mit einer flachen, lichtdurchlässigen Kuppel von oben abgedeckt werden. Ein Eingang ist am unteren Felsfuß vorgesehen. Mit der Belichtung wird hier bedeutungsträgerhaft gespielt, wobei eine funktionale Beleuchtung und Ausleuchtung von Exponaten erreicht wird:

- Der Gang durch den Fels kann nur künstlich beleuchtet werden, mündet aber im natürlichen Licht. Der Weg aus dem Dunkel ins Helle mit Hilfe technischer Belichtung zeigt den Weg als erhellenden Aufstieg des Besuchers zur Kunst auf.

■ Der Ausstellungsraum wird, obwohl als »Trichter« konzipiert, nur von oben durch natürliches Licht erhellt, das allerdings durch Verspringungen nach unten Schattenwirkungen entfalten wird und im Grad der Helligkeit abnimmt. Je tiefer der Besucher in das »Verborgene« der Kunst, von oben kommend, einsteigt, desto mehr bedarf er der Unterstützung künstlicher Belichtung. Umgekehrt ist es, wenn der Besucher, durch den Felsgang kommend, nach oben aufsteigt.

■ Der Weg von oben nach unten fördert die »Vertiefung« des aus dem natürlichen Licht eintauchenden Besuchers in die Kunst, wobei die künstliche Belichtung mit zunehmender Tiefe notwendig wird und den Konzentrationsprozeß verdeutlicht; der umgekehrte Weg von unten nach oben unterstützt die Wirkung der »Erleuchtung«.

Mit Hilfe des Lichts wird eine Erlebnisvorbereitung und das Erleben von Kunst selbst inszeniert.

Eine ganz neue Art des Lichtspiels durchdringt zunehmend die moderne Architektur. Die den Dekor oft ablehnenden Architekten nutzen das Licht, um Konstruktionen oder auch pseudokonstruktive Bauelemente zum Schattenspiel zu nutzen. In der Dunkelheit wird dieses Lichtspiel durch möglichst helle und alle Räume durchdringende Innenbeleuchtung umgekehrt. Das silhouettenhafte, scharfschnittige Muster der Konstruktion hebt sich im Licht ab und gibt oft großdimensionierten Bauten eine feingliedrige Leichtigkeit.

Technik und Tektonik werden im Lichtspiel zum modernen Dekor, um im Raum Faszination und aus dem Raum Verlockung zu entfalten.

Beispiele:

Le Corbusier, Kloster La Tourette, bei Lyon / Frankreich 1957, Ansicht eines Ganges

Das in Sichtbeton errichtete moderne Kloster ist im Stil des sogen. Brutalismus* erbaut. Der Sichtbeton wird, da die Verschalung die Oberfläche strukturiert, durch Licht belebt. Dies wird hier in doppelter Weise genutzt, indem nicht nur das Schattenspiel auf den Flächen und auf der scharfen Konturierung der Bauteile dekorativ eingesetzt wird, sondern auch der Schattenwurf der Fenster auf dem Boden. Dieser Effekt ist vom Architekten bei der Planung antizipiert worden.

Mario Botta, Tinguely Museum, Basel / Schweiz 1993, Innenansicht des Eingangsflurs

Der geschwungene Flur ist auf einer Seite zwischen Stahlstützen mit Sprossen verglast. Der Lichteinfall bewirkt eine dekorative Vielfalt, indem konstruktive Elemente mehrfach als Schattenwurf mit gliedernden Mustern einbezogen werden:

■ Der Boden wird entgegen der Schreitrichtung durch Schattenlinien gegliedert und bekommt durch die Schatten der Sprossen einen rhythmischen, aber ruhigen Zug zum Eingang hin.

■ Gerade diese Sprossen-Schatten haben Auswirkung auf die Ausschwingung des Flures, indem sie auf einer perspektivisch verschobenen Kreisform trotzdem den optischen Fluchtpunkt des Eingangs betonen.

■ Auf der gegenüberliegenden Wand wird die Fensterkonstruktion als Schatten abgebildet und zusätzlich zur Sprossenführung das rampenhafte Ansteigen des Einganges verdeutlicht.

■ Dieses Schattenspiel wird von einem zweiten der Decke überlagert, die einen großen Kreissektor auf die kompakte Wand »malt«.

Boden und Wand erhalten im Spiel des Lichts dekorative Strukturen, die dem Material anders nur über Materialwechsel oder Farbe gegeben werden könnten. Die geniale Leistung des Architekten besteht darüber hinaus darin, die kinetischen Kunstformen Tinguelys mit anderen Mitteln aufzunehmen und auf diese Weise dem Betrachter den Zusammenhang zwischen Kunst und Natur sichtbar zu machen.

▲

Dekor als Nobilitierung und Verschleierung

Übersicht: Vom Dekorziel zur Dekorwirkung, S. 210

Bei der Behandlung des Baudekors (S. 141 ff.) wurde bereits auf die grundsätzliche Haltung von Architekten zum Dekor hingewiesen. Während vor allem in früherer Zeit Innen- und Außendekor zur Nobilitierung verwendet wurden, setzt die moderne Architektur Dekor eher zurückhaltend ein. Dekor wird als Verschleierung der Konstruktion, als Beeinträchtigung von Form und Material oder als der Architektur wesensfremder Illusionismus abgelehnt. Statt dessen begegnen wir der großen Formengeste, wie z. B. in den modernen Opernhäusern (vgl. S. 30 und 170) und Museumsbauten (vgl. S. 33, 42), den Kulturzentren (vgl. S. 81 f.), Banken (vgl. S. 43, 159) und anderen Wirtschafts- oder Verwaltungsgebäuden (vgl. S. 41, 132); wir begegnen aber auch dem Licht- und Schattenspiel als neuer Dekorform.

> Dekor ist jede aus der Funktion des Baus oder Raums nicht notwendige architektonische Formung oder Zutat in der Absicht, Effekte zu erzielen.

Auch mit Größe und Proportionierung können Effekte erzielt werden, die vom Zweck des Baus oder Raums her nicht begründbar sind; alle mittelalterlichen Kirchen sind, gemessen an den Besucherzahlen z. Zt. ihrer Errichtung, viel zu groß dimensioniert, weil sie zur Lobpreisung Gottes und nicht nur als Gemeinderaum verstanden wurden. Dekor soll jedoch in Abgrenzung zu diesen massenbestimmenden quantitativen Mitteln als detailgestalterisches qualitatives Mittel begriffen werden.

Seit der prähistorischen Gefäßverzierung bis zum Pastellanstrich moderner Müllverbrennungsanlagen versucht der Mensch, mit schmückenden Mitteln der Zweckbestimmung zusätzliche Qualität zu verleihen.

Die darstellerischen Mittel sind in den verschiedenen Kulturen und Epochen bereits unzählbar und vielfältig; weitere Formen werden im Laufe der kreativen Entfaltung der Menschheit hinzukommen. Hier soll deshalb durch Kategorienbildung nur versucht werden, die architekturanalytische Betrachtung von Dekor und Dekoration zu systematisieren. Während unter *Dekor* die beabsichtigte Erscheinungsform verstanden wird, ist mit *Dekoration* die konkrete Ausführung gemeint.

Dekor und Dekoration sollten unter vier Gesichtspunkten analysiert werden:

- Den *Dekorzielen*, nämlich welche Absichten der Bauträger mit der Dekoration oder auch mit ihrer Vermeidung verfolgt,
- den *Dekorformen*, die in ihrer abstrakten, floralen, figurativen oder phantastischen Erscheinung die architektonische Auffassung des Bauträgers und die von ihm dem Bau zugewiesene Bedeutung offenlegen,
- den *Dekorationsflächen*, d.h. Boden, Wand und Decke, auf denen die Dekoration angebracht ist und durch die die Wirkung des Raums gesteigert werden soll,
- den *Dekorationsträgern*, d.h. den Materialien, mit denen die Dekoration ausgeführt wird.

Dekorziele und -formen sowie Dekorationsfläche und -träger ergeben im Zusammenspiel die Dekorwirkung.

Vom Dekorziel zur Dekorwirkung

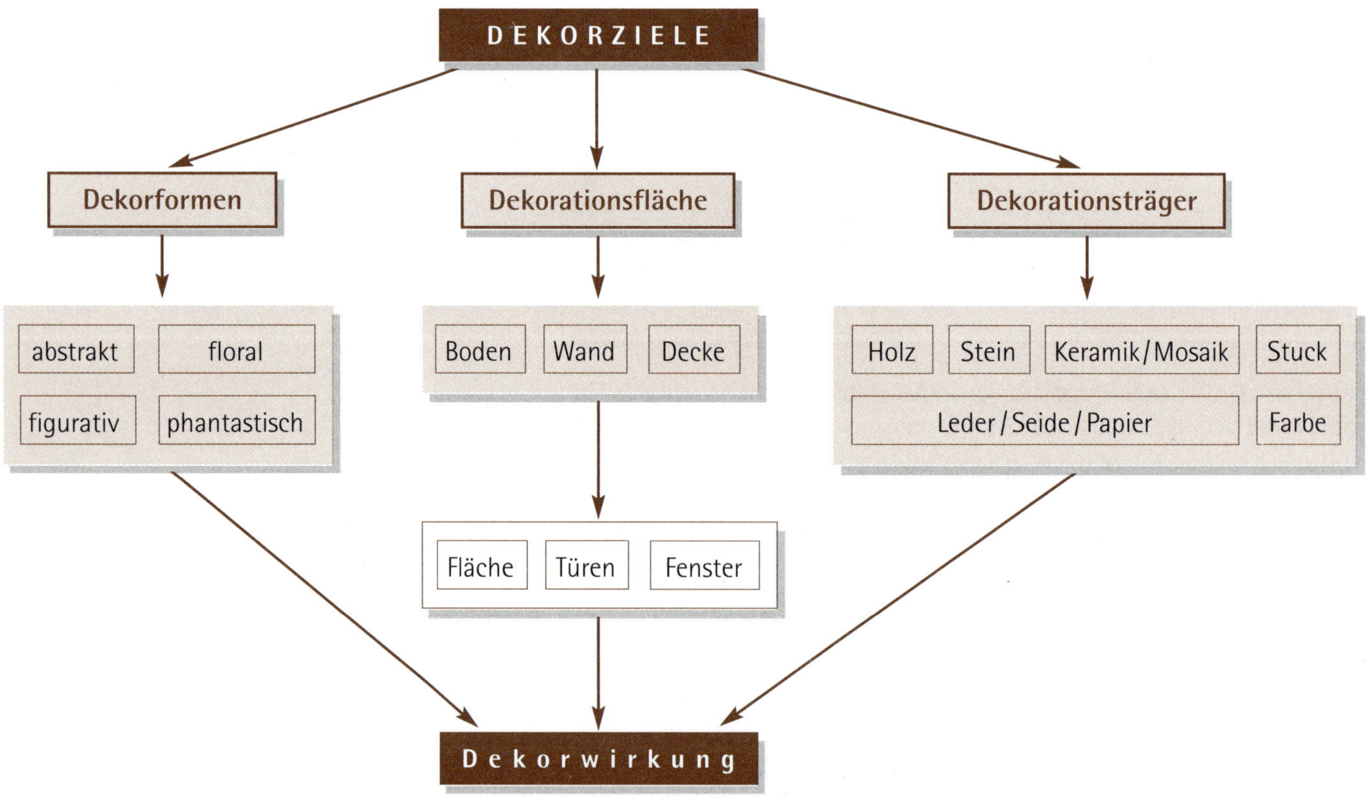

Beispiel: Beaune / Frankreich, Hôtel Dieu, 1443, Ansicht des großen Krankensaals mit anschließender Kapelle

Der im Längsaufriß bereits bekannte Bau (S. 117) erweist sich innen als Umschließung eines großen Saals, der nach hinten mit einer Kapelle abschließt, zu der die auf dem Aufriß zu sehenden großen Maßwerkfenster gehören. Obgleich der Saal funktional durch kleine seitliche Krankenkojen, schmucklose Wände und einen offenen Dachstuhl geprägt ist, sind über die funktionale Notwendigkeit hinausgehende Schmuckelemente zu erkennen:

- Die Trennpfosten der Krankenkojen sind mit kleinen Kreuzblumen* versehen.

- Das Tonnendach weist an seiner Hängewerkkonstruktion*, z. B. den Enden des Hängebalkens* und deren Zusammentreffen mit der Hängesäule*, Verzierungen auf; außerdem sind die Pfosten achtkantig geformt und bemalt.

- Der Kapellenbereich ist durch ein Kunstschmiedegitter abgetrennt und besitzt an der Stirnwand ein vierbahniges Maßwerkfenster, am Spitzbogen flankiert von zwei Okuli*.

Um dem Saal bei aller Funktionalität das »Be-Drückende« zu nehmen (Dekorziel), wird der Dachstuhl als offene Tonne gestaltet und seinem Hängewerk mit achteckigen Pfosten sowie abstrakten und figurativen Dekorformen die Schwere genommen. Einen nobilitierten Abschluß erhält der Saal durch die Kapelle, die mit besonderem Dekor, Maßwerkfenstern, Schmiedegitter und Okuli als Erlösungsraum ausgestattet ist. Wand, Decke und Holzpfosten sind die Dekorationsflächen, Stein, Eisen und Holz die Dekorationsträger. Aber auch die Dachstruktur und die Raumverbindung von Saal und Kapelle stützen die beabsichtigte Dekorwirkung.

Übersicht: Bauformen und Dekor als Ausdrucksträger

Ziel / Form		Betonung der Form	Vereinheitlichung des Baus
abstrakt	 Fachwerk am Rathaus (S. 131)	 Gotisches Maßwerk am Rathaus (S. 11)	 Umkreisende Zwerggalerie (S. 115)
floral	 Säulen mit Blattkapitellen (S. 175)	 Gotisches Rosenfenster	 Fialen mit Krabben und Kreuzblumen (S. 153)
figurativ	 Koren am Erechtheion (S. 110)	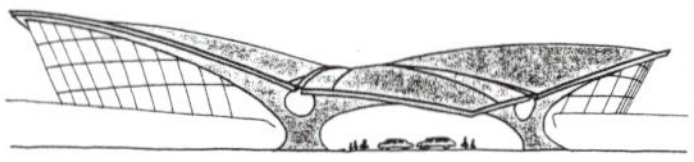 TWA-Terminal in Vogelform (S. 235)	 Außenplastik an gotischen Kathedralen
phanta-stisch	 Dekonstruktivischer Dachausbau (S. 35)	 Haus mit Kugel- und Blasenfenstern (S. 46)	 Decke und Wand verbindend Stukkaturen (S. 215)

schmückende Applikation	Träger von Symbolik	Träger von Programmatik	Träger von Identifikation
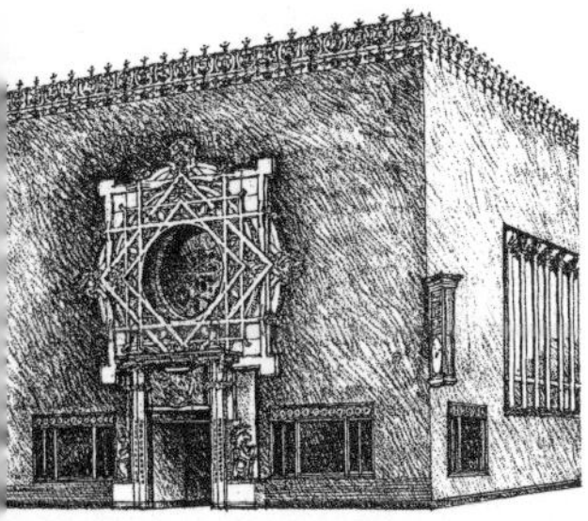 Portal und Fenster an der Merchants National Bank (S. 159)	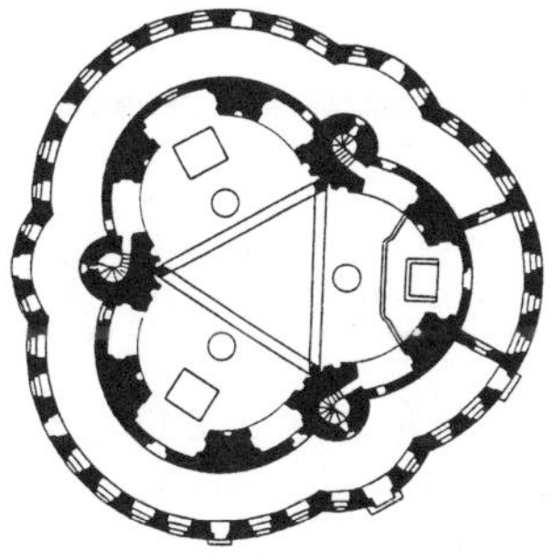 Drei sich durchdringende Kreise als Trinitätssymbol (S. 67)	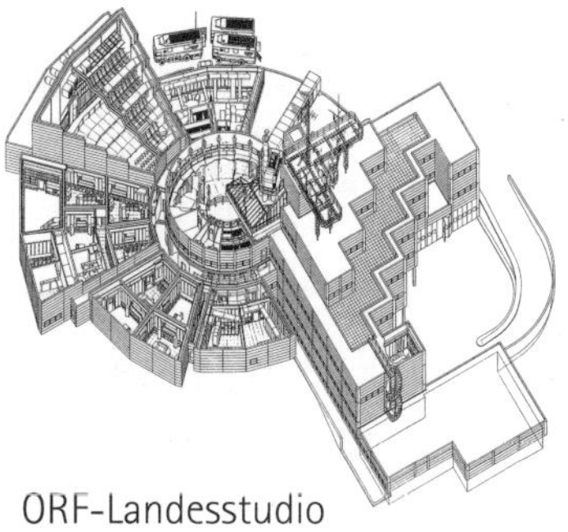 ORF-Landesstudio als Informationsverarbeitung und -verbreitung (S. 183)	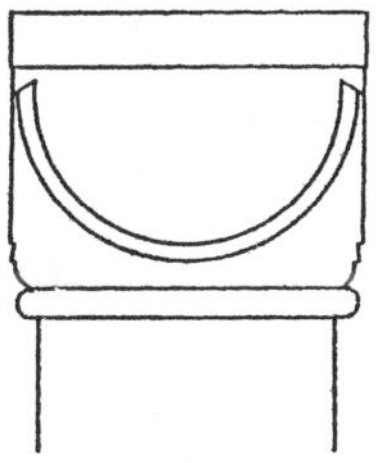 Kapitelle mit »Nasen« als Zeichen Hirsauer Kirchen (S. 19)
 Festons am Mauritshuis (S. 163)	 Lilienfenster als Mariensymbol der Verkündigung	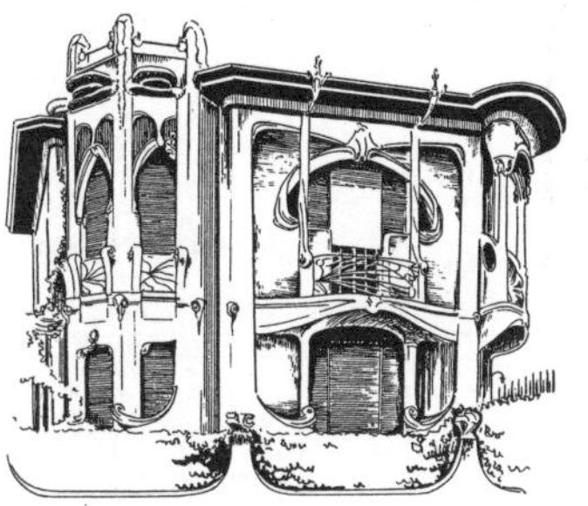 Jugendstil als Natureinbettung (S. 143)	 Lilien als Zeichen bourbonischer Könige z. B. in der Sta. Chapelle, Paris
 Schlüsselschild-Rocaille mit Putto (S. 218)	 Himmelskönigin Maria als Gnadenvermittlerin (S. 158)	 Heilige Maria in Mandorla und Triumphbogenportal als beschützter Heilsweg (S. 142)	 Adler-Kapitell (Quedlinburg) als Hinweis auf kaiserliche Stiftung
 Turm St. Martin mit azulejos (S. 136)	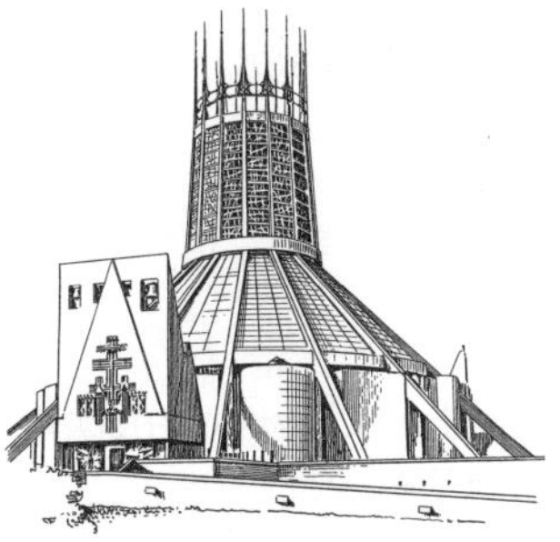 Metropolitan Kathedrale mit Kronensymbol (S. 133)	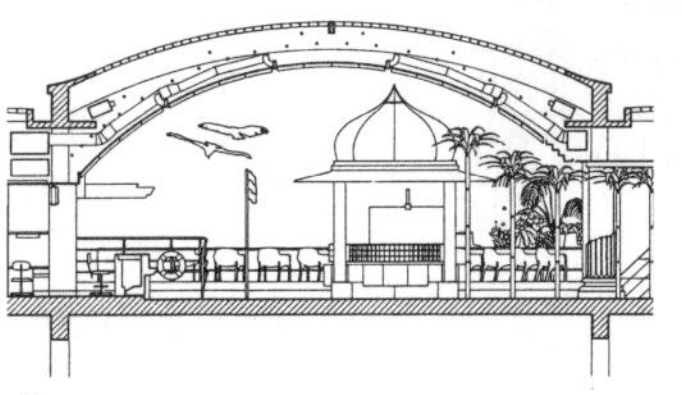 Österreichisches Verkehrsbüro mit Fernweh- und Bildungsprogrammatik (S. 173)	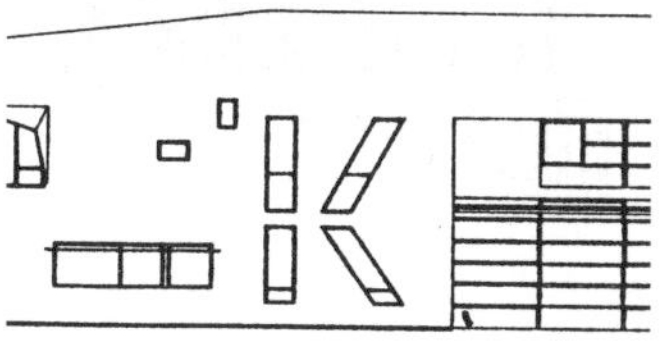 K-Fenster im Kindergarten (S. 53)

Wie bereits beim Baukörper gesehen, können *Dekorziele* auch die Konstruktion oder die Raumform betonen, der Vereinheitlichung des Raums dienen, schmückende Applikation sowie Träger von Symbolik, Programmatik oder Identifikation sein. Diese Dekorziele werden mit verschiedenen *Dekorformen* erreicht, deren Vielfalt man in abstrakte, florale, figurative oder phantastische einteilen kann.

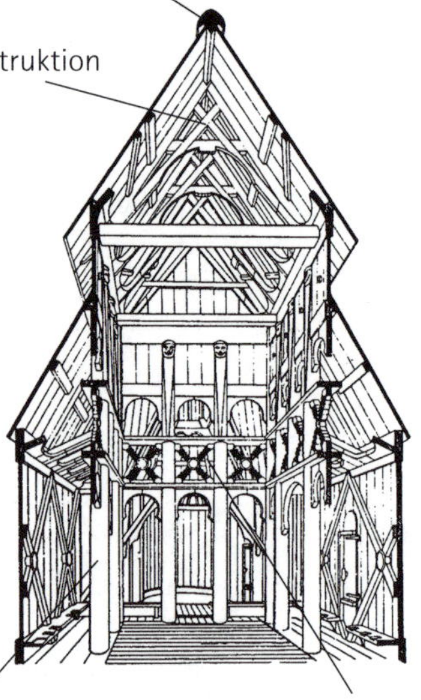

Beispiele:

Borgund / Norwegen, Stabkirche*, 1150, Querschnitt

Die Holzkirche besteht aus einem völlig offenen Raum mit offenem Dachstuhl. Der Hauptraum wird aus Masten gebildet, die auf mehreren Ebenen durch Balken verspannt sind. Dach und Umgang sind durch Holzstrebewerk stabilisiert. Die ganze Holzkonstruktion ist so gearbeitet, daß im symmetrischen Aufbau die Konstruktion selbst zum Dekor wird. Über den Arkaden, die durch eingesetzte Bögen aus Holz reines Zierwerk sind, befinden sich als Andreaskreuze* ausgebildete Verstrebungen. Die hochstrebende Raumform wird im Dachstuhl durch die sich überkreuzenden Sparren* mit einer sogen. Schwertdachkonstruktion* betont.

Cambridge / Großbritannien, King's College Kapelle, 1446, Ansicht

Mit geometrischen, an der Decke fast phantastischen Formen wird der Raum fein ziseliert:

- Zwischen feingliedrigen Stützen ist ein dünnbahniges Stab- und Maßwerk verspannt.
- Das Fächergewölbe besteht aus einem ziselierten Formenspiel von Rippen.
- Die Gurtbögen sind sehr dünn ausgebildet.

Das Dekorziel ist auf die Vereinheitlichung des Raums und das Hochstreben gerichtet. Während das Stab- und Maßwerk den Eindruck des Strebens unterstützt, betont das flirrende Fächergewölbe mit seinen ineinandergreifenden Formen die Verräumlichung.

Andreas Schlüter, Schloß, Berlin 1698, Ansicht des Rittersaals

Das Dekorziel des Saales ist es, über abstrakte, florale, figurative und phantastische Dekorformen

- Konstruktionsteile zu betonen, z. B. durch kannelierte Pilaster mit korinthischen Kapitellen,
- die rechteckige Raumform hervorzuheben, z. B. durch ein Deckengesims mit Zahnschnitt*,
- durch vom Gesims auf die Decke übergreifende phantastische Stuckierung den Raum zu vereinheitlichen,

■ den Türen supraportenhaft mit Figuren über dem Sturz eine erhöhende Wirkung zu verleihen und

■ den Saal mit schmückenden Applikationen, z. B. über dem Kamin und am Gebälk zu nobilitieren.

Dekorationsflächen sind vor allem die Wände und die Decke. Die Dekorationsträger sind Stuckverblendungen, aber auch Farben, die an der Decke geahnt werden können, und kassettierte Holztüren. Die Dekorwirkung ist auf Repräsentation angelegt.

Boden, Wand und Decke sind *Dekorationsflächen.* Die Wand ist nicht nur als Fläche, sondern vor allem auch mit ihren Umschließungsöffnungen, z. B. den Türen und Fenstern, ein beliebter Ort dekorativer Gestaltung. Es ist oft ein Zeichen des Spätstils, wenn der Dekor alle Umschließungselemente erfaßt.

In der Architekturgeschichte kann beobachtet werden, daß zunächst die Wand und hier vor allem die Türen systematisch mit Hilfe der Dekorformen gegliedert werden, bevor auch die Decken und Böden in die Dekorierung einbezogen werden.

Die Wand ist für die Dekoration die beliebteste Fläche, weil sie funktional, statisch und konstruktiv am flexibelsten gestaltet werden kann und am meisten im Blick des Menschen liegt. Der Boden entzieht sich wegen seiner Anforderung an die Begehbarkeit der Modulation und kann nur flächig dekoriert werden. Die Decke als Raumüberspannung und oft Träger weiterer Etagen ist vor allem statischen Bedingungen unterworfen; ihre Dekoration besteht oft in der Freilegung der Konstruktion oder aus untergezogenen, d. h. verblendenden Dekorationen. Wird die Deckenfläche für Malerei, der häufigsten Dekorationsart, genutzt, so kann sie bis zum Illusionismus scheinbarer Deckenöffnung reichen.

Beispiele:

Paris/Frankreich, Kathedrale Notre Dame, 13. Jh., Teilaufriß der Langhauswand

Die Mittelschiffwand ist teilweise dreizonig und teilweise vierzonig gegliedert: Scheidarkaden, Emporen, Rosenfenster und Obergaden. Je zwei Joche werden über das Gewölbe zu einem Kompartiment zusammengebunden. Das Aufstreben und die Diaphanie der Wand wird maßgeblich durch die dekorative Flächengestaltung der Wand bewirkt:

- Die Jochsäulen setzen sich nach oben durch dünne Dienste* fort.

- Die Archivolten* der Scheidarkaden sind feinteilig profiliert.

- Die gekuppelten Arkaden der Emporenzone werden durch dünne Mittelsäulchen und überfangende Blendbögen einerseits für die dahinter liegenden Fenster durchscheinend gemacht und sind andererseits gegenüber den Scheidarkaden eine feingliedrige Motivwiederholung.

- Dies wird im älteren Wandteil durch kleine Rosenfenster als Triforiumszone nochmals verfeinert.

- In der Obergadenzone des jüngeren Wandteils wird dagegen die Gestaltung der Fenster vereinheitlicht und die Wand durch Wegfall der Triforiumszone optisch gestreckt.

Die Wand wird eine durch Zonenhöhe und Zonengliederung rhythmisierte Dekorationsfläche.

Elias Holl, Rathaus, Augsburg 1615, Ansicht des »Goldenen Saals«

Der bereits bekannte Bau (S. 119) zeigt im Grundriß des Obergeschosses einen großen stützenlosen Saal. Dieser wegen seiner goldgefaßten Holzauskleidung sogen. Goldene Saal ist reich geschmückt mit fast allen Dekorformen. Die repräsentative Wirkung wird mit Hilfe von schmückenden Applikationen, vor allem aber auch durch ein symbolisches Figurenprogramm an Wänden und Decke, das die städtische Identifikation stärken soll, unterstützt. Wand und Decke bilden die Dekorationsflächen:

- Die Wände sind dreizonig gegliedert und spiegeln im applizierten Dekor den Reichtum der Stadt.

- Besondere »herrschaftliche« Ausprägung zeigen die Portale, die alle mit Säulen und Sprenggiebeln* nobilitiert sind, wobei das Hauptportal durch Größe und Pracht hervorgehoben wird.

- Die Decke ist kassettiert und mit ausgemalten Medaillons versehen.

Die Dekorwirkung dieses Raums wird maßgeblich durch die Plastizität der Dekorformen, noch mehr aber dadurch bestimmt, daß sich der Besucher durch die Dekorationsfläche fast vollständig umschlossen fühlt.

Karl Friedrich Schinkel, Schauspielhaus, Berlin 1818, Ansicht des Konzertsaals

Dieser Raum ist ein Musterbeispiel für einen historistischen Rückgriff auf das Formengut der Renaissance. An mehreren Stellen wird das Disfunktionale geradezu zum Spiel mit den Formen, wenn z. B. die Deckenkassettierung in Rautenformen jeder »konstruktiven Balkenführung« widerspricht oder wenn die unter die Decke auf rhythmisierte Pilaster gestellten Figuren die vorgespiegelte Stützfunktion der Pilaster zu Postamenten umfunktionieren. Der Boden des Raums ist als Dekorationsfläche einbezogen, indem Rauten in kleinteiliger Form den Großformen der Decke entgegengesetzt werden. Die über Volutenkonsolen verlaufende Galerie betont die Zweizonigkeit der Wand. Der Raum wird über den Dekor zu einer prunkvollen Einheit zusammengeschlossen. Jedoch zeigen die pseudokonstruktiven Elemente, daß der Dekor vom Ziel her applikativ als Schmuck aufgefaßt wird. In der unteren Wandzone wird über die Büsten von Komponisten, in der oberen Wandzone durch Allegorien und Deckengemälde ein programmatischer Bezug des Dekors zur Funktion des Raums als Konzertsaal hergestellt.

▲

Zur Betonung der Gesamtform und des Stils ist detaillierter Dekor besonders geeignet. Beschläge an Türen und Fenstern sind typische Träger der Dekor- und neuerdings der Designformen; sie zeigen an prominenter Stelle im täglichen Gebrauch die Dekorziele und die Durchdringung der Stilelemente im einzelnen auf.

Beispiel: Türbeschläge: Schlüsselschild, Türklinke und Türscharnier

Das Schlüsselschild zeigt die typische Form der Rocaille (= französisch: Muschelwerk), von der das Rokoko seinen Namen herleitet. Die schwungvolle asymmetrische Form mit ihren floralen Verzierungen überlagert spielerisch das funktionale Schlüsselloch. Ein kleiner Putto lenkt die Aufmerksamkeit des Betrachters und rückt das Nicht-Funktionale in den Blickpunkt.

Der Türgriff aus dem Barock betont die plastische Form. Selbst in ihm findet sich der Ordnungsgedanke der Symmetrie als Widerspiegelung einer strengen hierarchischen Gesellschaftsordnung. Das integrierte Schlüsselloch hat fast eine zentrale Stellung; der schwere Griff zeigt die Bedeutung des Öffnens an.

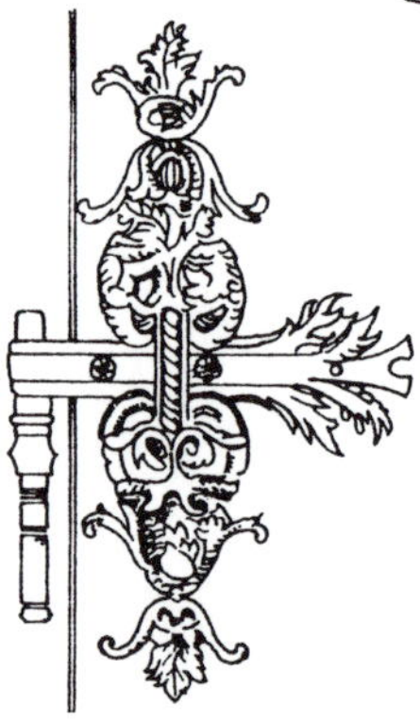

Das Scharnier aus der Zeit der Hochrenaissance wirkt filigran. Es wird von zwei sich zentral durchdringenden Symmetrieachsen bestimmt. Die dekorative Ausformung zeigt florale und abstrakte Einflüsse, die in der flachen Bearbeitung die Funktion, das Türblatt im Lot zu halten, sichtbar bleiben läßt.

Die Materialien – Holz, Stein, Stuck, Farbe etc. sind *Dekorationsträger.* Häufig wird der Dekorationsträger mit den bereits bekannten Mitteln der Vorblendung oder Verblendung (S. 135) kombiniert.

Manchmal nehmen Baumassengliederung oder Raumanordnung dekorative Form an, so daß man die Struktur oder den Raum selbst als Dekorationsträger ansehen könnte. Beispiele dieser Art waren u. a.

- die Kirche auf dem Georgenberg (S. 112) mit ihren geschichteten Stahlbetonblöcken,

- das Goetheanum II in Dornach (S. 73) mit seiner »organischen« Außenhaut,

- die Wallfahrtskirche Vierzehnheiligen (S. 70) mit ihren Raumverkettungen.

Materialien sind im Laufe der architekturanalytischen Betrachtung immer wieder und in den verschiedensten Formen als Dekorationsträger in die Analyse einbezogen worden:

■ Im Hôtel Dieu (S. 117 und 211) waren Holzbalken, im Rathaussaal in Augsburg (S. 119 und 216) die Holzauskleidung die Dekorationsträger.

■ An der Westfassade der Neusser Quirinuskirche und der Reimser Kathedrale (beide S. 85) war Stein der Dekorationsträger.

■ Dekorationsträger am Martinsturm in Teruel (S. 136) sind die glasierten Ziegel, die azulejos.

■ Stuck wird in der Barockzeit bis zum Historismus zum weitestverbreiteten Dekorationsträger, wie der Rittersaal im Berliner Schloß (S. 215), aber auch als marmorierte Säulen und an stuckierten Decken verwendet.

Farbe ist schon immer ein Dekorationsmittel mit anderen Dekorationsträgern gewesen; sie ist selbst kein architektonisches Material. Ihre Dekorziele reichen von der Betonung der Konstruktion über schlicht schmückende Applikation bis zum Träger von Symbolik und Programmatik; letzteres wurde vor allem in Kirchen und Palästen zur Darstellung von Heils-oder Herrschaftsbotschaften genutzt.

Beispiel: Oberzell / Reichenau, Kirche St. Georg, 896, Ansicht des Mittelschiffs nach Osten

Die Mittelschiffwand ist zweizonig gegliedert. Der wegen einer Krypta erhöhte Ostteil wird zum Sanktuarium durch einen Schwibbogen ausgesondert. Die Wand zwischen Scheidarkaden und Obergadenfenstern sowie rund um den Triumphbogen* enthält Wandmalereien des 10. und 11. Jh. Dabei sind die Darstellungen in Felder eingeteilt (Szenen aus dem Neuen Testament) und zur Wand mit kräftigen Friesen, die die Horizontalität des Raums und seine Streckung nach Osten betonen, eingefaßt. In den Zwickeln der Arkaden befinden sich Tondi* mit Brustbildern (Apostel).

Neben Wandteppichen, die nicht zum Raumdekor im engeren Sinne gezählt werden, weil sie nicht fester Bestandteil des Baus sind, wurden früher Leder- und Seidentapeten, heute vor allem Papiertapeten als Dekorationsträger genutzt.

Beispiel: Georg Wenzeslaus von Knobelsdorff, Schloß Sanssouci, Potsdam 1745, Ansicht des Musikzimmers

Supraporte

Die Zimmer des Rokokoschlosses wurden unter Mitwirkung zahlreicher Künstler feinteilig dekoriert, wobei verschiedenste Dekorationsträger genutzt wurden:

- Als Rahmung z. B. der Supraporte und an den Übergängen zur Decke befinden sich Stuckarbeiten.
- Die großen Wandflächen sind bespannt oder bemalt.
- Die Holztüren sind über verschiedene Holzarten und durch Zierleisten belebt.
- Mehrere Böden, aber auch Wände wurden mit Intarsienarbeiten* aus Holz verziert.

Die Dekorwirkung wird oft noch gesteigert, indem zwischen Dekor und festen Installationen eine geplante Beziehung hergestellt wird. Der in der Wallfahrtskirche Vierzehnheiligen (S. 70) installierte Gnadenaltar ist ein Beispiel hierfür.

Beispiel: Florenz/Italien, Medici-Grabkapelle mit Grabmal des Lorenzo de Medici, 1520, Ansicht

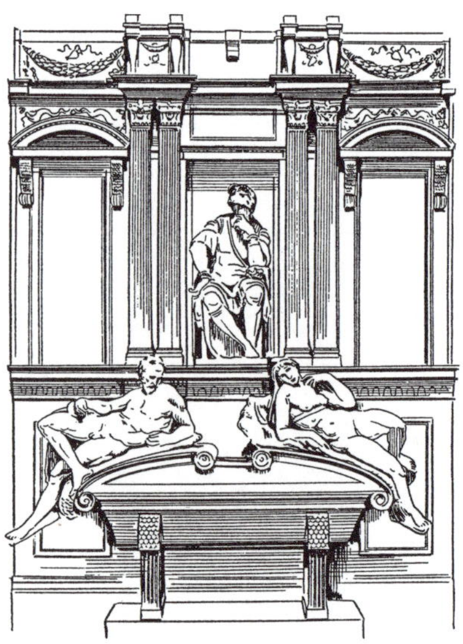

Der Wandaufbau, der Sarkophag und das Figurenensemble von Michelangelo bilden eine Einheit, die mit Hilfe wertvoller Materialien, z. B. Marmor, allegorischer und realer Figuren sowie Architekturzitaten eine Gesamtwirkung erreicht:

- Auf dem Sarkophag liegen die Allegorien des Morgens und des Abends; sie betten das Leben und den Tod des Fürsten in eine kosmische Ordnung ein:
  - Die tagumspannende Schaffenskraft,
  - die Endlichkeit menschlichen Wirkens und
  - die Hoffnung auf Auferstehung am Jüngsten Tag.
- Der verstorbene Herrscher wird in nachdenklicher Pose dargestellt:
  - In erhöhter Stellung, aus der er früher von morgens bis abends wachte, sowie
  - in der Nische zwischen gekuppelten Säulen, die einen Thron-Raum zitieren.
- Die Wandarchitektur zitiert in Gliederung und Aufbau einen Triumphbogen,
  - in dessen Mitte der ehemalige Herrscher thront,
  - der im Rückgriff auf das antike römische Formengut mit Heerführern und Kaisern gleichgesetzt wird.

Das Zitieren früherer Architekturformen mit der entsprechenden oder auch reduzierten Dekorverwendung kann als Epochenerscheinung, wie z.B. der Renaissance oder des Historismus´, aber auch bei Einzelbauten oder sogar nur bei einzelnen Bauelementen immer wieder beobachtet werden. Auch moderne Architekten greifen auf das Mittel des Zitats zurück, um im Besucher oder Betrachter bestimmte Assoziationen zu wecken und dadurch die Raumwirkung wahrnehmungspsychologisch in eine ganz bestimmte Richtung zu lenken.

▼

Beispiel: Ante Josip von Kostelac, Jüdisches Museum, Frankfurt 1985, zwei Ansichten des Raums für Wechselausstellungen

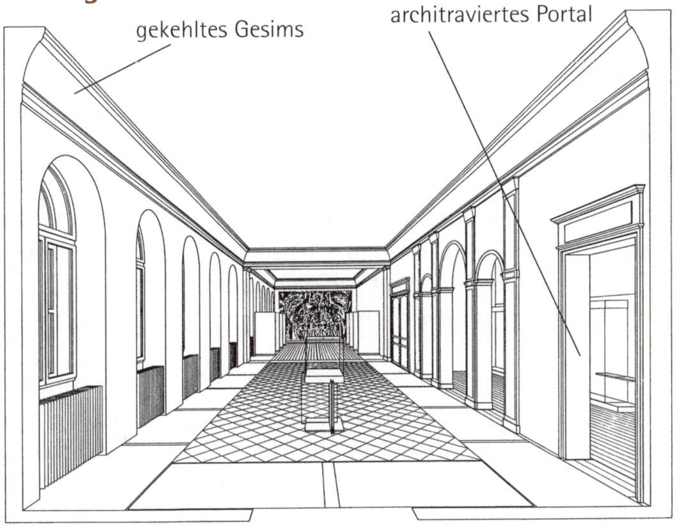

Der Raum entfaltet über mehrere Details einen klassizistischen Eindruck:

- Der Rapport der Rundbogenfenster erinnert an einen Palastraum ähnlich dem Spiegelsaal von Versailles (S. 198).

- Durch ein gekehltes und profiliertes Gesims wird die Streckung des Raums betont, aber die Kastenform zur Decke gebrochen; die Schwere des Gesimes zitiert die Absetzung der Decken in der Renaissance mit Kranzgesimsen.

- Das Gesims wird aber auch zur Staffelung von Raumfolgen genutzt, so daß eine »Großkassettierung« entsteht.

- Die der Fensterwand gegenüberliegende Wand ist durch große Öffnungen gekennzeichnet, ohne daß die Wand ihren Wandcharakter verliert:

  - Zwei architravierte Portale nehmen wiederum Formengut der Renaissance in reduzierter Form auf und verweisen auf Palastarchitektur.

  - Eine dreibogige Öffnung zitiert den gestaffelten Triumphbogentypus. Dies wird unterstrichen durch die Einfassung und Trennung der Bogenöffnungen mit Pilastern.

Die Kombination von Dekorformen und Architekturzitaten wird dazu genutzt, dem Raum Bedeutung, Würde und Tradition als Raumwirkung zu verleihen.

▲

Dekor, der in Überfülle oft als Indiz für das Auslaufen eines Stils gewertet werden muß, ist andererseits immer wieder Bedeutungsträger, wie das Beispiel des Jüdischen Museums zeigt. Architekten aller Zeiten haben darüber hinaus das Neue immer wieder am Alten gespiegelt und sich so mit der Tradition auseinandergesetzt.

Typische Formen der architektonischen Auseinandersetzung mit früherer Dekorverwendung sind

- im extremsten Falle die Ablehnung des Dekors,
- die Transformation in neue Dekorformen,
- das Zurückgreifen auf alte Dekorformen in historisierender Absicht oder
- das Zitieren früherer Dekorformen, auch in reduktiver Art, in der Absicht, über Assoziationen die Raumwirkung zu beeinflussen.

Dekoration verleitet oft zum Überschwang; Schmuck geht in Pracht und zuletzt in Protz über. Die Grenze zwischen stilistischer Durchformung und Unangemessenheit ist schwierig zu ziehen. Trotzdem darf der Bewertung nicht ausgewichen werden.

Unangemessenheit liegt vor allem vor, wenn Dekor zur Erhöhung banaler Zwecke, zur Kaschierung architektonischer Fehler, aus Formenarmut oder gar willkürlich und aufdringlich verwendet wird.

In einigen Fällen wurde auf solche Unangemessenheit hingewiesen: Die Tempelfront an der Neuen Wache in Berlin (S. 143), das Portal der Merchant's National Bank in Grinell (S. 159) oder die Piazza d'Italia in New Orleans (S. 144).

Kitsch ist die Überbetonung der Form im Verhältnis zur Banalität des Inhalts, Kitsch ist Unangemessenheit des Dekors im Bezug auf die Sinnaussage des Dekorziels.

Beispiel: Kazumasa Yamashita, Wohnhaus, Kyoto/Japan 1974, Frontansicht

Die Form eines Gesichts hat mit dem Inhalt des Gebäudes nichts zu tun. Besonders disfunktional wirkt die »angeklebte« Nase. Die Sinnaussage Wohnhaus ist mit der aufdringlichen Form eines menschlichen Gesichts unangemessen überbetont. Hier hat die formale Gestaltung die Grenze zum Kitsch überschritten. Die nächste Stufe architektonischer Verkitschung ist in den großen Erlebnisparks oder in Würstchenbuden, die in die Form eines »Hamburgers« gekleidet werden, zu bewundern.

»Architekturikonologie« als Erschließung von Architekturbedeutung

Bei der analysierenden Beschreibung von Architektur wurde immer wieder auf die Bedeutung von Bauteilen oder ganzer Bauten hingewiesen. Die Antwort auf die Frage, warum ein Bau gerade diese Form bei vielen denkbaren Möglichkeiten erhält, betrifft die Bedeutung.

> Unter Architekturikonologie versteht man die Deutung eines Baus aus seiner Form als Widerspiegelung einer übergeordneten Idee.

Beispiel: Athen / Griechenland, Turm der Winde, 1. Jh., Grundriß und Aufriß

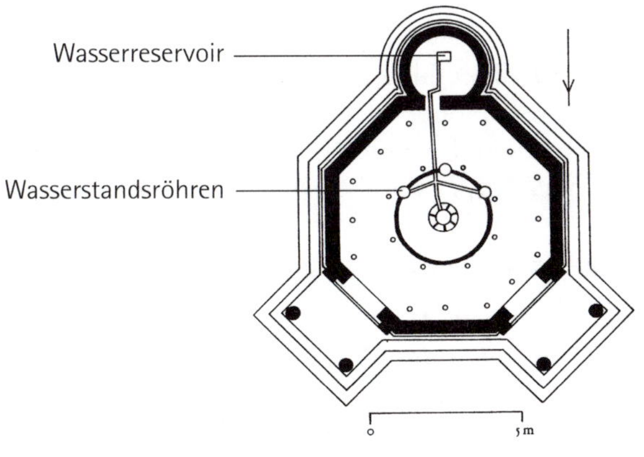

Die achteckige Form des Turms mit Wasseruhr und Wetterfahne besitzt einen kosmologischen Bezug. Auf dem Fries unter dem Dachgesims sind die Winde dargestellt, die den Himmelsrichtungen zugeordnet waren. Bei christlichen Kirchen wurde dieser kosmologische Bezug des Achtecks aufgenommen, wie die Grundrisse von S. Vitale (S. 64) und das Oktogon der Pfalzkapelle in Aachen (S. 64) zeigen. Dieser kosmologische Bezug wurde mit der christlichen Zahlensymbolik kombiniert; die Zahl Acht wurde als Addition der sieben Schöpfungstage und der Auferstehung Christi als Neuschöpfung des Menschen verstanden, mit denen Gott in die Weltformung eingegriffen hat.

Das Haus besitzt für den Menschen eine ganz besondere Bedeutung. Erst mit der Schaffung einer festen Behausung wird der Mensch seßhaft. Der Beginn der Architektur ist immer zugleich das Ende des Nomadentums. Die emotionale Bedeutung dieser menschheitsgeschichtlichen Entwicklung, das Zur-Ruhe-kommen und Schutzfinden, schwingt heute noch in unserer Begriffswelt mit: Zuhause, unbehaust, Dach über dem Kopf, obdachlos; der Nestbau ist ein bekanntes Liebessymbol.

Für den Menschen ist der Bau oft »Bild« für etwas anderes. Dieses Andere zu erfassen, ist Ziel der Architekturikonologie. Mit ihr geschieht der Vorstoß in die übergeordnete Idee des Baus. Der Bau wird als Selbstaussage und Bedeutungsträger begriffen.

Bedeutungsträgerschaft wurde bereits mehrfach aufgezeigt:

- Die ägyptische Pyramide als stilisierter Grabhügel war in ihrer Spitze Sitz des Sonnengottes; Körper- und Flächenform verbinden sich mit Abbildhaftigkeit und Symbolik.

- Der griechische Tempel (vgl. S. 18) besteht aus einer Baldachinstruktur und beruht auf Zahlenharmonie. Thronsymbolik und kosmologische Zahlenmystik der Pythagoräer verbinden sich mit Zahlen und Zahlenverhältnissen zur Harmonie bestimmter Proportionen.

- Die christlichen Kreuzbauten (vgl. S. 69) beziehen ihre Form auf das Leidenskreuz Christi; aber auch der aus drei Kreisen gebildete Grundriß (vgl. S. 67) verweist zeichenhaft auf die Dreifaltigkeit. Abbildhafte Form und Zahlensymbolik verbinden sich zur Weltbedeutung des Opfertods und der Dreieinigkeit.

- Das TWA-Terminal (S. 74) und das ORF-Studio (S. 183) nutzen die Bauform als Zeichen des Fluges bzw. der Wellenausbreitung.

Vor allem in sakralen Bauten nehmen die im Baukörper und Raum gesuchten Konstruktionen fast den Charakter von Beschwörungsformeln an, bei denen der Symbolwert der Konstruktionsform die konkrete Form von Körper und Raum weit überlagern kann.

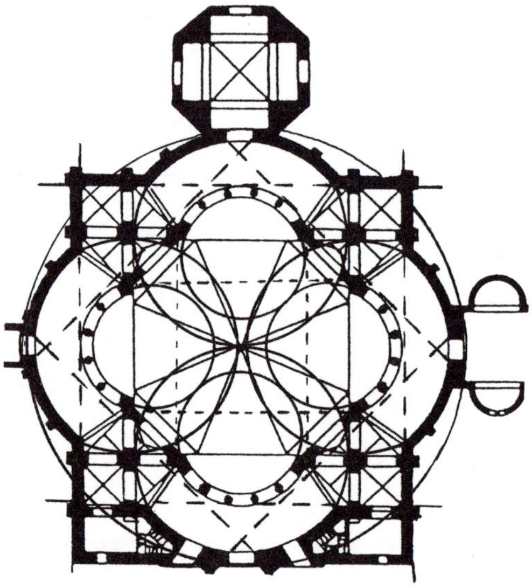

Beispiel: Mailand / Italien, S. Lorenzo Maggiore, 355, Grundriß mit eigenen Einzeichnungen

Der Grundriß ist bereits bekannt (S. 63). Aus den Einzeichnungen ist zu erkennen, daß der Grundriß von drei Formen bestimmt ist: Quadrat, Kreis und Kreuz.

- Die Ecktürme bilden die Eckpunkte des äußeren Quadrats, das im Inneren, markiert durch die Kreuzpfeiler der Turmräume, wiederholt und durch die innere konchale Struktur um 45° gedreht wird.

- Der Kreis umschließt den Gesamtbau, kehrt aber vor allem zweimal in vierfacher Wiederholung durch die innere und äußere konchale Struktur wieder.

- Zieht man zwischen den gegenüberliegenden Konchen Verbindungslinien, so ergibt sich zweimal die Form des griechischen Kreuzes.

Form- und Zahlensymbolik werden in diesem Grundriß zu einer beschwörenden Programmatik verbunden:

- Der Kreis als Himmelssymbol und das Quadrat als Erdsymbol werden in ihrem Inneren durch das Kreuz verbunden. Unter dem Kreis als Himmelssymbol stehen die Himmelsrichtungen der Quadratseiten und diese wiederum unter dem richtungsweisenden Kreuzzeichen.

■ Die Zentralität der Kreise und Quadrate ist bestimmt durch die Zahl 1 als Radius und Seitenlänge; diese Zahl ist in christlich mittelalterlicher Allegorese* Symbol für Gott. Das vierfache Auftreten des Kreises ist in der gleichen Vorstellung u.a. die Anspielung auf die vier Evangelisten und ihre weltbedeutende Wortverkündung. Die vier Kreuzbalken weisen den Weg dieser Verkündung in die Welt.

▲

Deutungen und Erschließung von Bedeutungen sind oft nur möglich, wenn der ideengeschichtliche Zeitkontext hergestellt wird. Mit der Architekturikonologie erweitert die Architekturanalyse den architektonischen um den geschichtlichen und geisteswissenschaftlichen Bezug (vgl. »Probleme des historischen Verständnisses«, S. 17ff.).

Ausdruck und Ansprache der Architektur

In ihrer Bedeutungsträgerschaft kann Architektur als Kommunikationsmittel verstanden werden. Über die Funktion hinausgehend, will Architektur, d.h. der Architekt oder Bauträger, mit dem Bau als Bedeutungsträger etwas ausdrücken und den Nutzer, Betrachter, Konkurrenten etc. ansprechen.

■ Der Kaiserdom zu Speyer (S. 69) sollte in seiner Größe, mit seinem Formenreichtum und seinen Dekorzitaten aus der römischen Kaiserzeit die Machtidee der Nachfolge des Römischen Reiches ausdrücken und dem Papst und seinen Anhängern verdeutlichen, daß der Anspruch Roms auf Oberherrschaft nicht akzeptiert wurde.

■ Das Wissenschaftszentrum Berlin (S. 75) soll mit seinem Ensemble aus antiken und mittelalterlichen Zitaten die Wurzeln und Ausgangspunkte wissenschaftlicher Tätigkeit ausdrücken. Die im Zentrum arbeitenden Wissenschaftler und Besucher sollen auf diese Tradition und ihre Verpflichtung angesprochen werden.

Architektur bietet die Möglichkeit, übergeordnete Ideen als über die Funktion hinausgehende Thematik auszudrücken und diese als Ansprache zu kodieren. Durch die Übereinstimmung von Ausdruck und Ansprache entsteht Bedeutungswirkung.

Die Träger von Ausdruck und Ansprache sind in den bisherigen Beispielen wiederholt erwähnt worden: Grundrißgestaltung, Baumassengliederung, Raumformung und Dekorverwendung.

Vier Möglichkeiten – die meist auch kombiniert auftreten – können für die Ansprache unterschieden werden: Form, Abbild, Proportion und Symbol.

Ansprache durch *Form* liegt vor, wenn mit formalen Gestaltungsprinzipien, z.B. Fensterfronten aus Glas, Transparenz und die Idee eines freien und offenen Diskurses – wie im Internationalen Forum (S. 141) – ausgedrückt werden soll.

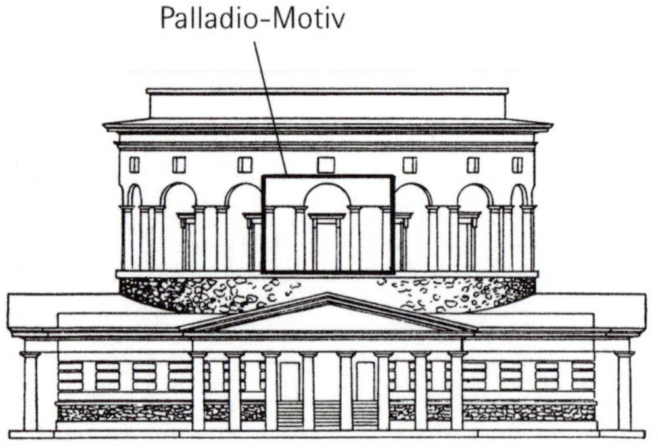

Beispiel: Claude-Nicolas Ledoux, Barrière de la Villette (Zollhaus), Paris / Frankreich 1784, Aufriß

Der Architekt kombiniert platonische Körper*, Zylinder und Kubus, mit einem Quadrat. Jedoch wirkt der quaderhafte Unterbau nur wie der Sockel des an Höhe weit überragenden Zylinders. Dem Quader ist eine Portikus in Form einer griechischen Tempelfassade vorgelegt. Der Zylinder ist durch ein »verbundenes Palladiomotiv« gegliedert. Die klassizistische und historistische Ansprache über die Form ist offenbar für sich als Würdeformel gedacht; mit einer Funktion als Zollhaus oder einer übergeordneten Idee besteht keine Verbindung. Als Ansprache ohne Ausdruck besitzt der Bau designhaften Charakter.

Ansprache durch *Abbildung* liegt vor, wenn die Verbildlichung eines Inhalts, z. B. die Idee der Informationsverbreitung, durch eine radial gestaffelte Bauform als Ausbreitung von Wellen, wie im ORF-Studio (S. 183), ausgedrückt wird.

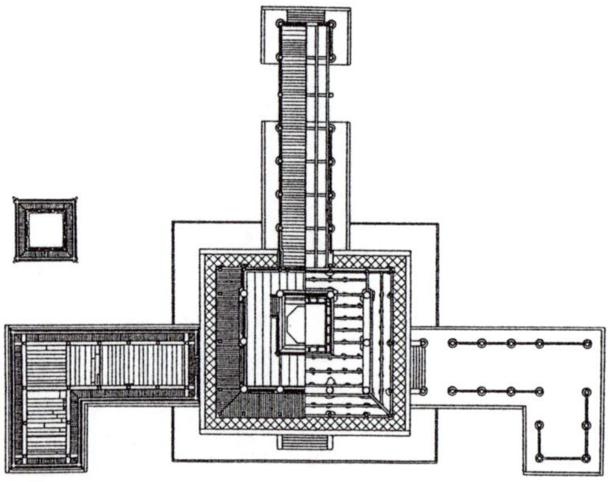

Beispiel: Uji / Japan, Phönix-Halle, 1053, kombinierter Grundriß mit Dachaufsicht

Die Fassade dieses Baus wurde bereits gezeigt (S. 149). War aus dem Aufriß die Bezeichnung des Gebäudes keinesfalls ableitbar, so zeigt der Grundriß in seiner Vogelform nunmehr den Bezug. Im Grundriß wird abbildhaft die Idee des sich nach dem Mythos immer wieder aus der Asche erneuernden Phönix festgehalten. Diese Idee sollte wahrscheinlich die ewige Erneuerung des Geschlechts, das diesen ursprünglich als »Lustpavillon« errichteten Bau bewohnte, beschwörend zum Ausdruck bringen.

Die Ansprache durch *Proportionen*, die im griechischen Tempel (vgl. S. 18) mit seinen Proportionsketten und Proportionsverschränkungen bereits analysiert wurden, liegt immer dann vor, wenn Maßverhältnisse Ausdruck z. B. einer besonderen Würdeformel sind.

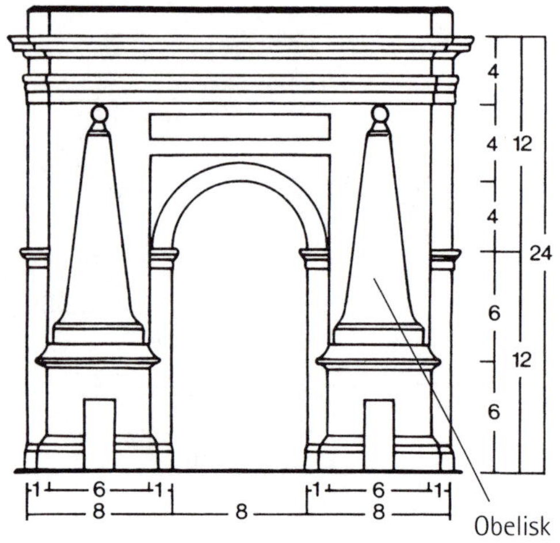

Beispiel: Nicolas-François Blondel, Porte St.-Denis, Paris / Frankreich 1671, Aufriß

Der Triumphbogen ist in der Fassade durch ein Quadrat bestimmt:

- Dieses Quadrat wird auf der Höhe des Bogenkämpfers halbiert; dabei wird
  - die untere Hälfte auf Sockelhöhe des Obelisken* nochmals halbiert und
  - oberhalb der Kämpferlinie gedrittelt, wobei das Gebälk und der Bogenstich je ein Drittel betragen.

■ In der Breite wird eine andere Proportionierung gewählt:

- Torbogen und Pylone betragen je ein Drittel.
- Die Sockel der Obelisken sind zu den Pylonen 3 : 4 und
- jeder Sockel zur Gesamtbreite des Triumphbogens 1 : 4 proportioniert.

■ Die Obelisken als dominanter Baudekor bilden

- im Sockel ein Quadrat und
- sind im Verhältnis zur Gesamtbogenhöhe wie 5 : 6,
- Obelisk mit Sockel zu Sockel wie 10 : 3 und
- Obelisk ohne Sockel zu Sockel wie 7 : 3 proportioniert.

■ Die lichten Maße des Durchlasses werden

- in der Kämpferhöhe zum Bogenstich 3 : 1,
- in der Gesamthöhe zum Bogenstich 4 : 1 und
- in der Breite zu Höhe 1 : 2 proportioniert.

Der Triumphbogen erhält durch die ganzzahligen Maßverhältnisse, die Proportionsketten und mehrere Proportionsverschränkungen (Quadratbildung, Halbierung, Drittelung und 4 : 1-Proportionierungen) eine konstruktive Ebenmäßigkeit, die die zitierte Würdeformel Triumphbogen als Idee der Maße und Maßverhältnisse steigert.

Die Ansprache durch *Symbole* war in früheren Zeiten eine der beliebtesten Kodierungen. Sie setzt heute voraus, daß der Betrachter mit der Symbolik vertraut ist und – z. B. bezogen auf die christliche Kultur – die Allegorese des Mittelalters kennt.

Beispiel: Giovanni Santini Aichel, Wallfahrtskirche St. Nepomuk, Saar / Tschechische Republik 1719, Grundriß mit eingezeichnetem Fünfeck

Der Grundriß steckt voller christlicher Symbole und nimmt die Legende des Namenspatrons auf. Johannes von Nepomuk soll nach seinem Martyrium in der Moldau mit fünf leuchtenden Sternen um sein Haupt gefunden worden sein.

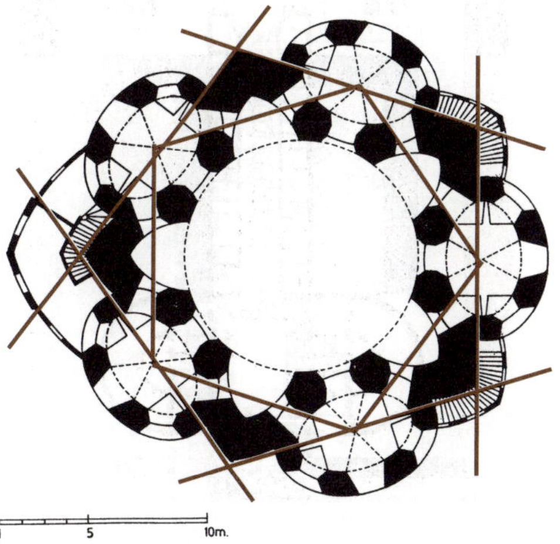

Der Zentralbau ist aus einem Kreis, kombiniert mit einem Fünfeck, konstruiert; die Spitzen des Fünfecks bilden die Mittelpunkte von fünf kleinen Ellipsen. Ein anderes Fünfeck entsteht, wenn man die zwischen den Ellipsen liegenden Mauerstücke an ihren Spitzen verbindet. Gerade das im Barock nicht mehr zeitgemäße Kreuzgratgewölbe der Ellipsen zeigt, daß die Konstruktion des Fünfecks innen – wie auch außen an den Mauerspitzen – nachvollziehbar gemacht werden sollte. Die Symbolik dieses Baus richtet sich in der Ansprache an die Wallfahrer zum heiligen Nepomuk:

■ Kreis und Kuppel bezeichnen den Kopf des Heiligen im Sternenkranz und zugleich den Himmel, in den er durch sein Martyrium unmittelbar Eingang gefunden hat.

■ Die Fünf und das Fünfeck, in unterschiedlichen Kulturen mit verschiedensten Symbolgehalten aufgeladen, sind nicht nur Harmonieausdruck im Goldenen Schnitt (vgl. S. 66), sondern u. a. auch Symbol für die fünf Wunden Christi. Sie verweisen auf die Christusnachfolge des Märtyrers und sein Blutzeugnis.

■ Die Sternensymbolik wird in doppelter Form mit Bezug auf die Heiligenlegende im Baukörper und Raum verwendet:

- Die Sternzacken sind im Raum durch Kappen, die von der Kuppel ausgehen, und im Baukörper durch die Mauerecken markiert.

- Die fünf elliptischen Kapellen, die an einem Umgang liegen, der durch die imaginären Verbindungslinien des eingezeichneten Fünfecks beschrieben wird, sind wie »Edelsteine« den Sternen der Legende gleichgesetzt.

Die Ansprache durch Architektur verführt leicht zu aufdringlichen Ausdrucksmitteln. Bei der Bewertung von Aufdringlichkeit müssen die Vorstellungen im Zeitkontext berücksichtigt werden. Zugleich sind gerade die Aussagen der Architektur selbst sozialer Ausdruck einer zeitgebundenen Auffassung und damit für eine historische Würdigung »konkretes Dokument«. Die Aufdringlichkeit der Sonnengottsymbolik im Schloß von Versailles mit der auf Gott zurückgeführten Legitimation der Herrschaft entspricht zwar der absolutistischen Herrschaftsideologie. Diese Aufdringlichkeit der Symbolik hat aber weniger mit Kunst als vielmehr mit Herrschaftspropaganda zu tun; dies wird offenbar, wenn wir uns vorstellen, daß im Sitz der Familie Siemens Stuckfriese mit Waffeleisen, Tauchsiedern und sonstigen Elektrogeräten angebracht wären.

Die Grenze des abbildhaften Kitsches ist vor allem dann erreicht, wenn die Banalität der Idee abbildhaft ins Peinliche übersetzt wird.

Beispiel: Claude-Nicolas Ledoux, Entwurf eines Bordells, Ende 18. Jh., Grundriß

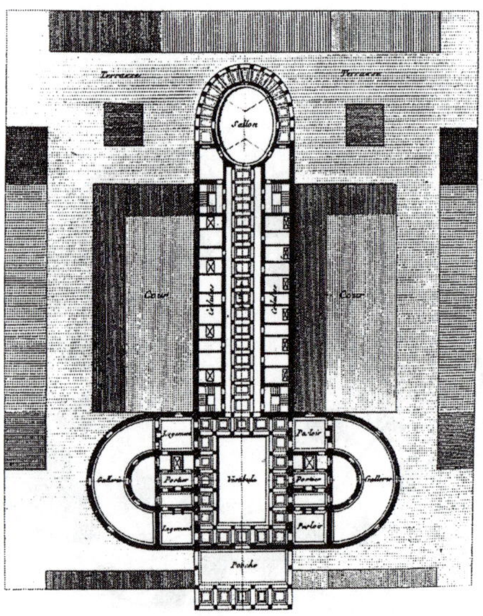

Der Grundriß besitzt die Form eines erigierten Phallus'. Wie die Ausrichtung der Schrift belegt, ist der Erektionszustand als Abbild gewollt: Mit Kontakthof zwischen den Hoden, Bordellzimmern im Glied und dem Salon mit Separées in der Eichel ist die Zweideutigkeit zur Eindeutigkeit erhoben.

Zahlen, Maße und Proportionen

In der Architektur sind Zahlen und Maße Vorbedingungen, um die Dimensionen im Plan und für die handwerkliche Ausführung zu bestimmen. Dabei ist die Zahl nur relevant in Verbindung mit der Maßeinheit. Werden Rasterungen vorgenommen oder wie beim japanischen Ken (vgl. S. 180) Module verwendet, so verselbständigt sich die Zahl und wird zum Multiplikator oder Divisor, weil das Raster oder Modul als eigenes Flächenmaß definiert ist. In all diesen Fällen sind Zahlen und Maße Hilfsmittel der Planungs- und Konstruktionsarstellung bzw. -ausführung, manchmal verbunden – wie bei der Rasterung – mit Wirtschaftlichkeitsüberlegungen für die Vorfabrikation.

Für die Architekturikonologie haben Zahlen, Maße und Proportionen eine andere Bedeutung.

Zahlen, Maße und Proportionen können Ausdruck einer übergeordneten Idee werden, wenn sie den Bau als Ausdrucksträger benutzen, um über seine Funktion hinausgehende Botschaften zu vermitteln.

Dies ist bereits im vorigen Abschnitt an einigen Beispielen deutlich geworden. Gerade als technisches Hilfsmittel müssen aber Zahlen, Maße und Proportionen von ihrem Charakter als Bedeutungsträger abgegrenzt werden.

Den Charakter als Bedeutungsträger zu erkennen, setzt zweierlei voraus:

- Bei der Architekturanalyse von Baukörper und Raum müssen die Zahlen, Maße und Proportionen und damit die Konstruktions- und Gestaltungsprinzipien gründlich untersucht worden sein.

- Für die ikonologische Deutung müssen ideengeschichtliche Leitbilder herangezogen werden, die zur Zeit der Errichtung galten.

Jedoch gibt es auch über die zeitlich begrenzte Ideengeschichte hinausreichende, immer wieder auftretende grundsätzliche Leitbilder, die in der Architektur genutzt oder bestimmend werden.

In der Architektur finden sich folgende Träger ikonologischer Botschaften:

- Zahlen als Träger von Zahlensymbolik,

- Proportionen, die

– aus der Darstellung menschlicher Formen abgeleitet sind,

– auf ästhetischen oder transzendenten Ideen bzw.

– auf musikalischen Zahlenverhältnissen beruhen.

Die *Zahlensymbolik* spielt in der christlichen Allegorese eine große Rolle. Gott wurde im Mittelalter oft als Architekt, als Demiurg, d.h. als Baumeister der Welt dargestellt. Christliche Bauträger, vor allem Bischöfe und Äbte, gingen von der Bibel aus, wo Salomon im Buch der Weisheit betet (11, 20): »Du aber hast alles nach Maß, Zahl und Gewicht geordnet. Denn du bist immer imstande, deine große Macht zu entfalten.« Zahlensymbolik war also, wie sich z. B. in der Wallfahrtskirche des Hl. Nepomuk (S. 227) zeigt, Widerspiegelung der Machtentfaltung Gottes und göttlicher Gesetze.

Ein anderer Ansatzpunkt früherer Baumeister war der *anthropomorphe Bezug*. Auch er ist – wenn auch nur teilweise – in der Bibel begründet, weil der Mensch als Gottes Ebenbild galt. Darüber hinaus aber wurde der Mensch als Ideal in seiner symmetrischen Struktur empfunden, die die Zahlen 2, 4 und 10 (Arme, Gliedmaßen und Finger) in sich trägt, aber auch in bestimmten Maßverhältnissen aufgebaut ist.

Beispiel: Francesco di Giorgio Martini, Kirchengrundriß nach menschlichen Proportionen, Ende 15. Jh.

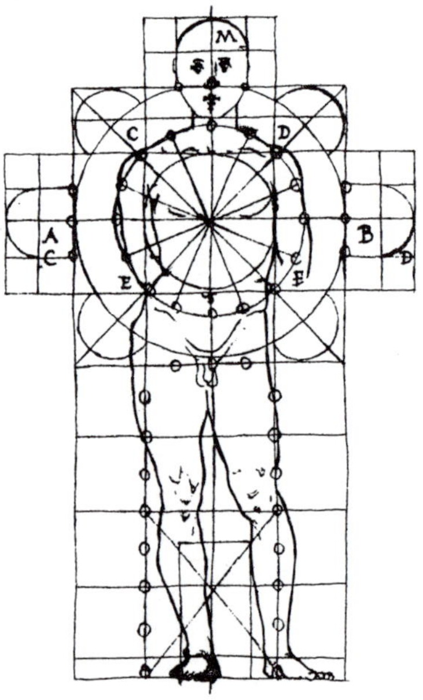

Aus seinem anthropomorphen Ansatz leitet Martini die Gliederung und Proportionierung der Kirche ab:

- Das Mittelschiff ist doppelt so breit wie die Seitenschiffe und entspricht damit dem Verhältnis einer ganzen zu einer halben Hüftbreite.
- Das Langhaus reicht bis zum Bauchnabel.
- Die Gesamtlänge der Kirche wird bis zum Scheitel auf 9 1/4 Teile proportioniert, von denen

- die Füße 1/4 Teil,
- die Beine 4 Teile,
- der Rumpf 3 1/2 Teile und
- der Kopf 1 1/2 Teile lang sind.

Das ganze Dilemma dieses anthropomorphen Ansatzes zeigt sich in der Willkür, wie mit dem Oberkörper und den Armen umgegangen wird. Die Raster- und Radialkonstruktionen deuten auf eine andere Bedeutungsträgerschaft hin:

- Die Quadrat- und Kreisform zeigen mittelalterliche Symbolvorstellungen, bei der die Vierung als Mittelpunkt definiert wird.
- Dieser Mittelpunkt wird dann ebenso wie die Apsis, wo immer ein bedeutender Altar stand, wieder anthropomorph als Sitz des Herzens und des Denkens symbolisiert.

Proportionen, ihre Reihungen und Verschränkungen konnten schon am griechischen Tempel (vgl. S. 18) nachgewiesen werden. Sie reichen über die ästhetische Wirkung und den bis heute nachwirkenden Begriff von Schönheit hinaus und verweisen auf eine transzendente Bedeutung: So wurden in Griechenland unter dem Einfluß der Pythagorāer bestimmte Zahlenverhältnisse als Widerspiegelung des Weltaufbaus verstanden, wobei die Anwendung des Goldenen Schnitts mit der Proportionierung 8 : 5 eine besondere Bedeutung hatte: Der Goldene Schnitt erzeugt z. B. im gleichseitigen Fünfeck eine unendliche Teilbarkeit in fortgesetzter Wiederholung des Goldenen Schnitts (vgl. S. 66).

▼

Beispiele:

Iktinos und Kallikrates, Parthenon-Tempel, Athen / Griechenland, 447 v. Chr., Fassadenaufriß und Strukturschema mit Einzeichnungen des Goldenen Schnitts

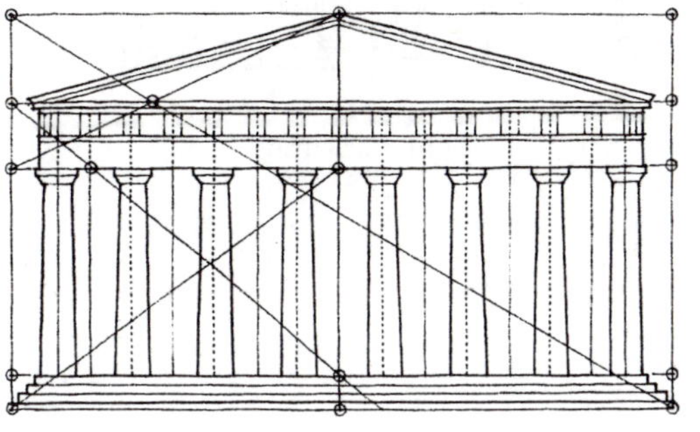

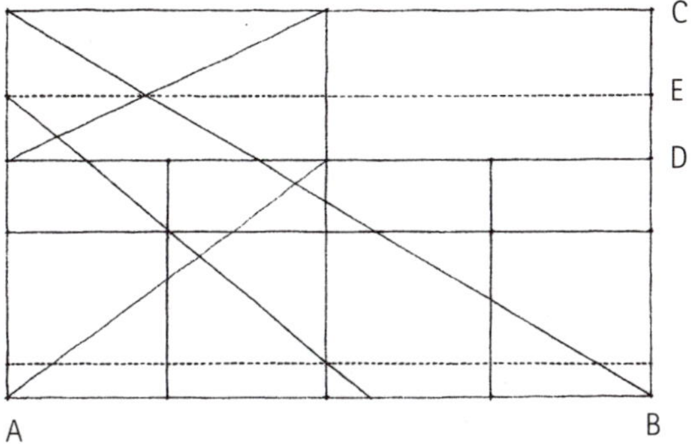

Der von Iktinos und Kallikrates erbaute Tempel auf der Akropolis zeigt im Aufbau der Fassade die mehrfache Anwendung des Goldenen Schnitts:

■ Gesamtbreite : Gesamthöhe = Gesamthöhe : Höhe bis Säulenabschluß (AB : BC = BC : BD).

■ Höhe bis Säulenabschluß : Höhe Gebälk und Giebel = Höhe Gebälk und Giebel : Höhe Giebel (BD : CD = CD : CE).

Mit dieser Anwendung des Goldenen Schnitts sowie weiterer Proportionsketten und -verschränkungen ist der Parthenon zum Ausdruck klassischer Ausgewogenheit und Harmonie schlechthin geworden. Seine Erbauer dürften ihn eher als Träger kosmischer Strukturgesetze konstruiert haben.

Andrea Palladio, Villa Rotonda, Vicenza / Italien 1552, Grundriß mit Maßangaben

Der Bau ist bereits mehrfach als Beispiel herangezogen worden (S. 66 und 86). Obwohl auch dieser Bau noch die mittelalterliche Formensprache von Kreis, Quadrat und Kreuz aufnimmt, tritt diese doch hinter der die Ästhetik bestimmenden Proportionalisierung zurück. Der Bezug zwischen dem Ganzen und den Teilen sowie den Teilen untereinander soll die Idee von Ruhe und Harmonie und damit die Bedeutung des Baus ausdrücken. Die Hauptmaße setzen sich aus dem Vielfachen von drei zusammen:

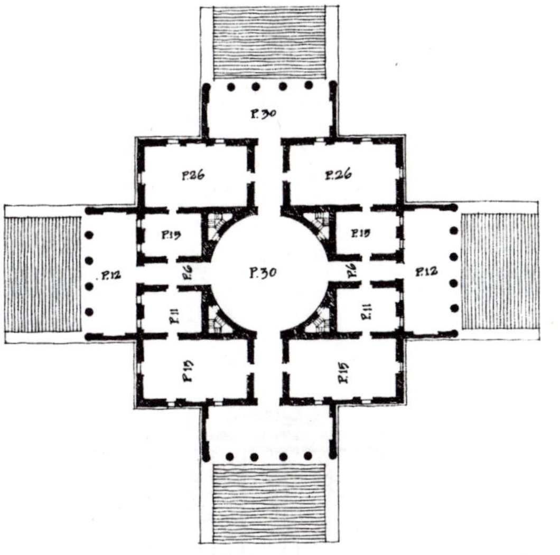

■ Das Quadrat ist 60 x 60 (Fuß) angelegt.

■ Die Rotunde entspricht im Durchmesser der halben Quadratseite = 30.

■ Die Kreuzarme sind 12 x 30 geformt und entsprechen in ihrer Breite der halben und in der Tiefe einem Fünftel Quadratseite.

▲

Wandgliederungen, vor allem als Vor- oder Verblendungen, können das Wahrnehmen von Proportionen unterstützen und dabei wiederum eine Vielfalt von Möglichkeiten der Wahrnehmung eröffnen.

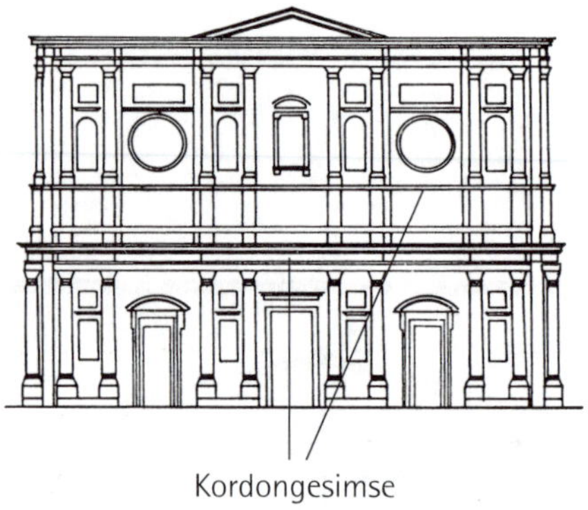

Beispiel: Michelangelo, Grabkapelle der Medici (Entwurf), Florenz / Italien 1516, Fassadenaufrisse mit verschiedenen Einzeichnungen

Die Fassade ist durch eine vertikale Mittelachse bestimmt, die an der Giebelspitze endet. Ein schweres Kordongesims teilt den Bau horizontal. Dieser Eindruck wird verstärkt, weil darüber mit Hilfe eines Kordongesims der Eindruck eines Gebälks erzeugt wird, auf dem das zweite Geschoß ruht. Hierdurch entstehen im Erdgeschoß verkettete Triumphbogenmotive. Durch die vertikale Rhythmisierung der Wandgliederung nimmt das Auge – wie die Teilwandaufrisse verdeutlichen – Wandbahnen wahr (1). Diese werden zwischen Boden und Kranzgesims horizontal durch die Kordongesimse geteilt und bewirken eine entsprechende horizontale Rhythmisierung (2). Weitere rahmende Bezüge und Entsprechungen entstehen im Auge, wenn die vorgelegten Stützen als Teile der Portale oder Fenster erfaßt werden (3). Gerade in dieser Sicht entstehen die Verknüpfungen im Erdgeschoß zu Triumphbogenmotiven und eine Betonung der Achse durch Wiederholung der Erdgeschoßgestaltung in leicht reduzierter Form im Obergeschoß. Zentralachse und Triumphbogenmotiv sind die ikonologischen Muster, mit denen das Herrschaftssystem und die Bedeutung der Medici architektonisch sinnfällig gemacht wird.

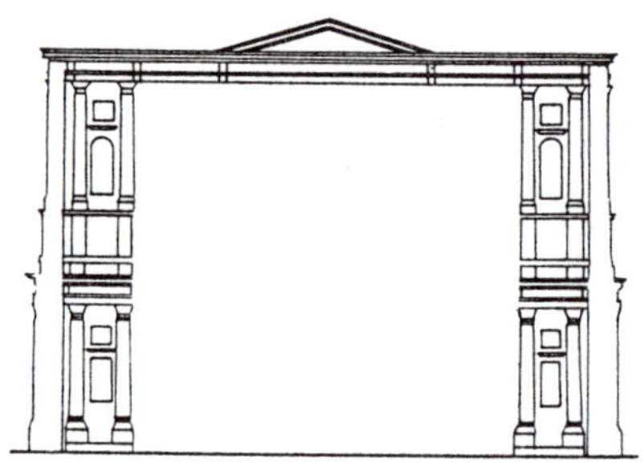

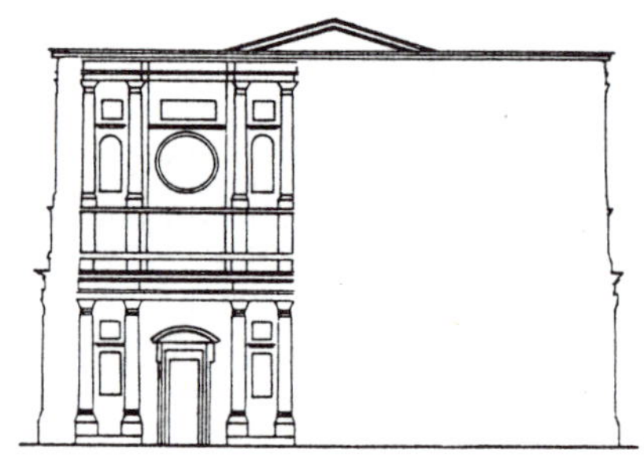

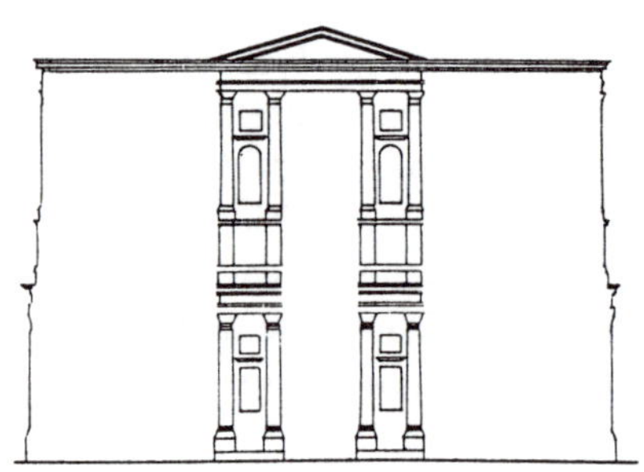

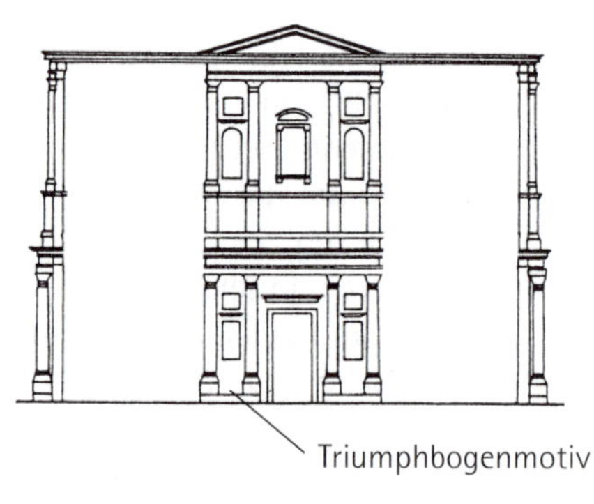

1

2

3

Schon bei den Griechen waren bestimmte Maßverhältnisse auch Ausdruck von Musik. Jedes Tonintervall steht in einem ganzzahligen Zahlenverhältnis. Die Tonhöhe folgt aus einer bestimmten Teilung der Saitenlänge. Deshalb können auch bestimmte ganzzahlige Zahlenverhältnisse *als musikalische Zahlenverhältnisse* verstanden werden. Die griechische Vorstellung von Sphärenharmonie, die durch solche Zahlenverhältnisse definiert war, bewirkte eine Gleichsetzung von Weltaufbau und Harmonie. Diese Idee fand auch im Mittelalter ihre Verbindung im Zusammenhang mit den zitierten Weisheiten der Bibel (S. 230). Die Renaissance-Architektur glaubte in den musikalischen Zahlenverhältnissen kosmische Harmonie beschlossen.

▼

Beispiel: Leon Battista Alberti, Palazzo Rucellai, Florenz/ Italien 1446, Teilaufrisse der Fassade mit Einzeichnungen

Die ganze Fassade wurde bereits abgebildet (S. 135). Erst eine genaue Untersuchung der Wand- und Fenstergliederung zeigt die »Musikalität« des Baus:

■ Die Wandstücke des ersten und zweiten Obergeschosses sind zwischen den Pilastern nach musikalischen Zahlenverhältnissen gegliedert:

- Der breitere Teil über den Portalen als große Sexte = 5:3 im ersten Obergeschoß und als kleine Sexte = 8:5 im zweiten Obergeschoß;
- die schmaleren Fensterteile als große Septime = 15:8 im ersten Obergeschoß und als kleine Septime = 9:5 im zweiten Obergeschoß.

■ Die rechteckigen Teile der Fenster zwischen den Leibungen sind ebenfalls nach musikalischen Zahlenverhältnissen gegliedert:

- Die Fenster über den Portalen als große Terz = 5:4 im ersten Obergeschoß;
- die flankierenden Fenster als Quarte = 4:3 und
- die Fenster im zweiten Obergeschoß alle als Terz = 5:4, die damit die Proportionierung der Fenster über den Portalen aufnehmen.

▲

Bedeutungsabsichten und Bedeutungszitate

Architekturikonologie soll die in der Architektur widergespiegelte Idee erschließen; sie will die Absichten erfassen, die der Architekt oder Bauträger dem Bau unterlegte und mit denen er sich an Dritte wendet.

> Bedeutungsabsichten können originär sein oder in Form von Zitaten auf bereits gemachte Aussagen zurückgreifen.

Mit einer *originären Bedeutungsform* wird versucht, den Bau zum Ausdrucksträger einer Idee mit einer bisher nicht benutzten Gestaltungsvorstellung zu machen. Demgegenüber greift das *Bedeutungszitat* bewußt auf früher benutzte Gestaltungsvorstellungen zurück, um mit dieser Anspielung auf das Alte dessen Bedeutungsaussage für das Neue, sei es als Tradition oder sei es als Idee, wirksam werden zu lassen.

Bei den originären Bedeutungsformen lassen sich verschiedene Ansätze unterscheiden:

- Die Form führt in die Nutzungsidee ein.
- Die Form selbst wird zur ideellen Verbindung mit dem Nutzungsinhalt verwendet.
- Die Form wird zum Träger von Identifikation gemacht.
- Mit der Form werden symbolisch transzendente Bezüge hergestellt.

> Löst sich die Form von der Bedeutungsabsicht, so liegt ein sich in der Ästhetik erschöpfendes Architekturdesign vor.

Die Form als *Einführung in die Nutzungsidee* ist von der als *ideeller Verbindung mit dem Nutzungsinhalt* meist dadurch zu unterscheiden, daß im ersten Falle die Form selbst, im zweiten die Abbildhaftigkeit dominiert.

▼

Beispiele:

Frank L. Wright, Guggenheim-Museum, New York/USA 1956, Ansicht

Der in Schichten gestaffelte Baukörper ist mit seinen Scheiben- und Ringformen wie eine abstrakte Skulptur aufgebaut. In den Gegensätzen von zurück- und vorspringenden Teilen, runden und eckigen Formen, massiven und durchfensterten Wänden, schwebenden und lastenden, ansteigenden und ruhenden Formen wird der Baukörper selbst zum Ausdruck abstrakter Kunst. Mit seiner Form führt der Bau in die Nutzungsidee eines Museums für moderne Kunst ein; er macht den Besucher darauf aufmerksam, daß Kunst ihre Inhalte über die Form vermittelt.

Eero Saarinen, TWA-Terminal Kennedy Airport, New York/ USA 1956, schematische Ansicht

Bei der Analyse des Grundrisses (S. 74) wurde bereits auf die äußere Form eines Flugzeugs hingewiesen. Die schematische Zeichnung verdeutlicht besonders, wie aus der Form der Spannbetondecke und Stützengestaltung die Assoziation eines abhebenden Vogels geweckt wird. Das Gebäude zeigt mit der Form die Nutzung als Flughafenhalle und verbindet sie abbildhaft mit der großen Menschheitsidee des Fliegens.

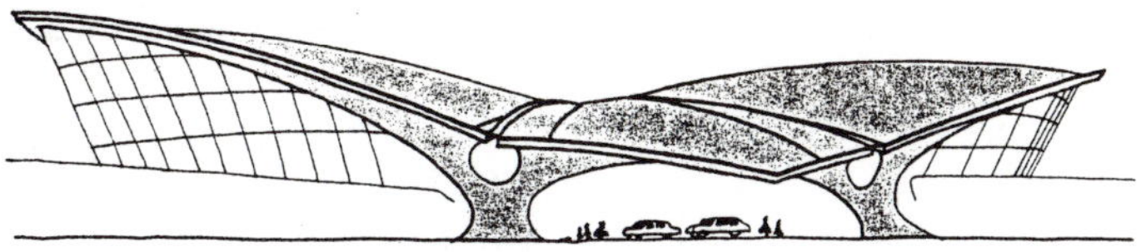

Identifikation kann durch die Form hergestellt werden, wenn sich der Nutzer mit einer Idee oder Tätigkeit bzw. über ein Erkennungszeichen in der Form wiedererkennt. Beim Dekor wurde diese Identifikationsstiftung bereits behandelt (vgl. S. 19 und Übersicht S. 212f.).

Beispiel: Konstantin Melnikow, Arbeiter-Clubhaus, Moskau / Rußland 1927, Ansicht

Die Arbeiterclubs wurden in der ehemaligen Sowjetunion als »soziale Kraftwerke« verstanden. Dem gibt das Clubhaus durch seine Form als Stück eines Zahnrads Ausdruck. Es weist aber mit dieser abbildhaften Form nicht nur auf die gesellschaftliche Funktion der Arbeiter als antreibende Produktivkraft hin, sondern soll auch als Haus, in dem die Arbeiter ihre Freizeit gestalten können, identifikationsstiftend wirken. Im Haus sollte mit dem Eintritt das Gefühl entstehen: Wir sind die Kraft.

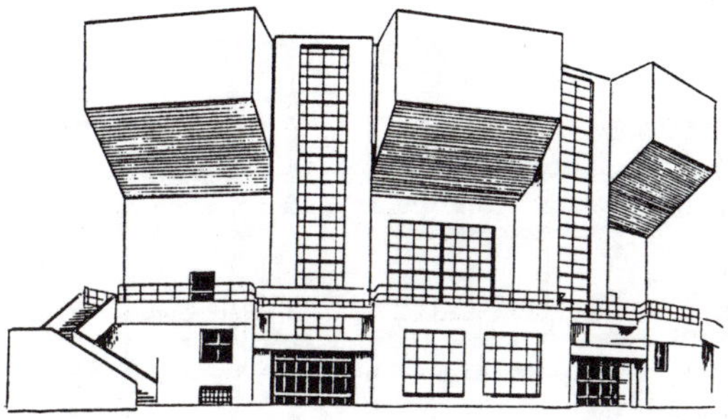

Besonders schwierig wird die Architekturikonologie, wenn mit der Form *symbolisch transzendente Bezüge* verfolgt werden. Dies war in der mittelalterlichen sakralen Baukunst üblich und zu dieser Zeit zumindest für die damaligen Bildungsschichten verständlich. Die Trinität durch Dreiersymbolik, den Himmel durch Kreis und Kuppel oder die Erde im Quadrat darzustellen und zu erkennen, war gängige Praxis. Aber auch in der modernen Architektur werden – inhaltlich zwar andere – symbolisch transzendente Bezüge hergestellt.

Beispiel: Jørn Utzon, Opernhaus, Sydney / Australien 1956, Entwurfszeichnung zur Dachform

Bei der Analyse der Lage dieses Baus (S. 30) wurde bereits auf die Segelform der Dächer und deren abstrahierte Form als identifikationsstiftendes Logo der Stadt hingewiesen. Die Entwurfszeichnung zeigt, wie die Dachform aus Kreisen in verschiedener Größe, Durchdringung und Drehung entwickelt worden ist. Ergebnis waren sphärische Dreiecke, die trotz moderner Konstruktionsmethodik vermuten lassen, daß an antike Vorstellungen der Sphärenharmonie im Kosmos angeknüpft wurde. Die geblähte Segelform, die an Winde, also ein kosmisches Phänomen, erinnert, wird mit sphärischen Geometrieformen verknüpft; nach außen Segel, im Inneren Musik, so werden geistige Ortsbezüge über eine transzendente Symbolik zusammengeführt.

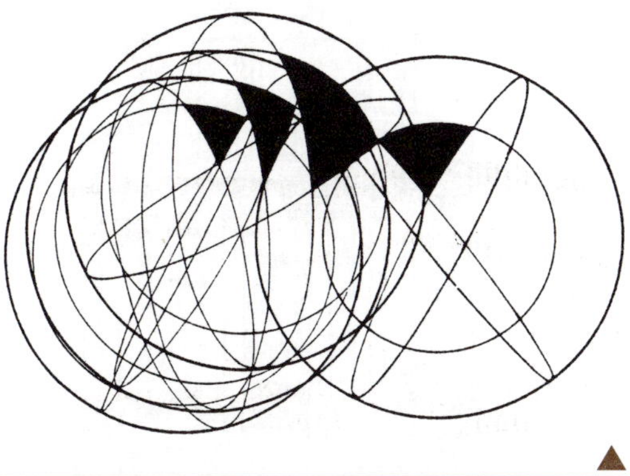

Die originären Bedeutungsabsichten, die einem Bau unterlegt werden, verlangen vom Betrachter den phantasievollen Nachvollzug der Form. Demgegenüber verlangen Bedeutungszitate ein architekturgeschichtliches Wissen, um die mit dem Zitat beabsichtigte Verknüpfung nachvollziehen zu können.

Bedeutungszitate knüpfen immer an Vorgängerbauten an, um

- einen ideellen Zusammenhang,
- einen historischen Bezug oder
- eine Leistung früherer Architekten bzw. Architektur zu würdigen.

Oft werden mehrere Absichten mit einem Zitat verfolgt.

Beispiele:

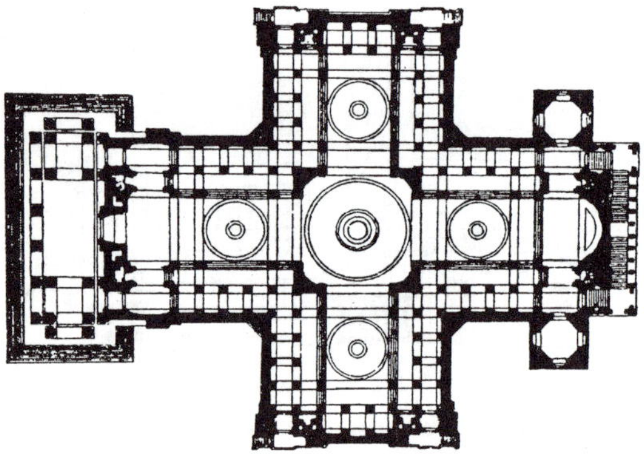

Jacques-Germain Soufflot, Panthéon, Paris / Frankreich 1784, Grundriß

Obgleich das Panthéon vom Namen her auf das Pantheon in Rom (S. 61) anspielt, zitiert der Grundriß die Apostelkirche in Istanbul (S. 63). Sie hat mit dieser Kirche gemein:

- Die Form des griechischen Kreuzes,
- die kreuzweise angeordneten Kuppeln und
- die umlaufenden Seitenschiffe in allen Kreuzarmen.

Die namentliche Anspielung auf das römische Pantheon ist aus der Revolutionszeit zu erklären, die sich mit antiken Rückgriffen antichristlich äußerte. Insofern ist der Bau mit dem Zitat der Apostelkirche eine ungewollte Ironie, zeigt aber als Grablege verdienter Geistesgrößen und Politiker den gewollten Rückgriff auf den Zentralbau für Grablegen.

Donato Bramante, S. Pietro in Montorio, Rom / Italien 1502, Ansicht

Dieser kleine Rundtempel knüpft typologisch an den antiken Tholos (vgl. S. 61) an. Mit dem historischen Bezug, der ein Element der Renaissance ist, verbindet der Architekt allerdings die beim Tholos unbekannte Kuppelform mit Tambour. Diese ist als Anspielung auf das Pantheon in Rom zu verstehen, so daß mit der Kombination zweier Zentralbautypen der griechischen und der römischen Antike zugleich »Ehre« erwiesen wird. Das historische Zitat ist eine Hommage an die Formvollendung antiker Architektur.

François Cuvilliés, Schloß Nymphenburg, Amalienburg 1734, Grundriß

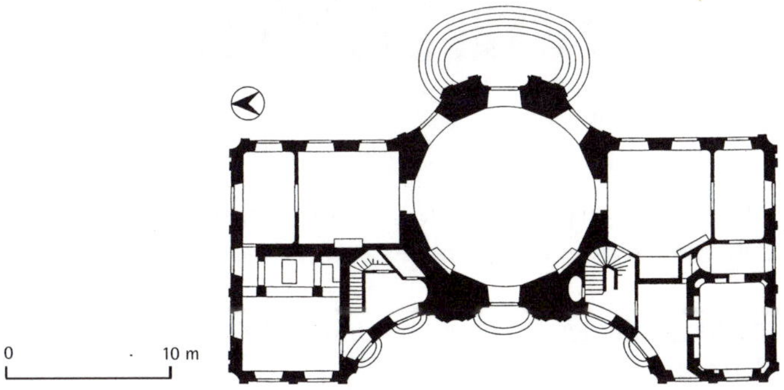

Pierre-Louis-Philippe de la Guêpière, Schloß Monrepos, Ludwigsburg 1764, Grundriß

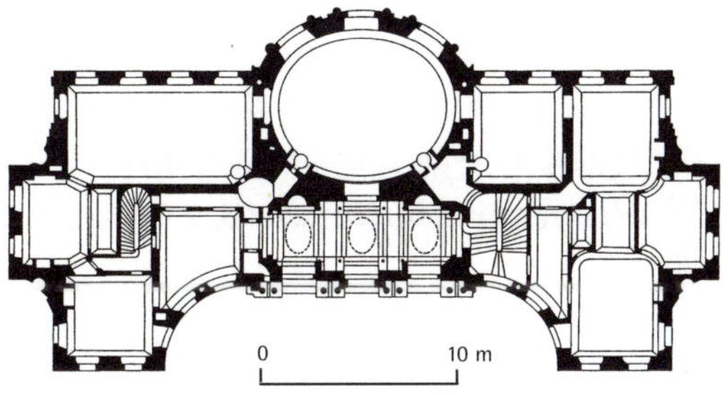

Beide Grundrisse zitieren den Grundriß von Vaux-le-Vicomte (S. 23, 70). Vor allem der sogen. Ovalsaal und die am Eingang vorschwingenden Flügel des Baus sowie die Enfiladen zeigen die Übernahme der Form, die der französische Architekt Louis Le Vau kreiert hatte, auch wenn der Ovalsaal in Nymphenburg zum Kreis umgeformt wird. Vaux-le-Vicomte war in seiner Wirkung auf das Schloß Versailles sehr bedeutsam: Sein Grundriß wurde eine traditionelle Würdeformel des Schloßbaus und zum Ideenträger absolutistischer Herrschaftsideologie.

Da Bedeutungszitate ihrem Wesen nach auf Formen der Vergangenheit zurückgreifen, stehen sie immer in der Gefahr eines historistischen Eklektizimus*.

> Wo das Zitat zur historistischen Applikation wird, entfernt es sich von seinem Bedeutungsinhalt und steht in der Gefahr, zum Kitsch zu verkommen.

Beispiel: Karikatur zur Erfahrung von Architektur, (in: Charles Moore / Kent C. Bloomer: Body, Memory, and Architecture, New Haven und London 1977)

In karikierender Form wird ein Mensch in einem Bau mit antikem Tempelzitat gezeigt. Der Mensch liegt auf einer Chaiselongue des Empire, umgeben von einem Renaissance-Kamin, einer Biedermeier-Uhr und einer Lampion-Lampe. Das Glück wird aus der inhaltsleeren Zusammenführung von historischen Zitaten bezogen. Das Ausruhen im Raum der zusammenhanglosen Geschichte gerinnt zum kitschigen Ästhetizismus.

Bewertung von Architektur

Übersicht: Architektonische Bewertungskriterien, S. 240

Bei einer Reihe analysierter Beispiele wurden kritische Bemerkungen gemacht, d. h. die Architektur bewertet:

- Bei der Westfassade des Doms in Minden (S. 127) wurde die handwerkliche Ausführung bemängelt.
- Die Portalgestaltung der Merchant's National Bank in Grinell (S. 159) wurde als Indienstnahme sakraler Symbolik für profane Zwecke kritisiert.
- Auch bei der Neuen Wache in Berlin (S. 143) wurde die Tempelfassade als unangemessenes Zitat in Frage gestellt.
- In der Kulissenarchitektur der Piazza d'Italia in New Orleans (S. 144) wurde die Kitschgrenze aufgezeigt.
- Diese wurde mit dem Gesichtshaus in Kyoto (S. 222) als überschritten dargestellt und
- im Bordellentwurf (S. 228) als Banalität mit über den Kitsch hinausgehender Peinlichkeit verurteilt.

Wer Architektur analysiert, geht von ausgesprochenen oder unausgesprochenen Bewertungskriterien aus. Bei ungenügender Begründung von Urteilen wird die Bewertung zur Willkür, bei falscher Begründung zum Fehlurteil und bei nicht nachvollziehbarer subjektiver Begründung zum Geschmacksurteil.

> Bewertung ist keine Frage des Geschmacks, sondern ein Urteil, das sich auf nachvollziehbare sachbezogene Begründung stützen muß.

Oft wird aus Angst vor Bewertung die Flucht ins Unverbindliche genutzt und die Gleichwertigkeit aller Zeitphänomene behauptet. Dies ist nur insoweit zulässig, als Stilerscheinungen zwar subjektiven Geschmacksurteilen unterliegen, der Stil selber aber als spezifische Kunst- oder Künstlerausprägung nicht im Vergleich bewertet werden kann. Ob jemandem die »formenprächtige« Barockarchitektur als »überladene Theatralik« und die »schlichte« Romanik als Ausdruck »tief religiöser Frömmigkeit« erscheint, beruht auf subjektiven Geschmacksurteilen mit unzulässigem Zeitvergleich.

> Bewertung von Architektur muß mit Hilfe von offengelegten Kriterien geschehen, damit die Begründung nachvollziehbar wird. Vor allem die Kriterien verlangen ein großes Maß an Wissen und Differenzierung, damit die Begründung nicht pauschal ausfällt.

Bei diesem Wissen ist insbesondere die Zeitgebundenheit von Architektur zu berücksichtigen. Der handwerkliche Stand – von der Entwurfstechnik bis zur Materialbearbeitung – , das Konstruktionswissen – von den statischen Kenntnissen bis zur technischen Machbarkeit –, die Ausdrucksmittel – von der Form bis zum Dekor –, all dies sind Bereiche, die sich im Zeitablauf ändern.

> Die Bewertungskriterien für Architektur sind in ihrer konkreten Anwendung immer am Wissen der Zeit, in der die bewertete Architektur entstanden ist, zu relativieren.

Unabhängig von der Zeit, aber von der Zeitsicht abhängig, sind die Kriteriengruppen, unter denen die Bewertung von Architektur stattfinden kann. Ob die ägyptischen Pyramiden als Bauwerke, Ausdruck der Sepulkralkultur, geschichtliche Zeitzeichen oder als Herrschafts- und Unterdrückungsphänomene betrachtet werden, ist nicht eine Frage der Vorrangigkeit, sondern nur eine bestimmte Sicht der Betrachtung. Oft ergibt sich erst aus der Kombination von Sichten die besondere Bedeutung eines bestimmten Baus.

Da zu Beginn dieses Buches als Prämisse der Analyse der Grundsatz gewählt wurde (s. S. 7), daß jeder Bau zunächst einmal Architektur ist, bevor er aus einem anderen Grund als interessant hervorgehoben wird, sollen die architektonischen Bewertungskriterien vor anderen Bewertungskriterien behandelt werden.

> Vier Grundsätze einer Bewertung von Architektur sind im Zusammenhang mit einer umfassenden Architekturanalyse zu beachten:
>
> **Erster Grundsatz**
> Am Ende jeder konkreten Analyse eines bestimmten Baus sollte eine Bewertung versucht werden. Die Vermeidung einer Bewertung ist als Flucht in die Unverbindlichkeit ein Indiz für zweifelhafte, nicht offengelegte Bewertungskriterien.
>
> **Zweiter Grundsatz**
> Jede Bewertung setzt Bewertungskriterien voraus, die offengelegt werden müssen, damit die Bewertung nicht im subjektiven Geschmacksurteil endet.
>
> **Dritter Grundsatz**
> Die Bewertungskriterien verlangen eine gründliche analytische Beschäftigung mit dem konkreten Bau und eine genaue Kenntnis der zeitgebundenen Voraussetzungen ihrer Anwendung, um die Begründung zu differenzieren.
>
> **Vierter Grundsatz**
> Nach gründlicher Architekturanalyse sollte die Bewertung von architektonischen Bewertungskriterien ausgehen, bevor sie andere Kriterien, z. B. zeitgeschichtliche, kunstgeschichtliche oder sozialgeschichtliche, heranzieht.

Architektonische Bewertungskriterien

Die architektonischen Bewertungskriterien betreffen den Entwurf und seine Ausführung. Allerdings unterliegt der Entwurf anderen Bewertungskriterien als die Ausführung.

Architektonische Bewertungskriterien

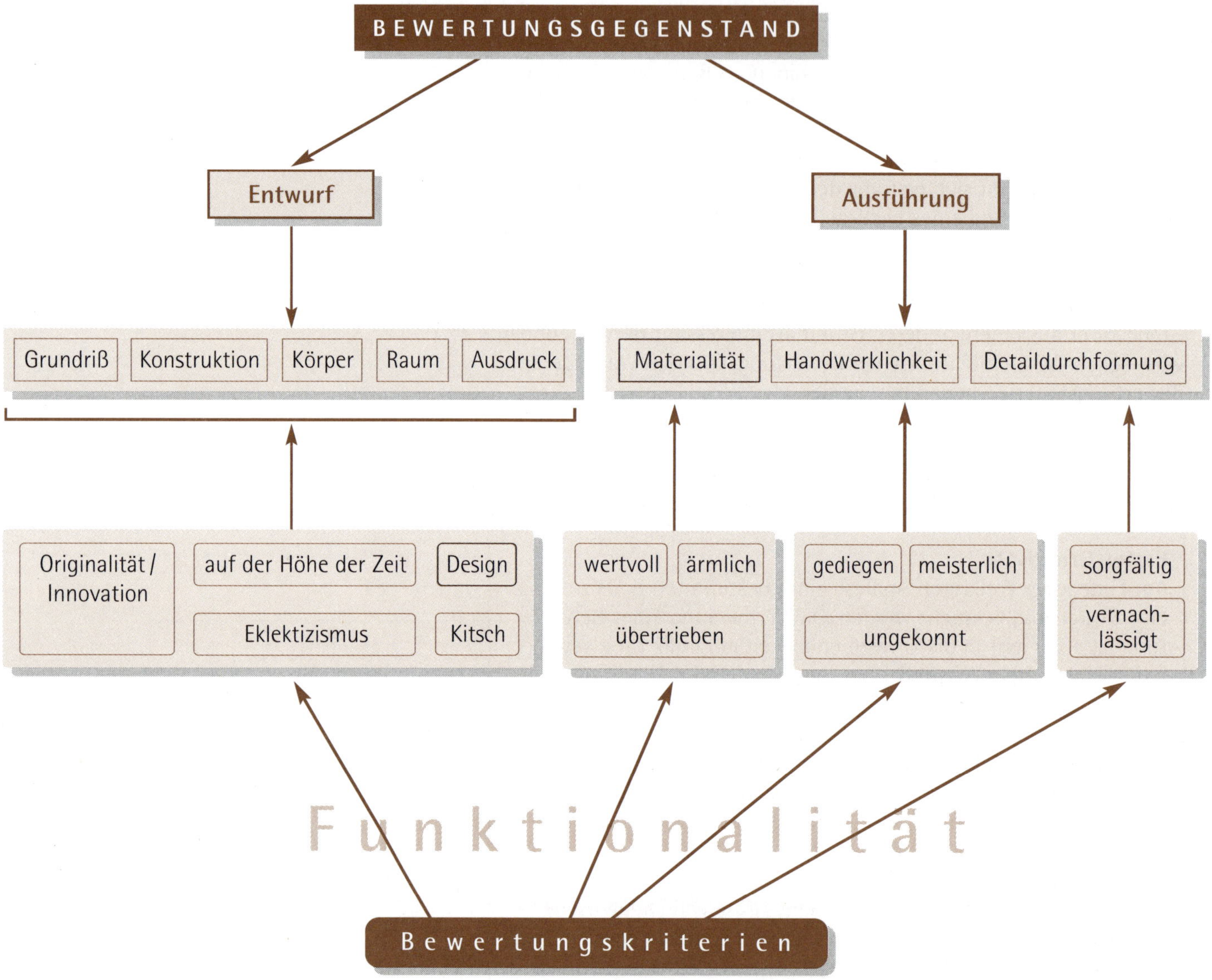

Das wichtigste Bewertungskriterium ist die Funktionalität. Sie wurde bei den Analysen immer wieder in den Vordergrund gestellt. Erst wenn sie erfüllt ist, sollten die hier behandelten architektonischen Bewertungskriterien angewandt werden. An ihr werden die architektonischen Bewertungskriterien indirekt gemessen; denn sie dürfen nicht das Kriterium der Funktionalität negativ beeinflussen. Originalität oder Materialwert, die die Funktionalität beeinträchtigen, müssen in Frage gestellt werden.

Die Bewertungskriterien zum *Entwurf* erstrecken sich auf den Grundriß, die Konstruktion, den Baukörper und seinen Innenraum, aber auch auf den Ausdruck, der durch Kodierung dem Bau als Verweis auf eine übergeordnete Idee gegeben wird. Die Bewertungskriterien können sowohl auf den Gesamtbau wie auch auf Bauglieder oder Details angewendet werden.

Unter fünf Bewertungskriterien können jeder Entwurf und seine Einzelbestandteile – immer unter Berücksichtigung der Errichtungszeit – abgefragt werden:

- Wenn der Entwurf Neuheiten bietet, erfüllt er das Kriterium der *Originalität.* Wird diese zum Standard – was sich erst im Laufe der Zeit herausstellt – so wird Originalität zur *Innovation.*

- Ob ein Bau der *Höhe der Zeit* entspricht, muß im Vergleich festgestellt werden.

- Inwieweit sich die Idee des Baus im Baukörper wie im Innenraum ausdrückt, oder sich die Form zum *Architekturdesign* verselbständigt, muß vor allem im Rahmen der Architekturanalyse untersucht werden.

- Das Kriterium des *Eklektizismus* verlangt einen architekturgeschichtlichen Formenvergleich, kombiniert mit einer detaillierten Architekturanalyse.

- Ob die Grenze des *Kitsches* erreicht oder überschritten ist, hängt von der Banalität des Inhalts verbunden mit »Würdeformeln« ab.

Auf das Kriterium der Originalität mit innovativer Wirkung wurde beim Würfelkapitell (S. 19) und bei der Anwendung einer neuen Konstruktion mit der Verwendung neuer Materialien bei den Markthallen in Paris (S. 95) hingewiesen.

Beispiel: Soest, Kirche St. Maria zur Höhe, um 1220, Grundriß

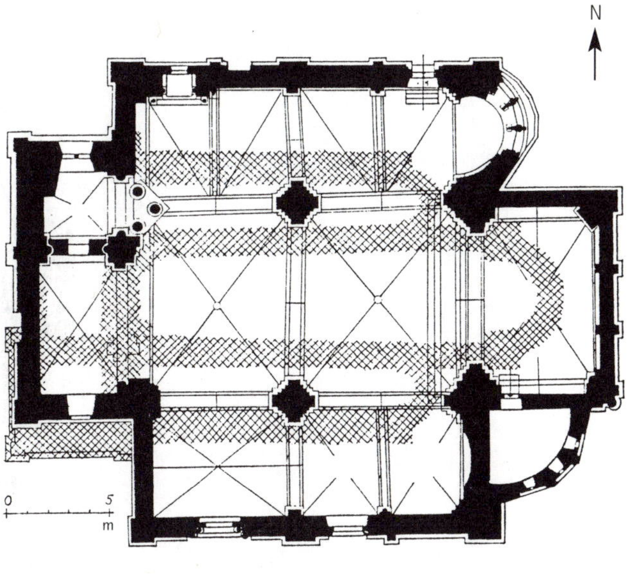

Unabhängig von der kunstgeschichtlichen Bedeutung dieser Kirche ist der Grundriß architektonisch nicht auf der Höhe der Zeit. Dies kann auch nicht aus der Rücksichtnahme auf einen Vorgängerbau (gestrichelt eingezeichnet) erklärt werden, weil die Mauern der jetzigen Kirche frei gesetzt sind. Im Vergleich z. B. mit St. Michael in Hildesheim (S. 55), einem Bau, der ca. 200 Jahre früher errichtet wurde, zeigt der vorliegende Grundriß vor allem erhebliche Mängel der Symmetrie und Axialität:

- Der Westbau ist nicht axial gesetzt und bildet mit dem Nordwestturm keine integrierte Einheit, wie bereits an den unterschiedlich starken Eckverstärkungen zu erkennen ist.

- Die Westwand springt im Süden und Norden unterschiedlich weit zurück.

■ Die Seitenschiffe enden in verschiedenen Ostabschlüssen.

■ Der Rechteckchor ist im Süden von einer Sakristei flankiert, der kein Pendant im Norden entspricht.

■ Die Wandgliederung im Süden ist unregelmäßig.

■ Bei der Einwölbung sind in den Seitenschiffen verschiedenste Formen gewählt worden.

■ Die Jochstruktur der Seitenschiffe ist willkürlich. ▲

Die Form spielt in der Architektur eine eigenständige Rolle, steht aber in der Gefahr, sich von der Funktion oder einer übergeordneten Idee zu lösen. Mit dem Begriff des Architekturdesigns ist deshalb kritisch umzugehen. Vor allem in der modernen Architektur werden zunehmend Formeffekte eingesetzt, die dem Bau einen kritisch zu befragenden skulpturalen Eigenwert zu verleihen suchen. Die Grundproblematik tritt aber bereits im 18. Jh. auf, wie Ledoux' Zollhaus (S. 226) zeigte.

▼

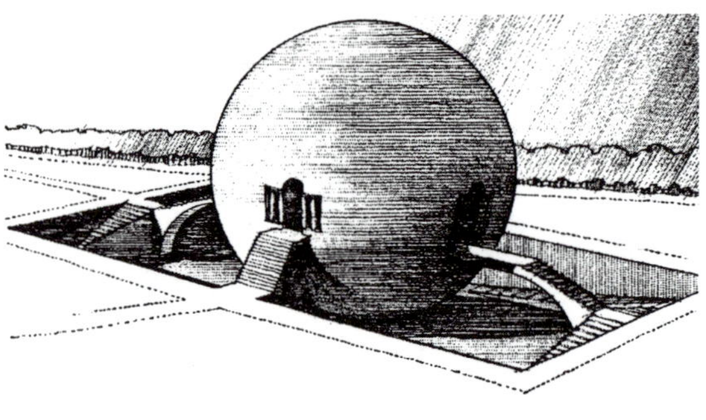

Beispiel: Claude-Nicolas Ledoux, Entwurf eines Bauernhauses, Ende 18. Jh., Ansicht

Wieweit die Verliebtheit in platonische Körper gehen kann, zeigt Ledoux in diesem Entwurf. Bei vollendeter Form löst sich der Entwurf von jeglicher Funktionalität. Ein Bauernhaus als skulpturales Gebilde in der Landschaft mit einem Eingang im Palladio-Motiv wird zum Architekturdesign mit lächerlichen Zügen. ▲

Der Eklektizismus hat immer wieder auf Architekten anziehend gewirkt, sei es um Exotik zu bewirken oder mit historistischem Rückgriff Würde zu vermitteln, die sie aus eigener Formenkraft nicht herzustellen wußten.

▼

Beispiele:

John Nash, Königlicher Pavillon, Brighton / Großbritannien, 1815, Ansicht

Indische, islamische und byzantinische Stilformen werden mit europäischen gemischt. Das Stilkonglomerat beschwört eine Exotik, die auf die britische Herrschaft der Kolonialzeit anspielt. Trotz dieser Beschwörungsformel erinnert dieser Stil an Freizeitparkbauten, nur mit dem Unterschied, daß der Besucher im Freizeitpark mit seinen kitschigen Vorstellungen abgeholt wird. Der Architekt des Königlichen Pavillons wollte aber den exotischen Vorlieben der Zeit gerecht werden und bediente sich eines Stilgemisches von Formeln aus dem »Morgenland« (Zwiebeltürme, Minarettformen und Dekor) und »Würdezeichen« aus dem Abendland (Kolossalsäulen, Arkadengliederung).

Karl Friedrich Schinkel, Entwurf des Königspalastes auf der Athener Akropolis, 1832, Grundriß

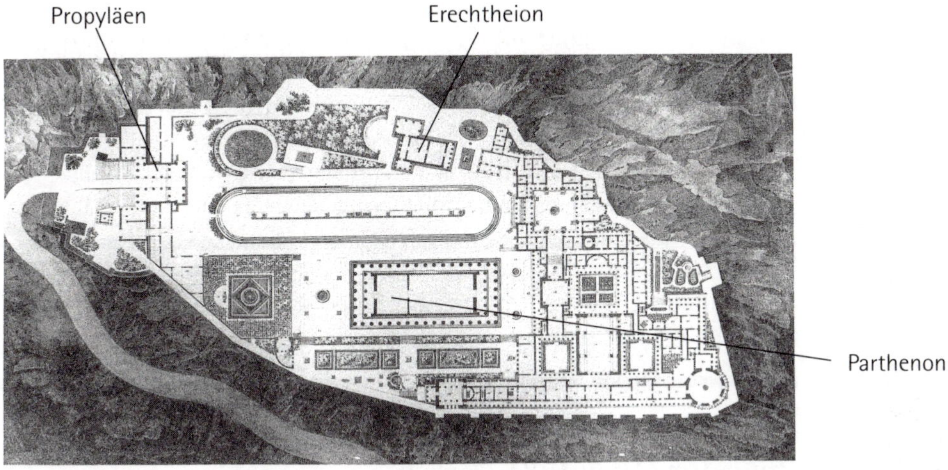

Schinkel plante, nachdem Otto von Bayern 1832 zum griechischen König gewählt worden war, auf dessen Wunsch die Athener Akropolis in eine riesige Residenzanlage zu verwandeln. Die drei alten klassischen Bauten, Propyläen, Parthenon und Erechtheion, sollten durch zahlreiche »klassizistische« Bauten ergänzt werden.

Schinkel beherrschte den Formenapparat fast aller historischen Epochen. Trotzdem griff er bei seiner Planung nicht auf griechisches, sondern hellenistisches und römisches Formengut zurück, weil ihm diese Stilformen repräsentativer erschienen:

- Die unendlichen Säulengänge sind hellenistisch,
- die Achsen sind römischen Forumsanlagen nachempfunden.
- Die Raumanordnung ist von römischen Thermenanlagen,
- die Eingangsformen sind von hellenistischer Propyläenarchitektur beeinflußt.

Mit der Rennbahnanlage wird der Geist des griechischen Tempelbezirks völlig verfehlt. Dieser Eklektizismus kommt einem Bildungsbemühen entgegen, deren schöpferische Kraftlosigkeit sich in historistischem Nachempfinden genügte. Daß Schinkels Plan nie verwirklicht wurde, wird man kaum bedauern müssen.

Der Übergang vom Eklektizismus zum Kitsch ist fließend. Manchmal wird mit klassischen Würdeformeln ironisch gespielt.

Beispiel: Thomas Gordon Smith, Haus Paulownia, Oakland / USA 1977, Ansicht

Ein relativ unprätentiöser Bau erhält einen Eingang mit Kulissencharakter:

- Säulen geben dem vorgezogenen Eingang Portikuscharakter.
- Der durch ein Sims abgesetzte Rundbogen wird durch Rundfenster flankiert,
- der Bogen im Scheitel durch Keilsteinimitation dekoriert.
- Ein schweres Kranzgesims schließt die Portikus nach oben ab.

Der ironische Umgang mit dem Triumphbogenmotiv spielt mit der Idee, daß auch das Wohnhaus für seine Bewohner sowie die Gäste ein Triumphgefühl vermittelt, und Triumphbögen in der Demokratie nicht mehr der Lobpreisung großer Feldherren dienen. Trotzdem wird mit dieser Ironie die Grenze des Kitsches erreicht, weil die Ironisierung der großen Geste aufdringlich wird.

Aufdringlichkeit entsteht auch, wenn Bedeutungsträgerschaft über Fassadenverblendung zum architekturfremden Ausdrucksspiel wird.

Beispiel: Robert Venturi u. a., Restaurant Gordon Wu, Princeton / USA 1981, Ansicht

Die Restaurantfassade ist als stilisiertes Gesicht gestaltet. Nur der Eingangsbereich fällt aus dem vertikalen Achsenaufbau heraus, so daß die Türen wie Zähne eines aufgerissenen Mundes wirken. Die geometrische Stilisierung von »Nase, Augen, Augenbrauen und Stirn« wirkt gewollt. Trotzdem ist nicht zu verkennen, daß die Fassade durch vertikale und horizontale Elemente bestimmt wird, deren Aufbau aber durch die Lächerlichkeit des stilisierten Gesichts überlagert wird.

Die Bewertungskriterien der *Ausführung* betreffen die Materialität, Handwerklichkeit und Detaildurchformung. Hierfür können bei jedem Stadtbummel zahlreiche Beispiele beobachtet werden.

Die drei Ausführungsbereiche unterliegen verschiedenen Bewertungskriterien:

- Der Bau kann mit wertvollen Materialien oder sparsam bis ärmlich ausgeführt worden sein. Bei besonderer Aufdringlichkeit des Materialwerts liegt Übertreibung oder Protz vor.
- Die Bauausführung kann meisterliche Qualität oder – am Stand der Zeit gemessen – Gediegenheit ausstrahlen. Sie kann aus verschiedenen Gründen handwerklich ungekonnt sein: Schlampige Ver- oder Bearbeitung, unpräzise Materialverbindung etc.
- Die Detaildurchformung zeigt im Grad der Sorgfalt oft erst die architektonische Meisterleistung.

Ohne annähernde Vollständigkeit seien einige blicklenkende Hinweise gegeben:

- Bei Verblendungen sind die Anschlüsse und Fugen besonders kritische Punkte.

- Wenn Regenstreifen den Bau »zieren«, ist die Wasserableitung ungekonnt gelöst.

- Materialverfärbungen beim Zusammentreffen verschiedener Materialien zeigen nicht beachtete Unverträglichkeiten an.

Dieser Katalog kann beliebig verlängert werden. Selbst Großbauten zeigen oft nach kurzer Zeit, wo der Architekt in der Ausführung, vor allem in der Handwerklichkeit oder Detaildurchformung versagt hat. So zeigen sich z. B. am Bonner Kunstmuseum (vgl. S. 88f.) an zahlreichen Stellen Regenwassereinwirkungen am Außenbau, die den Eindruck verstärken, daß nach der »großen Entwurfsgeste« die Ausführung im Handwerklichen und der Detaildurchformung vernachlässigt oder fehleingeschätzt wurde. Entweder sind in solchen Fällen ständige ökonomisch aufwendige »Auffrischungen« notwendig oder die Beeinträchtigungen bestimmen bald das Bild des Gesamtbaus.

Andere Bewertungskriterien

Bei dem Begriff der Innovation wurden bereits andere Bewertungskriterien angesprochen, da erst nachträglich, d. h. unter architekturgeschichtlichen Gesichtspunkten, festgestellt werden kann, ob eine Originalität durch Aufnahme breitere Umsetzung oder Fortentwicklung erfahren hat.

Übersicht: Aspekte aus anderen Bewertungsgebieten, S. 246

Architektur kann vor allem unter vier anderen Aspekten zusätzlich betrachtet und bewertet werden:

- Der *zeitgeschichtliche Aspekt* betrifft die Aussagen eines Baus, die aus seiner Eigenschaft als »zeitgebundenes Dokument« geschlossen werden können; hierzu gehören auch archäologische und fachspezifische, z. B. kirchengeschichtliche Schlußfolgerungen.

- Unter dem *architekturgeschichtlichen Aspekt* werden alle den architektonischen Bewertungsgegenstand – Entwurf und Ausführung – betreffenden Erscheinungen in ihrem zeitlichen Zusammenhang und ihrer zeitlichen Auswirkung untersucht.

- Diese Untersuchungen leiten über zu den *kunstgeschichtlichen Aspekten*, zu denen vor allem inhaltliche, formale, motivische und persönliche – den Künstler betreffende – Zusammenhänge gehören.

- Eine zunehmende Bedeutung gewinnen *sozialgeschichtliche Aspekte*, unter denen Bauten daraufhin befragt werden, inwieweit sie Schlüsse auf gesellschaftliche Fragestellungen und Probleme zulassen.

Aspekte aus anderen Bewertungsgebieten

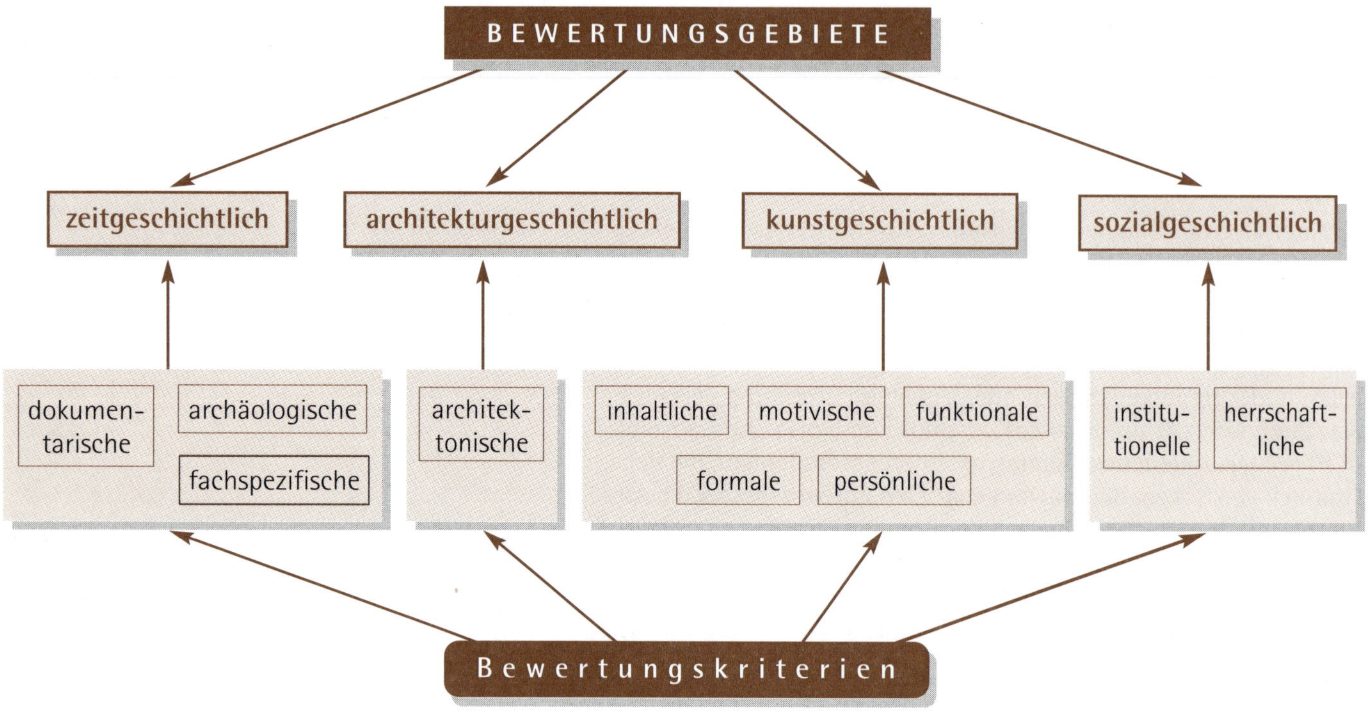

Diese anderen Bewertungskriterien sind Betrachtungsaspekte, die über die Architekturanalyse hinausreichen, den konkreten Bau in einen zusätzlichen Zusammenhang stellen und damit die allgemeine Bedeutung des Bauwerks über den Einzelaspekt hinausheben.

Beispiele:

Iktinos, Apollon-Tempel, Bassai / Griechenland, um 430 v. Chr., Grundriß und Innenansicht

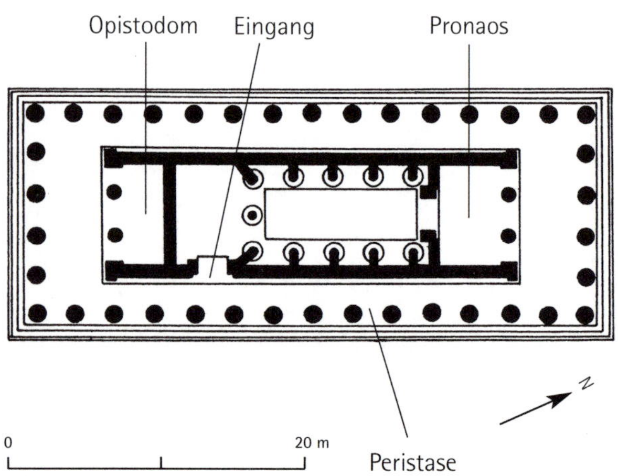

Zeitgeschichtlich: Tempeleingang im Südosten und dadurch erschlossener Raumteil gibt Rätsel auf.

Architekturgeschichtlich: Gestreckte Peristase ist ebenso wie ungleiche Größe von Pronaos und Opistodom unklassisch; erstmalig Wandzungen mit Halbsäulenabschluß.

Kunstgeschichtlich: Beginn der Innenwandgliederung, ionische Kapitelle mit diagonal gestellten Voluten, erste korinthische Kapitelle.

Sozialgeschichtlich: Traditioneller Rückgriff auf konservative Tempelform mit Zitat des Apollon-Tempels in Delphi läßt den Einfluß konservativer Priesterschaft vermuten.

Erfurt, Peterskirche, 1103, Grundriß und Pfeilergrundriß

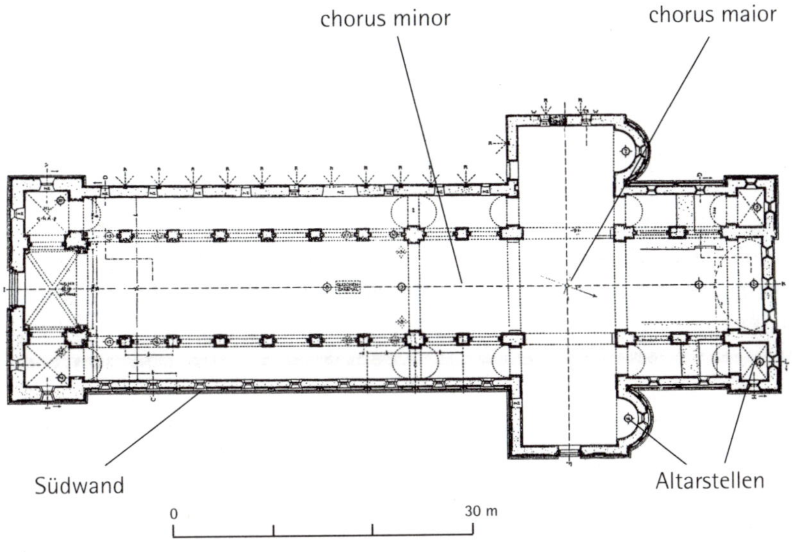

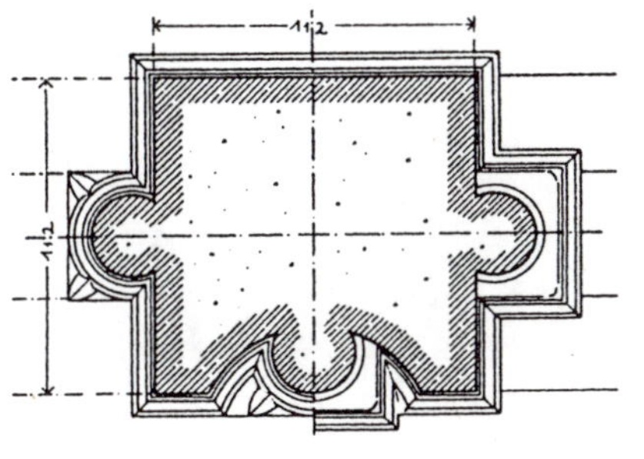

Zeitgeschichtlich: Frühe Hirsauer Ausbreitung in Thüringen. Kirchengeschichtlicher Nachweis des chorus maior und chorus minor*, umgeben von Altarstellenkranz.

Architekturgeschichtlich: Besonders ausgeprägte Südwand als Schauseite (vgl. S. 108); gegliederte Pfeiler des Langhauses.

Kunstgeschichtlich: Raumstaffelung liturgisch bestimmt: Chorus minor, chorus maior, Sanktuarium und kommunizierende Abseiten; Zentralität des Ostbaus durch zweijochigen chorus minor, markiert durch Pfeiler und Schwibbogen nach Westen.

Sozialgeschichtlich: Doppelte Schichtung durch Trennung der Kirche in Mönchskirche und Laienkirche; Trennlinie im Langhaus zu Beginn des chorus minor. Innerhalb des Ostbereichs Staffelung des Chors für Laienmönche (chorus minor) und Vollmönche (chorus maior), sozial geschichtet als unterschiedliche Nähe zum Hauptaltar.

James Stirling, Internationales Forum, Tokio/Japan (70er Jahre) Ansicht (vgl. S. 141)

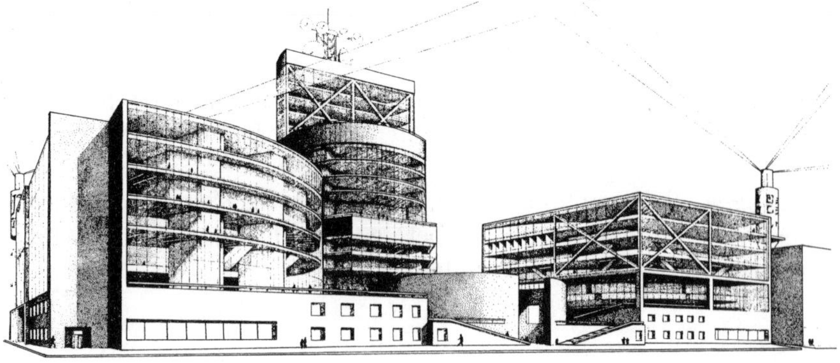

Zeitgeschichtlich: Information und Kommunikation werden bestimmende Faktoren, die neue Bauformen erfordern.

Architekturgeschichtlich: Traditionelle Vorhangfassaden und platonische Körperformen werden zu Ausdrucksträgern verbunden.

Kunstgeschichtlich: Der rein funktionale Stil wird im Rückgriff auf Zitate und expressive Elemente – Aufsockelung, Eingangsrotunde etc. – zur Bedeutungsträgerschaft genutzt.

Sozialgeschichtlich: Forumsgedanke wird durch transparente Bauweise zur demokratischen Idee: Offenheit als Ausdruck gegen Herrschaftswissen.

Vor allem in der Kunstgeschichte werden auch heute noch Epochen stilgeschichtlich definiert. So werden Romanik und Gotik hauptsächlich nach der Wandhaltigkeit, der Gewölbetechnik und den Dekorformen unterschieden.

In der Kunstgeschichte werden oft stilgeschichtliche Epochen in Perioden des Früh-, Hoch- und Spätstils unterteilt, aus der dann Rückschlüsse auf die zeitliche Eingliederung eines konkreten Baus gezogen werden.

Dies hat für frühere Zeiten insofern eine begrenzte Berechtigung, als bei der Entstehung eines Stiles sich oft erst der Entwurfs- und Gestaltungskanon herausbilden (Frühstil), die dann systematisch zu einer »klassischen« Ausformung gebracht werden (Hochstil). Die folgende Zeit ist, weil keine großen weiterführenden Entwürfe mehr möglich sind, durch Raffinement, d.h. formale und dekorative Verfeinerungen (Spätstil) bestimmt. In aller Regel leitet dieser Spätstil unter einer neuen prägenden Idee über in einen Stilwechsel.

Für die Architekturkritik ist bei der Einordnung von Bauten und deren Bewertung im Zeitvergleich zu beachten, daß oft zur gleichen Zeit ungleiche Stilausprägungen auftreten.

Teil C Anhang
Zusammenfassung, Übungen und Leitfaden

▶ Lösungsansätze S. 260 ff.

Zur Wiederholung und zum praktischen Gebrauch wird ein Leitfaden vorgelegt:

- Er ist eine **Zusammenfassung** und soll damit eine Gedächtnisstütze sein.
- Er soll durch **Übungen**, Fragen, die sich auf die Abbildungen beziehen, überprüfbar machen, ob das Erlernte selbständig angewendet werden kann.
- Er soll als **Leitfaden** dem Betrachter – auch vor Ort – bei der Analyse anderer Bauten die systematische Analysearbeit in Form einer Standardliste erleichtern.

Arbeitshinweis: Lesen Sie sich die folgenden Aussagen genau durch, und beantworten Sie die daran anschließenden Fragen in Bezug auf die abgebildeten Bauwerke.

1. Architektur als Schaffung von Orten

Architektur ist die Umschließung eines Raums mit technischen Mitteln und zugleich eine menschliche Besitznahme des natürlichen Raums.

a) Standort: An welchem Ort steht der Bau?

b) Ort/Kontext: In welchem Zusammenhang steht der Bau zu seiner Umgebung?

c) Lage: Wie liegt der Bau aus der Sicht möglicher Betrachter?

d) Zugang: Wie erreicht der Betrachter den Bau?

e) Eingang: Wo befindet sich der Haupteingang des Baus?

Fazit?
Welche Absichten des Bauträgers lassen sich aus Ort, Lage und Zugang erschließen? Wie möchte er den Bau erfaßt wissen (Kodierung)?

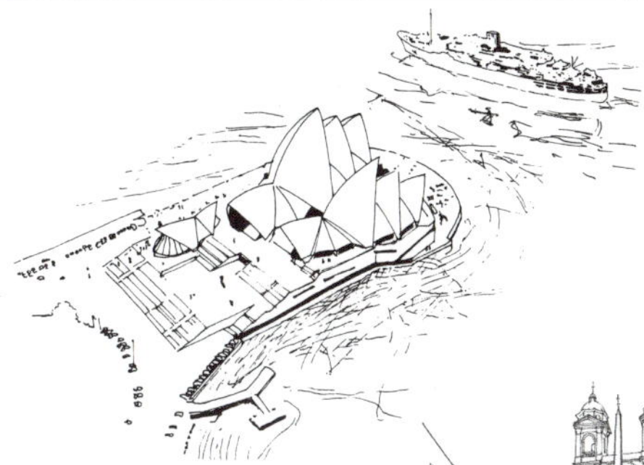

Opernhaus, Sydney/Australien (vgl. S. 30)

Spanische Treppe mit Kirche Sta. Trinità dei Monti, Rom/Italien (vgl. S. 39)

2. Risse und Schnitte als Darstellung von Planungszielen

2.1 Bau- und Konstruktionsunterlagen in Form von Rissen und Schnitten müssen die Betrachtung eines Baus ergänzen.

DARSTELLUNG DER DRITTEN DIMENSION

zweidimensionale Darstellungstechniken	dreidimensionale Darstellungstechniken	kombinierte »Misch«techniken
Aufrisse Schnitte Abwicklungen	Axonometrien Perspektivzeichnungen Computer-Simulationen	Schnittperspektiven explodierte Axonometrien

a) Risse/Schnitte: Wieviele Risse und Schnitte sind zur Darstellung eines Baus in der Regel mindestens erforderlich?

b) Lageplan: Was kann man aus einem Lageplan zusätzlich erkennen?

c) Axonometrien: Welche Axonometrien sind am gebräuchlichsten und inwieweit unterscheiden sie sich von Ansichten?

Fazit?
Was muß zuerst bei zeichnerischen Darstellungen genau festgestellt werden?

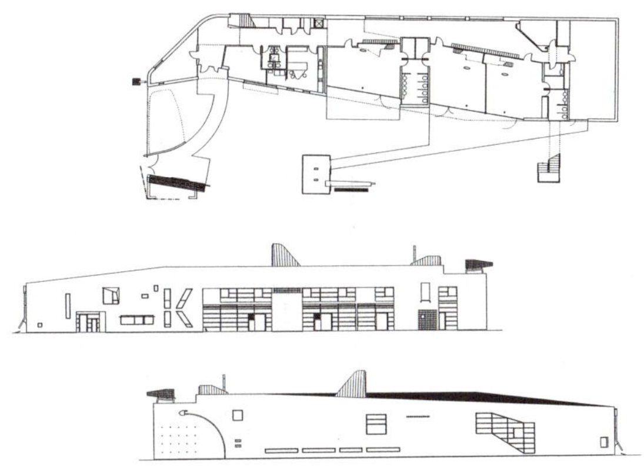

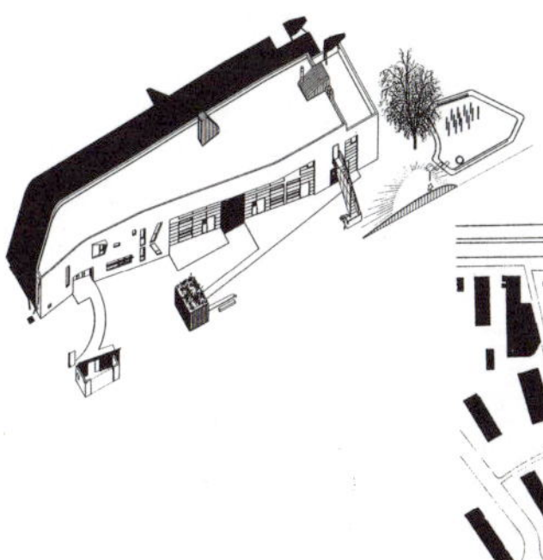

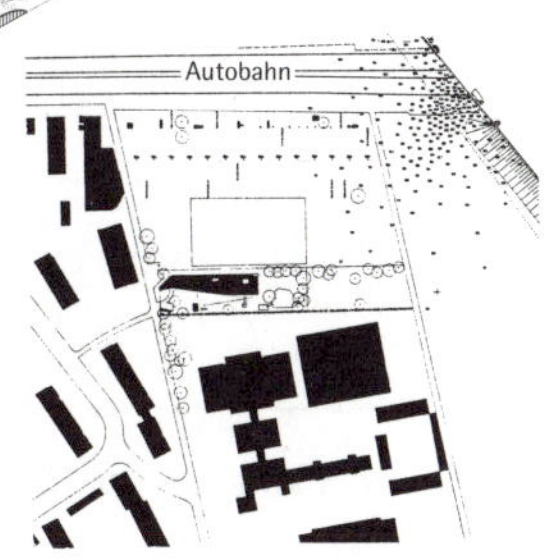

Kindertagesstätte Griesheim (vgl. S. 52 ff.)

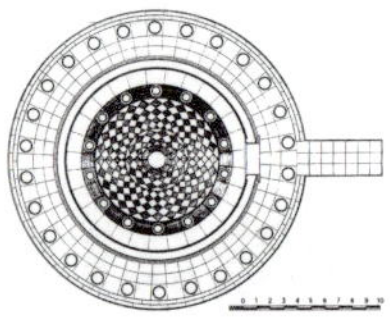

Tholos, Epidauros / Griechenland (vgl. S. 61)

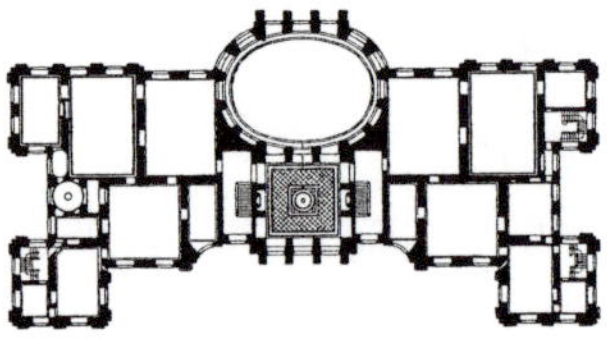

Schloß, Vaux-le-Vicomte / Frankreich (vgl. S. 23, 70)

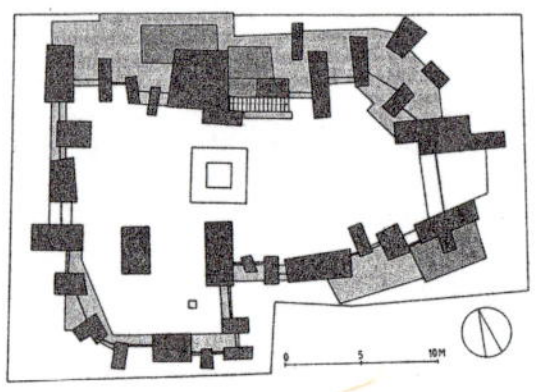

Kirche auf dem Georgenberg, Wien / Österreich (vgl. S. 112)

Shonandoi Kulturzentrum, Fujisawa/Japan, Südaufriß (vgl. S. 81 ff.)

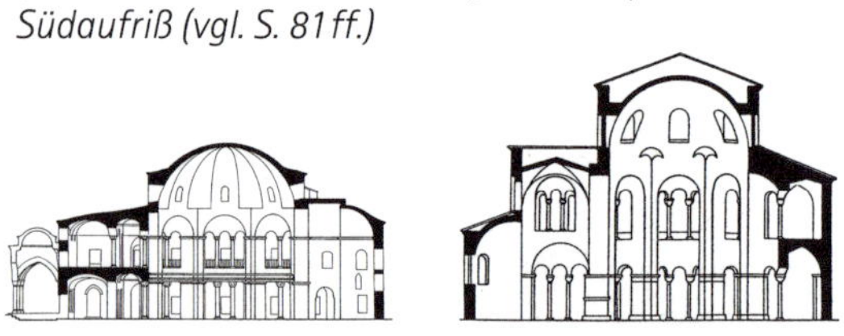

HH. Sergios + Bacchos, Istanbul/Türkei und S. Vitale, Ravenna/Italien (vgl. S. 92)

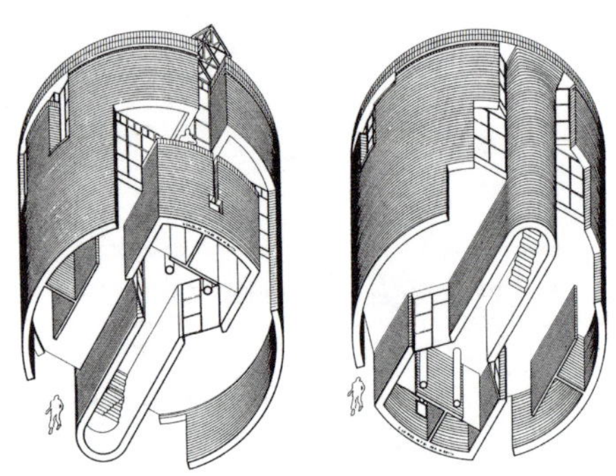

Casa Rotonda, Stabio/Schweiz (vgl. S. 101)

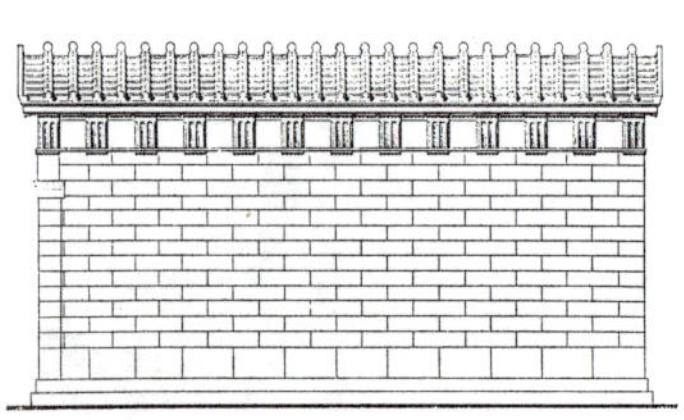

Schatzhaus von Sikyon, Olympia/Griechenland (vgl. S. 107)

2.2 Aus Rissen und Schnitten sind die Entwurfsprinzipien zu erkennen.

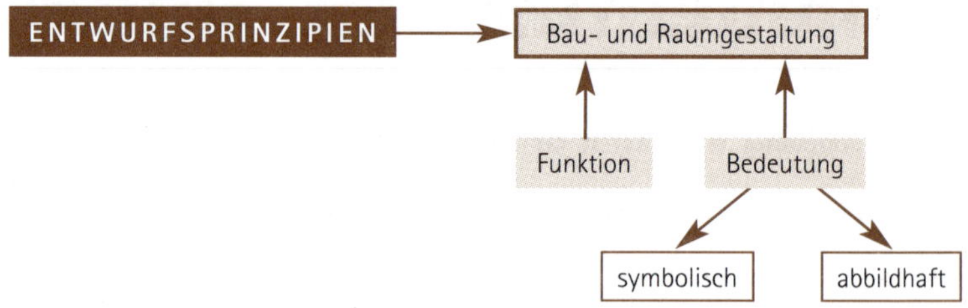

a) Übliche Entwurfsprinzipien: Welche Entwurfsprinzipien haben die Baugeschichte bis zur Neuzeit maßgeblich geprägt?

b) Moderne Entwurfsprinzipien: Welche Entwurfsprinzipien bestimmen die moderne Architektur?

Fazit?
Was ist aus den Entwurfsprinzipien ablesbar? Welche Schlüsse lassen sich ziehen?

2.3 Ohne Aufrisse, Schnitte und Axonometrien läßt sich die Dreidimensionalität eines Baus nicht darstellen.

a) Aufrisse: Was kann an Aufrissen abgelesen und was kann an ihnen nicht erkannt werden?

b) Abwicklung: Was ist eine Abwicklung?

c) Schnitte: Was kann über das Verhältnis des Außenbaus zum Innenraum und über die Raumgestaltung aus einem Schnitt ersehen werden?

d) Axonometrien: Was kann mit Hilfe von Axonometrien über Aufrisse und Schnitte hinaus erkannt werden?

e) Konstruktion: Was sagen Wahl, Freilegung und Verblendung der Konstruktion über einen Bau aus?

Fazit?
Was ist allen architektonischen Darstellungstechniken gemeinsam?

---

3. Materialität und Idealität des Baukörpers

3.1 Die am Bau verwendeten Materialien geben Auskunft über Materialität und Idealität eines Baus; mit ihrer Wahl drückt der Bauträger seine Absicht aus, ob neben Nützlichkeitserwägungen eine darüber hinausgehende Bedeutungs-Darstellung gewollt ist.

a) Materialverarbeitung/Materialbearbeitung: Wodurch unterscheiden sich Materialverarbeitung und Materialbearbeitung?

b) Bearbeitungsqualität: Was bedeuten die Auswahl und die handwerkliche Bearbeitungsqualität von Baumaterialien?

Fazit?
Welche Bedeutung haben die Verarbeitung und Bearbeitung der Baumaterialien aus der Sicht des Bauträgers?

3.2 Die Massengliederung eines Baus ist Ausdruck des Entwurfs und der Konstruktion. Konstruktionsprinzipien bestimmen nicht nur die Bauglieder und Bauteile, sondern auch ganze Bauanlagen und Bautenensembles.

Schröder-Schräder-Haus, Utrecht / Niederlande (vgl. S. 112)

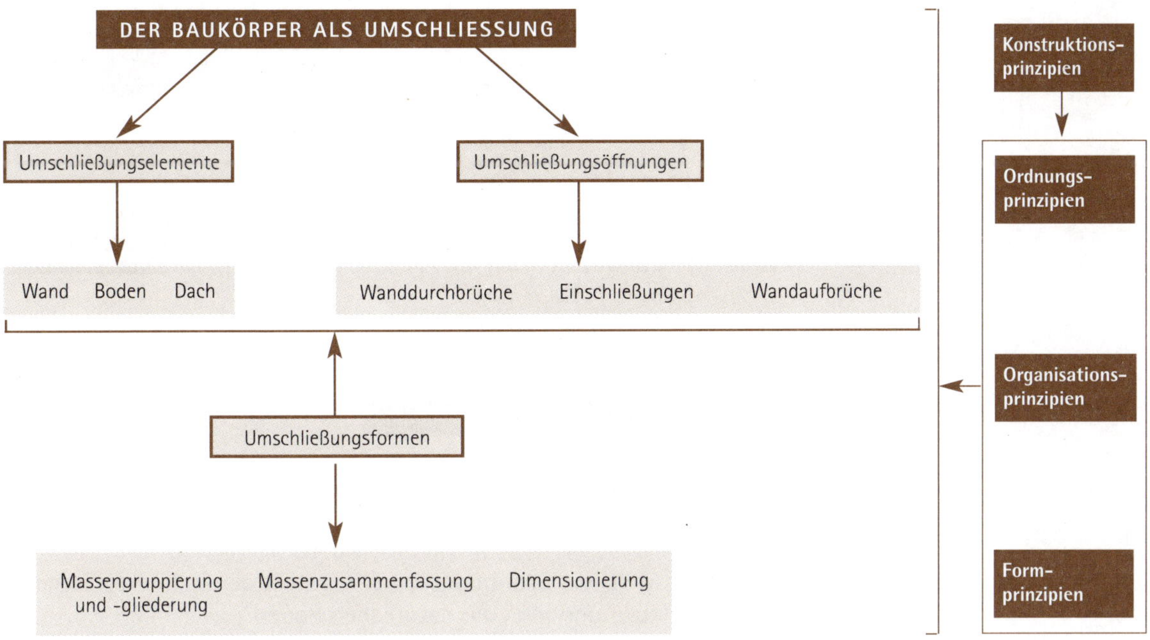

a) Baukörper-Umschließung: Welche Umschließungen werden unterschieden?

b) Umschließungselemente: Welches sind die wichtigsten Umschließungselemente?

c) Umschließungsöffnungen: Welche Formen von Umschließungsöffnungen können unterschieden werden?

d) Variationen: Wodurch werden Umschließungselemente und -öffnungen variiert?

e) Umschließungsformen: Welche Umschließungsformen können unterschieden werden?

f) Dimensionierung: Welche Dimensionierungsformen sind die gebräuchlichsten?

g) Analyseschritte: Warum sollen die Umschließungselemente vor den Umschließungsöffnungen und den Umschließungsformen analysiert werden?

h) Konstruktionsprinzipien: Welche Konstruktionsprinzipien lassen sich unterscheiden?

Fazit?
Welche Schlüsse auf die Absichten des Bauträgers sind durch das Vordringen zu den Konstruktionsprinzipien möglich?

Dom, Worms (vgl. S. 251)

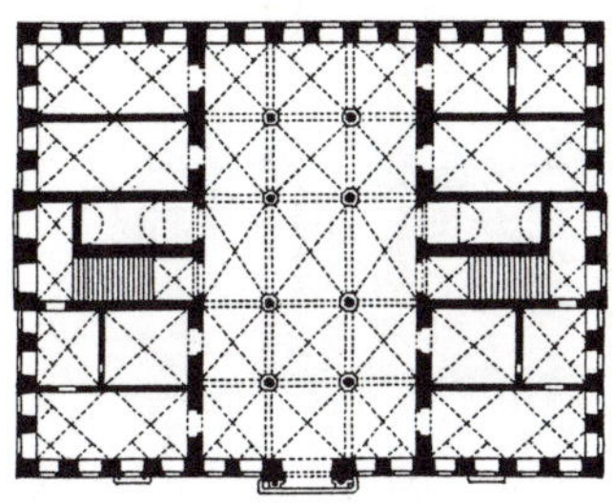

Rathaus, Augsburg, Grundriß Erdgeschoß (vgl. S. 119)

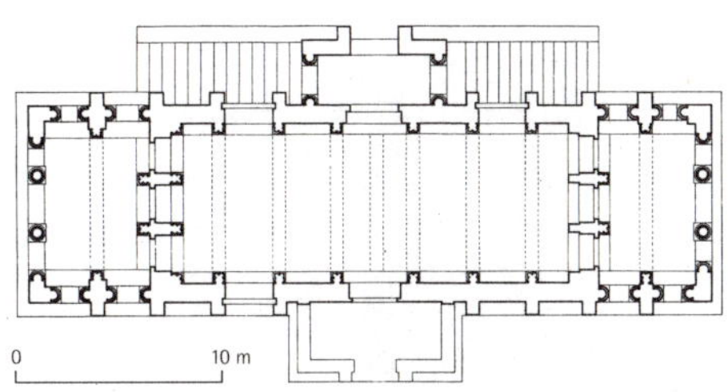

Königshalle, Oviedo (Naranco) / Spanien (vgl. S. 125)

Dom, Bamberg (vgl. S. 128)

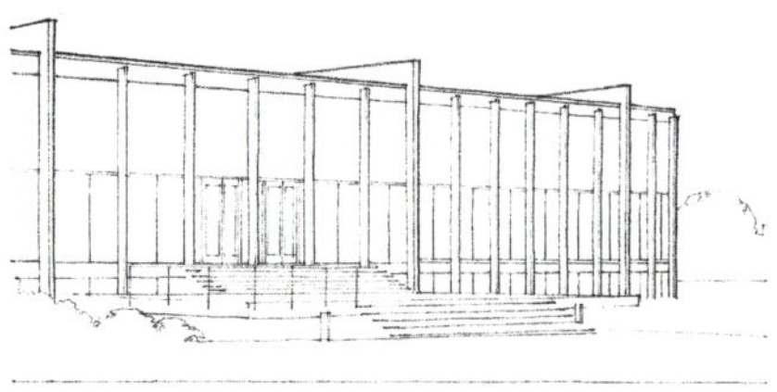

Schule für Architektur und Gestaltung, Chicago / USA (vgl. S. 132)

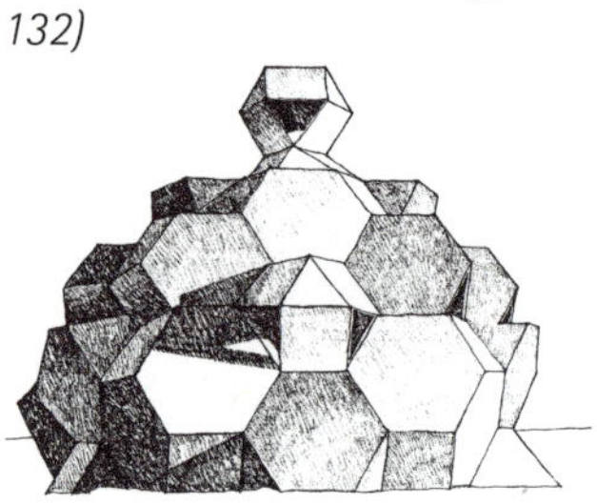

Synagoge, Negev-Wüste/Israel (vgl. S. 134)

San Miniato, Florenz/Italien (vgl. S. 135)

Guild-House, Philadelphia/USA (vgl. S. 138)

Kathedrale, Poitiers/Frankreich (vgl. S. 142)

3.3 Durch die Umschließung erhält der architektonische Raum einen »Mantel«, mit dem der Bauträger den Betrachter durch eine wahrnehmungspsychologische Wirkung beeinflussen will.

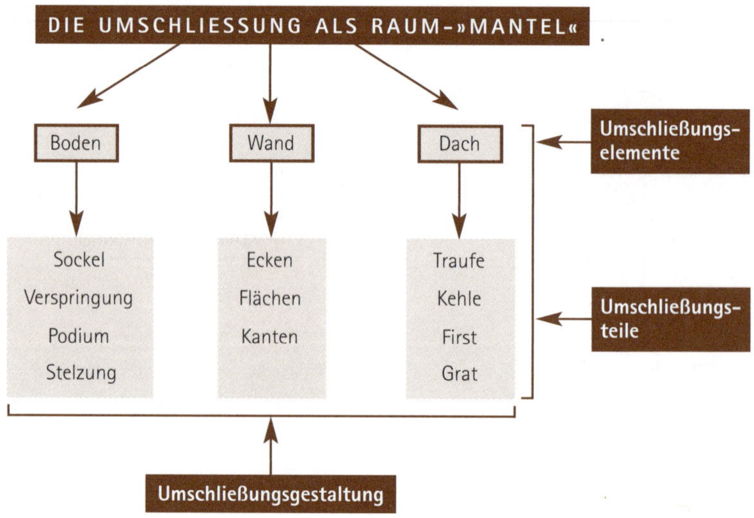

a) Umschließungsgestaltung: Was versteht man unter Umschließungsgestaltung?

b) Boden: In welchem Spannungsverhältnis steht der architektonische Boden zum Baukörper und zum natürlichen Boden?

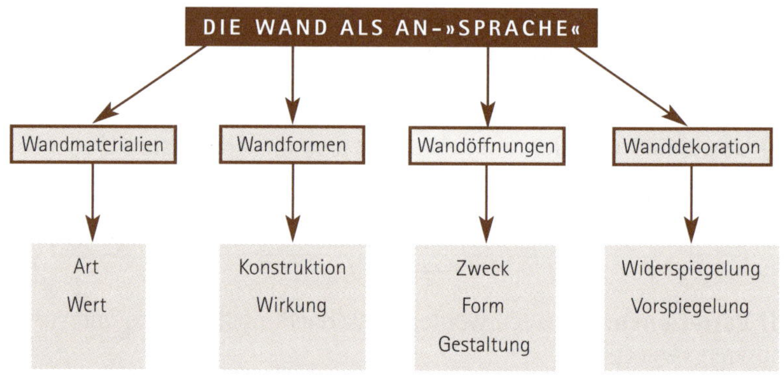

c) Wand: Wie werden Wände konturiert? Wie werden sie gegliedert?

d) Wandform: In welchem Verhältnis stehen Konstruktion und Expressivität der Wand?

e) Architektonische Bezüge: Welche architektonischen Beziehungen können zwischen Wand und Raum entstehen?

f) Verblendung/Vorblendung: Was versteht man unter Verblendung einer Wand; wann spricht man von Vorblendung?

g) Wandöffnungen: Nach welchen Gesichtspunkten können Wandöffnungen unterschieden werden?

h) Wanddekoration: Welchen Zielen kann die Wanddekoration dienen?

i) Wanddekor: In welchem Zusammenhang stehen Dekorationsmotive, Dekorformen und Dekorationsziele?

j) Dachflächen: Wodurch werden Dachflächen begrenzt?

k) Dachgestaltung: Welche allgemeinen Gestaltungsformen lassen sich bei Dächern unterscheiden?

Das Dach als »Hut« und »Landschaft«

DACHFORMEN

- Abschlußformen
  - flach
  - spitz
  - gekuppelt
  - gekrümmt
  - gebrochen
- Wohnraumformen
  - Zwerchgiebel
  - Walm
  - Dachgauben
  - Spitzgiebel
- Freiraumformen
  - Dachgarten
  - Penthaus

Red House, Bexley Heath/Großbritannien (vgl. S. 147)

Fazit?
Wie bestimmen die Umschließungselemente den Gesamteindruck des Baukörpers? Was ergibt sich aus der Analyse dieser Elemente, ihrer Teile und ihrem Zusammenhang?

3.4 Türen und Fenster sind an einem Bau die Verbindung von außen und innen; sie sind Ausdruck von Funktion, Hierarchie und Bedeutung.

Vorortvilla (vgl. S. 151)

Abteikirche, Ják/Ungarn (vgl. S. 154)

a) Hierarchie: Wodurch werden Türen und Fenster hierarchisch geordnet?

b) Variation: Wodurch werden Türen und Fenster variiert?

DER EINGANG ALS »VISITENKARTE«

- Elemente
  - Sturz
  - Leibung
  - Schwelle
  - Blatt
- Formen
  - bündig
  - zurückgesetzt
  - vorgezogen
- Gestaltung
  - eingeschnitten
  - überhöht
  - geschmückt
  - symbolaufgeladen

National Gallery of Art, Washington/USA (vgl. S. 156)

Merchant's National Bank, Grinell/USA (vgl. S. 159)

c) Schwelle: Was bedeutet die Schwelle an einer Tür?

d) Eingangsformen: Welche Eingangsformen lassen sich unterscheiden?

e) Türgestaltung: Welche Tür- und Portalgestaltungen sind möglich?

f) Eingang/Zugang: Welcher Zusammenhang besteht zwischen Zugangs-, Eingangs- und Eintrittsgestaltung?

Während die Tür vor allem von außen als Eintritt in den umschlossenen Raum definiert wird, müssen Fenster vorrangig vom Raum her als Erschließung von Lichtquellen verstanden werden.

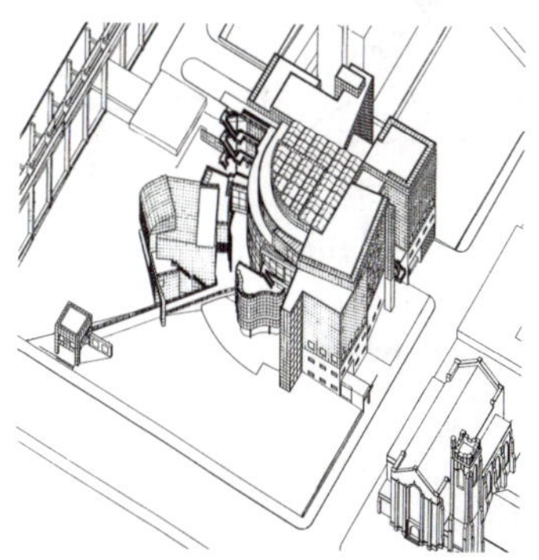

High Museum of Art, Atlanta/USA (vgl. S. 161)

DAS FENSTER ALS »AUGE« DES BAUS

- Elemente
  - Bank
  - Sturz
  - Leibung
  - Scheibe
  - Rahmung
- Formen
  - bündig
  - eingezogen
  - herausgestellt
- Gestaltung
  - Lage
  - Variation
  - Dekoration

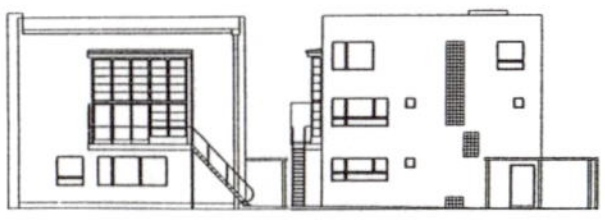

Haus Rabe, Leipzig (vgl. S. 87f.)

Klosterkirche, Batalha, Portugal (vgl. S. 162)

Altes Museum am Lustgarten, Berlin (vgl. S. 165)

Klosterkirche, Jerichow (vgl. S. 171)

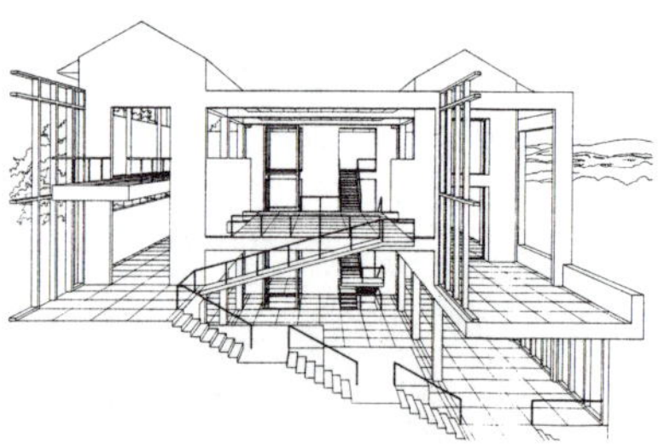

Museum für Sepulkralkultur, Kassel (vgl. S. 176)

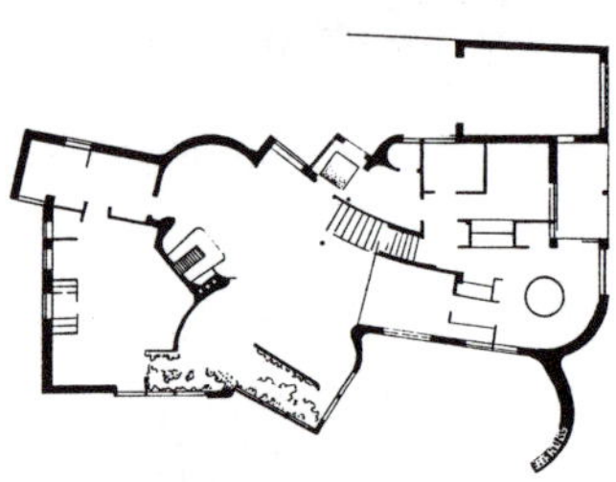

Wohnhausprojekt von Hugo Häring (vgl. S. 180)

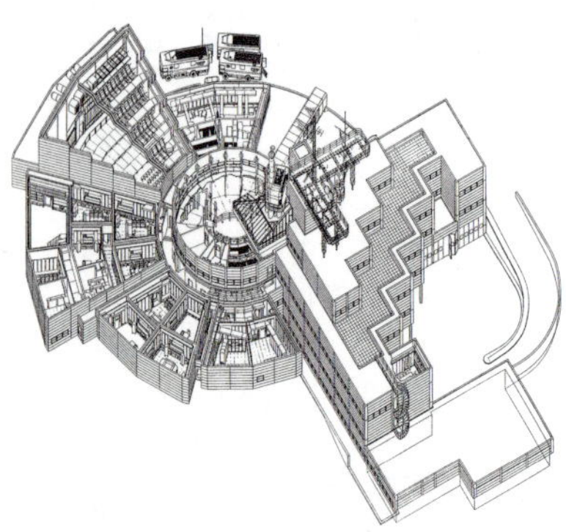

ORF-Landesstudio, Salzburg/Österreich (vgl. S. 182)

g) Fensterelemente: Welche Fensterelemente sind zu unterscheiden?

h) Fenstergestaltung: Was kann aus der Lage der Fenster und ihrer Gestaltung geschlossen werden?

Fazit?
Inwiefern ist die Tür, vor allem der Haupteingang, die »Visitenkarte« des Gebäudes?
Welchen Zwecken und Zielen dienen die Fenster als die »Augen« des Gebäudes?

---

4. Innenraum als Ort und Bewegungsraum

Raumschaffung ist das zentrale Ziel der Architektur, Raumwirkung eine zentrale Absicht des Architekten.

a) Ersteindruck: Was bestimmt den Ersteindruck eines Raums?

b) Qualität eines Raums: Wovon hängt die Qualität eines Raums maßgeblich ab?

c) Raumerfassung: Welche Nachteile haben alle zweidimensionalen technischen Darstellungsmittel für die Raumerfassung?

d) Kriterien der Betrachtung: Nach welchen Kriterien können Räume bei erster Betrachtung unterschieden werden?

Fazit?
Inwiefern ist der Raum Ort und Bewegungsraum und für den Menschen immer zugleich Lebensraum?

4.1 Raumwirkung entsteht aus dem Zusammenwirken von Konstruktions- und Gestaltungsprinzipien.

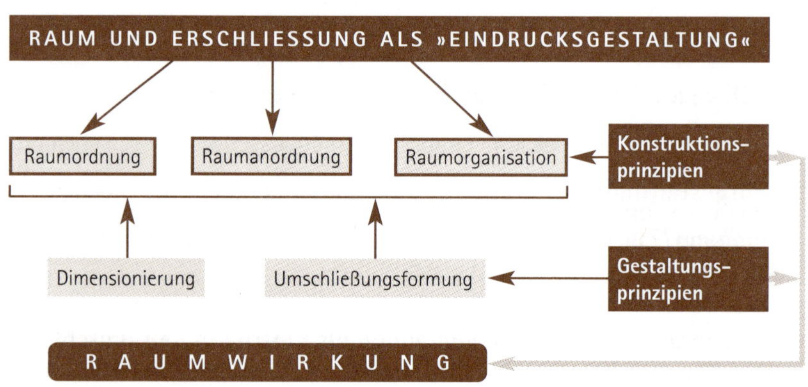

a) Entwurfs-/Konstruktionsprinzipien: Welche Konstruktionsprinzipien sind zu unterscheiden?

b) Definition: Wie werden diese Konstruktionsprinzipien definiert?

c) Gestaltungsprinzipien: Welche Gestaltungsprinzipien sind zu unterscheiden?

d) Definition: Wie werden diese Gestaltungsprinzipien definiert?

e) Raumanordnung: Welche anordnenden Prinzipien werden bei der Raumanordnung angewandt?

f) Definition: Wie werden diese anordnenden Prinzipien definiert?

g) Raumorganisation: Welche Möglichkeiten bieten sich für die Raumorganisation?

h) menschliche Maße: Warum sollten Raumwirkungen immer im Zusammenhang mit den menschlichen Maßen belegt werden?

i) Raumumschließung: Wie können Raumumschließungen grundsätzlich gestaltet werden?

Fazit?
Welche Schlüsse sind aus den Konstruktions- und Gestaltungsprinzipien auf die beabsichtigte Raumwirkung zu ziehen?

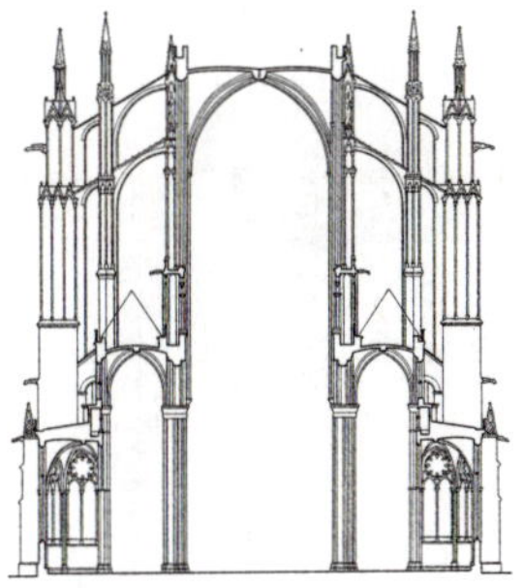

Kathedrale, Beauvais/Frankreich (vgl. S. 184)

4.2 Die Bewegungs- und Sichtgrenzen im Raum bestimmen die Bewegungsrichtung und Blicklenkung. Der Mensch, der den Raum als Ort und in Bewegung erlebt, wird von den Raum- und Sichtverknüpfungen im Erleben des Raums bestimmt.

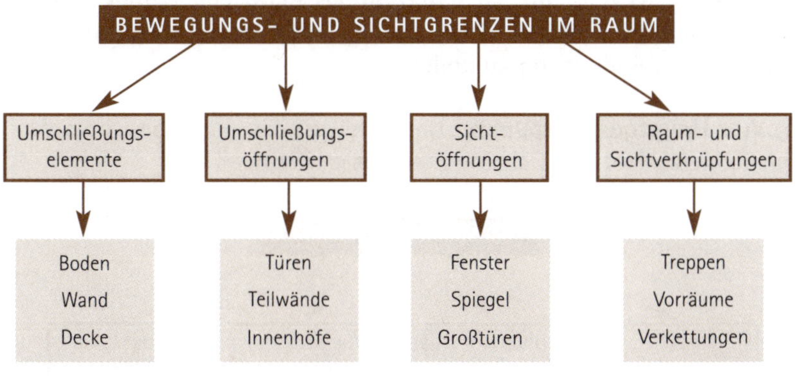

Pinakothek der Moderne, München (vgl. S. 192)

a) Bewegungsgrenzen: Warum werden Umschließungselemente durch Umschließungsöffnungen als Bewegungsgrenzen im Raum aufgehoben?

b) Sichtverknüpfungen: Welche Wirkung entfalten Raum- und Sichtverknüpfungen?

c) Umschließungselemente: Welche Umschließungselemente sind zu unterscheiden?

d) Decke: Wie wird die Decke zur Bewegungslenkung im Raum genutzt?

e) Umschließungsöffnungen: Welchem Ziel dienen die Umschließungsöffnungen?

f) Sichtöffnungen: Welchem Ziel dienen die Sichtöffnungen?

g) Raumverknüpfungen: Welche Raum- und Sichtverknüpfungen kommen am häufigsten vor?

h) Zusammenhänge: Welche Zusammenhänge bestehen zwischen den Konstruktions- und Gestaltungsprinzipien sowie den Raum- und Sichtverknüpfungen?

Fazit?
Welche Absichten werden mit den Umschließungs- und Sichtöffnungen verfolgt?

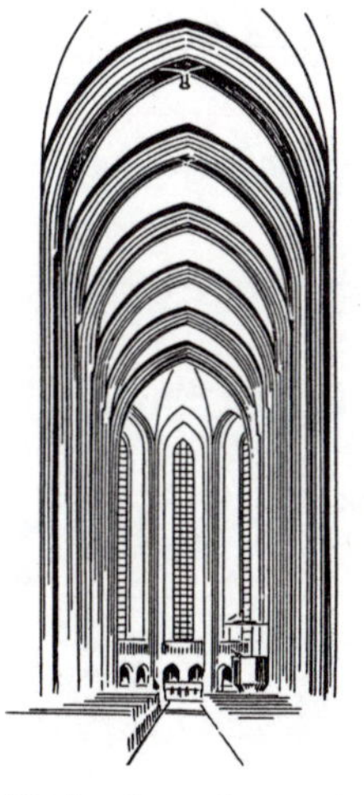

Grundtvig-Kirche, Kopenhagen (vgl. S. 193)

Wohnhaus »Warmbronn« von Frei Otto (vgl. S. 197)

4.3 Licht und Dunkel bieten mit ihren Verschattungen Möglichkeiten, die Raumwirkung zu beeinflussen; dabei reichen die Effekte vom geheimnisvollen Dunkel über mystisches Zwielicht bis zur blendenden Helle.

a) Planbarkeit: Wieweit ist die Raumbelichtung mit künstlichem und natürlichem Licht planbar?

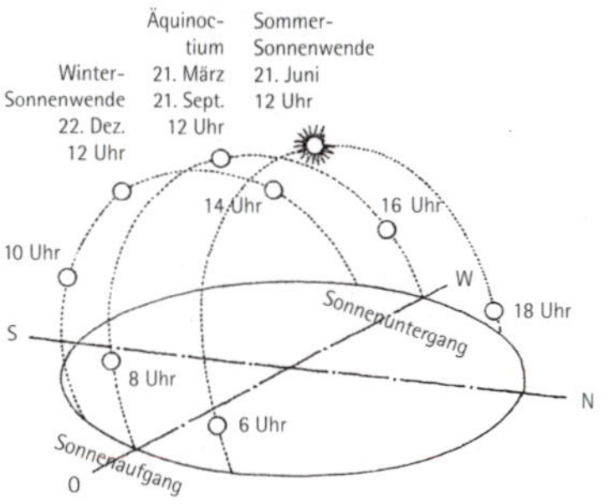

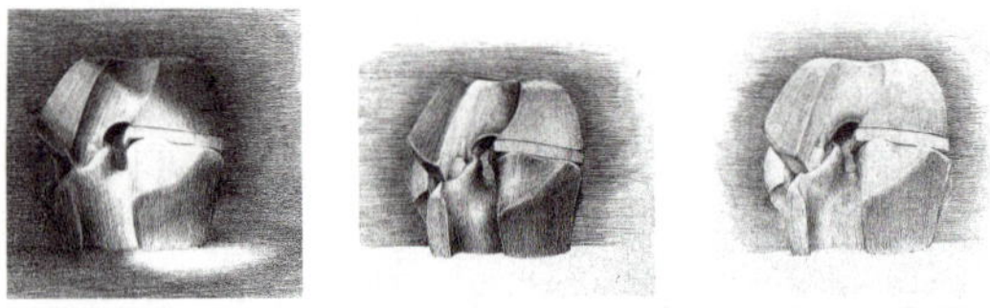

Wirkung verschiedener Belichtungsformen (vgl. S. 206)

Tinguely Museum, Basel/Schweiz (vgl. S. 208f.)

King's College Kapelle, Cambridge/Großbritannien (vgl. S. 214)

Konzertsaal im Schauspielhaus, Berlin (vgl. S. 217)

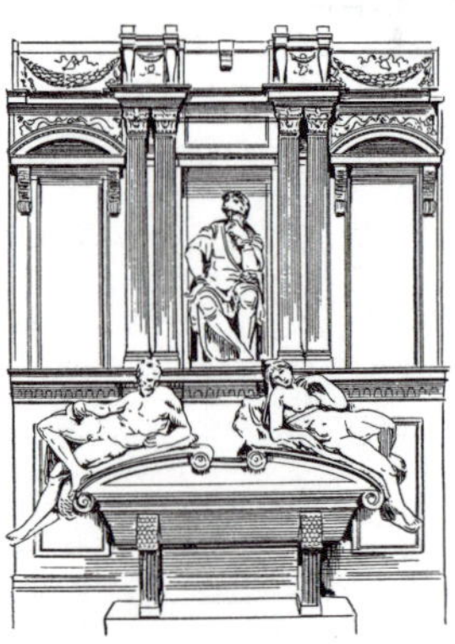

Medici-Grabkapelle, Florenz/Italien (vgl. S. 220)

b) Zeichnerische Mittel: Inwieweit können Beleuchtung und Ausleuchtung eines Raums mit zeichnerischen Mitteln erfaßt werden?

c) Belichtungsart: Durch welche Belichtungsarten werden Grad und Form der Beleuchtung und Ausleuchtung bzw. Verschattung bestimmt?

d) Konkrete Situation: Worauf muß der Betrachter in der konkreten Situation beim Betreten eines Raums achten?

e) Konstruktion und Licht: Welcher Zusammenhang besteht zwischen Konstruktion und Licht?

Fazit?
Welche Absichten werden mit der Gestaltung von Beleuchtung und Ausleuchtung verfolgt?

4.4 Dekor ist jede aus der Funktion des Baus oder Raums nicht notwendige architektonische Formung in der Absicht, Effekte zu erzielen und Bedeutung zu kodieren.

a) Vier Hauptgesichtspunkte: Unter welchen vier Hauptgesichtspunkten können Dekor und Dekoration analysiert werden?

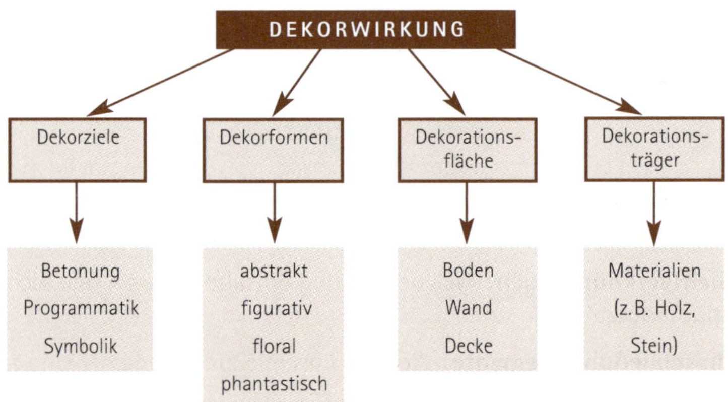

b) Definitionen: Wie werden Dekorziele, Dekorformen, Dekorationsfläche und Dekorationsträger definiert?

c) Bedingungen: Welche besonderen Bedingungen bieten Boden, Wand und Decke als Dekorationsfläche?

d) Dekorwirkung: Wie wird die Dekorwirkung im Raum oft gesteigert?

e) Auseinandersetzung mit Dekor: Welche typischen Formen der architektonischen Auseinandersetzung mit früherer Dekorverwendung gibt es?

f) Architektur-Zitate: Welchen Zweck verfolgen vor allem Architektur-Zitate?

g) Unangemessenheit: Wann liegt Unangemessenheit des Dekors vor?

h) Kitsch: Wann ist die Grenze zum Kitsch überschritten?

Fazit?
Welchen Absichten dienen Dekor und Dekoration, bzw. wann verfehlen sie ihre Ziele?

---

5. »Architekturikonologie« als Erschließung von Architekturbedeutung

Für den Menschen ist der Bau oft »Bild« für etwas anderes. Dieses andere zu erfassen, ist Ziel der Architekturikonologie.

a) Definition: Was heißt Architekturikonologie?

b) Zeitkontext: Welche Rolle spielt der Zeitkontext für die Architekturikonologie?

c) Erweiterte Architekturanalyse: Inwiefern erweitert die Architekturikonologie die Architekturanalyse?

Fazit?
Welchem Ziel dient die Architekturikonologie?

Wohnhaus, Kyoto/Japan (vgl. S. 222)

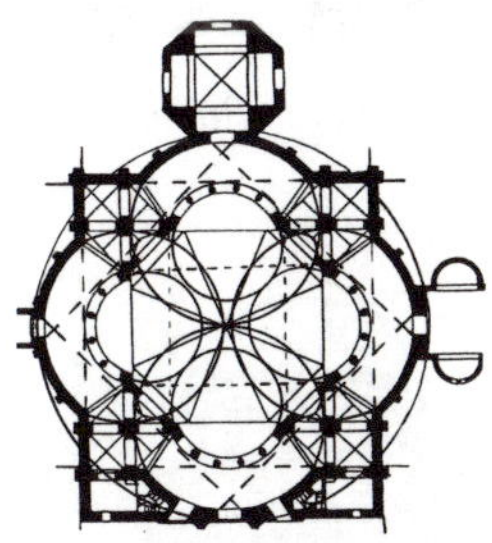

S. Lorenzo Maggiore, Mailand/Italien (vgl. S. 63 und 224)

5.1 Architektur bietet die Möglichkeit, übergeordnete Ideen als über die Funktion hinausgehende Thematik auszudrücken und dies als Ansprache zu kodieren.

a) Vier Möglichkeiten: Welche vier Möglichkeiten können für die Ansprache unterschieden werden?

b) Form: Wann liegt Ansprache durch Form vor?

c) Abbildung: Wann liegt Ansprache durch Abbildung vor?

d) Proportion: Wann liegt Ansprache durch Proportion vor?

e) Symbol: Was setzt die Ansprache durch Symbolik voraus?

f) Kitsch: Wann ist die Grenze zum abbildhaften Kitsch überschritten?

Fazit?
Wie entsteht Bedeutungswirkung?

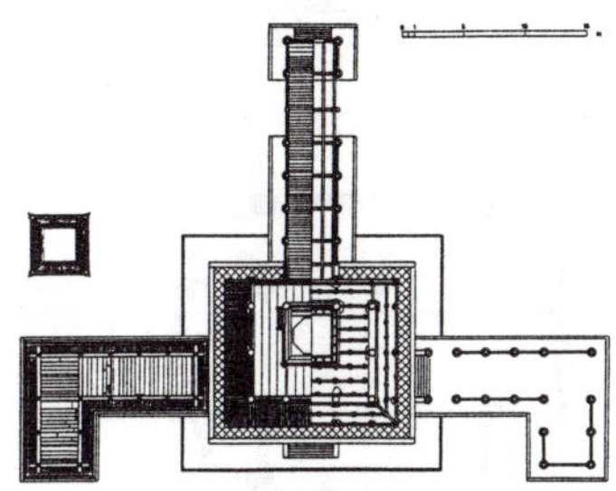

Phönix-Halle, Uji/Japan (vgl. S. 149 und 226)

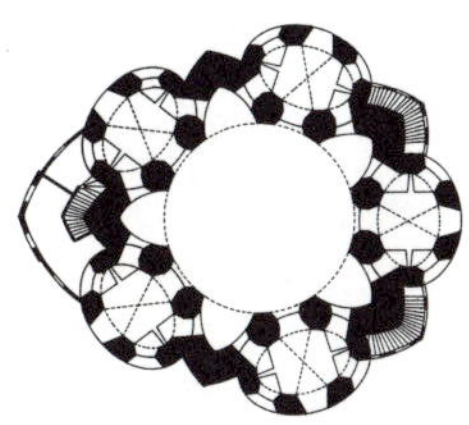

Wallfahrtskirche St. Nepomuk, Saar/Tschechien (vgl. S. 257)

5.2 Zahlen, Maße und Proportionen können Ausdruck einer übergeordneten Idee werden.

a) Voraussetzungen: Welche zwei Voraussetzungen sind zu erfüllen, um Bedeutungsträgerschaft von Proportionen zu erkennen?

b) Botschaften: Welche Träger ikonologischer Botschaften finden sich in der Architektur?

Fazit?
Welche Absichten verfolgen Architekten und Bauträger, wenn sie den Bau als Ausdrucksträger benutzen?

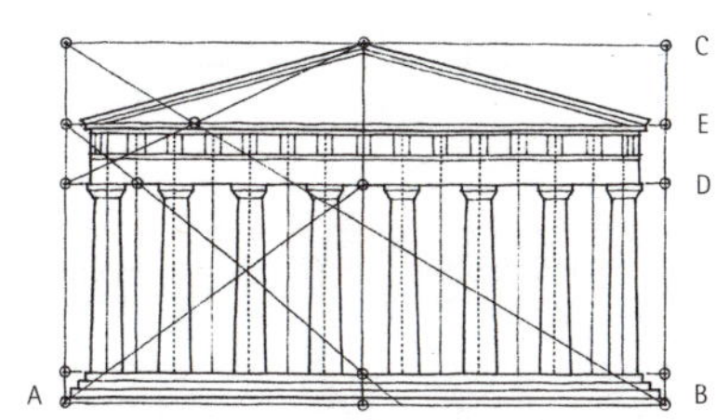

Parthenon, Athen /Griechenland (vgl. S. 231)

5.3 Bedeutungsabsichten können originär sein oder in Form von Zitaten auf bereits gemachte Aussagen zurückgreifen.

a) Originalität: Welche Ansätze für eine originäre Bedeutungsabsicht lassen sich unterscheiden?

b) Lösung von Form und Bedeutung: Was geschieht, wenn sich die Form von der Bedeutungsabsicht löst?

c) Form als Nutzungsidee und Nutzungsinhalt: Wodurch läßt sich in aller Regel die Form als Einführung in eine Nutzungsidee von der als ideeller Verbindung mit dem Nutzungsinhalt unterscheiden?

Palazzo Rucellai, Florenz/Italien (vgl. S. 135 und 233)

Guggenheim-Museum, New York / USA (vgl. S. 234)

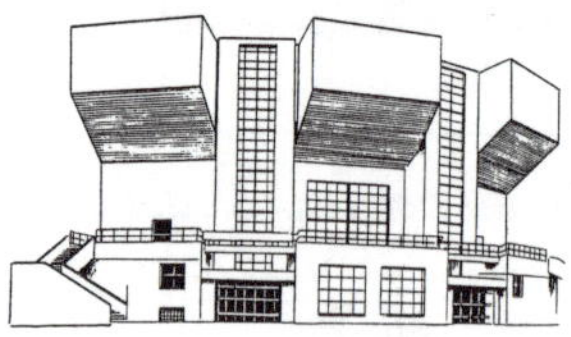

Arbeiter-Clubhaus, Moskau / Rußland (vgl. S. 235)

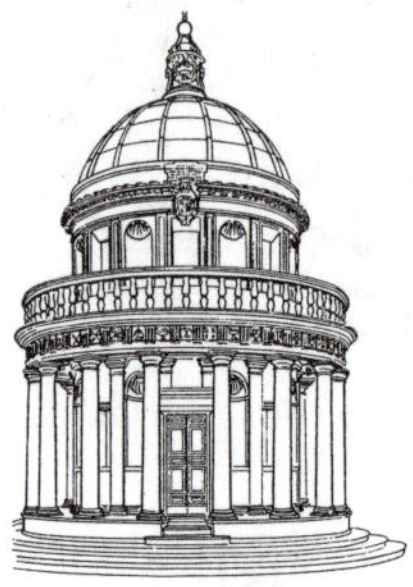

S. Pietro in Montorio, Rom / Italien (vgl. S. 236)

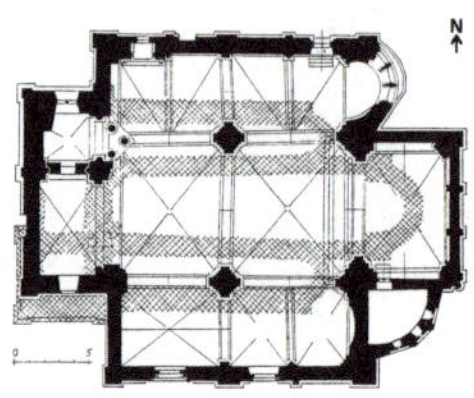

St. Maria zur Höhe, Soest (vgl. S. 241)

d) Anforderungen: Welche Anforderungen stellen originäre Bedeutungsabsichten an den Betrachter?

e) Architekturzitat: Welche Voraussetzungen müssen vorliegen, um Bedeutungszitate zu erkennen?

f) Gefahren: Welche Gefahr besteht, wenn Zitate nur die Form ohne Inhalt übernehmen?

Fazit?
Welche Absichten verfolgt der Architekt oder Bauträger mit Bedeutungskodierung oder Bedeutungszitaten?

6. Bewertung von Architektur

Bewertung ist keine Frage des Geschmacks, sondern ein Urteil, das sich auf nachvollziehbare, sachbezogene Begründungen stützt.

a) Bewertungskriterien: Wie muß Bewertung von Architektur geschehen?

b) Vier Grundsätze: Welche vier Grundsätze einer Bewertung von Architektur müssen im Zusammenhang mit einer umfassenden Architekturanalyse beachtet werden?

Fazit?
Welche grundsätzliche Relativierung muß bei der Anwendung von Bewertungskriterien vorgenommen werden?

6.1 Die architektonischen Bewertungskriterien beziehen sich auf den Entwurf und die Ausführung.

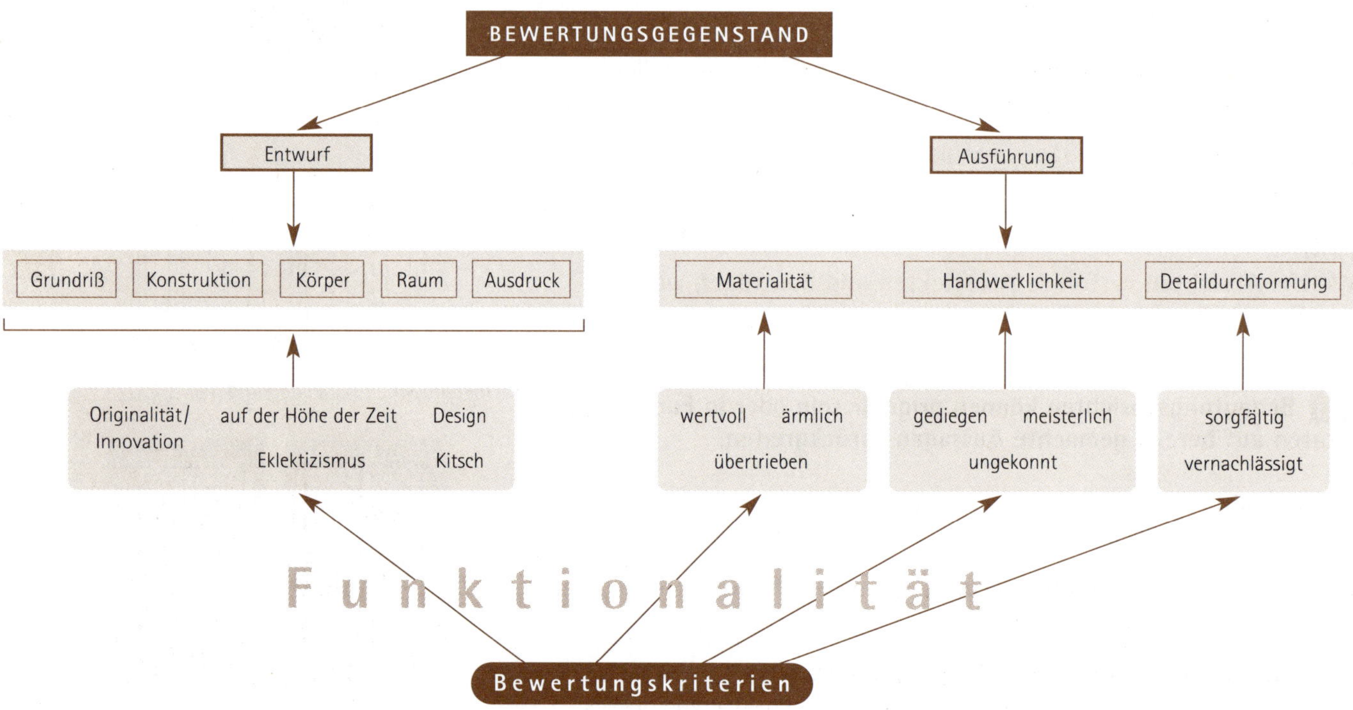

a) Kriterien zum Entwurf: Welche fünf Bewertungskriterien betreffen den Entwurf?

b) Originalität: Was versteht man unter Originalität?

c) Höhe der Zeit: Wann befindet sich ein Bau auf der Höhe der Zeit?

d) Architekturdesign: Wann liegt Architekturdesign vor?

e) Eklektizismus: Wann ist das Kriterium des Eklektizismus erfüllt?

f) Kriterien zur Ausführung: Welche drei Ausführungsbereiche müssen für die Bewertungskriterien unterschieden werden?

Fazit?
Was verlangt die Anwendung von Bewertungskriterien?

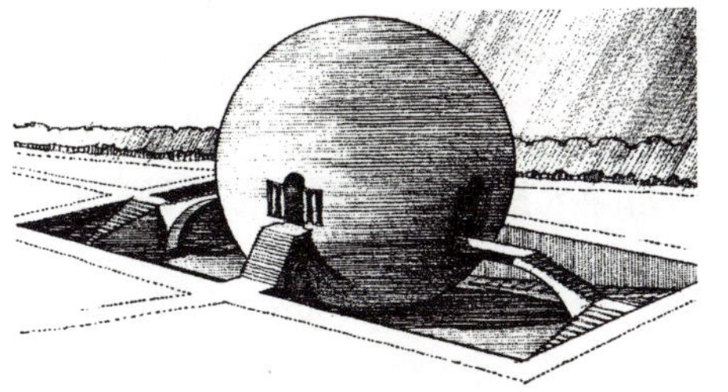

Entwurf eines Bauernhauses von Ledoux (vgl. S. 242)

Haus Paulownia, Oakland / USA (vgl. S. 244)

6.2 Andere als architektonische Bewertungskriterien sind in erster Linie Betrachtungsaspekte, die über die Architekturanalyse hinausreichen.

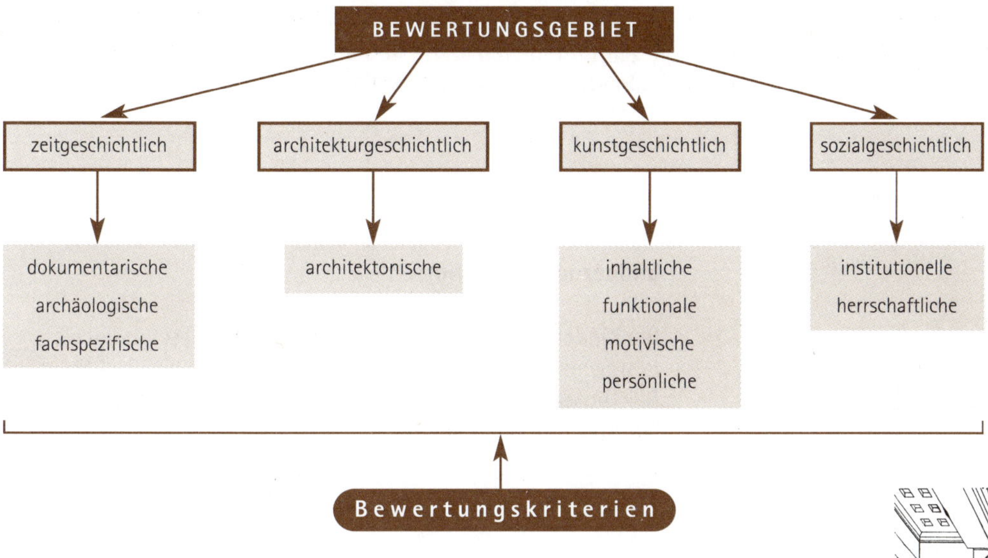

a) Vier Aspekte: Welche vier Aspekte müssen bei der Betrachtung und Bewertung eines Baus vor allem beachtet werden?

b) Stilgeschichte: Welche Perioden der stilgeschichtlichen Epochen werden oft in der Kunstgeschichte unterschieden?

c) Architekturkritik: Was ist bei der Architekturkritik zur Einordnung der Bauten zu beachten?

Fazit?
Welchen Vorteil bieten die anderen Bewertungskriterien für die Gesamteinordnung eines Bauwerks?

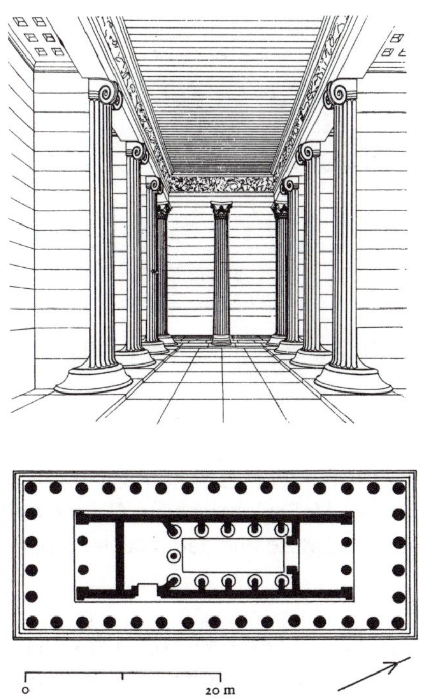

Apollon-Tempel, Bassai / Griechenland (vgl. S. 246)

Lösungsansätze

1. Architektur als Schaffung von Orten

a) Oper auf künstlicher Landzunge, Kirche auf einem Hügel.

b) Oper frei von umliegenden Gebäuden, Kirche in städtischem Kontext.

c) Oper vom Meer frei, aus der Nähe nur von einer Seite frontal sichtbar, aber durch vorgeschobene Position auch aus der Ferne seitlich zu sehen. Kirche bietet sich durch erhöhte Lage dem Betrachter.

d) Zugang zur Oper »einseitig«; schwerer Unterbau mit abgesetzten Treppen führt zu Verharrungseffekten. Kirche zwar von mehreren Seiten erreichbar, erhält aber durch Spanische Treppe gerichteten Hauptzugang; zweiarmige Treppenführung im oberen Teil bewirkt Lenkungseffekt: Seitliche Näherung trotz frontaler Ausrichtung.

e) Eingang der Oper mit Zugang gekoppelt, nicht besonders betont, liegt auf der »abgewandten« Seite des Baus, da besondere Sichtseite dem Meer zugewandt. Bei Trinitätskirche führt Zugang auf das axial gesetzte und mit großem Rundbogen überfangene Portal zu; Haupteingang an repräsentativer Schauseite.

Fazit

Mit dem Opernbau sollte ein »Kulturzeichen« gesetzt werden, das mit seinen «Segeldächern« und der künstlichen Landzunge an die geistigen und technischen Kräfte des Menschen sowie seinen siegreichen Kampf mit der Natur erinnert. Mit der Trinitätskirche sollte ein »Kultzeichen« gesetzt werden. Sie zeigt mit dem inszenierten Aufstieg und ihrer prächtigen Fassade den Heilsweg für den Menschen und die Erhabenheit christlicher Glaubensmacht an.

2. Risse und Schnitte als Darstellung von Planungszielen

2.1 allgemeine Antworten

a) In der Regel:

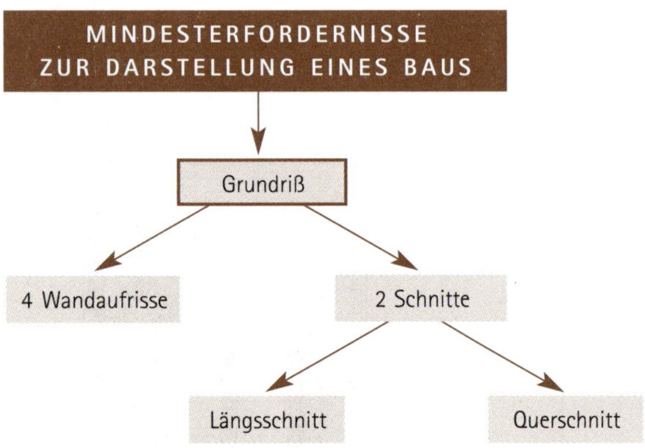

b) Ausrichtung und Einbettung des Baus im Umfeld.

c) Isometrien und Militärrisse. Ansicht ist perspektivisch und damit in den Maßen verzerrt; an Axonometrien genaue Maße zumindest teilweise und damit auch Proportionen ablesbar.

bildbezogene Antworten

Bei Kindertagesstätte wegen teilweiser Zweigeschossigkeit (am Schnitt zu erkennen) weiterer Etagen-Grundriß nötig.
Bei Tholos als zentralem punktsymmetrischem Rundbau genügt ein Aufriß und ein Schnitt.

Bei Kindertagesstätte ist Schmalheit des Grundstücks, Abschirmung von Autobahn, Sonnenseite sowie Zugangsbedingung und Bebauungsstruktur der Umgebung zu erkennen.

Militärriß der Kindertagesstätte zeigt Höhe, Breite und Länge maßstabsgerecht im Zusammenhang; Zugangsgestaltung und Flachdach sind nur hier maßstabsgetreu erkennbar.

Fazit

Um gesicherte Schlüsse aus zeichnerischen Darstellungen zu ziehen, ist zuerst genau der Typ der Darstellung festzustellen; er ist entscheidend, ob und welche genauen Maße und Proportionen, bauliche und räumliche Zusammenhänge abgelesen werden können.

2.2 allgemeine Antworten

a) Zentralität, Axialität und Symmetrie.

b) Freier Entwurfsstil und freie Kombination traditioneller Entwurfsprinzipien.

bildbezogene Antworten

Tholos mit punktsymmetrischem Grundriß. Grundriß des Schlosses zeigt Symmetrieachse durch Ovalsaal und Vestibül, Zentralisierung im Ovalsaal und Symmetrie in der Raumanordnung.

Kirche auf Georgenberg mit Grundriß in freiem Entwurfsstil; Raumanordnung langgestreckt mit angedeuteter Axialität durch Altar.

Fazit

An Entwurfsprinzipien sind Form- und Gestaltungsaussagen als »Botschaften« des Bauträgers abzulesen; sie lassen Schlüsse auf Planungsziele, Funktionalität und Bedeutung des Baus zu. Der Zentralbau zeigt oft die Verehrung einer Person oder einer Idee als wichtigste Aussage an; die Achse betont den Weg und das Ziel; Symmetrie ist oft der Ausdruck von Ordnung und Herrschaft. Demgegenüber versucht der freie Entwurfsstil meistens durch Formgebung Bilder, Zusammenhänge, Gefühle und Expressionen darzustellen.

2.3 allgemeine Antworten

a) Höhendimensionen und Proportionen sind ablesbar, Tiefenstaffelungen, Kugelformen etc. nur im Zusammenhang mit Grundrissen zu erkennen. Plastizität geht verloren.

b) Darstellung, bei der angrenzende Umschließungselemente (Boden, Wand, Decke) als Risse aneinandergereiht werden (vgl. S. 88 f.).

c) Schnitte lassen Massengliederungen sowie Staffelungen erkennen, so daß die Raumgestaltung deutlich wird. Eingänge und Fenster können auf die Raumanordnung bezogen werden. Auch Rückschlüsse auf die Lichtführung und Beleuchtung sind möglich. Außerdem decken Schnitte teilweise die Konstruktion auf.

d) Axonometrien sind zwar Flächenzeichnungen, die aber Räumlichkeit darstellen; deshalb ermöglichen sie Aufsichten, Einblicke und Durchblicke, so daß Raumdurchdringungen, Kippungen und Rundungen erkennbar werden.

e) Da meist mehrere Konstruktionsmöglichkeiten zur Verfügung stehen, kann von der Auswahl auf bewußte Entscheidung geschlossen werden. Freilegung oder Verblendung der Konstruktion sind Ausdrucksmittel, die Form und Wirkung des Baus maßgeblich bestimmen.

bildbezogene Antworten

Aufriß des Kulturzentrums zeigt Höhenstaffelung und Formvariationen; Kugel- und Röhrenformen sind ebensowenig wie Tiefenstaffelungen zu erkennen.

Beide Schnitte zeigen Baumassengliederung und Raumstaffelung: Höhe und Breite des Zentralraums zu den Umgängen. Im Vergleich werden Lagerung (HH. Sergios und Bacchos) und Streckung (S. Vitale) deutlich. Fenster können in beiden Schnitten auf Räume bezogen werden. Bei S. Vitale wird zentralisierte Lichtführung durch große Kuppelfenster erkennbar.

Casa Rotonda ist nur durch am Boden aufgeschnittenen Militärriß als Rundform zu erkennen; der Einblick zeigt Lage des Treppenhauses, Spiel der Fensterformen und deutet Raumanordnung an.

Wahl einer Konstruktion aus massiven Betonblöcken erweist Kirche auf Georgenberg als expressive Darstellung von Festigkeit. Zentralbaukonstruktion von HH. Sergios und Bacchos sowie S. Vitale sind Ausdruck zentraler Glaubensidee, die in Byzanz mit Herrschaftssystem (Cäsaropapismus) verbunden war. Dachgestaltung bei S. Vitale läßt im Schnitt nicht sicher Kuppel außen erkennen (Verblendungseffekt). Bei Casa Rotonda weist äußere Zentralbaukonstruktion für Wohnhaus auf Mittelpunktbedeutung des Menschen hin (Aufnahme und Zitat einer Renaissanceidee (vgl. S. 67 und 86).

Fazit

Alle in die Fläche projizierten Darstellungen von Bauten bleiben zweidimensionale Darstellungen. Sie geben zwei und nur begrenzt alle drei Dimensionen wieder. Nur im Zusammenhang mit Grund- und Etagenrissen läßt sich ein Bau durch Aufrisse, Schnitte und Axonometrien vollständig vor dem geistigen Auge rekonstruieren. Architekturanalysen sind erst durch sie als Körper- und Raumanalysen möglich.

3. Materialität und Idealität des Baukörpers

3.1 allgemeine Antworten

a) Materialverarbeitung = Verwendung gelieferter Materialien ohne wesentliche Veränderung;
Materialbearbeitung = Material unterliegt vor der Verwendung einem zusätzlichen Formungsprozeß.

b) Wahl des Materials ist Entscheidung für Materialwert; Grad handwerklicher Qualität zeugt von dem der Ausführung beigemessenen Wert.

bildbezogene Antworten

Schröder-Schräder-Haus verputzt, betont Form statt Material. Schatzhaus aus Quadern zeigt Materialwert; durch isodome Verlegung und Fugenkonkordanz wird handwerkliche Verarbeitungsqualität deutlich, die durch Triglyphen als Bearbeitungsqualität ergänzt wird.

Auswahl des Materials und Qualität der Verarbeitung und Bearbeitung am Schatzhaus sind Ausdruck des Werts eines Weihegeschenks an die olympischen Götter. Darüber hinaus sind sie Ausdruck des Reichtums (Baupropaganda) der Stifter.

Fazit

Materialien und ihre Bearbeitung sind Ausdrucksträger von Bauträgerabsichten. Sie bestimmen maßgeblich den Eindruck des Betrachters. Mit ihnen beginnt die Kodierung des Baus.

3.2 allgemeine Antworten

a) Umschließungselemente und Umschließungsöffnungen.

b) Boden, Wand und Dach.

c) Wanddurchbrüche (Türen und Fenster), Einschließungen (Passagen und Innenhöfe) und Wanddurchbrüche (Loggien und offene Vorhallen).

d) Durch Form und Größe

e) Massengruppierung, Massenzusammenfassung und Dimensionierung.

f) Horizontalisierung/Vertikalisierung, Streckung/Stauchung und Proportionierung.

bildbezogene Antworten

An Schröder-Schräder-Haus und Wormser Dom sind Umschließungselemente Wände, Balkonplatten oder Dächer und Umschließungsöffnungen Fenster, Türen, aber auch Zwerggalerien.

Schröder-Schräder-Haus wächst aus natürlichem Boden sockellos auf; Eingangstür zeigt, daß architektonischer Boden auf natürliches Bodenniveau bezogen ist. Während Wände des Hauses durch geometrische Rechteckformen gegliedert sind, sind Wände der Kirche vielfach gegliedert und geformt: Friese, Zwerggalerien und Lisenen sowie glatte, polygonale und runde Formen. Flachdach am Haus durch verschattende Vorkragung über Balkon sichtbar. Formenreichtum am Dach der Kirche: Sattel-, Pult-, Pyramiden- und Kegeldächer.

An Schröder-Schräder-Haus Eingang durch vorgezogene Balkonplatte mit Stützstange zum »Vorraum« stilisiert; Balkon mit Plattenbegrenzung und in Wandverspringung mit Überdachung bekommt Loggien-Charakter. Wanddurchbrüche besonderer Art (Verschattung mit »Schwebeeffekt«) sind Zwerggalerien an Kirchen.

Unterschiedliche Rundbogenfenster am Bamberger Dom als Größenvariation.

Wormser Dom zeigt Massengruppierung in Lang- und Querhaus sowie zwei Dreiturmgruppen; Massenzusammenfassung durch Wiederholung u.a. durch Zwerggalerien an Westturmgruppe, Vierungsturm im Osten und am Westchor. Am Schröder-Schräder-Haus kubische Masse mit Wandverspringungen, Auskragungen der Balkone und des Dachs.

An Schröder-Schräder-Haus dimensionierende Elemente durch hoch- und längsrechteckige Wandteile sowie Kontrast zwischen flächenhaften Wandstücken und zierlichen Stützstangen. Augsburger Rathaus ist gestauchtes Quadrat, da in Tiefe eine halbe Jochbreite weniger; Proportionierung am Kreuzgewölbe ablesbar: In der Breite 2:3:2, in der Tiefe 2:1,5:2 = 4:3:4; Proportionierung als Stauchung bewirkt Umkehrung der Breitenverhältnisse bei Mittel- und Seitenteil.

g) Aus Umschließungselementen ergibt sich die Grundform des Baukörpers. Umschließungsöffnungen lassen Schlüsse auf Außen-Innen-Bezug sowie Konstruktionsprinzipien zu. Erst Umschließungsformen führen Betrachter zur Analyse der Konstruktionsprinzipien.

Grundform des Schröder-Schräder-Hauses = Kubus; Eingang zeigt Erschließungsbereich, Balkone Wohnbereiche an bei Anwendung der Konstruktionsprinzipien der Addition (herausgezogene Balkone und Treppenhaus) und Subtraktion (Balkone mit Rückverspringung); horizontale und vertikale Bauteile bestimmen Dimensionierung und werden als Formprinzipien maßgebend für Strenglinigkeit des Kubus bei Vermeidung von Monotonie.

h) Ordnungsprinzipien (Axialisierung, Symmetrisierung oder Hierarchisierung), Organisationsprinzipien (zentrale, lineare, radiale oder gruppierte Anordnung) sowie Formprinzipien (Rhythmisierung, Wiederholung, Wandlung bzw. Addition, Subtraktion oder Integration).

An Augsburger Rathaus dominieren Ordnungsprinzipien der Axialisierung und Symmetrisierung: Längs- und Querachse des Baus teilen Grundriß symmetrisch; zentralisierende Wirkung durch Größe hat mittleres kreuzgratgewölbtes Joch; Rhythmisierung der mittleren Stützenhalle kehrt einerseits Rhythmus der Front um und behält andererseits den Rhythmus bei: a:a:b:a:a als 2a = > b >1a.

Fazit

Die Analyse der Umschließungselemente, -öffnungen und -formen führt zur Erkenntnis der Konstruktionsprinzipien; erst sie ermöglichen, den Bau oder das Ensemble als Ganzes zu verstehen sowie spezielle Ausgestaltungen in ihrer konzeptionellen Schlüssigkeit zu bewerten. Das Vordringen zu den Konstruktionsprinzipien ist Voraussetzung, um die Absichten des Bauträgers und dessen Kodierungen zu entschlüsseln.

3.3 allgemeine Antworten

a) Die architektonische Ausformung der Umschließungselemente und ihrer Teile.

b) Die Schnittstelle von natürlichem und architektonischem Boden sowie die Betonung der Absetzung des Baus vom natürlichen Boden bestimmen Ersteindruck bei Annäherung.

c) Konturierung kann scharf, profiliert oder fließend sein; Gliederung geschieht durch Wandmaterialien, -formen und -dekoration.

d) Wandform kann Konstruktion zugunsten Expressivität verstecken; der funktionale Charakter der Wand als Raum-»Mantel« wird dann zugunsten der Wand als An-»Sprache« verändert.

e) Spiegelung von innen nach außen, Verschleierung durch Verblendung oder vom Raum losgelöste Selbstdarstellung.

bildbezogene Antworten

a) Während Synagoge aus kristallin geformten Betonteilen besteht, ist Schule für Architektur aus gerasterten Glaselementen aufgebaut. In beiden Fällen scharfkantige Flächen, aber Unterschied von klaren Großflächen gegenüber gekippten kleinteiligen Flächen mit unklarer Großstruktur bei Synagoge.

b) Bei Königshalle liegt Eingang hoch, d.h. über natürlichem Boden; in Schule für Architektur zeigt Treppe architektonischen Boden an. Synagoge und S. Miniato sind mit Boden fest verbunden. Königshalle erhoben, bei Schule Verharrungs- und Konzentrationseffekt, Verwachsensein mit dem Boden bei Synagoge, Offenheit bei Kirche.

c) Kleingliedrigkeit trotz scharfer Konturierung im Detail bei Synagoge; fließende Konturen mit feingliedriger Wandgestaltung bei Kathedrale; großflächige, scharf konturierte Wände beim Guild-House. Bei Kathedrale dominierende Gliederung durch Dekoration, bei Synagoge durch Form, bei Guild-House durch Form und Öffnungen.

d) Funktionaler Wandaufbau bei Schule für Architektur mit Freilegung der Skelettkonstruktion. Expressive Wandgestaltung bei Synagoge, hinter der konstruktives Gerüst verschwindet. Wand-An-»Sprache« bei Kathedrale, Raum-»Mantel« bei Schule für Architektur und Guild-House.

e) Bei S. Miniato spiegelt Wand Dreischiffigkeit mit erhöhtem Mittelschiff wider und verschleiert gleichzeitig durch Verblendung vor allem im unteren Teil die genaue Grenze der Schiffe. Wand der Kathedrale spiegelt nur noch sehr rudimentär Dreischiffigkeit; Symbolik (Triumphbogenmotiv) und theologische Programmatik der Skulpturen (Heilsweg) sind vom architektonischen Raum – nicht von seiner Funktion – losgelöste Selbstdarstellung.

f) Verblendung = Mauer wird durch vorgelegte Materialien kaschiert; Vorblendung = Mauer werden gliedernde Elemente, z. B. Halbsäulen, vorgelegt.

Inkrustation von S. Miniato ist Verblendung mit wertvollen Materialien; Lisenen, Halbsäulen und Blendbogen am Bamberger Dom und an Kathedrale sind Vorblendungen.

g) Zweck (Eingang, Fenster, Freiraum), Form (Größe, Lage) und Gestaltung (Einschnitt, pars pro toto).

An Kathedrale ist Zweck = Eingang und Fenster; Form ist Triumphbogenmotiv und Lichtsymbolik des Fensters durch Größe und Lage. Fenster und Loggien im Guild-House als Wandeinschnitte gestaltet. Gestaltung und Anordnung der Turmfenster am Bamberger Dom als pars pro toto Ausdruck des Hochstrebens.

h) Widerspiegelung von Konstruktion, Raumanordnung oder Wandhaltigkeit bzw. Vorspiegelung von Idee, Illusion oder Pracht.

Am Bamberger Dom sind Vertikalgliederungen am Chor und Ecklisenen an Türmen Widerspiegelung von Konstruktion. Tiefenstaffelung des Triumphbogenmotivs und der Konchen für Heiligenfiguren an Kathedrale betonen Wandhaltigkeit. Kristalline Formen an Synagoge sind Vorspiegelung einer Idee. Schule für Architektur spiegelt über gerasterte Konstruktion gerasterte Raumordnung wider. Wand der Kathedrale verkündet neben Idee auch Pracht, bei S. Miniato Illusion einer wertvollen Wand und Pracht.

i) Dekorform, z. B. Sockelprofil, nutzt Dekorationsmotiv, z. B. Wulst und Kehle, um Dekorationsziel, Widerspiegelung von Konstruktion, z. B. Abfederung der Mauerlast, auszudrücken.

Bei S. Miniato nutzt Dekorform Inkrustation im Erdgeschoß Dekorationsmotiv Arkade (Portale und Flächen), um Rhythmisierung von Flächen und Türen zusammenzufassen; Dekorationsziel ist, ausgeglichene Ruhe von Lagern und Streben auszudrücken.

j) Traufen, Firste, Kehlen und Grate sowie Giebelkanten.

Am Red House sind alle Begrenzungsformen der Dachfläche erkennbar.

k) Abschlußformen, z. B. Flachdach, Wohnraumformen, z. B. Zwerchgiebel, Freiraumformen, z. B. Dachgarten.

Am Red House sind verschiedene Abschlußformen zu sehen: Satteldächer, Zeltdach, Schopfwalm, Kegeldach. Um Wohnraum im Dachbereich zu schaffen, wurden hochgezogene Dächer gewählt.

Fazit

In ihrem Zusammenwirken und als Ausdrucksträger im Detail bestimmen die Umschließungselemente den Gesamteindruck des Baukörpers. Deshalb ist die Analyse dieser Elemente, ihrer Teile und ihres Zusammenhangs wichtig, um die Kodierung des Bauträgers zu entschlüsseln, die gewollte Aussage in den Details zu erkennen und den Zusammenhang konzeptionell bewerten zu können.

3.4 allgemeine Antworten

a) Durch Größe, Lage und Dekor.

b) Durch ihre Elemente, Formen und Gestaltung.

c) Wahrnehmungspsychologische Steuerung des Übergangs von außen nach innen.

d) Bündige, vorgezogene und zurückgesetzte.

bildbezogene Antworten

a) Vorortvilla nobilitiert Giebelfenster durch Palladio-Motiv; Merchant´s National Bank überhöht durch üppig gerahmtes Rundfenster mit sakraler Assoziation den Eingang.

b) Kirchen in Ják und Batalha betonen durch gestufte Säulenportale, zentrale Setzung und Portaldekor Bedeutung des Eintritts. Demgegenüber ist Eingang in National Gallery schlicht eingeschnitten, aber durch weiten Trichter mit Sogwirkung versehen.

c) Bei Abteikirche in Ják ist Schwelle weit vor Türblatt gelegt und macht dadurch Eingang zum »Vorraum« der Besinnung. Sogwirkung bei National Gallery wird durch Lage des Eingangs auf Gehsteigniveau unterstützt.

d) Tür in Vorortvilla zwar bündig mit Wand, aber Portikuskonstruktion bewirkt vorgezogenen Eingang mit »Vorraum«-Charakter. Tief eingezogene Trichterportale in Ják und Batalha. Weit zurückgesetzter Eintritt bei National Gallery.

e) Eingeschnittene, geschmückte, überhöhte und symbolhaft aufgeladene.

Scharf eingeschnittener Eingang bei National Gallery, symbolhaft aufgeladene Eingänge in Ják und Batalha, überhöhte Eingangsgestaltung bei Merchant's National Bank.

f) Zugang ist auf Lage des Baus bezogen; Eingang nimmt in aller Regel Zugangslenkung auf und kann zur Vorbereitung oder Verzögerung des Eintritts genutzt werden.

High Museum of Art bündelt Zugang von der Straße in freigestelltem Tor mit Wegeführung zum Eingang; Eingangslenkung wird auf Mitte Weg nochmal durch freigestellten Torrahmen aufgenommen, um von dort auf Eintritt in Bau weiterzuleiten. Zugangs-/Eingangsinszenierung mit Verzögerungseffekt und Vorbereitung auf den bedeutsamen Eintritt.

g) Leibung, Sturz, Rahmung, Bank und Scheibe.

An Vorortvilla und Haus Rabe verschiedene Fensterelemente und -formen zu erkennen.

h) Raumlage, Raumnutzung und Raumbedeutung.

In Vorortvilla zeigen großzügige Erkerfenster Wohnraum an; Palladio-Motiv des Giebelfensters verweist auf bedeutende Nutzung (»Herren«-Zimmer?). Haus Rabe verrät durch sehr großes Fenster Wohnzimmer, durch große Fenster Wohnräume, durch kleine Fenster Sanitär- und Nutzräume sowie durch kleingliedrige, hochrechteckige Fenster Treppenhaus.

Fazit

Die Tür, vor allem der Haupteingang, ist Ausdruck dafür, ob die Verschließungs- oder Öffnungsfunktion betont werden soll, d. h. welche Bedeutung dem Eintritt vom Bauträger beigemessen wird. Erste Begegnung prägt entscheidend den Eindruck.

Fenster dienen in erster Linie der Belichtung und Ausleuchtung des Raums. Sie sollen darüber hinaus den Betrachter oft durch Form und Größe beeindrucken.

4. Innenraum als Ort und Bewegungsraum

allgemeine Antworten

bildbezogene Antworten

a) Eintritt und Erschließung eines Baus und eines jeden Zimmers.

Eintritt in offene Säulenhalle und hochführende Treppe ins Museum weckt Neugier und erzeugt Spannung. Offene Halle bezieht Außenraum mit ein. Ersteindruck Repräsentativität und Großzügigkeit.

b) Von der funktionalen und gestalterischen Übereinstimmung des Raums.

Klosterkirche in Jerichow mit funktionaler Teilung zwischen Langhaus als Gemeindekirche und Hochchor für Mönche. Einfache Formen der Arkaden, Stützen und Fenster prägen Raumeindruck; durch Schwibbogen ausgeschiedenes Sanktuarium und konchaler, durch drei Fenster »erleuchteter« Altarraum sind einfache, aber wirkungsvolle Nobilitierungen.

c) Der Raum wird nur von einem Ort und nie von einem Bewegungsablauf erfaßt.

Beide Ansichten geben nur eine Sicht von einem Ort aus wieder. Axiale Sicht von Westen nach Osten bei Kirche entspricht zwar Heilsweg, kann aber z. B. erhöhte Sicht aus Sanktuarium nicht miterfassen. Schräge perspektivische Sicht von oberer Vorhalle des Museums verstellt z. B. die Aussicht aus Säulenhalle.

d) Nach ihrer Funktion, Form und Bedeutung.

Funktion beim Museum = Eingang und Verteilung; Form = offene Säulenhalle mit Treppenaufgang zu galerieartiger Vorhalle; Bedeutung = Repräsentation und »Aufstieg« als Vorbereitung auf Kunsterlebnis.

Fazit

Der Mensch erlebt ständig Raum, und dies auf zwei Weisen: Im Ruhezustand oder in Bewegung. Beides ist architektonisch unter der beabsichtigten Raumwirkung zu bewerten.

4.1 allgemeine Antworten	**bildbezogene Antworten**
a) Raumordnung, Raumanordnung und Raumorganisation.	Bei ORF-Studio Raumordnung: Verwaltungsbau mit Eingangsbereich und zurückgesetzten, abgeschirmten Studioräumen; Raumanordnung: Verwaltungsbau greift mit Spitze in den Verteilungsbereich der Studioräume; Raumorganisation: Höhengestaffelte Rasterorganisation des Verwaltungsbaus und radial gestaffelte Sektorenorganisation der Studioräume.
b) Raumordnung = Prinzip, nach dem Räume aufgrund von Funktion und Bedeutung gestaltet werden. Raumanordnung = Prinzip, nach dem Räume aufgrund von Funktion und Bedeutung zueinander in Beziehung gesetzt werden. Raumorganisation = Prinzip, nach dem die Beziehung von Räumen gestaltet wird.	Im Wohnhausprojekt Wohnraum groß und zum Garten orientiert, Eßraum kleiner zwischen Küche und Wohnraum = Raumordnung; Schlafzimmer und Bad in funktionaler Nähe = Raumanordnung; Wohnraum, Eßecke und Küche als integrierte Gruppierung = Raumorganisation.
c) Dimensionierung und Umschließungsformung.	Bei Kathedrale von Beauvais bringt Verhältnis Höhe : Breite dimensionierenden Effekt der Streckung zustande (der in Seitenschiffen trotz der Breitenmaße zur Enge wird). Museum dagegen über Umschließungsformen geprägt: Treppen und Erschließungsbereiche, Außen- und Innengalerien, offene Raum- und Sichtverknüpfungen, versetztes Bodenniveau.
d) Dimensionierung = Prinzip, mit dem über Höhe, Länge und Breite des Raumes Verhältniswirkungen erzielt werden. Umschließungsformung = Prinzip, mit dem über die Boden-, Wand- und Deckengestaltung Raumwirkungen entstehen.	Bei Kathedrale entstehen Verhältniswirkungen aus Dimensionierung der einzelnen Schiffe und der Schiffe untereinander. Umschließungsformung des Museums erzielt Raumwirkung vor allem durch offene und verknüpfende Gestaltung der Umschließungsöffnungen und durch Niveauverspringungen.
e) Die funktionale Zuordnung, räumliche Verkettung und integrierte Einheit. **f)** Funktionale Zuordnung = Raumanordnung aus Nutzungszwecken. Räumliche Verkettung = Raumverbindungen aus typischen Nutzungsabfolgen oder Zweckzusammenhängen. Integrierte Einheit = Raumvereinheitlichung bei verschiedenen Nutzungszwecken zu einem einheitlichen Erlebnisraum.	Zusammentreffen von Verwaltungsgebäude und Studioräumen des ORF-Studios im Zentrum des Kreises ist funktional als Verteilung organisiert. Im Museum dominieren räumliche Verkettungen, während im Wohnhaus zumindest im Wohn-, Eß- und Küchenbereich eine integrierte Einheit geplant wurde.
g) Dieselben konstruktiven Prinzipien wie bei der Baumassengliederung: Zentralität, Linearität, Radialität, Rasterung und Gruppierung.	Im ORF-Studio werden Radialität und Rasterung verbunden. Das Museum ist frei gruppiert, enthält aber in den Galerien lineare Elemente. Wohnhausprojekt ist frei gruppiert, Kathedrale linear organisiert.
h) Damit die psychologische Wirkung durch Beschreibung nachvollziehbar ist.	Vor allem Kathedrale zeigt jedes menschliche Maß überschreitende Höhenmaße. Museum dagegen hat durch Raumstaffelung und Raumdimensionierung großzügiges »Zimmerformat«.
i) Offen oder geschlossen, einbeziehend oder ausschließend.	Museum ist nach außen und innen über große Umschließungsöffnungen offen gestaltet. Im Wohnhausprojekt können offene und geschlossene Bereiche unterschieden werden. ORF-Studio grenzt mit den Sektoren Raumeinheiten als geschlossene Studioeinheiten aus.

Fazit

Aus der Raumordnung, Raumanordnung und Raumorganisation lassen sich die Nutzungs- und Wirkungsabsichten erschließen, aus denen wiederum auf die architektonische Kodierung geschlossen werden kann.

4.2 allgemeine Antworten

a) Umschließungsöffnungen lenken die Bewegung, weil sie Raumerweiterung versprechen. Sichtöffnungen lenken die Bewegung und Blickführung durch Einbeziehung des Außenraums.

b) Mit Hilfe von Raum- und Sichtverknüpfungen werden Bewegung und Verharren animiert und Überraschungseffekte inszeniert.

c) Boden, Wand und Decke.

d) Die Formung der Decke überträgt wahrnehmungspsychologisch über den hochgezogenen Blick die Bewegung und ihre Richtung auf den Boden.

e) Den Raum für die Bewegung zu öffnen, d. h. die Raumgrenze ohne Verwischung der Begrenzung aufzuheben.

f) Landschafts- und Gartenanschlüsse, aber auch Fernsichten herzustellen.

g) Treppen, Vorräume, Verkettungen und Galerien.

h) Die Konstruktions- und Gestaltungsprinzipien definieren den geometrischen und stereometrischen Zustand des Raums, während die Raum- und Sichtverknüpfungen vor allem optische und wahrnehmungspsychologische Lenkungs- und Bedeutungsabsichten verfolgen.

bildbezogene Antworten

Geschlossene, aber halb hochgezogene Treppenhauswand in Pinakothek lenkt Blick nach rechts zur Raumerweiterung, während offene Rotunde am Treppenende Bewegung zum Eingang fördert.

Sichtverknüpfung in Pinakothek steigert Spannung, wohin Treppe weiterführt; durch Aufnahme Treppenabsätze in der Wandgestaltung wird über Verharrungselemente Spannungseffekt inszeniert.

In Pinakothek sind Wand und Boden betonte Umschließungselemente, in Kirche Wand und Decke.

In Kirche wird über schwere Gurtbogen Weg zum Altar rhythmisiert. Gleichmäßigkeit dieses Rhythmus' überträgt sich auf Durchschreiten des Langhauses.

Pinakothek öffnet und konturiert Treppenhaus durch halbhohe Trennwand, öffnet Rotunde durch Fenster und Türen, markiert aber Raumtrennung durch sichtbares Stützensystem.

Am Wohnhaus ist ganze Fensterfront zum Garten ausgerichtet, um diesen ins Wohnen einzubeziehen.

In Pinakothek dient Treppe mit Sichtverknüpfung der Raumverknüpfung. Bei Kirche binden Scheidarkaden Seitenschiffe ans Mittelschiff an.

Wände und Umschließungsöffnungen definieren in Pinakothek den Raum, während Sichtverknüpfungen Lenkungseffekte erzielen: Zentrierung auf Rotunde und Inszenierung des Treppenverlaufs.

Fazit

Umschließungs- und Sichtöffnungen werden in der Raumgestaltung nicht nur funktional, sondern vor allem auch in der Absicht eingesetzt, die Bewegungsrichtungen und die Blickführung zu lenken. Sie spiegeln psychologische Bedürfnisse wider. Dies gilt auch für Sichtverschließungen.

4.3 allgemeine Antworten

a) Beleuchtung und Ausleuchtung mit künstlichem Licht sind voll planbar. Natürliches Licht kann, da orts-, zeit- und witterungsabhängig, nur unter den vorherrschenden Bedingungen in die Planung des Raums begrenzt einbezogen werden.

b) Beleuchtung und Ausleuchtung können mit traditionellen zeichnerischen Darstellungstechniken nur ungenügend erfaßt werden; selbst Ansichten können allenfalls Momentaufnahmen vermitteln. Nur mit Hilfe computergesteuerter Animationstechnik können orts-, zeit- und witterungsbedingte Beleuchtungs- und Ausleuchtungssituationen simuliert werden.

c) Punktartige Spot-Belichtung hebt aus verschatteter Umgebung heraus; sie reduziert Plastizität und Räumlichkeit. Gleichmäßige Belichtung von allen Seiten steigert Plastizität und Räumlichkeit. Gleichförmige Belichtung von oben reduziert durch fehlenden Schattenwurf die Plastizität. Der Lichtstrahl entfaltet psychologisch eine Sog- oder Lenkwirkung.

bildbezogene Antworten

Studie zur Sonneneinstrahlung zeigt nur einen Sonnenverlauf, der sich aber jahreszeitlich ändert. Museum ist bei Sonnenschein aufgenommen; Tageszeit und Witterungswechsel bleiben unberücksichtigt.

Tinguely Museum zeigt typische Momentaufnahme mit tages- und jahreszeitlichem Sonneneinfall.

Plastik unter verschiedenen Belichtungsformen: Spot-Belichtung – gleichmäßige Belichtung von mehreren Seiten – gleichförmige Belichtung von oben.

d) Auf die konkreten Lichtverhältnisse, die unter der Orts-, Zeit- und Witterungsabhängigkeit relativiert werden müssen.

Tinguely Museum bringt Schattenspiel nur unter Sonneneinstrahlung zustande. Bei künstlicher Beleuchtung und trübem Wetter wirkt Gang weniger belebt.

e) Technik und Tektonik werden im Lichtspiel zum modernen Dekor, um im Raum Faszination und aus dem Raum Verlockung zu entfalten.

Durch Schattenspiel werden geschwungene Form des Gangs betont, Boden und Wand durch wechselnde natürliche Beleuchtung belebt und Sogwirkung zum Eingang verstärkt.

Fazit

Beleuchtung und Ausleuchtung vor allem im Spiel der Verschattung dienen nicht allein der funktionalen Nutzung des Raums, sondern sollen darüber hinaus auch emotionale Raumwirkungen erzielen.

4.4 allgemeine Antworten

a) Dekorziele, Dekorformen, Dekorationsflächen und Dekorationsträger.

b)
Dekorziel = Absicht des Bauträgers für die Dekoration.
Dekorform = abstrakte, florale, figurative oder phantastische Dekormotive.
Dekorationsfläche = Boden, Wand und Decke, auf denen Dekoration angebracht wird.
Dekorationsträger = Materialien der Dekorationsausführung.

c) Wand = beliebteste Fläche, da sie konstruktiv sehr flexibel ist und im direkten Blick des Menschen liegt.
Boden = bedingt dekorationsfähig, da wegen Anforderungen an Begehbarkeit nicht modulationsfähig.
Decke = statischen Bedingungen unterworfen, aber über Formung (z. B. Kuppel), untergezogener Verblendung (z. B. Kassettierung) oder Bemalung gut nutzbare Dekorationsfläche.

d) Indem zwischen Dekor und festen Installationen eine geplante Beziehung hergestellt wird.

e) Im extremsten Fall die Ablehnung von Dekor, die Transformation in neuen Dekor, den historisierenden Rückgriff auf alte Dekorformen und das Zitieren früherer Bau- oder Dekorformen.

f) Über Assoziationen die Raumwirkung zu steigern und mit alten Würde- bzw. Bedeutungsinhalten aufzuladen.

g) Wenn Dekor zur Erhöhung banaler Zwecke, zur Kaschierung architektonischer Fehler, aus Formenarmut oder gar willkürlich und aufdringlich verwendet wird.

bildbezogene Antworten

Dekorziel Kapelle = Streckung des Raums und über Decken»netz« Raumvereinheitlichung; Dekorform = abstrakt; Dekorationsfläche = Wände und Decke; Dekorationsträger = Stein und Holz. Bei Konzertsaal auch Boden Dekorationsfläche.

Konzertsaal soll über Dekor programmatisch (Büsten von Komponisten) den Geist der Musik widerspiegeln und mit Zitieren von Renaissance- und antikem Formengut Bildungsanspruch und Würde vermitteln. Programmatik wird vor allem über abstrakte und figurative Dekorformen hergestellt und bezieht alle Umschließungselemente als Dekorationsfläche ein, so daß Besucher sich vom »genius loci« voll »eingeschlossen«, d. h. erfaßt fühlt. Die Dekorationsträger sind vielfältig: Holz, Stuck, Stein, Farbe, aber auch Eisen als Galerieträger und -brüstung.

In Kapelle und Konzertsaal Boden unmoduliert; nur bedingt dekorationsfähig. Wände am stärksten mit differenziertem Schmuck unter Einbeziehung von Umschließungsöffnungen gestaltet. Decken durch untergezogene Konstruktionen dekorationsfähig gemacht.

In Medici-Kapelle wird zwischen Sarkophag mit liegenden Figuren (Morgen- und Abendallegorie) und Wand mit Skulptur des Fürsten der Zusammenhang von Herrschaft (Erhöhung), kosmischer Bedeutung und Einordnung (Allegorien) sowie historischer Bedeutung (Triumphbogenmotiv der Wand) hergestellt.

Tinguely Museum ohne besonderen Dekor. Grabkapelle mit aus römischer Antike transformierten neuen Dekorformen. Konzertsaal mit historisierendem Rückgriff auf verschiedene Stilepochen.

Konzertsaal nimmt über Zitate der Palast- und Tempelarchitektur (Kassettendecke, Säulen) alte Würdeformeln auf, die Besucher feierlich einstimmen sollen.

(Vgl. Neue Wache von Schinkel in Berlin, S. 143)

h) Wenn die Form im Verhältnis zur Banalität des Inhalts überbetont wird. Kitsch = Unangemessenheit des Dekors in Bezug auf die Sinnaussage des Dekorziels.

Im »Nasenhaus« wird durch Formung der Hausfassade als Gesicht dem Wohnhaus nicht nur eine disfunktionale Applikation, die Nase, angefügt, sondern auch die Aussage zum »Haus mit menschlichen Zügen« in platte, banale Abbildhaftigkeit gefaßt.

Fazit

Dekor und Dekoration sollen einem Raum über seinen Nutzungszweck hinausgehende formale, inhaltliche oder repräsentative Bedeutung verleihen. Dieses Ziel wird verfehlt, wenn die Grenze des Kitsches wegen Unangemessenheit des Dekors überschritten wird.

5. »Architekturikonologie« als Erschließung von Architekturbedeutung

allgemeine Antworten

a) Unter Architekturikonologie versteht man die Deutung eines Baus aus seiner Form als Widerspiegelung einer übergeordneten Idee.

b) Bedeutungen und Deutungen sind oft nur möglich, wenn der ideengeschichtliche Zeitkontext rekonstruiert wird.

c) Mit der Architekturikonologie erweitert die Architekturanalyse den architektonischen um den geschichtlichen und geisteswissenschaftlichen Bezug.

bildbezogene Antworten

Übergeordnete Idee: Mit Kreis = Himmel, Quadrat = Erde und Kreuz = Heilszeichen wird Bedeutung des Heils für die Welt als himmlische Gnadenbotschaft ausgedrückt.

Heilsbotschaft beruht auf frühchristlicher Allegorese: Quadrat wird mit Himmelsrichtungen und der Heilsverbreitung = Mission sowie der Heilswirkung = Gnade assoziiert.

Architekturikonologie erweitert Architekturanalyse der Kirche um frühchristlichen theologischen Bezug.

Fazit

Mit der Architekturikonologie geschieht der Vorstoß in die übergeordnete Idee eines Baus. Der Bau wird als Bedeutungsträger und Selbstaussage begriffen.

5.1 allgemeine Antworten

a) Form, Abbild, Proportion und Symbol.

b) Wenn mit formalen Gestaltungsprinzipien eine Idee ausgedrückt werden soll.

c) Bei Verbildlichung einer Idee durch die Bauform.

d) Wenn Maßverhältnisse zum Ausdruck oder zur Ausdruckssteigerung einer Idee genutzt werden.

e) Vertrautheit mit der oft zeitgebundenen Symbolik, d.h. Kenntnis ihrer Verweisstruktur.

f) Die Grenze des Kitsches ist vor allem dann erreicht, wenn die Banalität der Idee abbildhaft ins Peinliche übersetzt wird.

bildbezogene Antworten

Grundriß Phönix-Halle in Vogelform = Abbild und Symbol; Grundriß Wallfahrtskirche mit Fünfeck, Sternformen und 5 Kapellen = Form und Symbol.

Kreis und Kuppel der Wallfahrtskirche als Kopf des Märtyrers und Himmel.

Vogelform Phönix-Halle und Sternformen Wallfahrtskirche.

Kapellenanordnung der Wallfahrtskirche im regelmäßigen Fünfeck mit seiner Bedeutung für den Goldenen Schnitt.

Ohne Kenntnis Nepomuk-Legende ist Sternsymbolik Wallfahrtskirche nicht zu entschlüsseln.

(Vgl. Bordellgrundriß, S. 228)

Fazit

Durch die Übereinstimmung von Ausdruck und Ansprache entsteht Bedeutungswirkung. Sie richtet sich in der Kodierung vor allem an Nutzer, Betrachter und Konkurrenten.

5.2 allgemeine Antworten

a) Zum einen müssen bei der Architekturanalyse Zahlen, Maße und Proportionen und damit die Konstruktions- und Gestaltungsprinzipien untersucht worden sein. Zum anderen müssen die für die ikonologische Deutung z. Zt. der Errichtung geltenden ideengeschichtlichen Leitbilder herangezogen werden.

b)
- Zahlen als Träger von Zahlensymbolik,
- anthropomorphe Zahlen und Maße,
- Proportionen, die auf transzendenten Ideen oder musikalischen Zahlenverhältnissen beruhen,
- andere Formen der Symbolik.

bildbezogene Antworten

Ohne maßstabsgerechte Darstellung der Front des Parthenon könnten Proportionsverschränkungen im Goldenen Schnitt nicht nachgewiesen werden: AB : BC = BC : BD und BD : CD = CD : CE. Pythagoräische Zahlenlehre verweist auf Sphärenharmonie und damit auf Widerspiegelung der kosmischen Gesetze im Tempel.

Zahlensymbolik bei Wallfahrtskirche: 5 = Wunden Christi; beim Parthenon Proportionen als Widerspiegelung kosmischer Harmonie; Palazzo Rucellai mit Wand- und Fensteraufbau in musikalischen Zahlenverhältnissen.

Fazit

Der Bau wird oft mit Hilfe von Zahlen, Maßen und Proportionen als Ausdrucksträger benutzt, um über seine Funktion hinausgehende Botschaften zu vermitteln.

5.3 allgemeine Antworten

a) Die Form führt in die Nutzungsidee ein, wird zur ideellen Verbindung mit dem Nutzungsinhalt, zum Träger von Identifikation, oder es werden mit ihr symbolisch transzendente Bezüge hergestellt.

b) Es bildet sich ein in der Ästhetik erschöpfendes Architekturdesign.

c) Meist dadurch, daß im ersten Falle die Form selbst, im zweiten die Abbildhaftigkeit dominiert.

d) Den phantasievollen Nachvollzug der Form im Hinblick auf die dem Bau unterlegte Bedeutung.

e) Architekturgeschichtliches Wissen, um das Zitat zu erkennen und seine beabsichtigte Verknüpfung nachvollziehen zu können.

f) Es entsteht Historismus, der bis zum historistischen Eklektizismus und zum Kitsch reichen kann.

bildbezogene Antworten

Museum mit skulpturaler Form führt in Nutzungsidee ein. Arbeiter-Clubhaus ist mit Zahnradbild ideeller Hinweis auf Arbeitswelt und zugleich identifikationsstiftendes Antriebsbild der Produktivkraft Arbeit.

(Vgl. den Entwurf eines Bauernhauses von Ledoux, S. 242)

Unterschied zwischen Museum und Clubhaus: Museum = Kunst ist Form, Clubhaus = Arbeiter sind wahrer Antrieb der Gesellschaft.

Erkennen der Zahnradform und Einordnung ihrer ideologischen Bedeutung.

Ohne Kenntnis Tholos und Pantheon ist Formenkombination bei S. Pietro in Montorio nicht als Zitat einzuordnen.

(Vgl. den Entwurf des Königspalastes auf der Akropolis von Schinkel, S. 243).

Fazit

Mit der Form, durch die ein Bau aus seiner Funktionalität herausgehoben wird und auf eine übergeordnete neue oder alte Idee verweist, nutzt der Architekt oder Bauträger den Bau gegenüber Dritten als Kommunikationsmittel.

6. Bewertung von Architektur

a) Mit Hilfe von offengelegten Kriterien, damit Begründung nachvollziehbar ist.

b) 1. Nach Architekturanalyse keine Flucht in die Unverbindlichkeit, 2. Vermeidung von Geschmacksurteilen, 3. Kenntnis zeitgebundener Voraussetzungen, 4. Ausgangspunkt: Architektonische Bewertungskriterien.

Fazit

Die Bewertungskriterien für Architektur sind in ihrer konkreten Anwendung immer am Wissen der Zeit, in der die Architektur entstanden ist, zu relativieren.

6.1 allgemeine Antworten

a) Originalität, auf der Höhe der Zeit, Architekturdesign, Eklektizismus, Kitsch.

b) Neuheiten, bezogen auf Grundriß, Konstruktion, Körper, Raum oder Ausdruck.

c) Wenn im Zeitvergleich der Bau dem Standard entspricht.

d) Wenn sich die Form gegenüber der Funktion und dem Inhalt verselbständigt.

e) Wenn frühere Erfindungen - vom Entwurf bis zum Dekor - aus mangelnder eigener Schöpfungskraft auf Gegenwartsbauten übertragen werden.

f) Materialität, Handwerklichkeit und Detaildurchformung.

bildbezogene Antworten

Grundriß der Kirche nicht auf Höhe der Zeit: Westbau nicht axial gesetzt, ungleiches Zurückspringen der Westwand, uneinheitliche Jochgliederung, ungleicher Abschluß der Seitenschiffe im Osten, uneinheitliche Einwölbungstechniken etc.

Entwurf Bauernhaus in Form platonischen Körpers völlig disfunktional.

Portikus am Haus Paulownia = ironisches Spiel mit Triumphbogenmotiv; Aufdringlichkeit eklektischer Motivverwendung ist Kitsch.

Fazit

Bewertungskriterien verlangen vor allem ein großes Maß an Wissen und Differenzierung, damit die Begründung des Urteils nicht pauschal ausfällt.

6.2 allgemeine Antworten

a) Zeitgeschichtliche, architekturgeschichtliche, kunstgeschichtliche und sozialgeschichtliche.

b) Früh-, Hoch- und Spätstile.

c) Daß im Zeitvergleich oft zur gleichen Zeit unterschiedliche Stilausprägungen auftreten.

bildbezogene Antworten

Tempelgrundriß mit überlängter Peristase (= Delphi-Zitat) im Vergleich zum klassischen Stil des Parthenon (architekturgeschichtlich). Südosteingang und Raum funktional ungeklärt (zeitgeschichtlich/archäologisch). Innovationen: Wandvorlagen, diagonal gestellte Voluten an ionischen Kapitellen (bislang nur bei Ecklösungen), erstmals korinthische Kapitelle (kunstgeschichtlich). Einfluß der Priesterschaft vermutlich verantwortlich für »konservative« Grundrißgestaltung (sozialgeschichtlich).

Übergang zum klassischen Spätstil zeigt sich in Naos-Betonung.

Konservativer Grundriß, aber innovative Raumgestaltung.

Fazit

Die geschichtlichen Bewertungskriterien stellen den konkreten Bau in einen zusätzlichen Zusammenhang und heben die allgemeine Bedeutung des Bauwerks über den Einzelaspekt hinaus.

Fachbegriffe

>Verweis auf andere Fachbegriffe; >>Verweis auf andere Fachbegriffe mit Abbildung, mit Seitenzahlen als Verweis auf Abbildungen im Text; bei Mehrfachbedeutungen von Begriffen wird in der Regel nur die im Text verwendete Bedeutung erklärt. Die Betonung bei schwierigeren Fremdwörtern ist durch Unterstreichung kenntlich gemacht.

Abakus: Deckplatte, oberer Abschluß des >Kapitells einer >>Säule.
Abseite: Über die >Vierung hinausgeführtes >Seitenschiff, das das >Sanktuarium flankiert; vgl. Grundriß einer >>Basilika und >>S. 16.
Abwicklung: Fortlaufende Aneinanderreihung von >Aufrissen eines Baukörpers oder Raums; >>vgl. S. 87.
Ädikula: Aus Stützen und einem Giebel bestehende Umrahmung von Nischen und Fenstern; vgl. >>S. 157.
Ästhetisierung: Der formalen Schönheit obersten Wert beilegen.
Allegorese: Im Mittelalter eine Auslegungspraxis, mit der abstrakte Darstellungen, z. B. Zahlen oder geometrische Figuren, oder abbildhafte Darstellungen mit mehrfacher Bedeutung auf die Heilige Schrift oder Heiligenlegenden bezogen interpretiert werden.
Amphiprostylos: >Griechischer Tempel mit Säulen vor der gesamten Breite beider Giebelfronten.
Andreaskreuz: Kreuz mit schräg gestellten Balken (genannt nach dem Apostel Andreas, der an ein solches Kreuz genagelt worden sein soll); >>vgl. S. 214.
Apsis, auch **Konche**: Halbkreisförmiger oder >polygonaler Raum mit Halbkuppel; dreiapsidial: >Schlußform mit drei parallelen Apsiden, von denen die mittlere Hauptapsis größer und auch vorgezogen/gestaffelt sein kann gegenüber den Nebenapsiden; vgl. Grundriß und Modell >>Basilika.
Architrav: Waagerechter, meist tragender Balken; architraviert: Türen und Fenster, deren Einfassung nach Art des >Architravs umlaufend profiliert ist.

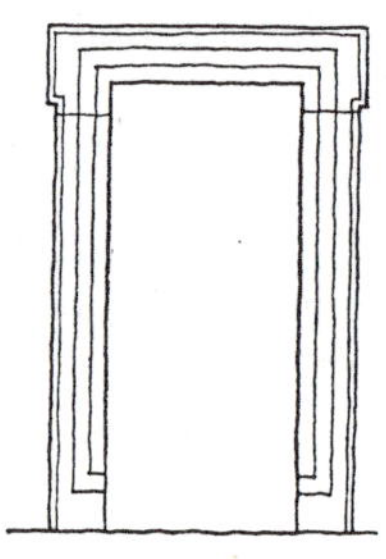

architraviert

Archivolte: I.w.S. Bogenlauf; i.e.S. von der Mauerwand abgesetzte, meist profilierte Einfassung eines Bogens.
Arkade: Bogenstellung, ein auf >Stützen ruhender Bogen.

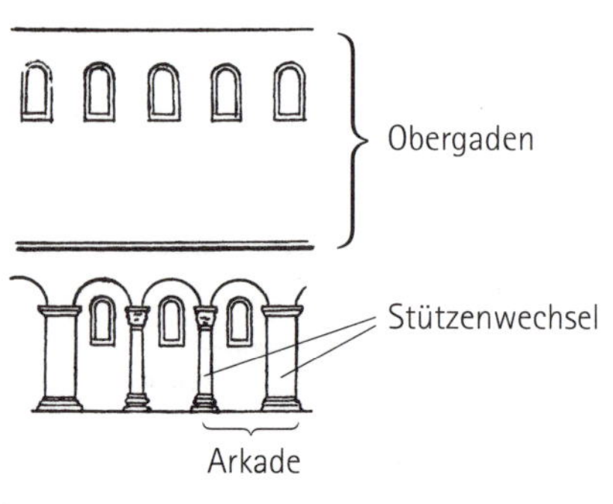

Astwerk: Gotisches >Maßwerk in Form laubloser Äste und Zweige.
Atlant: Männliche Gestalt, die als tektonische Stütze das Gebälk trägt; vgl. >>S. 145.
Atrium: 1. Hauptraum des römischen Wohnhauses, 2. Vorhof christlicher >>Basiliken, 3. umgrenzter Vorhof eines Gebäudes.
Attika: Aufbau über dem Hauptgesims eines Bauwerks; im >>Triumphbogenbau als Inschriften- und Bildfeld gebräuchlich.
Aufriß: Maßstäbliche >Projektion der Außensicht oder Wandansicht eines Baus in die Fläche; vgl. >>S. 53 und 55.
aufsteigende Tonne: Tonnen->>Gewölbe, dessen >Stich verschiedene Höhen aufweist.
Aufstelzung: Hochsetzen eines Baus, so daß unter dem ersten Geschoß ein Luftraum entsteht; vgl. >>S. 126.
ausgeschieden: Offener Raum, der mit Hilfe konstruktiver Elemente – Bogen, Pfeilervorlagen etc. – gegenüber angrenzenden Räumen ausgegrenzt ist.
auskragen: Vorspringen eines Bauteils (z. B. Balkon), Konstruktionselements (z. B. Balken) oder Geschosses; vgl. >>S. 131.
Auslucht: Über einem Joch errichtetes Querdach; vgl. >>S. 147.
Axonometrie: Dreidimensionale, meist schiefwinklige >Projektion eines Körpers in die Fläche; vgl. >>S. 54 und 56.

Balustrade: Aus geformten Säulchen oder Pfosten gebildetes Geländer; >>vgl. S. 119.
Basilika: Mehrzweckhalle im antiken Rom. Im Christentum Kirchengebäude mit höherem belichtetem Mittelteil.

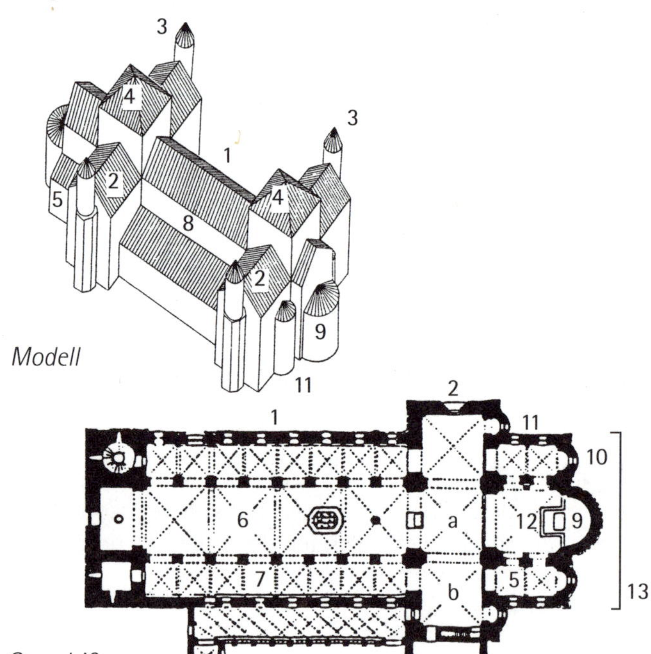

1. Langhaus, 2. Querhaus: a) Vierung, b) Querhausarm, 3. Flankenturm, 4. Vierungsturm, 5. Abseite, 6. Mittelschiff, 7. Seitenschiff, 8. Obergaden, 9. Hauptapsis, 10. Nebenapsis, 11. Querhausapsis, 12. Sanktuarium, 13. dreiapsidialer Schluß

Basis: Fuß einer >Stütze, besonders verbreitet als attische >>Säulenbasis mit Fußplatte (>Plinthe) sowie mit Kehle (Trochilus) zwischen zwei Wülsten (Torus).
Bauträger: Bauherr oder Bauverantwortlicher des Bauherrn.
Bema: >Presbyterium in byzantinischen Kirchen; >>vgl. S. 64.

Benediktiner: Mönchsorden, der seine Regeln auf Benedikt von Nursia zurückführt.
Blendarkaden: >>Arkaden, die keine Maueröffnung überbrücken, sondern der Wand nur vorgelegt sind; >>vgl. S. 123.
Blendbogen: Bogen, der keine Maueröffnung überbrückt, sondern der Wand nur vorgelegt ist; >>vgl. S. 123.
Blendgiebel: Wand, die ein Dach verdeckt oder hinter der sich kein Dach befindet.
Blendrose: Rundes Scheinfenster.
Bogen: Konstruktive Überspannung von Öffnungen in gekrümmter Form, um eine bessere Lastabtragung zu erreichen. Bogenformen werden oft nach der Form der Krümmung benannt.

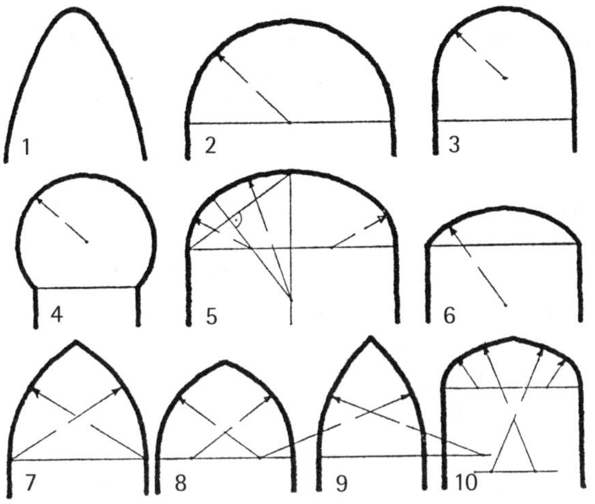

1. Parabelbogen, 2. Halbkreisbogen, 3. gestelzter Rundbogen, 4. Hufeisenbogen, 5. Korbbogen, 6. Flachbogen, 7. gleichseitiger Spitzbogen, 8. gedrückter Spitzbogen, 9. Lanzettbogen, 10. Tudorbogen

Brutalismus: Nach dem französischen béton brut benannte Architektur, die in Sichtbeton ausgeführt wird und damit Materialität und Konstruktion unmittelbar vor Augen führt.

Campanile: Freistehender Glockenturm.
Chor: Der für die Geistlichkeit/Mönche bestimmte Platz in der Kirche (Chor i.e.S.); im heutigen (undifferenzierten) Sprachgebrauch der für den gesamten Altardienst ausgeschiedene Bereich einer Kirche (Chor i.w.S.); vgl. Grundriß >>Basilika. Nach der äußeren Form werden u.a. unterschieden: Kastenchor, der als Quadrat oder Rechteck an das >>Sanktuarium anschließt, Umgangschor, der mit einem Umgang, häufig Kapellen, umgeben ist.
chorus maior/chorus minor: Begriffe der >Hirsauer Baukunst, zurückzuführen auf die Mönchsregel mit Liturgieanweisungen: Sänger = Vollmönche saßen im chorus maior, dem Raum unmittelbar vor dem >Sanktuarium; nach Westen schloß sich der chorus minor an, in dem vor allem die Laienmönche saßen, die an dem aktiven Vollzug der Liturgie nicht teilnahmen.

Dach: Oberer Abschluß eines Baus. Dachformen werden oft nach ihrer äußeren Form benannt. Bei ungleicher Höhe von Dachteilen ist eine Dachausmittlung nötig.

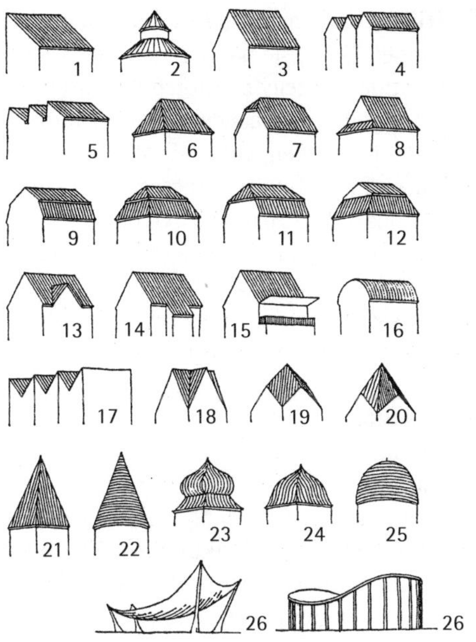

Dachformen

1. Pultdach, 2. Ringpultdach, 3. Satteldach, 4. Paralleldach, 5. Sheddach, 6. Walmdach, 7. Schopfwalmdach, 8. Fußwalmdach, 9. Mansardgiebeldach, 10. Mansardwalmdach, 11. Mansarddach mit Schopf, 12. Mansarddach mit Fußwalm, 13. Zwerchdach, 14. Schleppdach, 15. Kragdach, 16. Tonnendach, 17. Grabendach, 18. Kreuzdach, 19. Rautendach, 20. Faltdach, 21. Pyramidendach, 22. Kegeldach, 23. Zwiebeldach, 24. Glockendach, 25. Kuppeldach, 26. Hängedächer

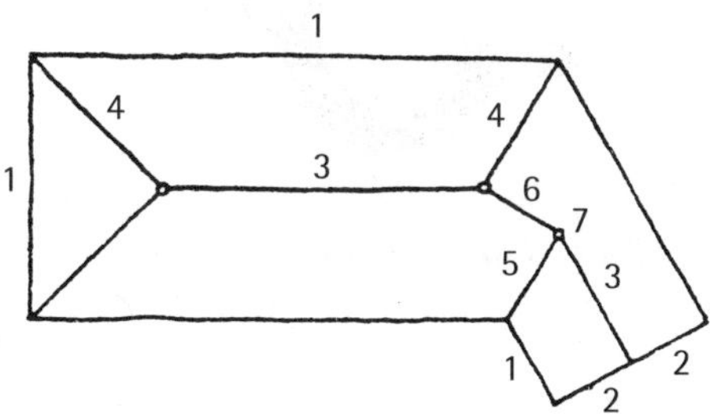

Dachausmittlung

1. Traufe, 2. Ort, 3. First, 4. Grat, 5. Kehle, 6. Verfallung, 7. Anfallpunkt

Dachgaube: Stehende Dachfensterform.

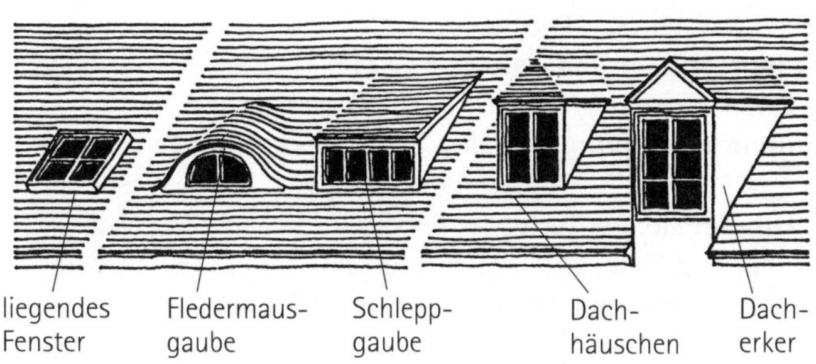

Dachreiter: Kleines Türmchen, das auf dem Dachfirst angebracht ist; vgl. >>S. 117.
Dekonstruktivismus: Moderne Baurichtung, bei der mit konstruktiven Mitteln die klassische Trag- und Lastkonstruktion mit Hilfe von Durchdringungen verschiedener Ebenen scheinbar aufgelöst wird.

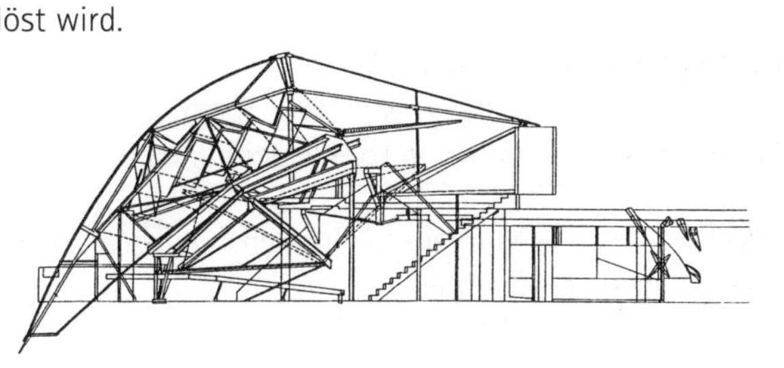

De Stijl: Gruppe niederländischer Maler und Architekten (gegründet 1917); sie nannte ihren Stil »Neoplastizismus«. Dieser ist gekennzeichnet durch den streng geordneten, aber freien Umgang mit Flächen und einer farblichen Begrenzung auf die Primärfarben; vgl. >>S. 112.
Diaphanie: (diaphan = durchscheinend) Bezeichnung für die wandauflösende Struktur der Gotik.
Dienst: Einer Wand oder einem Pfeiler vorgelegter Rundstab zur Aufnahme von Gewölberippen; >>vgl. S. 216.
Dipteros: Griechische Tempelform mit doppelter >Peristase.
dorisch: Griechische Stilform; vgl. Zeustempel in Olympia >>S. 18.
dreiapsidial: Form des >Schlusses mit drei >Apsiden; vgl. Grundriß >>Basilika.
dreibahnig: Einteilung gotischer Fenster durch >Stabwerk, benannt nach der Anzahl der Fensterfelder; >>vgl. S. 162.
Dreikonchenanlage (Trikonchos, Kleeblattanlage): Kirche mit drei halbrunden oder polygonalen >Apsiden, die im rechten Winkel zueinander angeordnet sind.

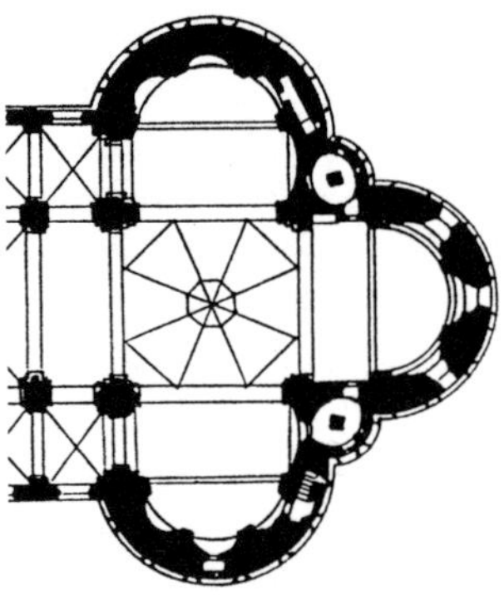

Dreiturmgruppe: Drei Türme - meist zwei Treppenhaustürme und ein >Vierungsturm - in enger räumlicher Anordnung.

Ecklisene: >Lisene, die sich um eine Bauecke herumzieht.
eingezogen: Verengung des >Querschnitts.
Eklektizismus: Künstlertum, das mangels eigener Schöpferkraft sich der Stilmittel oder Motivgestaltung anderer, meist historischer Meister oder Epochen bedient.
Empore: Galerieähnliches Obergeschoß in >Seitenschiffen von Kirchen.
Emporenbasilika: >>Basilika mit >Emporen in den >Seitenschiffen.
Enfilade: Zimmerflucht, bei der die Türen an einer Achse liegen, so daß bei geöffneten Türen eine Durchsicht bis zum letzten Zimmer möglich ist; vgl. Grundriß Vaux-le-Vicomte >>S. 23.
Entlastungsbogen: >Bogen innerhalb des Mauerwerks, der eine oder mehrere Öffnungen überspannt, um diese vom Mauerdruck zu entlasten.
Eselsrücken: >Bogenform mit eingezogener, geschweifter Spitze; >>vgl. S. 162.
Estrade: Erhöhter Teil des Fußbodens.

Faszienarchitrav: >Architrav, der durch meist drei zurückspringende Leisten profiliert ist; >>vgl. S. 165.
Feston: Dekorationsmotiv in Form einer durchhängenden Girlande; vgl. >>S. 163.
Fiale: Gotische Zierform, die als Türmchen mit schlankem Pyramidenhelm gestaltet ist.

Flankenturm: >Turm, der an der Seite eines Gebäudeteils angefügt ist; vgl. Modell >>Basilika.
Fries: Schmaler, häufig ornamentierter Streifen, der Flächen begrenzt oder teilt. Friese werden meist nach ihrer Form oder ihrem Dekor bezeichnet.
Frontispiz: Geschmückter Frontgiebel, meist über dem >>Risalit eines Gebäudes; >>vgl. S. 163.
Fuge: Raum zwischen zwei aneinanderstoßenden Elementen. Bei Mauern wird unterschieden zwischen horizontalen Lagerfugen und vertikalen Stoßfugen.
Fugenkonkordanz: Lotrechte Übereinstimmung aller >Stoßfugen; >>vgl. S. 107.

Gaube: >Dachgaube.
gekuppelt: Verbindung zweier oder mehrerer gleichartiger Bauteile (z. B. Fenster) durch ein gemeinsames Bauglied (z. B. den überfangenden Bogen); >>vgl. S. 114.
geschweift: Verbindung durch eine Linie, deren Krümmung zwischen den Endpunkten wechselt.
Gesims: Bauelement, das eine Wand in aller Regel horizontal gliedert oder abschließt.
Gewände: Profilierte oder gestufte Fenster- oder Portalleibung.
Gewölbe: Krummflächiger Deckenabschluß eines Raums, nach seinem Material (Holz, Stein, Beton etc.) sowie vor allem seiner Form (Tonne, Grat- oder Rippengewölbe etc.) unterschieden.

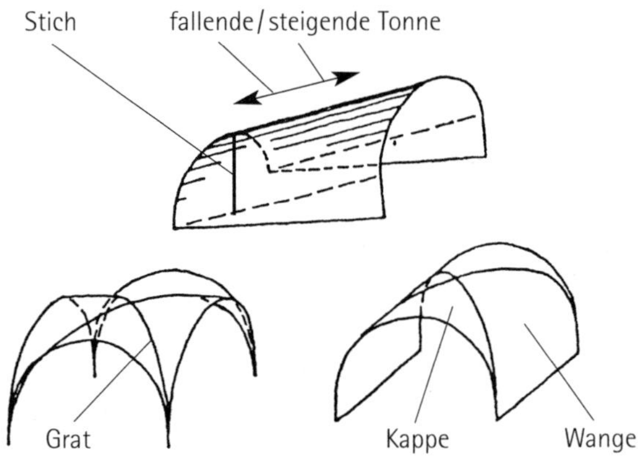

Giebelverdachung: >Verdachung bei Türen und Fenstern in Giebelform; >>vgl. S. 163.
Gnadenstuhl: Darstellung der Trinität, bei der Gott den gekreuzigten Christus im Schoß hält und die Taube als Symbol des Hl. Geistes darüberschwebt.
Goldener Schnitt: Teilung einer Strecke, bei der der größere zum kleineren Teil dasselbe Verhältnis wie die Gesamtstrecke zum größeren Teil besitzt; vgl. >>S. 66.

Gratwölbung: >>Gewölbe, das Kanten zwischen zwei aneinandergrenzenden Gewölbeflächen bildet.
griechisches Kreuz: Kreuz mit gleich langen Kreuzarmen.
Grundriß: >Projektion als waagerechter >Schnitt durch einen Bau, dessen Geschosse oder durch Bauelemente z. B. Stützen; vgl. >>S. 52 und 54.
Gurtbogen: Quer zur Längsachse eines Gewölbes verlaufender Verstärkungsbogen; vgl. >>Joch.

Hängewerk: Meist hölzerne Dachkonstruktion zur Überbrückung großer Spannweiten, bei der der waagerechte Hängebalken durch eine im höheren Gebälk befestigte Hängesäule stabilisiert, d. h. am Durchhängen gehindert wird; >>vgl. S. 211.
Hallenkirche: Mehrschiffige Kirche, bei der die Schiffe gleich oder annähernd gleich hoch sind, so daß das Mittelschiff wegen des fehlenden Obergadens keine Fenster besitzt.
Heilsweg: Theologischer Begriff, übertragen auf die christliche Kirchenarchitektur: Hauptweg von Westen zum Hauptaltar im Osten, wo in der Wandlung Christus anwesend ist.
Hirsauer: Mittelalterlicher Mönchsorden, gegründet durch Wilhelm von Hirsau; die Hirsauer Regeln beruhten auf der von Cluny beeinflußten Erneuerung der Benediktinerregeln.
Historismus: Stil in der 2. Hälfte des 19. Jh., der auf den Formenapparat früherer Stile zurückgreift.
Hufeisenbogen: >>Bogenform.

Inkrustation: Verblendung mit verschiedenfarbigen geschnittenen Steinen.
Intarsien: Fugendichte Einlegearbeit in verschiedenfarbigem Holz, Stein oder anderen Materialien.
Interkolumnium: Stützenabstand; im antiken >>Tempel zwischen den Stützen, sonst zwischen deren Achsen gemessen.
ionisch: Griechische Stilform, vor allem an >Volutenkapitellen erkennbar; >>vgl. S. 195.
isodom: Waagerecht in gleichen Schichten verlegtes Mauerwerk.
Isometrie: Maßstäbliche dreidimensionale >Projektion eines Körpers ohne Verkürzung; vgl. >>S. 57.

Joch: Raumabschnitt in Längsrichtung gemessen; im antiken >>Tempel zwischen zwei Stützenachsen, heute meist mißverständlich durch ein Gewölbefeld definiert; auch Bauten mit Flachdecken und >Stützenwechsel bilden Joche bzw. >Kompartimente.

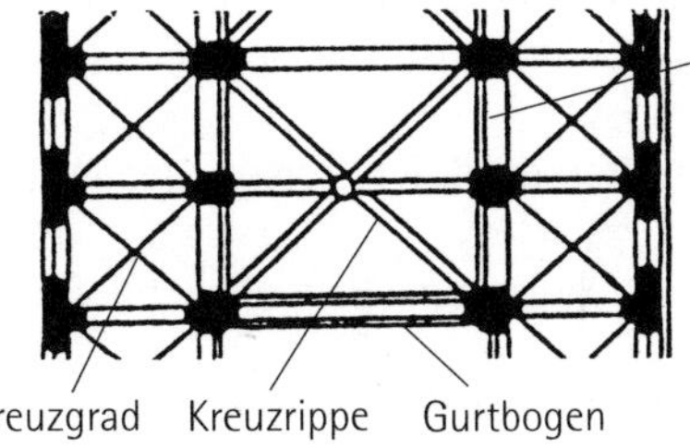

Kämpfer: Ort, an dem die Drucklast eines Bogens oder Gewölbes vom Mauerwerk oder von Stützen aufgenommen wird und die Krümmung des Bogens beginnt.
Kanneluren: Senkrechte Hohlrillen an >>Säulen oder >Pilastern.
Kapitell: Kopfstück einer >Stütze oft mit Deckplatte (>Abakus); vgl. >>Säule.
Kapitelsaal: Raum im Kloster, wo die Mönche ihre Tagesweisung erhalten; vgl. >>S. 12.
Kassettendecke: Plastisch gestaltete Decke mit vertieften Feldern; >>vgl. S. 165.
Kastenchor: >Chor.
Kegeldach: >>Dach/Dachform.
Keilsteine: Für Bogenbildung so zugeschnittene Steine, daß die >Stoßfugen auf den Kreismittelpunkt ausgerichtet sind.
Ken: Japanisches rechteckiges Flächenmaß, das durch Multiplikation oder Division zu Flächenformen verbunden wird.
Klassizismus: 1. Stilistischer Rückgriff auf den Formenapparat der griechisch-römischen Antike. 2. Stil Ende 18. Jh./Anfang 19. Jh. als Vorläufer des >Historismus.
Kleeblattanlage: >>Dreikonchenanlage.
Kodierung: Die im Bau enthaltenen Bedeutungsadressierungen.
kolossal: >Stützen, die sich über mehrere Geschosse ziehen = Kolossalordnung.
kommunizieren: Über >>Arkaden miteinander verbundene selbständige Räume.
Kompartiment: Verbindung mehrerer, meist zweier >>Joche zu einer Einheit, z. B. über >Stützenwechsel.
Konche: >Apsis.
Korbbogen: >>Bogenform.
Kordongesims: >Gesims, das eine Geschoßgliederung anzeigt.
Kore: Griechische Bezeichnung für Mädchen; Korenhalle = Anbau am Erechtheion/Athen, bei dem statt Säulen Korenstützen verwendet sind; >>vgl. S. 110.
korinthisch: Griechische Stilform, vor allem an Blattkapitellen erkennbar.
Kranzgesims: Stark ausladendes >Gesims unter dem Dach, das optisch die Aufnahme der Dachlast betont.
Krepis: Stufenunterbau an griechischen Tempeln; >>vgl. S. 18.
Kreuzblume: Bekrönender Schmuck von Turmhelmen oder >>Fialen in Form kreuzförmig entfalteter Blätter.
kreuzförmig: >Grundriß in Form eines Kreuzes; vgl. Grundriß >>Basilika.
Kreuzgang: Überdachter Gang um den Rechteckhof eines Klosters; vgl. >>S. 12.
kreuzgratig: >>Gewölbe, das bei den Durchdringungen Grate bildet.
Krypta: Raum unter dem Chor einer Kirche.
Kuppel: Decken- oder >>Dachform, deren Mantelfläche in der Regel aus einem Kugelabschnitt besteht.

Langhaus: Bei Kirchen der längsgestreckte im Gegensatz zum quergelegten Teil (Querhaus); vgl. Modell und Grundriß >>Basilika.
längsoblong: Rechteckiger in Längsrichtung gestreckter Bauteil.
Längsschnitt: Senkrechter >Schnitt in der Ebene der Längsachse; vgl. >>S. 53 und 55.
Lanzettfenster: Sehr schmales, langgezogenes meist spitzbogiges Fenster.
Laterne: Lichtzuführender Aufsatz über einer Decke, meist über einer >>Kuppelöffnung; >>vgl. S. 133.
Leibung: Begrenzung einer Tür- oder Fensteröffnung.
Lisene: Vertikaler der Wand vorgelegter Mauerstreifen ohne >Basis und >Kapitell.
Loggia: Offener Raum eines Baus an einer Außenwand.

Mandorla: Christus und Maria vorbehaltener, den ganzen Körper umfassender Heiligenschein in Mandelform; >>vgl. S. 143.

Manierismus: Kunststil zwischen Renaissance und Barock.
Maßwerk: Geometrische Schmuckform der Gotik; vgl. >>S. 158 und 162.
Metope: Oft mit Bauplastik gefülltes Feld am Gebälk antiker dorischer >>Tempel.
Militärriß: Im >Grundriß winkelgerechte >Isometrie; >>vgl. S. 54 und 56.
Mittelschiff: Bei durch >Stützen geteilten Räumen der in Längsrichtung gesehene Mittelteil; vgl. Grundriß >>Basilika.
Monolith: Bauteil oder Monument aus einem Stein.
Monopteros: Von einem Säulenkranz umgebener offener Rundbau; >>vgl. S. 144.
Mutulus: Platte an der Untersicht des Gebälkabschlusses bei antikem >>Tempel.

Naos: Bei griechischem Tempel der umschlossene Tempelraum; vgl. >>S. 18.
Narthex: Vorhalle byzantinischer und mittelalterlicher Kirchen.
Nischenbau: Bau oder Bauteil mit Aussparungen in den Wänden; vgl. >>S. 16.

Obelisk: Nach oben leicht verjüngter und von einer kleinen Pyramide abgeschlossener Steinpfeiler.
Obergaden: Über den Seitenschiffdächern erhöhter oberer Wandteil des angrenzenden Schiffes; vgl. >>Arkade und Modell >>Basilika.
Okulus: Rundfenster.
onduliert: Wellenförmige Gestaltung z. B. von Wänden oder Glasfronten.
Opäum: Runde Lichtöffnung im Scheitel einer Kuppel.
Opistodom: Offener Raum an der >Naos-Rückwand des griechischen Tempels; vgl. >>S. 18.
Ortwerk: Abgesetzte Randbegrenzung eines Bauteils; >>vgl. S. 119.

Palladio-Motiv: Öffnung in Form der Verbindung eines mittleren, breiten Bogens mit zwei flankierenden, schmalen, rechteckigen Seitenöffnungen bis zur Höhe des Bogenkämpfers; >>vgl. S. 151.
Paralleldach: >>Dachform, bei der mehrere Satteldächer parallel zueinander verlaufen.
Paß: Ornamentform aus Dreiviertelkreisen, nach der Anzahl der Kreisbögen benannt.

Dreipaß

Vierpaß

Pastophorien: Nebenräume am Chor der Kirchen; sie dienen der Aufbewahrung liturgischer Geräte (Prothesis) und als Ankleideraum der Priester (Diakonikon).
Pavillon: Im Barock an den Gebäudeecken angesetzte Bauteile; vgl. >>S. 23.
Penthaus: Hausförmiger Aufbau auf dem Flachdach eines Baus.
Peripteros: Griechische Tempelform mit einfacher >Peristase.
Peristase: Säulenumgang um griechischen Tempel; vgl. >>S. 18.
Peristyl: Säulengang, der einen Hof umgibt.
Pfeiler: >>Stütze mit meist eckigem Grundriß.
Pilaster: Der Wand vorgelegter Halbpfeiler.
Platerostil: Baudekor der spanischen Baukunst in ziselierter, kleinteiliger Ornamentform, die aus der Gold- und Silberschmiedekunst entwickelt worden ist.
platonische Körper: Würfel, Kugel, Kegel, Zylinder und Pyramide sind nach Platon sogen. reine Formen und gelten heute noch als Primärformen.
Plattenfries: >>Fries, der durch regelmäßige Stege zwischen parallelen Streifen kassettenartige Plattenformen bildet.
Plinthe: Standplatte einer >Stütze, meist unter der >Basis einer >>Säule.
polygonal: Vieleckig.
Portikus (die): Von Stützen getragener Vorbau eines Eingangs.
Prämonstratenser: Mönchsorden, im Mittelalter gegründet durch Norbert von Xanten; die Prämonstratenser leben nach den Regeln des Hl. Augustinus.
Presbyterium: In christlichen Kirchen der Raum, wo die Priester sitzen.
Projektion: Maßstäbliche Wiedergabe eines Körpers auf einer Fläche; horizontale Wiedergabe = >Grundriß, vertikale Wiedergabe = >Aufriß; spezielle Projektionen sind >Axonometrie, >Isometrie und >Militärriß; vgl. >S. 51–56.
Pronaos: Offener Raum vor der >Naos-Eingangswand bei griechischem Tempel; vgl. >>S. 18.
Propylon: Toranlage an griechischem Kultbezirk; vgl. >>S. 31f.
pseudo-isodom: >Isodome Verlegung mit unterschiedlicher Schichtstärke der Steinlagen.
Pteron: Überdeckte >Peristase an griechischem Tempel.
Pultdach: >>Dach/Dachform.
Pylon: Torbau des ägyptischen Tempels mit Tor zwischen zwei hochgezogenen geböschten Bauten; >>vgl. S. 129.
Pyramidendach: >Dach/Dachform.

Querhaus: Der einen Längsbau kreuzende Bauteil; Querhausarm meist der über den Längsbau ragende Teil des Querhauses; vgl. Modell und Grundriß >>Basilika.
queroblong: Rechteckiger querliegender Bauteil.
Querschnitt: Senkrechter Schnitt durch einen Körper quer zur Längsachse; vgl. >>S. 53 und 57.

Rapport: Aneinanderreihung derselben Form.
Refektorium: Speisesaal im Kloster; vgl. >>S. 12.
Remter: Speisesaal in den Burgen des Deutschritterordens.
Rippenwölbung: >>Gewölbe, das an seinen Schnittkanten durch Rippen verstärkt ist.
Risalit: Vor die Flucht des Baukörpers vorspringender Bauteil; vgl. >>S. 23.
Riß: Zeichnerische Darstellung eines Körpers durch Projektion; vgl. >>S. 51–56.
Rosenfenster: Mit >Maßwerk geschmücktes gotisches Rundfenster.
Rundbogenfries: Aus gereihten Blendbögen bestehender >Fries.

Säule: Runde >Stütze, meist bestehend aus >Basis, Schaft und >Kapitell.

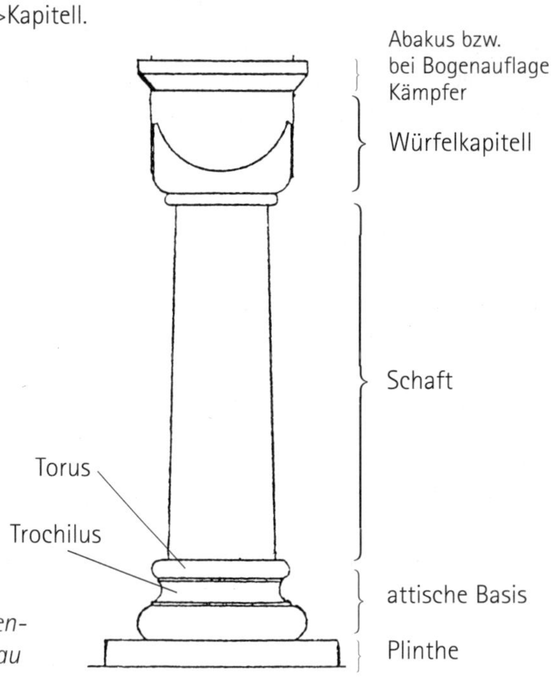

Säulenaufbau

Säulenportal: Portal mit eingestellten >>Säulen im gestuften Gewände.
Sanktuarium: In christlichen Kirchen Raum des Hochaltars; nach heutigem Begriffsgebrauch Teil des >Chores; vgl. Grundriß >>Basilika.
Satteldach: >>Dach / Dachform.
Schaft: Rumpf einer >>Säule.
Schalendach: Frei formbare Dachkonstruktion aus Stahlbeton, die mit Hilfe der Bewehrung als einheitliche Decke ihre Stabilität erhält.
scharrieren: Oberflächenbearbeitung von Steinen mit dem Scharriereisen, so daß schmale parallele Rillen entstehen. Oft an Quaderkanten angewendet, um die Sichtfläche, den Quaderspiegel, hervortreten zu lassen. Bei ähnlicher Ausführung mit dem Meißel spricht man von Kantenschlag.
Schatzhaus: In griechischen Tempelbezirken Häuser zur Aufnahme von Weihegaben, meist von den Städten gestiftet.
Scheibenbau: Hohe flache Bauten mit längsrechteckigem >Grundriß.
Scheidarkade: >>Arkade, die Räume oder Raumteile voneinander trennt.
Schiff: Innenraum kirchlicher Langbauten; >Mittelschiff, >Seitenschiff; vgl. Modell und Grundriß >>Basilika.
Schleiermaßwerk: Frei vor die Wand gestelltes >Maßwerk; >>vgl. S. 158.
Schluß: Chorabschluß einer Kirche, vor allem mit der Bezeichnung der Abschlußform, z. B. apsidialer, platter oder polygonaler Schluß.
Schnitt: Zeichnerisches Darstellungsmittel, indem ein senkrechter Durchschnitt durch einen Baukörper maßstäblich auf die Zeichenfläche projiziert wird; Längsschnitt = Schnitt in der Längsachse, Querschnitt = Schnitt quer zur Längsachse; vgl. >>S. 51 – 56.
Schopfwalm: >>Dach / Dachform.
Schwelle: I.e.S. unteres Querholz eines Türstocks, i.w.S. der Übergang in einen Raum.
Schwerterdach: Dachkonstruktion mit sich überkreuzenden Verstrebungen.
Schwibbogen: Frei gespannter Bogen zur Verstrebung von zwei Mauern.
Seitenschiff: Bei durch >Stützen geteiltem Raum in Längsrichtung gesehenes Seitenteil; vgl. Modell und Grundriß >>Basilika.
Sheddach: >>Dach / Dachform.
Sockelumlaufportal: Romanische Portalform, bei der das >Gewände aus der Fortführung des Sockels um das Portal herum – teilweise auch mit Rahmen über dem Bogen – gebildet wird; >>vgl. S. 153.
Souterrain: Untergeschoß unter dem Erdgeschoß mit natürlicher Belichtung.
Sparren: Schräg ansteigende Hölzer des Dachstuhls.
Sprenggiebel: Giebelform, bei der die obere Mitte nicht geschlossen ist; >>vgl. S. 144 und 216.
Sprosse: Unterteilungselement einer Verglasung.
Stabkirche: Skandinavischer Holzkirchentyp mit konstruktivem Mastengerüst und gestuftem Dachaufbau; >>vgl. S. 214.
Stabwerk: In gotischen Fenstern senkrechte Stäbe zur Unterteilung der Glasflächen.
Ständer: Senkrechter Wandpfosten im Holzbau.
Stereometrie: Geometrie der räumlichen Gebilde.
Stich: Scheitelhöhe eines Bogens oder >>Gewölbes.
Stichkappe: >>Gewölbe, das von einer Wand aus quer zur Achse des Hauptgewölbes verläuft und in dieses einschneidet; sie ermöglicht Fenster im Wölbungsbereich.
Stoa: Offene Wandelhalle mit Säulenfront.
Stoßfuge: >Fuge.
Strebe: Schräges Bauglied zur Standsicherheit oder Ableitung von Druckkräften.
Strebebogen: >>Strebewerk.
Strebepfeiler: >>Strebewerk.
Strebewerk: Konstruktives Verspannungssystem (vor allem an gotischen Kirchen) zur Ableitung des Gewölbeschubs. Das Strebewerk besteht aus der Mauer vorgelegten oder eingefügten Strebepfeilern und bei mehrschiffigen >>Basiliken den über den Seitenschiffen frei sichtbaren Strebebögen.

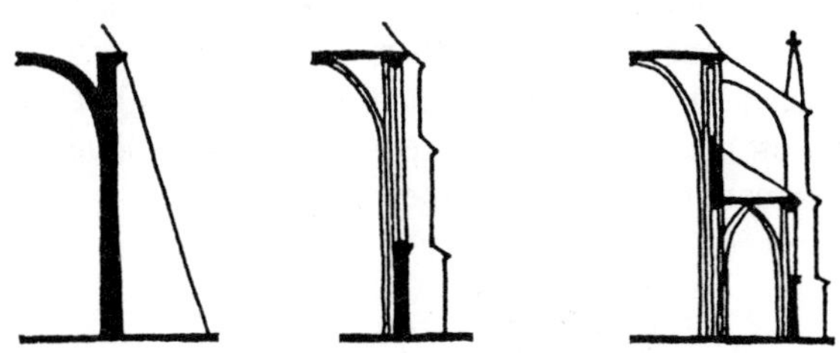
Strebemauer *Strebepfeiler* *Strebebogen*

Stütze: Tragendes, im Gegensatz zur Mauer dünnes Bauglied, das nach Material (Holz, Stein, Beton, Gußeisen, Stahl etc.) und Form (Ständer, Pfeiler, Säule, V- oder T-Stütze etc.) unterschieden wird.
Stützenwechsel: Rhythmischer Wechsel von >>Säule und >Pfeiler; als rheinischer Stützenwechsel = P-S-P, als sächsischer Stützenwechsel = P-S-S-P; vgl. >>Arkade.
Stufenportal: Portal mit zurückgestuftem Gewände.
Stupa: Aus dem Grabhügel entstandener, indischer runder Kuppelbau für Reliquien; >>vgl. S. 39.
Sturz: Gerader oberer Abschluß einer Tür- oder Fensteröffnung.
Substruktion: Tragende Unterkonstruktion.
Supraporte: Gerahmte Fläche über dem Türsturz, um den portalhaften Ausdruck zu steigern; >>vgl. S. 220.

Synthronon: In byzantinischen und frühchristlichen Kirchen Sitz der Geistlichkeit im Halbkreis der >Apsis; >>vgl. S. 175.

Tambour: Zylindrischer Unterbau unter einer Kuppel; >>vgl. S. 147.
Tempel: Kultbau.

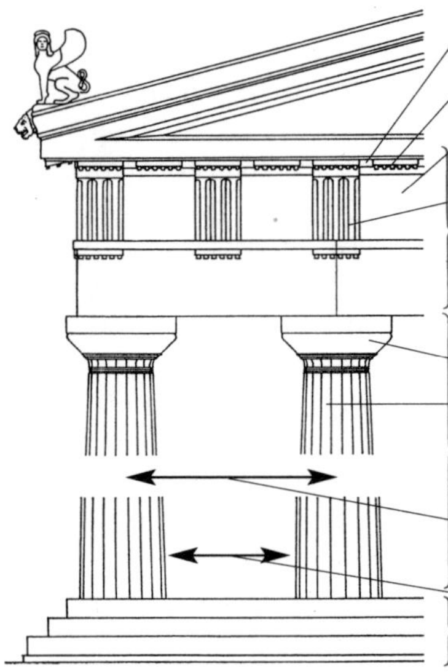

Teilaufriß einer griechischen Tempelfront

Tholos: Rundtempel der Antike, dessen >Naos/Cella von einem Säulenkranz umgeben ist; >>vgl. S. 61.
Tondo: Rundbild und -relief.
Tonnenwölbung: >>Gewölbe mit dem >Querschnitt eines Bogens.
Traufe: Untere waagerechte Begrenzung eines >>Daches.
Triforium: Laufgang in der Hochschiffwand mittelalterlicher Kirchen unterhalb der Fensterzone meist mit arkadenförmiger Gliederung zum Mittelschiff.
Triglyphe: Dreischlitzplatte am Gebälk griechischer >>Tempel.
Triumphbogen: In der antiken römischen Architektur prächtiger Ehrenbogen zur Erinnerung an Kaiser oder Schlachten; Triumphbögen besitzen eine >Attika, meist mit Inschriften oder skulpturalen Darstellungen versehen. In christlichen Kirchen wird der oft hervorgehobene Bogen zwischen Gemeinderaum und Sanktuarium als Triumphbogen bezeichnet.

Trumeaufigur: Figur am Türpfosten; s. >>Fiale.
Tudorbogen: >>Bogenform.
Tympanon: Fläche über einem Portal innerhalb eines Bogenfelds; >>vgl. S. 152.

Umgangschor: >Chor.

Verdachung: Vorspringendes Bauglied über Türen oder Fenstern in Giebel- oder Segmentform; >>vgl. S. 156 und 163.
verkröpfen: Vor- oder Herumziehen eines Gebälks, Gesimses oder Frieses um vorstehende Bauteile.
Via: Abstand zwischen zwei >Mutuli am Gebälkabschluß griechischer >>Tempel.
Vierpaß: Gotische >Maßwerkform mit vier >>Pässen in einem Kreis.
Vierung: In >kreuzförmigen Bauten der Raum, der als Schnittmenge von >Langhaus und >Querhaus entsteht; vgl. Grundriß >>Basilika.
Vierungsturm: Turm über der >Vierung; vgl. Modell >>Basilika.
Volutengiebel: Giebel, dessen Schrägseiten von Spiralformen gerahmt sind; >>vgl. S. 118.
Volutenkapitell: >Kapitell mit Spiral- oder Schneckenformen unter den Spitzen des >Abakus.
Vorhangfassade: Eine dem konstruktiven Skelett eines Baus vorgehängte, nicht tragende Fassadenhaut aus Glas oder Metall.

Walm: >>Dach/Dachform.
Wegebau: Bau, der durch Eingangsausrichtung auf ein gegenüberliegendes Ziel - in Kirchen das Kultzentrum - gerichtet ist.
Westriegel: Kompakter Westabschluß romanischer Kirchen, der als allen Schiffen vorgelegter Westbau mit erhöhtem Mittelteil ausgeführt ist.
Wimperg: Giebelartige Bekrönung gotischer Portale und Fenster; s. >>Fiale und >>vgl. S. 153.
Winkelturm: Turm im Winkel von zwei sich durchdringenden Bauteilen.
Wölbung: >>Gewölbe.
Würfelkapitell: Spezielle Kapitellform einer >>Säule; vgl. >>S. 19.

Zahnschnitt: Aus Balkenköpfen entwickelter abstrakter Fries mit der regelmäßigen Abfolge rechteckiger Steinklötzchen und etwa gleich großer Zwischenräume.
Zeltdach: >>Dach/Dachform.
Zikkurat: Altbabylonischer künstlicher Stufenberg, auf dessen oberster Terrasse ein Tempel steht; >>vgl. S. 160.
Zinne: Brustwehr mit Schießlücken an Mauerkronen; später dekorative Mauerbekrönung.
Zisterzienser: Mönchsorden, der von Robert von Molesme nach reformierten >Benediktinerregeln gegründet wurde; dieser Orden, vor allem durch Bernhard von Clairvaux geprägt, entwickelte ein eigenes Klosterbaukonzept (vgl. S. 28).
Zone: Geschoßähnlicher, horizontaler Wandteil des Wandaufbaus.
zweiläufig: Treppe mit einem Absatz.
Zwerchgiebel: Kleiner, mit der Gebäudewand fluchtender Giebelaufsatz an der Traufseite des Daches; >>vgl. S. 150.
Zwerggalerie: In Säulenarkaden gegliederter Laufgang unterhalb des Dachauflagers; >>vgl. S. 115.
Zyklopenmauerwerk: Mauerwerk aus besonders großen, oft gut gefügten und behauenen Natursteinen; >>vgl. S. 106.

Personenregister

Bei Architekten, deren Bauten behandelt werden, ist die Fundstelle der Abbildungen durch Fettdruck hervorgehoben.

Ortsregister

Im Text behandelte Bauten sind dem Ort zugeordnet und, wenn Abbildungen verwendet wurden, die Fundstellen durch Fettdruck hervorgehoben.